Bewegungsphotographie**Bewusstsein**Bezugssysteme**Bild**Bildaufbau**Bildauffassung, konventione**

, analoge**Bildverfahren, digitale**Bildwirklichkeit**Bindungsproblem**Blende**Blinder Fleck**Blitzlicht**Bre**

ographie**Corpus callosum**Darstellung**Dendriten**Design**Deutsche Gesellschaft für Photographie**Din

smechanismusErscheinung**Erscheinung, optische**Erwartungshaltung**Expressionismus, abstrakter**E

cheinung**Färbetechnik**Farbkonstanz**Farbkontraste**Farbmalerei**Farbmischungen, substraktive**Farbsy

trast**Fließmuster**Florentiner Malerei**Fluchtpunkt**Fokussieru **Formwahrneh**

erierung**Geniebegriff**Gesetz der Ähnlichkeit**Gesetz der gute** e**Gesetz der Pr**

enGestaltsehen**Gestalttheorie**Gestaltung**Gestaltungsmitte** rammatik**Größ**

ntifikationsmechanismus**Ikonographie**Illusionsmalerei**Imp** optische**Inforr**

photographischeKameraaufzeichnung**Kinematographie**Kleinhirn**Kniekörper**Kolldiumverfahren, na

altung**Konstanzphänomene**Konstruktivismus, radikaler**Kontingenz**Kontinuum**Konturbetonung**Kor

nstmarktKurzzeitverschlüsse**Läsion**Laterialisierung**Left Brain**Lernsituation**Leserichtung**Licht**linearp**

edien, elektronische**Mimesis**Mimesisdebatte**Mittelhirn**Moderne, abstrakte**Moderne, konkrete**Mom

Nervensystem**Netzhautbild**Netzwerk, neuronales**Neue Medien**Neues Sehen**Neuplatonismus**Neuro

ase, sukzessive**Photoapparat**Photodynamismus**Photographie**Photographie, analoge**Photographisc**

ndenz**Primärfarben**Prozesse, automatische**Prozesse, kognitive**Prozesse, kontrollierte**Pupille**Raumil

cciato**Renaissance**Reportagephotographien**Repräsentation**Retina**Rezeption**Rezeptoren**Rezipienten**

t**Sehen**Sehgrube**Sehnervkreuzung**Sehsystem**Seinsweise**Selbstwahrnehmung**Selektion**Sensibilisie

rumStabilisierungstendenz**Stabilitätstendenz**Standortveränderung**Stilles Bild**Struktur, optische**St**

nSynthese**System, optisches**System, visuelles**Täuschung**Täuschung, optische**Thalamus**Theorie**Titch**

nrisse, lineare**Umwelt**Unschärfe**Varianz**Veränderung**Verarbeitung, visuelle**Verfahren, bildgebende

visuelleWahrnehmungsbedingungen**Wahrnehmungsmechanismen**Wahrnehmungsorganisation**Wa**

ichkeit**Wirklichkeit, außerbildliche**Zapfen**Zeit**Zoopraxiscope**Abbildung**Assemblies**Abbild der Wirk**

heAnschauung**arbitär**Ästhetik**Asymmetrie**Aufmerksamkeit**Aufmerksamkeit, visuelle**Aufwand, mo

AutomatisierungAvantgarde**Axone**Basreliefs**Bearbeitung, elektronische**Beleuchtungslicht**Belichtu**

steme**Bild**Bildaufbau**Bildauffassung, konventionelle**Bildbearbeitung**Bilder, apparative**Bilderflut**Bi**

t**Bindungsproblem**Blende**Blinder Fleck**Blitzlicht**Brennweite**Camera obscura**CCD Chip**Chronophoto

n**Deutsche Gesellschaft für Photographie**Dingkonstanz**Dokumentation**Druckvorstufe**Eigendynami**

wartungshaltung**Expressionismus, abstrakter**Eye-Tracker**Faktischer Sehraum**Farbabbildung, objekt

arbmalerei**Farbmischungen, substraktive**Farbsymbolik**Farbwahrnehmung**Farbwirkung, psychologis

Fokussierung**Formen**Formkonstanz**Formwahrnehmung**Fovea centralis**Futuristen**Ganglienzellschick

etz der guten Gestalt Gesetz der Nähe**Gesetz der Prägnanz**Gesetz des gemeinsamen Schicksals**Ges**

ngsmittelGewichtung**Goldgrund**Grammatik**Größenkonstanz**Großhirnrinde**Grundgesetz der Gesic**

alerei**Impressionisten**Information, optische**Information, visuelle**Informationsverarbeitung**Intentio**

ographieKleinhirn**Kniekörper**Kolldiumverfahren, nasses**Kolorismus**Kommunikation**Komplementär**

dikaler**Kontingenz**Kontinuum**Konturbetonung**Konzeption**Körperbewegung**Körpererfahrung**Körper**

g**Left Brain**Lernsituation**Leserichtung**Licht**linearperspektivisch**Linien**Linse, optische**Linsensystem**L**

irnModerne, abstrakte**Moderne, konkrete**Momentaufnahme**Mondtäuschung**Montage**Müller-Lyer-**

s**Neue Medien**Neues Sehen**Neuplatonismus**Neurobiologie**Neuronen**Neuronenverbände**Nichtkomp**

mus**Photographie**Photographie, analoge**Photographisches Gewehr**Photorezeptoren**Pixel**Pointillism

rozesse, kognitive Prozesse, kontrollierte**Pupille**Raumillusion**Raum-Zeit-Konstellation**Realität**Reali**

n**Repräsentation**Retina**Rezeption**Rezeptoren**Rezipienten**Right Brain**Sakkaden**Sakkadenaufzeichnu

n**Seinsweise**Selbstwahrnehmung**Selektion**Sensibilisierung**Sequenz**Serie**Sichtbarkeit**Silberkörner**S**

Standortveränderung**Stilles Bild**Struktur, optische**Strukturanalyse**Strukturinvarianten**Strukturme**

uschungTäuschung, optische**Thalamus**Theorie**Titchener-Täuschung**Transformation**Transformation**

rung**Verarbeitung, visuelle**Verfahren, bildgebende**Verkleinerung, perspektivische**Verkürzungen, g

nungsmechanismenWahrnehmungsorganisation**Wahrnehmungsstrategien**Wahrnehmungssyster

axiscope**Abbildung**Assemblies**AbbilderWirklichkeit**Abbildungscharakter**Abbildungstendenz**Abs

mkeit**Aufmerksamkeit, visuelle**Aufwand,motorischer**Auge**Augenbewegungen,sakkadische**Ausdru**

X.media.press

Springer
Berlin
Heidelberg
New York
Hongkong
London
Mailand
Paris
Tokio

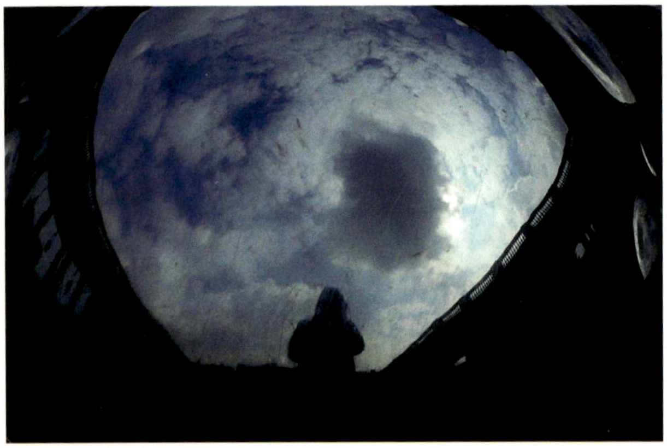

Kurzvita Dr. Marlene Schnelle-Schneyder

Ausbildung als Photographin *(Landessiegerin NRW)* und anschließendes Studium an der Staatlichen Höheren Fachschule für Photographie Köln *(Dipl.-Ing.)*. 1955–1958 Werbephotographin bei der Fa. Max Braun in Frankfurt. Ab 1958 freiberufliche Photographin. Lehrtätigkeit in der Erwachsenenbildung. Studium der Kunstwissenschaft, Publizistik, Philosophie und Anglistik an der FU Berlin und an der Ruhr-Universität Bochum. 1988 Promotion über das Thema »Wahrnehmung und Photographie am Beispiel der Bewegungsdarstellung im 19. Jahrhundert.« Kunstwissenschaftlerin, Photographin und freie Fachjournalistin. Lehraufträge an der FH Düsseldorf *(1982–1986)*, an der FH Dortmund *(1985–1997)* und am Institut für Film und Fernsehen der Ruhr-Universität Bochum *(1993–1997)*. Ausstellungen und zahlreiche Publikationen und Buchbeiträge zur Theorie und Geschichte der Photographie, Visuellen Wahrnehmung, Malerei, Architektur, Kunst und Semiotik. Berufenes Mitglied der Deutschen Gesellschaft für Photographie *(DGPh)*, der Deutschen Fotografischen Akademie *(DFA)* und der Freien Akademie der Künste Mannheim. 1990–2000 Vorsitzende der Sektion Photopädagogik und von 1997–2002 geschäftsführendes Vorstandsmitglied der Deutschen Gesellschaft für Photographie, Köln. Seit 2002 Ehrenmitglied der DGPh.

Marlene Schnelle-Schneyder
Sehen und Photographieren – Von der Ästhetik zum Bild

Mit 297 Abbildungen

Springer

Dr. Marlene Schnelle-Schneyder
Rochstraße 4, 10178 Berlin
E-Mail: schneyderm@aol.com

ISSN 1439-3107
ISBN 3-540-43825-4 Springer-Verlag Berlin Heidelberg New York

Bibliografische Information der Deutschen Bibliothek:
Die Deutsche Bibliothek verzeichnet diese Publikation in der Deutschen Nationalbibliografie; detaillierte bibliografische Daten sind im Internet über <http://dnb.ddb.de> abrufbar.

Springer-Verlag Berlin Heidelberg New York
ein Unternehmen der BertelsmannSpringer Science + Business Media GmbH
http://www.springer.de

Umschlaggestaltung KünkelLopka, Heidelberg
Layout Marian Wien Grafik, Frankfurt
Reproarbeiten Appl, Wemding
Druck Appl, Wemding
Bindearbeiten Schäffer, Grünstadt

Gedruckt auf säurefreiem Papier 33/3142 ud 5 4 3 2 1 0

Vorwort

Marlene Schnelle-Schneyder

Mit unseren Sinnen erfassen wir die Welt, und diese Eindrücke erreichen die neuronalen Netzwerke unseres Gehirns über die Augen. Seit einigen Jahrzehnten arbeiten Wissenschaftler konzentriert an der Frage, was in unserem Gehirn wie verarbeitet wird. Das Gehirn denkt über das Gehirn nach – eine faszinierende Vorstellung. Die Fragen sind deshalb so interessant, weil wir Erkenntnisse gewinnen können, wo bisher nur Vermutungen oder Spekulationen existiert haben.

Über die Wahrnehmung – im ursprünglichen Sinn als Ästhetik bekannt – wird schon seit über zwei Jahrtausenden diskutiert. Es ist kein neues Thema. Neu daran ist, dass sich das Interesse im 19. Jahrhundert auf unsere Gehirnaktivitäten richtete. Man hoffte, hier Antworten auf die großen Fragen der Vergangenheit zu finden, was machen Bewusstsein, Gedächtnis, Körper und Geist, Emotionen und Gefühle, Erkennen und Verstehen, Sehen und Sprechen aus?

Das Hauptmotiv für die Untersuchungen im 20. Jahrhundert war der Wunsch, menschliche Fähigkeiten mit dem Computer zu simulieren. Dazu wollte man wissen, wie Sprache und Analyse, Sehen und Erkennen, Aktion und Reaktion, Speicherung und Gedächtnis, Motorik und Sensorik funktionieren und welche neuronalen Netzwerke sie im Gehirn aktivierten.

Eine quasi Simulation erreichte das erste apparative Bildmedium, die Photographie. Als sie 1839 erfunden wurde, feierte man sie als Abbildung der Natur. »The pencil of nature«, wie Talbot, einer ihrer Erfinder, sie nannte, ging in der Folgezeit als Dokumentations- und Abbildungsmedium der Realität in die Geschichte der Bildmedien ein. Was vor dem Objektiv existierte und gesehen wurde, fand sich ja nach einem chemischen Prozess auf der lichtempfindlichen Schicht wieder. Man konnte die Zeichen wieder erkennen und daraus leicht eine Analogie zwischen Realität und Bild konstruieren. Diese Analogie wird in diesem Buch hinterfragt, um der Verführung zu widerstehen, die Bilder für die Realität zu halten, um Missverständnisse aufzuklären und die Bilder besser verstehen zu können. Die Bilder werden als anschauliche Beispiele für den Text angeboten.

Grundlage für diese Untersuchungen ist eine langjährige Beschäftigung mit den Bedingungen visueller Wahrnehmung und eine 14-jährige Lehrtätigkeit in den Fächern: Praxis, Theorie und Geschichte der Photographie und Kunstgeschichte an den Fachhochschulen Düsseldorf und Dortmund und an der Ruhruniversität Bochum. 27 Artikel über das Thema »Fotografie und Wahrnehmung« wurden in der Zeitschrift Photographie, Düsseldorf, veröffentlicht. In diesem Buch ist das Thema überarbeitet, erweitert und auf den aktuellen Stand gebracht worden.

Diese Buch wendet sich an Dozenten und Studenten, die mit multimedialer Ausbildung zu tun haben. Darüber hinaus an alle, die sich für das Sehen interessieren und die dem Bildmedium Photographie verfallen sind und etwas mehr als Erinnerungsbilder machen wollen.

Ich möchte mich beim Verlag und seinen Mitarbeitern für die sympathische und professionelle Kooperation bedanken, besonders bei Herrn Hermann Engesser und Frau Ulrike Drechsler. Frau Ursula Zimpfer danke ich für die Korrektur des Manuskripts und Herrn Dirk Wagner für das Layout.

Last not least danke ich Helmut Schnelle für unendlich anregende Diskussionen über Gehirn, Sprache und neuronale Netzwerke, Kunst und visuelles System.

Bildnachweis

Photographien Marlene Schnelle-Schneyder

Die Künstler, die freundlicherweise ihre Bilder zur Verfügung gestellt haben, werden in den Bildlegenden genannt.

Abbildung 225	Courtesy of the Stanford University Museum of Art, Muybridge Collection
Abbildung 226	Courtesy of the Department of Special Collections, Stanford University, Libraries
Abbildung 228	Courtesy of the Heritage Center and Museum, Kingston upon Thames
Abbildung 320	La Nature
Abbildung 331	Courtesy: Musée Etienne Jules Marey, Beaune

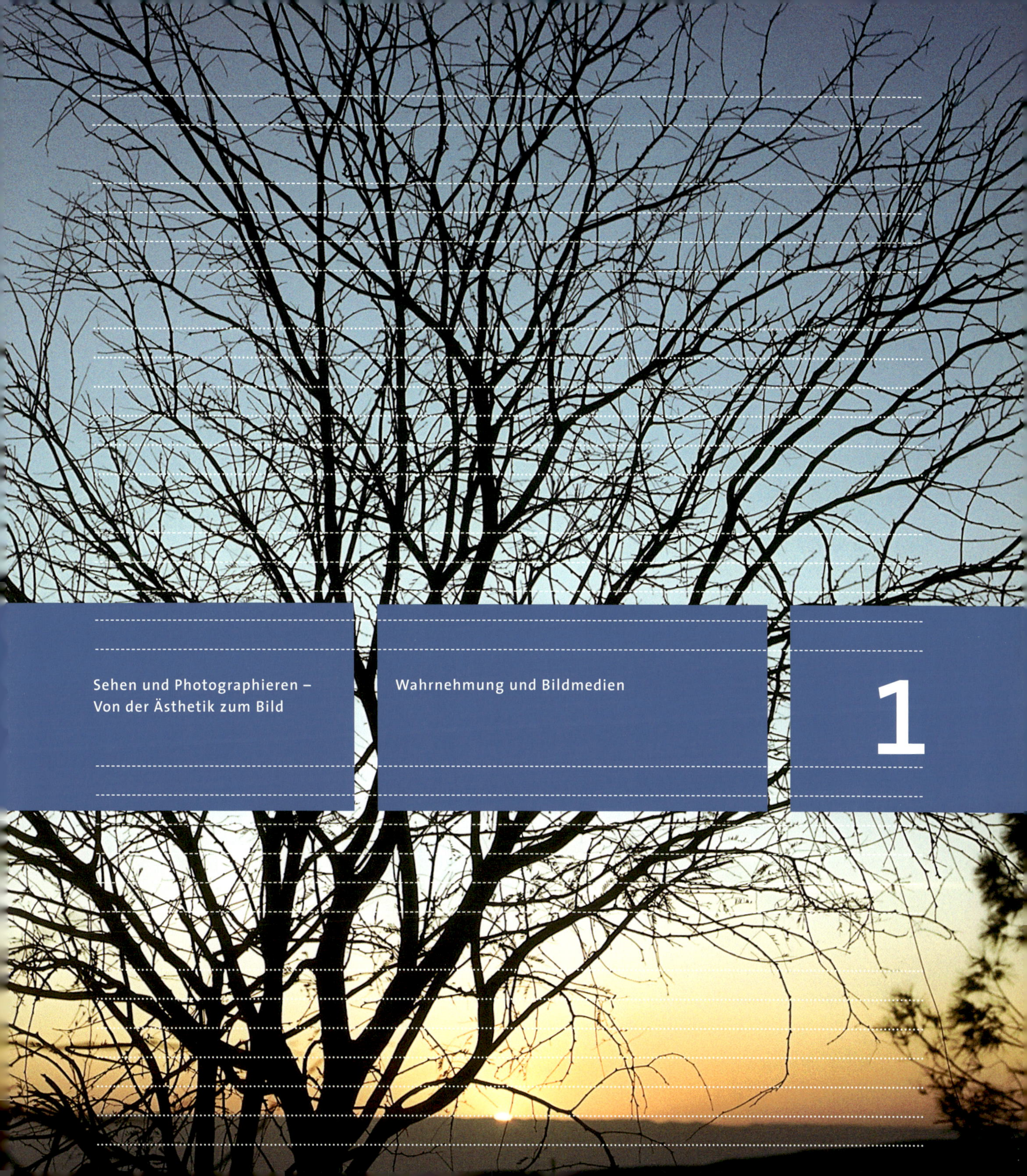

Wahrnehmung und Bildmedien

1

1.1 Photographie und Bild

1.1.1 Der Status der Theorie

Die Theorie der Photographie hat sich bisher mit Geschichte und Monographien, Technik und Verfahren, Dokumentation und Abbildung, Kunst und Werbung, Künstlern und Amateuren ausführlich beschäftigt. Wenn man dagegen nach den Bildpotentialen des Mediums, nach dem spezifischen Bildcharakter sucht, ist weniger zu finden. Auch der Dokumentations- und Abbildungscharakter der Photographie ist nicht überzeugend begründet, denn es ist kaum danach gefragt worden, worin die Beziehung zwischen Realität und Abbildung besteht.

Es hat die Interpreten immer wieder gereizt, Spekulationen über die Ästhetik durchzuspielen. In Bezug auf die Photographie reduziert sich der Spielraum, denn ein Vergleich zwischen Wahrnehmung und Photographie wird ja nur verständlich, wenn man die visuelle Wahrnehmung mit der optischen Aufzeichnung vergleicht. Was sehen wir und was fixiert die Kamera? Wie verstehen wir Bilder und wie können wir sie interpretieren? Wie agiert und reagiert unser Gehirn auf diese Fragen? Analog und digital sind die gegenwärtigen Schlagwörter der Diskussion in der Photographie. Silberkörner oder Pixel, das scheint hier die Frage. Ist das lediglich eine Bezeichnungsfrage oder steckt mehr dahinter? Man wird sich den Entwicklungen nicht verweigern können und dürfen, weil zum Beispiel die Bildbearbeitung ganz andere Gestaltungskriterien als die traditionelle Photographie erfordert.

In diesem Zusammenhang liegt es natürlich nahe, nach der Zukunft der Photographie zu fragen. Von vielen wird ihr »Tod« an die Wand projiziert. Die digitalen und elektronischen Medien haben eine Allianz gebildet und scheinen bereit, die Zukunft der apparativen Bilder zu ersetzen. Hat sich das so genannte »Stille Bild« überlebt und muss es den bewegten, flüchtigen Bildern weichen?

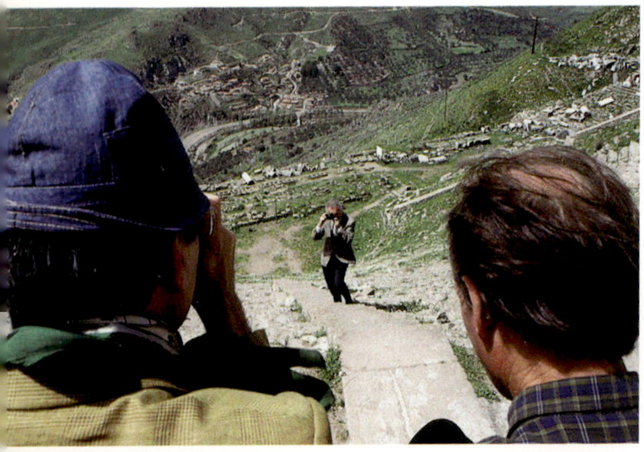

ABBILDUNG 1

Das ureigene Bedürfnis des Menschen, Erlebnisse und Eindrücke festzuhalten, sie verfügbar zu machen, scheint die Überlebensgarantie für die fixierten Bilder zu sein. Die Faszination der »Stillen Bilder« liegt in dem Festhalten der Sichtbarkeit, das unserer Anschauung, unseren Vorstellungen und Gedanken nicht gegeben ist. → [1]

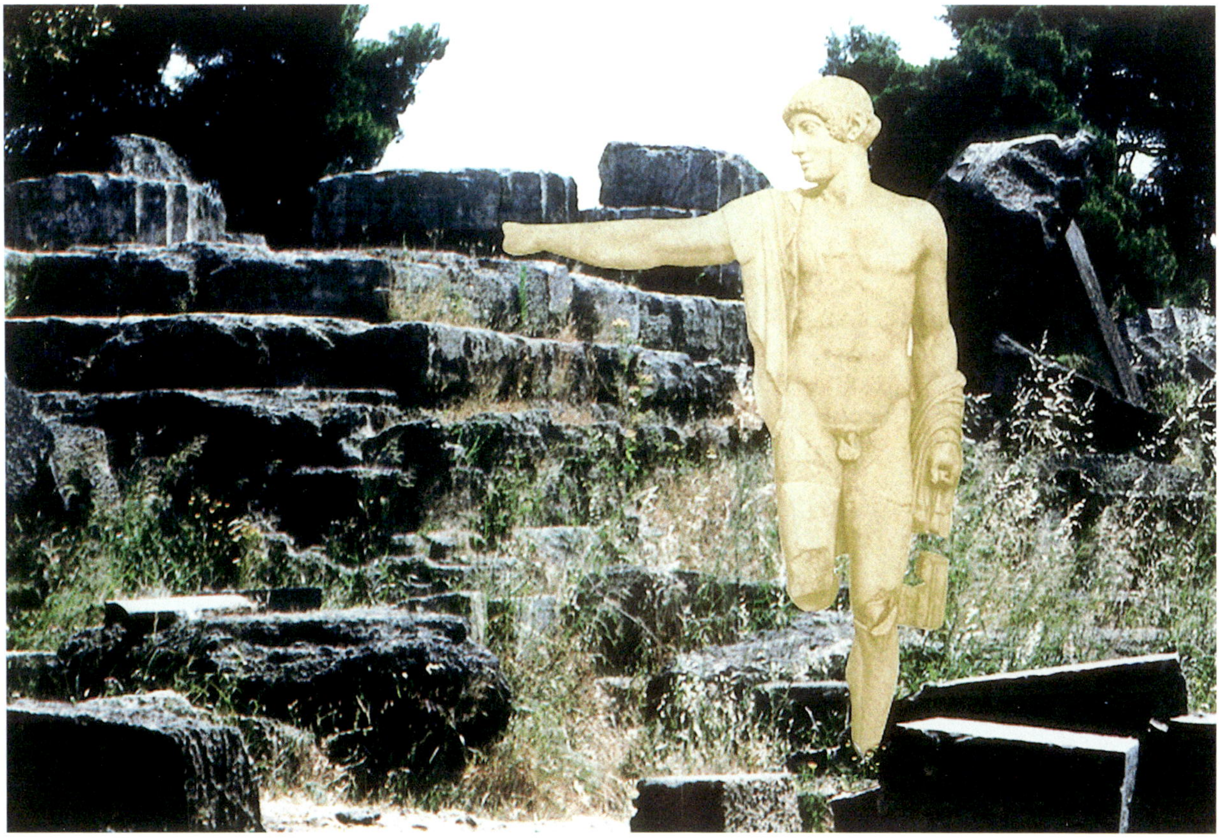

ABBILDUNG 2
Olympia. Apollo ist von der Höhe des Westgiebels in die Überreste des Zeustempels zurückgekehrt. *(Computermontage)*

1.1.2 Die Bilderflut

Seit der Erfindung der Photographie hat der Apparat das Bildermachen revolutioniert. Mit der Entwicklung der Technik ist die Photographie zum Volkssport geworden – jährlich werden mehr als 40 Milliarden Bilder produziert. Die Begeisterung über die Erfindung der Photographie hat zunächst den Blick verstellt und man glaubte an das einfache Modell von Realität und Abbildung und hat dem ersten apparativen Bildmedium die Dokumentation zugewiesen.

Die elektronischen Medien haben die Bilder jederzeit verfügbar gemacht und man warnt uns nun vor den Gefahren einer Bilderflut. So wie der Lavastrom des Ätna scheinen uns die Bilder aus unseren Vorstellungen zu vertreiben und uns erdrücken zu wollen. Wir haben nicht gelernt, zwischen Bild und Wirklichkeit, zwischen Simulation und Realität zu unterscheiden, das ist unser Problem. Lesen, Schreiben und Rechnen standen auf unserem Schulprogramm, das Sehen haben wir nicht gelernt. Was können wir sehen, was können wir glauben? Wir können jedenfalls nicht glauben, was wir sehen. → [2]

Die Photographie ist, wie die Malerei und Zeichnung, ein Bildmedium der »Stillen Bilder«. Darum ist es zunächst einmal müßig, ihr die Bilderflut anzuhängen, weil die Massenauflage von Bildern immer mit Sprache *(geschrieben oder gesprochen)*, mit Musik und Geräuschen auftritt.

Die Photographie ist jetzt (spätestens) in einem Stadium, wo sie sich mit grundsätzlichen Fragen auseinander setzen muss, um ihr Selbstverständnis zu definieren. Die Bereitschaft dazu ist bei uns nicht gerade sehr ausgeprägt, aber die »Stillen Bilder« bedürfen der Unterstützung, um nicht im Medienrummel unterzugehen und ganz einfach gesehen zu werden.

1.1.3 »So dass das Sehen eine Wonne wird«

Wie kann das Sehen eine Wonne werden? Das Zitat ist dem Dialog zwischen Sokrates und Hermogenes entnommen, den Platon im Kratylos aufgezeichnet hat:

SOKRATES Was willst du also zuerst? oder sollen wir, wie auch du eben, mit der »Sonne« anfangen?

HERMOGENES Ganz recht.

SOKRATES Diese nun könnte so heißen, weil sie, wenn sie aufgegangen ist, die Gegenstände voneinander sondert; auch deshalb, weil sie sich in ihrem Laufe um die Erde immer so wendet; auch weil sie, was aus der Erde hervorwächst, während ihres Umlaufs mit Farben schmückt, so dass das Sehen eine Wonne wird.
[PLATON] → [3 ⊖ 4]

Das, was uns im Licht erscheint, das also, was wir wahrnehmen können an Gegenständen und Farben, soll uns zur Wonne werden? Da müsste uns viel Wonne jeden Tag erfüllen, denn die visuellen Reize sind vielfältig und werden in kaum überschaubarem Maße zusätzlich durch Bilder angereichert. Dank unserer Wahrnehmungsmechanismen sind wir in der Lage, dieses verwirrende Angebot zu strukturieren und auszuwählen. Was ist es, das uns an Bildern reizt? Wie reagieren wir auf visuelle Reize? Wie sehen wir und was sehen wir? Das fixierte Bild scheint einem ureigenen Bedürfnis des Menschen zu entsprechen, Erlebnisse und Eindrücke festzuhalten und sie verfügbar machen. Diese Fragen werden uns in Bezug auf die Photographie beschäftigen.

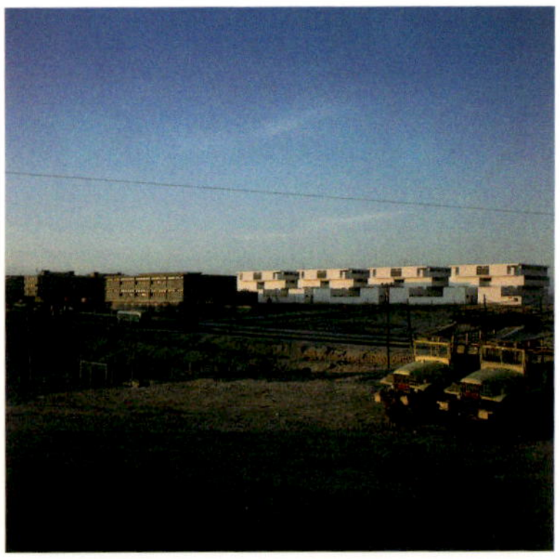

ABBILDUNG 3
Wenn die Sonne aufgegangen ist, sondert sie die Gegenstände voneinander.

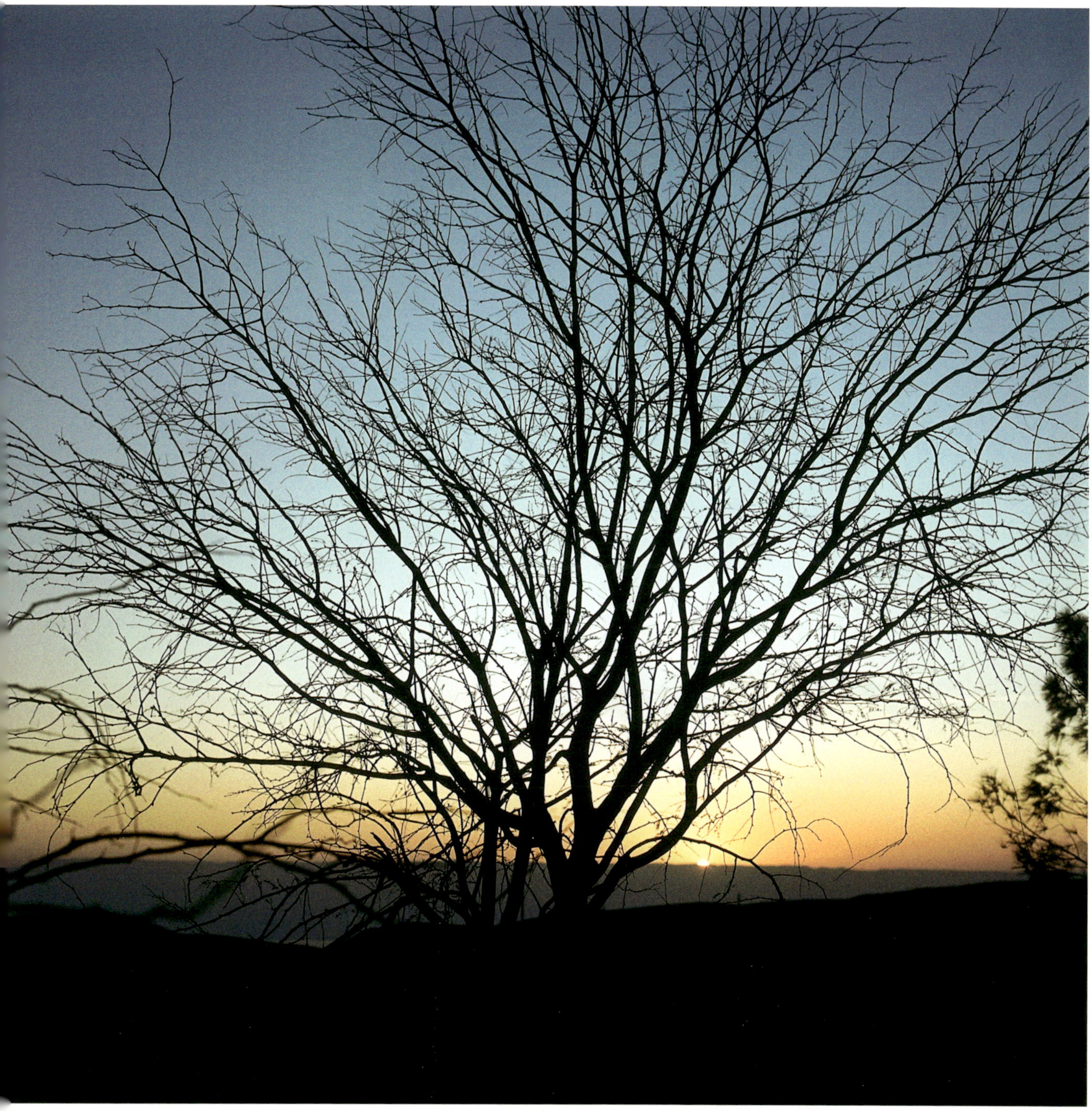

ABBILDUNG 4

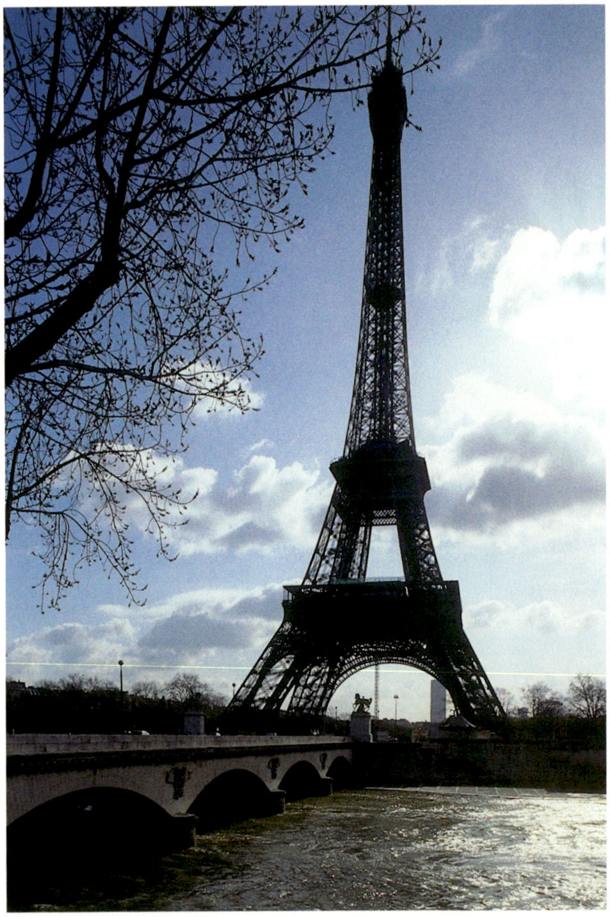

ABBILDUNG 5
Leicht wieder zuerkennendes »Highlight« aus Paris: der Eiffelturm.

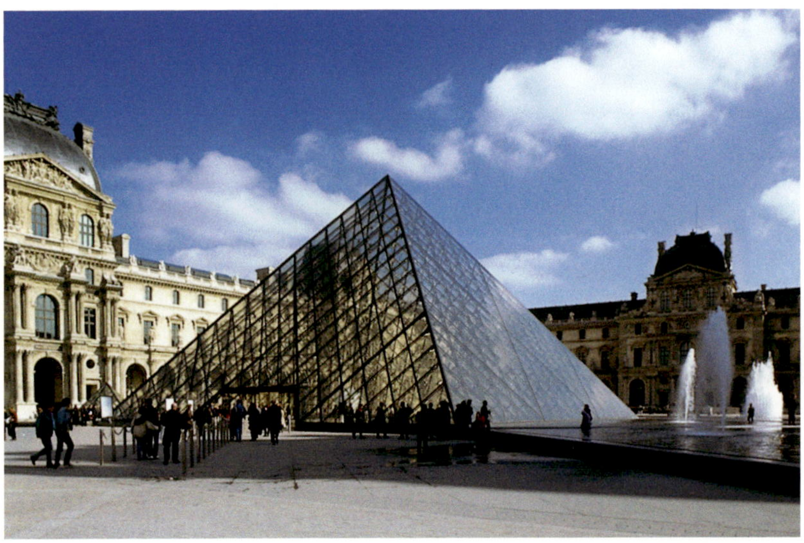

ABBILDUNG 6
Der Louvre und sein Eingang, die Pyramide.

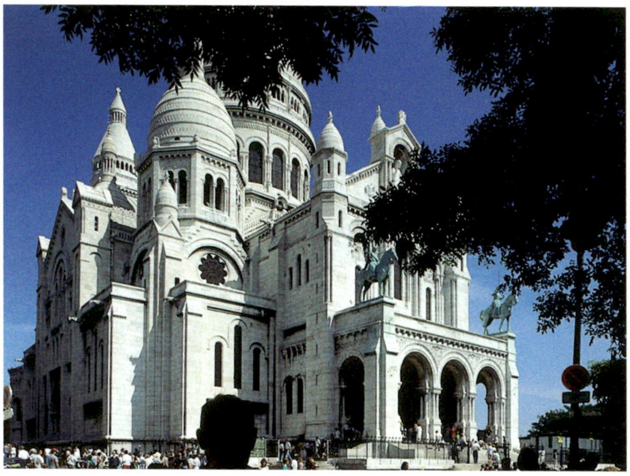

ABBILDUNG 7
Auch bekannt als »Der Zuckerdom«: Sacre Coeur auf dem Montmartre.

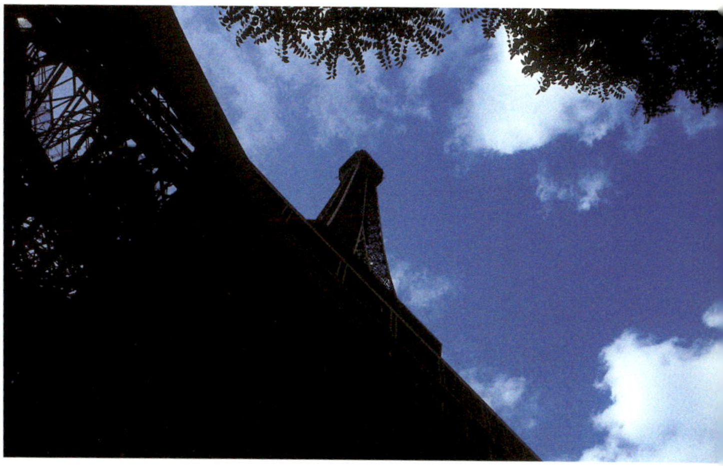

ABBILDUNG 8
Auch aus dieser Perspektive ist der Eiffelturm zu »identifizieren«.

1.2 Bilder im Kopf

1.2.1 Paris

Hier sind zunächst einmal ein paar Bilder von Paris. Wenn man diesen Satz liest, werden in den Köpfen bestimmte Assoziationen und Erwartungshaltungen ablaufen. Erwartungshaltungen in Bezug auf die »Highlights«, die alle von Paris kennen, auch wenn man die Stadt noch nicht persönlich gesehen hat. → [5, 6 & 7]

Vielleicht hat man andere Bilder dieser Stadt in seinem Kopf gehabt, vielleicht ist die Erwartungshaltung enttäuscht worden? Aber sicher hat man z. B. den Eiffelturm, die Pyramide *(sie ist so oft in Zeitungen abgebildet worden, dass man davon ausgehen kann, dass sie bekannt ist)* und Sacre Coeur erkannt. Man hat die Erwartungshaltung also wenigstens in einem Punkt mit dem Angebot in Übereinstimmung bringen können. In diesen Bildern erscheinen wenige Irritationen und sie entsprechen weitgehend einer konventionellen Bildauffassung. Das heißt, der Erkennungsmechanismus kann das visuelle Angebot relativ schnell einlösen Wahrscheinlich ist das auch noch mit den folgenden Bildern möglich. → [8, 9 & 10]

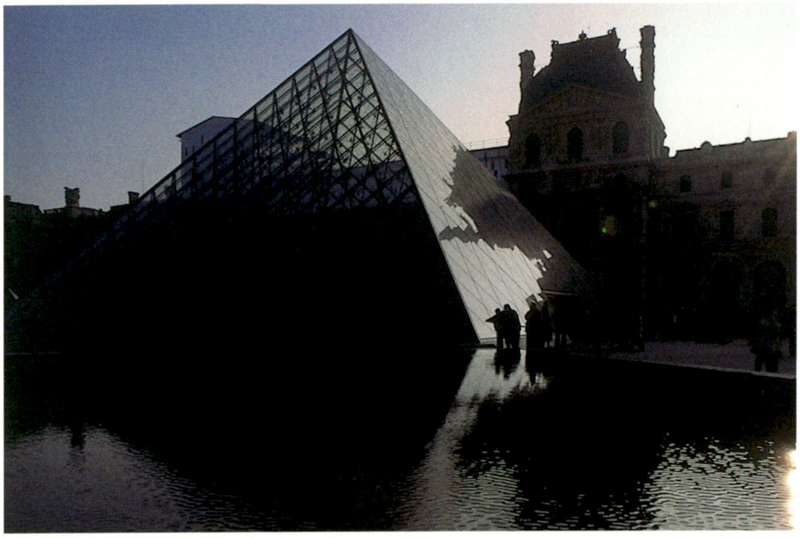

ABBILDUNG 9
Die Pyramide und der Louvre im Ausschnitt und nur teilweise im Licht.

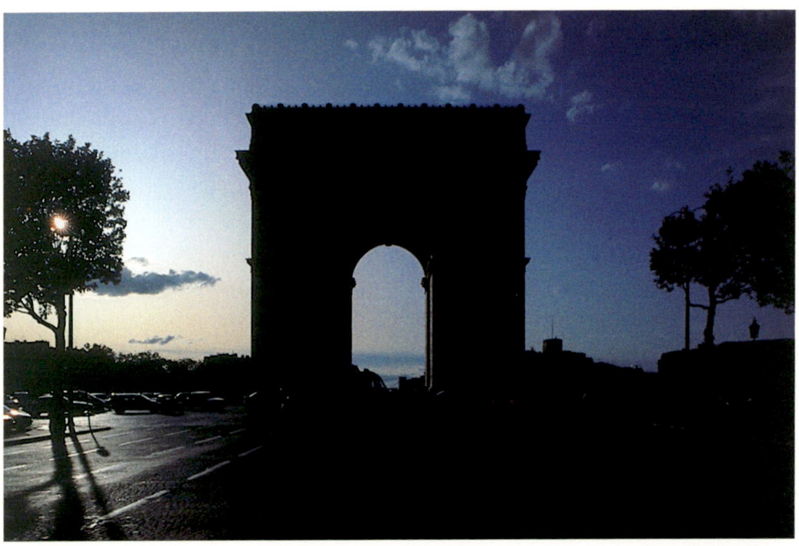

ABBILDUNG 10
Auch als Silhouette ist uns der Arc de Triomphe mit seiner unverkennbaren Form vertraut.

Es erscheint uns selbstverständlich und ist doch erstaunlich, dass man die Objekte auch noch erkennen kann, wenn man den Eiffelturm aus der Untersicht, die Pyramide und den Louvre im Ausschnitt und den Arc de Triomphe als Silhouette sieht.

Die Assoziationen, die mit Paris aktiviert werden, werden wahrscheinlich nicht erfüllt, wenn die Spatzen und die Ente als Paris »verkauft« werden, obwohl auch diese Bilder dort entstanden sind. → [11 & 12]

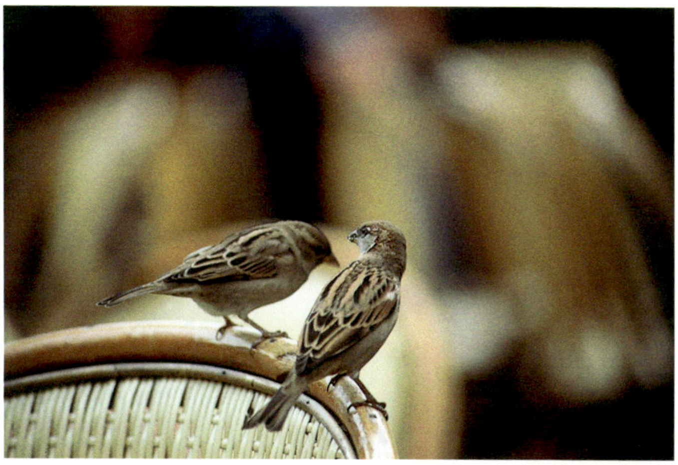

ABBILDUNG 11
Ein etwas ungewohnter Anblick aus Paris: die Turtelspatzen vom 7. Quartier.

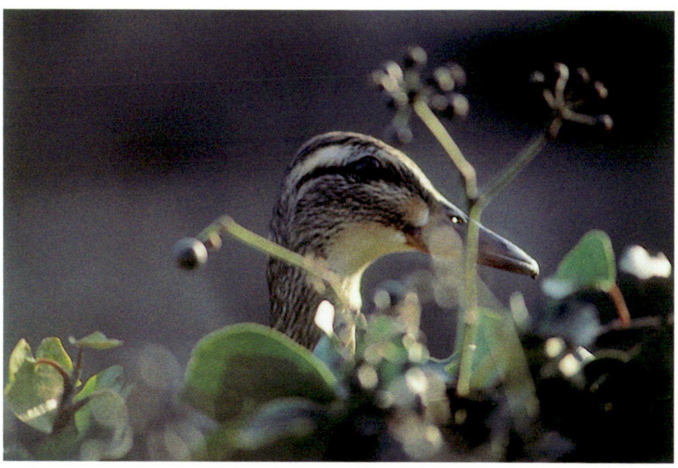

ABBILDUNG 12
Nicht als Paris-Kennzeichen erwartet: die Ente im Efeu am Ufer der Seine von Notre Dame.

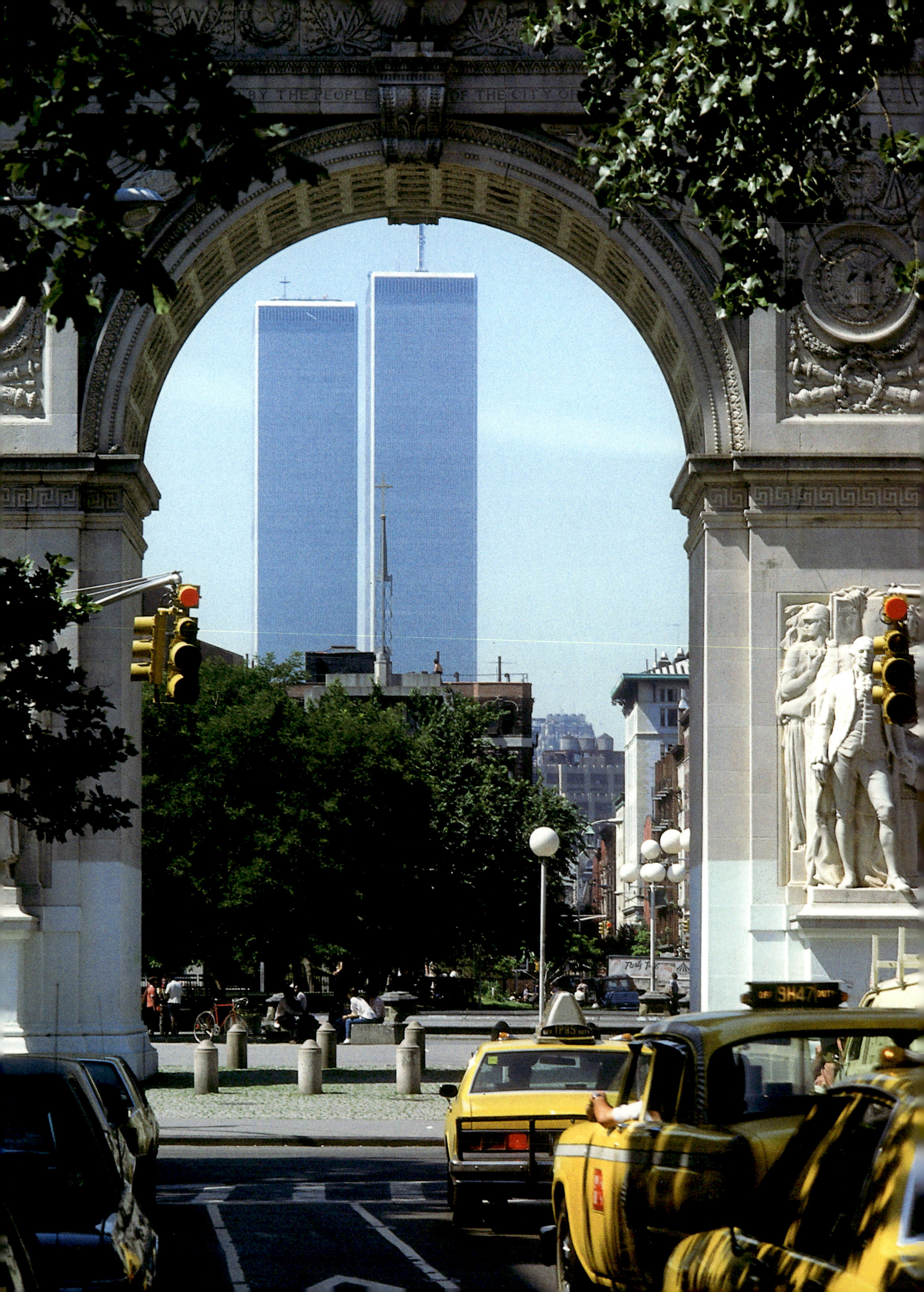
BY THE PEOPLE
OF THE CITY OF
9H47

1.2.2 New York

Einen anderen Aspekt stellen die Bilder vom World Trade Center in New York dar. Die Katastrophe, bei der am 11. September 2001 durch einen Terrorakt das Wahrzeichen New Yorks zerstört wurde und die Tausende von Menschen in den Tod riss, hat nicht nur die Bildrezeption verändert. Wir trauten unseren Augen nicht, das konnte doch nicht wahr sein! → [13]

Das war schlimmer als jeder Horrorfilm. Es war viel schrecklicher, als man sich ein Szenario vorstellen konnte. Jeder, der die friedlichen Bilder sieht, hat gleichzeitig die tagelangen Bildberichte des Fernsehens oder der Printmedien vor Augen, in denen die Flugzeuge in die Türme rasen. → [14]

Wir erkennen das Center, auch wenn wir es nie in der Realität gesehen haben. Die Bilder lösen Assoziationen der Katastrophe und des Grauens aus. Wir können dieses »Highlight« nicht mehr unbefangen als Bild rezipieren. → [15] Es ist zum Symbol geworden, zum »Erkennungszeichen« des Terrorismus. → [16]

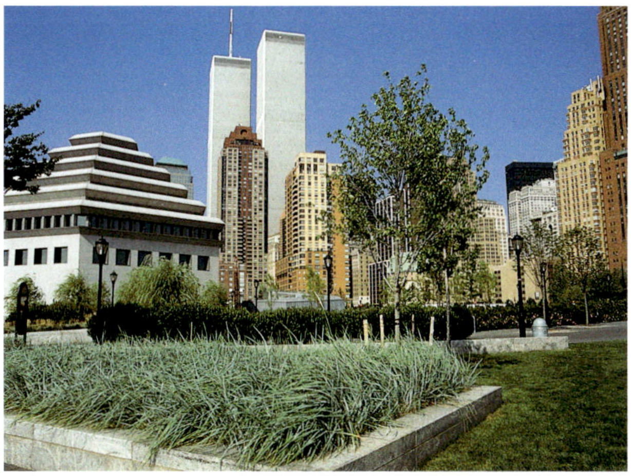

ABBILDUNG 14
Jedem, der die friedlichen Bilder sieht, stehen andere Bilder vor Augen. Die Bilder der Erinnerung und des Grauens lösen eine Assoziationskette von Vorstellungsbildern aus.

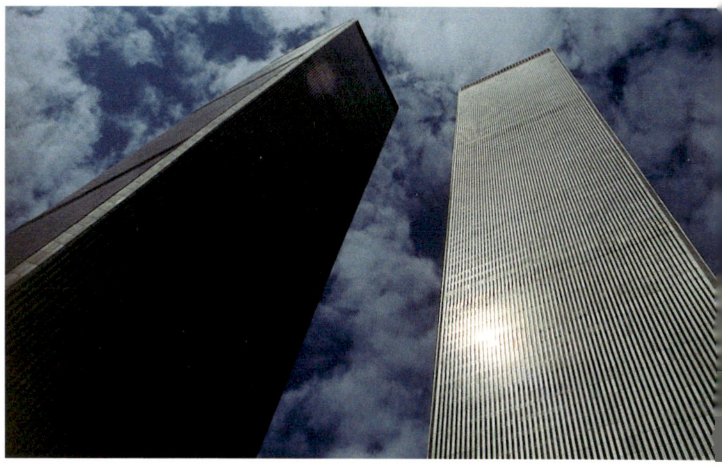

ABBILDUNG 15
Aus unmittelbarer Nähe sind die Türme des WTC die »echten« Wolkenkratzer.

← **ABBILDUNG 13**
Auch aus der Distanz vom Washington Square ragen die Türme noch in den Himmel.

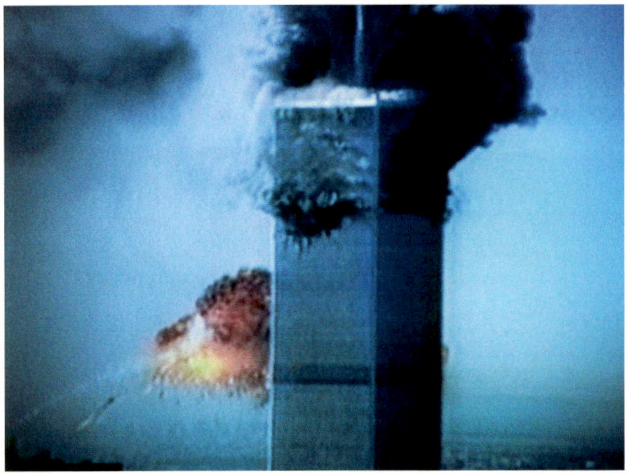

ABBILDUNG 16
Fernsehbilder, schlimmer als jeder Horrorfilm.

1.2.3 Probleme visueller Wahrnehmung

Damit haben wir schon eine Reihe von Problemen unserer visuellen Wahrnehmung angesprochen, mit denen wir gewöhnlich unsere Umwelt strukturieren. Die Wiedererkennung ist dabei eine der großen Triebfedern. Die Mechanismen unserer visuellen Wahrnehmung sind auf Identifikation und Selektion angelegt. Wir sehen handlungsorientiert über vieles hinweg, wir sehen, was wir sehen wollen. Nur, wenn wir wissen, wie diese Mechanismen funktionieren, werden wir verstehen, warum wir oft auf Bildern Kennzeichen der Realität für sie selber halten. Dann werden wir aber auch lernen können, das Potential der Bilder zu entdecken und zu verstehen. Als die psychologischen und physiologischen Erkenntnisse unserer Zeit den Künstlern noch nicht zur Verfügung standen, haben sie schon durch genaue und eingehende Beobachtung der Phänomene einige Wirkungen entdeckt, die durch unser menschliches Sehen bedingt sind. Sie haben sie in der Malerei, in der Skulptur und der Architektur umgesetzt. Wir werden an anderer Stelle noch darauf eingehen.

In der Photographie sprechen wir nicht nur vom »Objektiv«, wir glauben auch, dass die Linse uns »objektive« Daten liefert. Visuelle Wahrnehmung und Kameraaufzeichnung werden jedoch von unterschiedlichen Gesetzen bestimmt. Um den Bildern auf die Spur zu kommen, das heißt, um Bilder sehen, verstehen und auch darstellen zu können, müssen wir versuchen, unseren Erkenntnistrieb zurückzustellen, um die besondere Bildlichkeit zu entdecken, die uns neue und ungewohnte Realitätszusammenhänge enthüllen kann. Darum versuchen wir, das Sehen zu untersuchen und zu verstehen.★

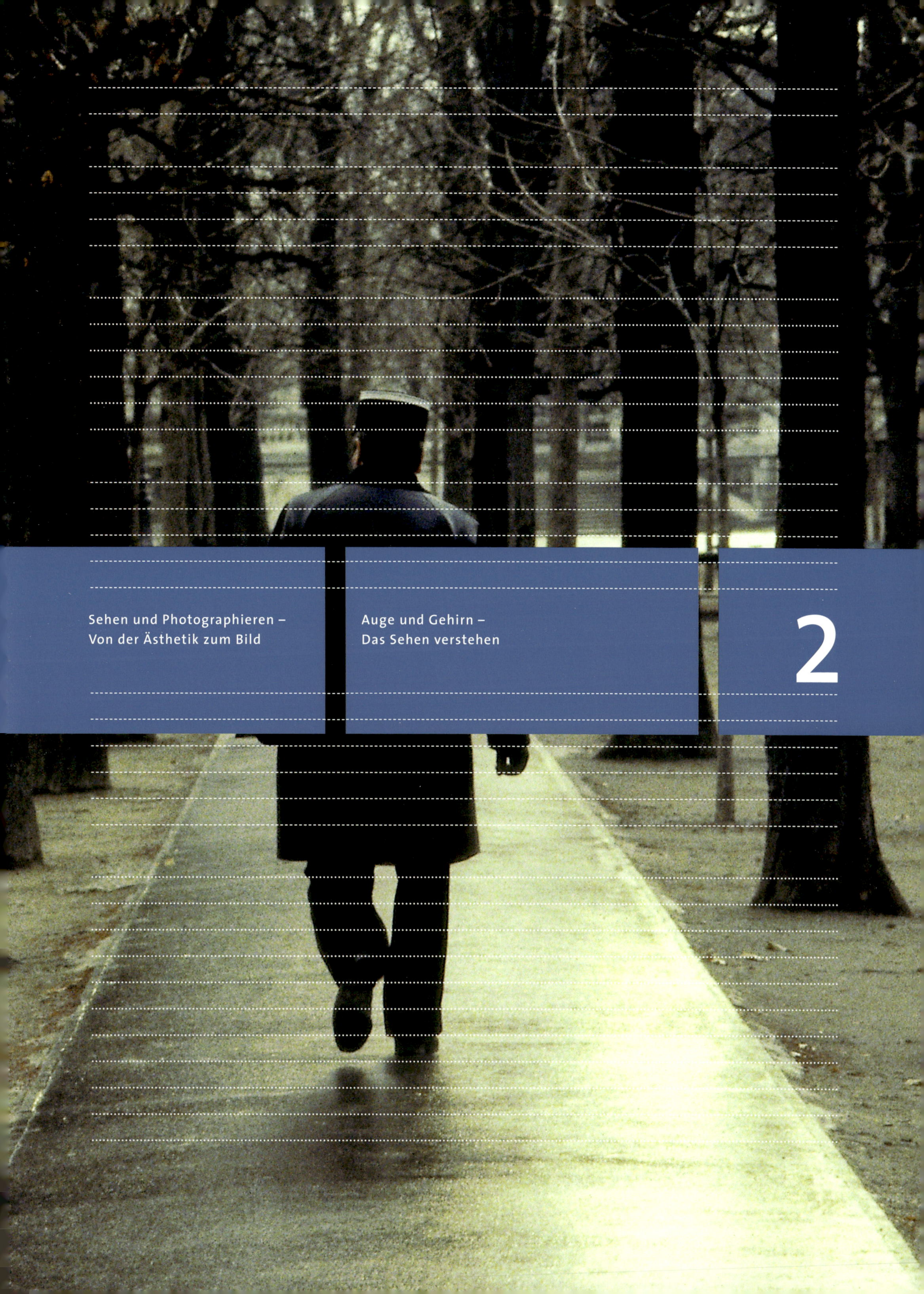
Sehen und Photographieren –
Von der Ästhetik zum Bild
Auge und Gehirn –
Das Sehen verstehen
2

2.1 Auge und Sehen

2.1.1 Analogie von Auge und Kamera?

Wir können Bilder analysieren, wir können ihren formalen Aufbau beschreiben oder ihren Inhalt entschlüsseln. Über ihre Wirkung etwas Verbindliches auszusagen fällt da schon schwerer, da wir uns auf eine andere Ebene begeben müssen. Bei der Wirkung der Bilder kommen unsere eigenen physiologischen und psychologischen Bedingungen ins Spiel. Es kommt nicht nur darauf an, was wir sehen, sondern wie wir sehen!

Es war im 20. Jahrhundert fast zwingend, Strukturanalysen zu betreiben, und weniger angesagt, sich um die Mechanismen unserer Wahrnehmung zu kümmern. Erst bei dem Versuch der Simulation ist klar geworden, wie kompliziert unsere menschlichen Funktionen arbeiten und wie schwierig es ist, das Sehen zu verstehen.

Zunächst ist das nur ein Problem der Photographie, denn damit sagt man ja noch nichts über den historischen Aspekt, das chemische Problem, den Produktionsprozess oder die soziale Verfügung des Mediums aus. Die Analogiesetzung von Auge und Kamera hat dazu beigetragen, der Kamera die Fähigkeit der Realitätsabbildung zuzuschreiben. Und damit sind wir bei einem grundsätzlichen Problem des Mediums Photographie. Es ist nicht sicher, worauf sich diese Behauptung gründet, aber es liegt nahe, dass man an den historischen Querschnitt des Ochsenauges gedacht hat, mit dem man beweisen wollte, dass das Auge wie eine optische Linse arbeitet, also ein auf dem Kopf stehendes Bild auf die Netzhaut projiziert. Das ist in Bezug auf das optische System nicht zu bestreiten, aber die visuelle Wahrnehmung ist komplexer. Welchen »kleinen Mann« oder welche »kleine Frau« haben wir denn hinter der Netzhaut sitzen, die uns das einfallende Licht interpretieren und einordnen können?

Es macht also Sinn, sich mit diesem Thema zu befassen, denn es ergeben sich daraus Konsequenzen für die Darstellung, also auch für die Gestaltung. Nur wenn wir verstehen, wie wir sehen, das heißt, was unsere Wahrnehmungsbedingungen sind und wie sie funktionieren, werden wir uns besser auf die Produktion und auch die Rezeption einlassen können. Und darum wollen wir uns als Erstes mit dem visuellen Wahrnehmungssystem des Menschen befassen.

2.1.2 Wie arbeitet das menschliche Auge?

Wir kehren zunächst zum optischen System des Auges zurück. Wenn man sich den Aufbau des menschlichen Auges vergegenwärtigt, so kann man die ersten Widersprüche der Analogie von Auge und Objektiv der Kamera leicht feststellen. Zwei Eigenschaften des Auges sind auffallend: [1.] der »Blinde Fleck« *(Papille)* und [2.] die Sehgrube *(Fovea centralis)*. Beide stellen ein Problem für ein einwandfrei projiziertes Bild dar. Der »Blinde Fleck« wird so genannt, weil an dieser Stelle der Retina keine Photorezeptoren existieren und die Sehnerven zusammenlaufen, um die Informationen an das Gehirn weiterzuleiten. An dieser Stelle können wir nicht sehen und es müsste dadurch ein Loch in unserm Bild auf der Retina entstehen. Die Sehgrube *(Fovea centralis)* ist dagegen der einzige Bereich, in dem scharf abgebildet wird, und somit müssten wir nur einen kleinen, begrenzten Bereich deutlich sehen können. Wenn man sich dann noch vorstellt, dass wir unseren Kopf und die Augen dauernd bewegen, das heißt, ständig neue Bilder auf unsere Retina projiziert werden, wäre das Ergebnis eine Überlagerung von mehreren Bildern aus unterschiedlichen Blickpunkten und ein schlichtes visuelles Chaos. → [17]

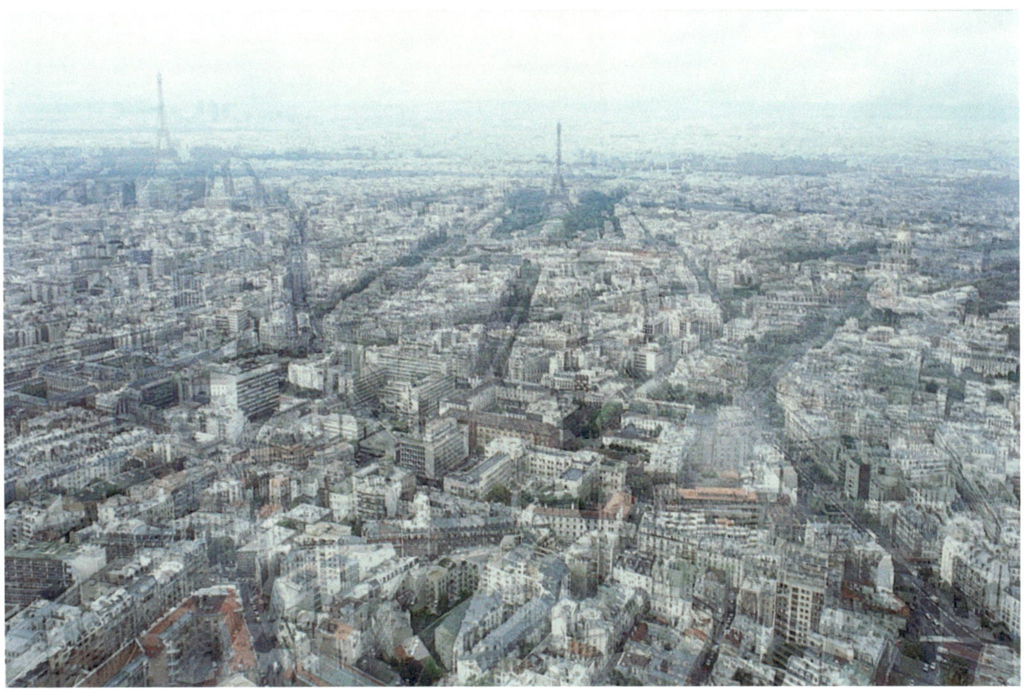

ABBILDUNG 17
Das ist ein Beispiel für ein visuelles Chaos. So müssten wir uns eine Überlagerung einzelner »Netzhautbilder« vorstellen, wenn wir die Augen nur leicht bewegen und unseren Blickwinkel verändern. Das kann vielleicht ein interessantes Bild sein, aber so sehen wir in der Regel nicht.

Wir wissen, dass das nicht der Fall ist. Zwar kann man in Versuchen die Erfahrung des blinden Flecks erproben, aber in der Regel sehen wir unsere Welt ohne Loch und wir haben zumindest den Eindruck, dass wir unsere Welt *(mit und ohne Brille)* deutlich und scharf sehen. → [18]

Das Sehen ist also nicht nur ein optisches Problem – wir sehen nicht, dass wir nicht sehen! Das Auge ist nicht allein verantwortlich für unser Sehen, sondern ein Bestandteil eines ganzen Wahrnehmungssystems, in dem die Informationen verarbeitet werden.

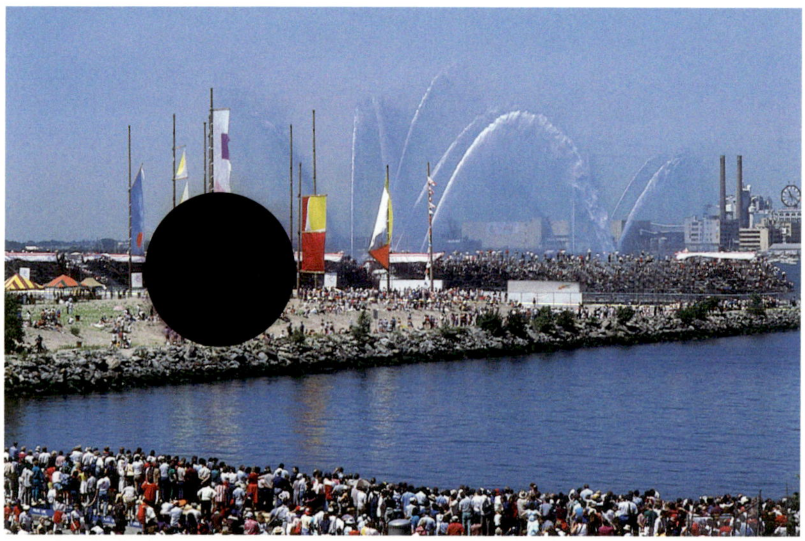

ABBILDUNG 18
Wenn man von einem Retinabild ausgeht, müsste im Bild eigentlich ein solches Loch, das durch den blinden Fleck bedingt ist, erscheinen. Das Sehen ist also nicht nur ein optisches Problem – wir sehen nicht, dass wir nicht sehen!

2.1.3 Der Aufbau des Auges

Betrachten wir zunächst die Konstruktion des Auges:

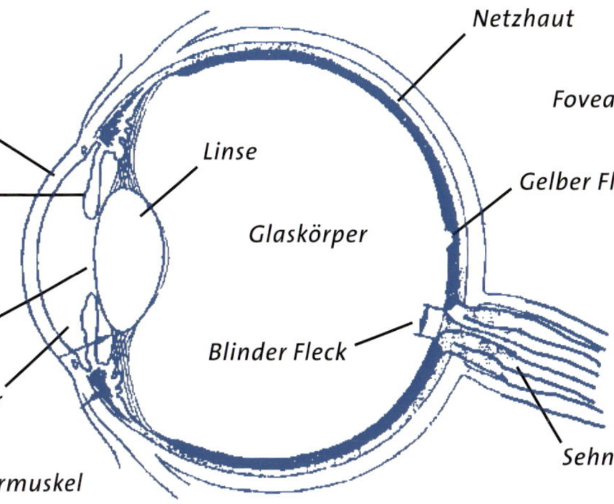

ABBILDUNG 19
Ein Querschnitt des Auges, der die wichtigsten Teile des Auges zeigt. Die Sehgrube »Fovea« nimmt nur einen sehr kleinen Teil der Netzhaut ein. Dort, wo der Sehnerv das Auge verlässt, kann keine Verarbeitung auf der Retina stattfinden: das ist der so genannte »Blinde Fleck«.

Glücklicherweise haben wir zwei davon, das heißt, wir sehen binokular. Jeder Augapfel wird von sechs äußeren Muskeln gehalten, die die Augenbewegungen steuern. Das Licht, das als physikalische Energie auf die Netzhaut trifft, muss zunächst einige Stationen passieren. Horn- und Bindehaut schützen das Auge, hinter der das Kammerwasser liegt, wobei die Hornhaut die Funktion der Lichtbrechung übernimmt. Dahinter liegt die Iris *(auch Regenbogenhaut genannt)*. Sie ist ein ringförmiger Muskel, der die Pupille umgibt. Dieser Muskel reguliert die einfallende Lichtmenge, indem er sich bei starkem Lichteinfall zusammenzieht und bei geringem öffnet. Die Iris muss opak, das heißt dicht genug sein, um eine Blende für die Linse darzustellen. Sie braucht eine gewisse Zeit, um sich der einfallenden Lichtmenge anzupassen und ist pigmentiert. Ihre reiche Farbskala bestimmt unsere Augenfarbe, von der in der Regel mehr geredet wird als von ihrer Funktion. Die Öffnung, die durch diesen Muskelring entsteht, wird Pupille genannt und durch sie fällt das Licht auf die Linse.

Die einfallenden Lichtstrahlen werden, wie oben schon gesagt, auf der Hornhaut und in der Linse gebrochen. Die Linse versucht nun, sich der jeweiligen Fokussierung anzupassen, indem sie ihre Form, aber nicht ihre Position verändert, zum Beispiel zieht sie sich beim Nahsehen zusammen und hat eine ausgeprägte konvexe Form. Diese Fähigkeit der Akkommodation nimmt, wie wir wissen, im Alter ab, was in der Regel dann zur Weitsichtigkeit führt. Das Innere des Auges, der so genannte Glaskörper, wird von einer gallertartigen Masse, die mit Adern durchzogen ist, ausgefüllt.

2.1.4 Die Beschaffenheit der Retina

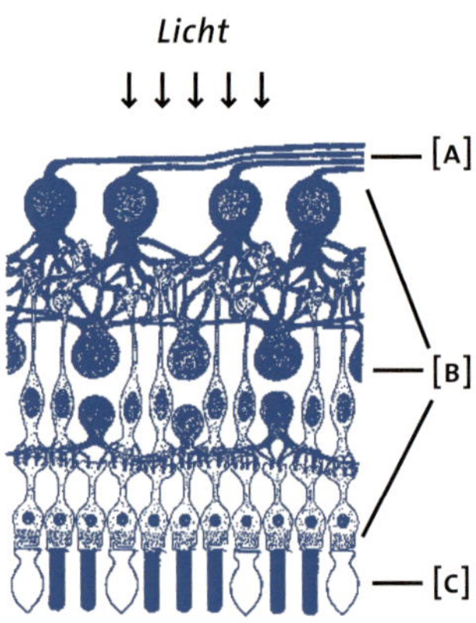

ABBILDUNG 20
Aufbau der Retina: [A] Die Bündelung der Zellschichten bilden den Sehnerv. [B] Bipolare Zellschicht und Ganglienzellschicht, die den Photorezeptoren vorgelagert sind. [C] Die Photorezeptoren, die auf der dem Licht abgewandten Seite der Retina liegen. Sie bestehen aus Zapfen *(weiß)* und Stäbchen *(dunkel)*.

Nachdem das Licht den Glaskörper passiert hat, trifft es auf die Retina *(Netzhaut)*. Sie überzieht in einer dünnen Schicht von etwa 0,2 mm den Augenhintergrund und ist ein sehr komplexes Nervensystem mit unterschiedlichen Zellschichten, die miteinander verbunden sind. Sie passt sich der kugelförmigen Gestalt des Auges an, die ihren größten Vorteil in der Drehfähigkeit besitzt.→ [20]

In der Netzhaut des Auges setzen unterschiedlich lichtempfindliche Zellen, Zapfen und Stäbchen, optische Eindrücke in Nervensignale um. Die Schicht der so genannten Photorezeptoren liegt hinter zwei Schichten von bipolaren Zellen und einer Ganglienzellschicht und somit merkwürdigerweise auf der dem Licht abgewandten Seite der Retina. Das Licht muss erst diese Zellschichten passieren, um die Photorezeptoren zu erreichen. In diesen Schichten werden die Signale bereits bis zu einem gewissen Grad analysiert und bearbeitet.

Die Photorezeptoren bestehen aus zwei verschiedenen Arten:
[1.] Die Stäbchen sind gerade und dünne Zellen, von denen sich etwa 125 Millionen auf der Retina *(die Fläche einer Briefmarke)* befinden. Sie sind für Licht sehr empfindlich und für das Hell-Dunkel-Sehen zuständig. Diese Rezeptoren reagieren auf sehr schwache Lichtreize, zum Beispiel in der Dämmerung oder Nacht, dann können allerdings keine Farbunterschiede wahrgenommen werden. Die Stäbchen sind gebündelt mit den nächsten Zellschichten verbunden. Sie haben keine Direktverbindung zu den Ganglienzellen und die Interpretation durch das Gehirn ist nicht so präzise.

[2.] Die Zapfen sind keilförmig und rundlich und etwa 7 Millionen breiten sich auf der Retina aus. Sie sind für Licht weniger empfindlich und reagieren erst auf höhere Intensitäten und Farben. Es existieren drei Typen von Zapfen, die für Rot, Grün und Blau empfindlich sind. Ein einzelner Zapfentyp kann noch keinen Farbeindruck vermitteln, aber die drei Zapfentypen reichen aus, um alle Schattierungen von Farbeindrücken im Gehirn entstehen zu lassen. Die beiden Rezeptorenarten ergänzen sich.

Wichtig ist festzuhalten, dass in der Retina erste Informationen verarbeitet und durch die Bündelung im Sehnerv zum Gehirn weitergeleitet werden. Bereits in diesem Stadium findet ein Abstraktionsprozess statt, der die Menge der Daten reduziert. Einer Eingangsebene von ca. 126 Millionen Rezeptoren steht eine Ausgangsebene von einer Million Ganglienzellen gegenüber.

»Das bedeutet eine Signalreduktion von 126:1.« [SINZ, 1978]

Die Retina ist also nicht nur ein Bestandteil des Auges, sondern man versteht sie als einen besonders ausgebildeten Teil der Gehirnoberfläche, was auf die enge Relation Auge und Gehirn hindeutet. Das heißt, die Retina ist nicht die Projektionsfläche für optischen Reize und nicht der Abschluss des Sehprozesses.

2.1.5 Die Fovea

In der Fovea centralis *(Gelber Fleck)*, einem kleinen Bereich der Retina, konzentrieren sich etwa 150 000 von ca. 7 Millionen Zapfen pro Quadratmillimeter. Sie bilden das Zentrum der größten Sehschärfe. Diese Fovea stellt eine Ausnahme auf der Retina dar, weil ihre Zapfen, die Photorezeptoren, unmittelbar vom Licht erreicht werden, also nicht von den anderen beiden Zellschichten überlagert werden. Jeder Zapfen der Fovea verfügt über eine eigene Verbindung zu den Bipolaren- und Ganglienzellen und dadurch über einen direkten Weg zum Gehirn. Zu den Rändern der Retina nimmt die Verteilung der Rezeptoren ab, die dann aber besonders für das Bewegungssehen empfindlich sind.

2.1.6 Sehnerv und Sehnervkreuzung

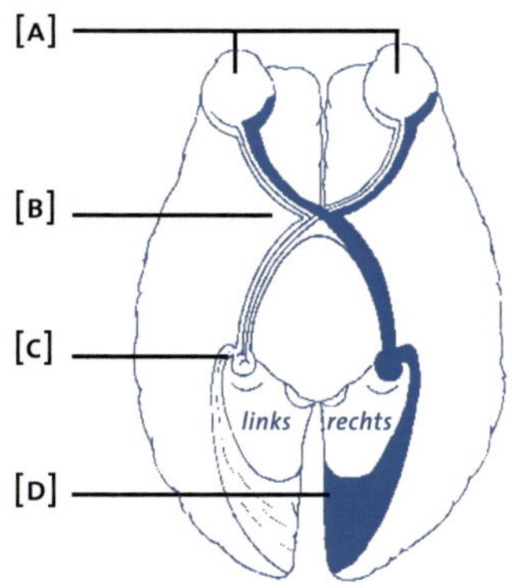

ABBILDUNG 21
Querschnitt durch die Sehbahn. Von den Augen aus gesehen wird das linke Sehfeld auf der rechten Seite des Gehirns verarbeitet und umgekehrt [A]. Durch die Sehnervkreuzung [B] werden die Sehfelder vereinigt und über die Kniekörper [C] zum primären Sehfeld [D] geleitet.

Die Nervenfasern der Ganglienzellen bilden den Sehnerv. Kurz nach dem Eintritt ins Gehirn überkreuzen sich jeweils die Hälfte der Sehnervfasern und leiten die Eindrücke kodiert ohne Unterbrechung zu je einer Zellhäufung tief ins Gehirn, zu den so genannten äußeren Kniekörpern. Die Kniekörper können nur auf Signale des rechten oder des linken Gesichtfeldes reagieren, das heißt, dass die Signale des linken Gesichtfeldes *(der rechten Augenhälfte)* in die rechte Hemisphäre und umgekehrt weitergeleitet werden. Von den Zellen der Kniekörper führt eine unmittelbare Verbindung zum primären Sehfeld im Neokortex. Von diesem primären Sehfeld werden über mehrere Nervenbahnen Informationen zu benachbarten Rindenfeldern, zu tiefer im Gehirn liegenden Stellen, zu den Schläfenlappen und anderen Bereichen geleitet. Einige dieser Verbindungen gehen zurück zu den Kniekörpern, deren Funktion bisher unbekannt ist.→ [21]

Das primäre Sehfeld ist also nicht als Ende, sondern als eine erste Station der Verarbeitung der visuellen Information zu verstehen. Hier wird eine Voraussetzung für das Erkennen von Formen und Mustern geschaffen, es werden Kanten und Ecken registriert. Die Form oder Gestalt und Farbe, Richtung, Position und Tiefe und das Erkennen werden an anderer Stelle des Kortex analysiert und wahrgenommen.

2.1.7 Das Auge als Teil des Wahrnehmungssystems im Gehirn

Man kann jetzt verstehen, wie kompliziert der visuelle Wahrnehmungsvorgang ist, wenn schon mehrere Stationen durchlaufen werden müssen, bis die ersten Informationen das primäre Sehfeld erreichen und dort auch nur Merkmale der Form verarbeitet werden. Auge und Gehirn sind keine Projektionswand, auf der sich die Bilder abheben. Sie arbeiten unzertrennlich zusammen, man könnte auch sagen, das Auge ist ein Bestandteil des Gehirns und einem kontinuierlichen Verarbeitungsprozess vorgeschaltet. Gibson sieht in den Resultaten von vielen Laborversuchen einen Widerspruch zur tatsächlichen Wahrnehmung der Umwelt und versucht eine umfassende Theorie von Wahrnehmung und Umwelt zu entwickeln. Er besteht darauf, dass das visuelle System des Menschen ein Zusammenwirken von Körper, Kopf und Auge bedingt und setzt an die letzte Stelle:

»... schließlich die Netzhaut eines jeden Auges, die aus lichtempfindlichen Zellen und Nervenzellen zusammengesetzt ist.« [GIBSON, 1982]

Wir »sehen« ohne Loch *(»Blinder Fleck«)*, weil unser Gehirn die Verarbeitung der gesehenen Information in komplexer Weise übernimmt. Wir »sehen« scharf, weil unser Gehirn uns aus unserer Erfahrung und aus unserem Wissen ein »Bild« aufbaut, das Stabilität und Konstanz vortäuscht. Im weiteren Sinne wird daraus unser Weltbild oder unsere »Weltanschauung« konstruiert.

Vielleicht liegt die Faszination der photographischen Bilder für uns im Festhalten der Momente, dem Fixieren. Unsere visuelle Wahrnehmung hat viele Möglichkeit, die der Fixierung hat sie nicht. Wir können zwar den Augenblick bitten, zu verweilen, weil er so schön ist, aber der nächste Moment wird ihn ablösen. Unsere visuelle Wahrnehmung muss sich auf ständige Veränderung einstellen und ihr entgegenwirken, damit die gesehene Welt im Eindruck stabil bleibt.

Das so genannte Netzhautbild erklärt unsere Wahrnehmung nicht und es wird noch einmal Gibson zitiert, um zu zeigen, dass das Problem weltweit behandelt wird:

»Die falschen Problemstellungen stammen aus der falschen Analogie zwischen Fotografie und visueller Wahrnehmung, die jedermann für gegeben hielt. Das Fotobild hält aber einen erstarrten Moment innerhalb einer stets wechselnden optischen Anordnung fest. (...) Zu einem latenten Bild auf der Retina besteht hier nicht einmal die leiseste Ähnlichkeit. Ist es schon irreführend genug, das Auge mit einer Kamera zu vergleichen, so ist es noch schlimmer, die Netzhaut einer fotografischen Filmschicht gleichzusetzen.« [GIBSON, 1982]

2.2 Selektion und Abstraktion – Sehen und Sakkaden

2.2.1 Konzentration und Auswahl

Der Mensch ist der Vielfalt des visuellen Angebotes nicht hilflos ausgeliefert. Schon im peripheren Bereich des optischen Systems finden Selektions- und Abstraktionsprozesse statt, die sich im weiteren Verlauf der visuellen Verarbeitung im Gehirn verstärken. Im »normalen«, visuellen Wahrnehmungsprozess fällt eine Fülle von Sehangeboten der Selektion des Sehens zum Opfer, um die Orientierung des Menschen in dieser Welt zu gewährleisten. Und trotzdem ist der Mensch in der Lage, Objekte zu identifizieren, ihre unterschiedliche Oberflächenstruktur in einer optischen Anordnung zu unterscheiden, kurz eine Welt zu sehen, die sich ihm optisch, in Abschattungen und Überlagerungen nur teilweise präsentiert. → [22]

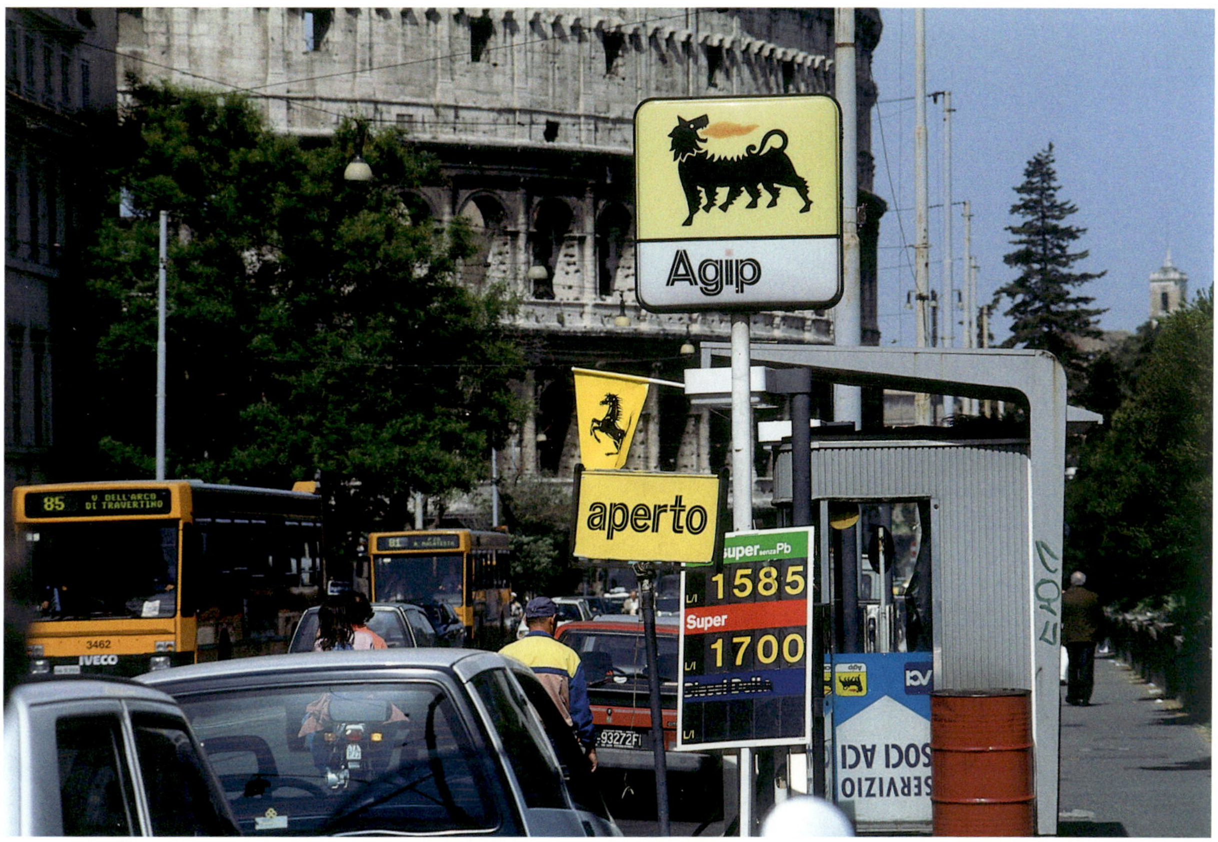

ABBILDUNG 22
Autos, Menschen, Bäume, Plakate, Schrift und Farben senden ihre visuellen Reize aus, und trotzdem kann der Mensch seine Umwelt strukturieren.

Unser Sehen ist von Konzentration, Selektion und Abstraktion geprägt. Das heißt, auch unsere Wahrnehmungsmechanismen haben die Eigenschaften so zu sehen. Wenn wir unseren Blick auf etwas richten oder unser Blick von etwas angezogen wird, so wird ausgewählt, das Wesentliche aufgenommen und das Unwesentliche vernachlässigt.

Unser Sehen ist in der Regel also nicht detail-, sondern handlungsorientiert, damit wir in der Fülle der visuellen Angebote unseren Weg finden. Wenn wir einen Raum mit einer bestimmten Intention betreten, wissen wir nicht, wie die Türklinke ausgesehen hat, die wir benutzt haben, oder die Lampe, die den Raum beleuchtete. → [23 & 24]

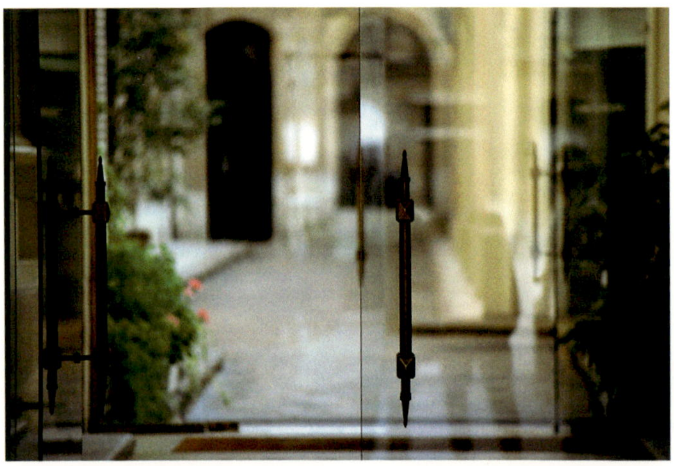

ABBILDUNG 23
Normalerweise achten wir in einer handlungsorientierten Aktion nicht auf Details. In der Regel wissen wir nicht, wie die Türklinke ausgesehen hat, mit der wir eine Tür geöffnet haben.

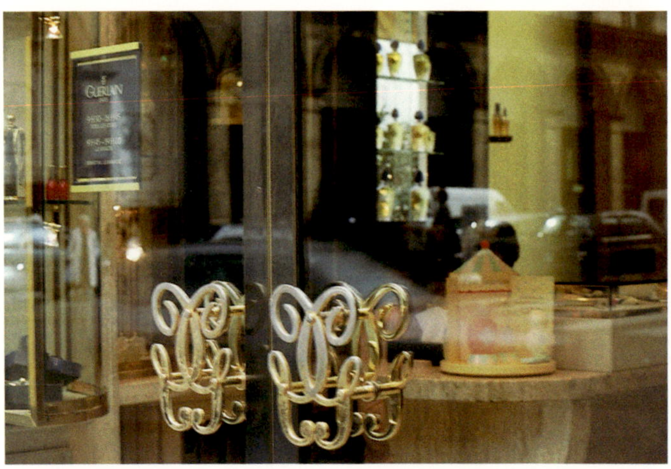

ABBILDUNG 24
Wenn wir es mit einer außergewöhnlichen Form eines Türgriffs zu tun haben, kann er vielleicht unsere Aufmerksamkeit erregen.

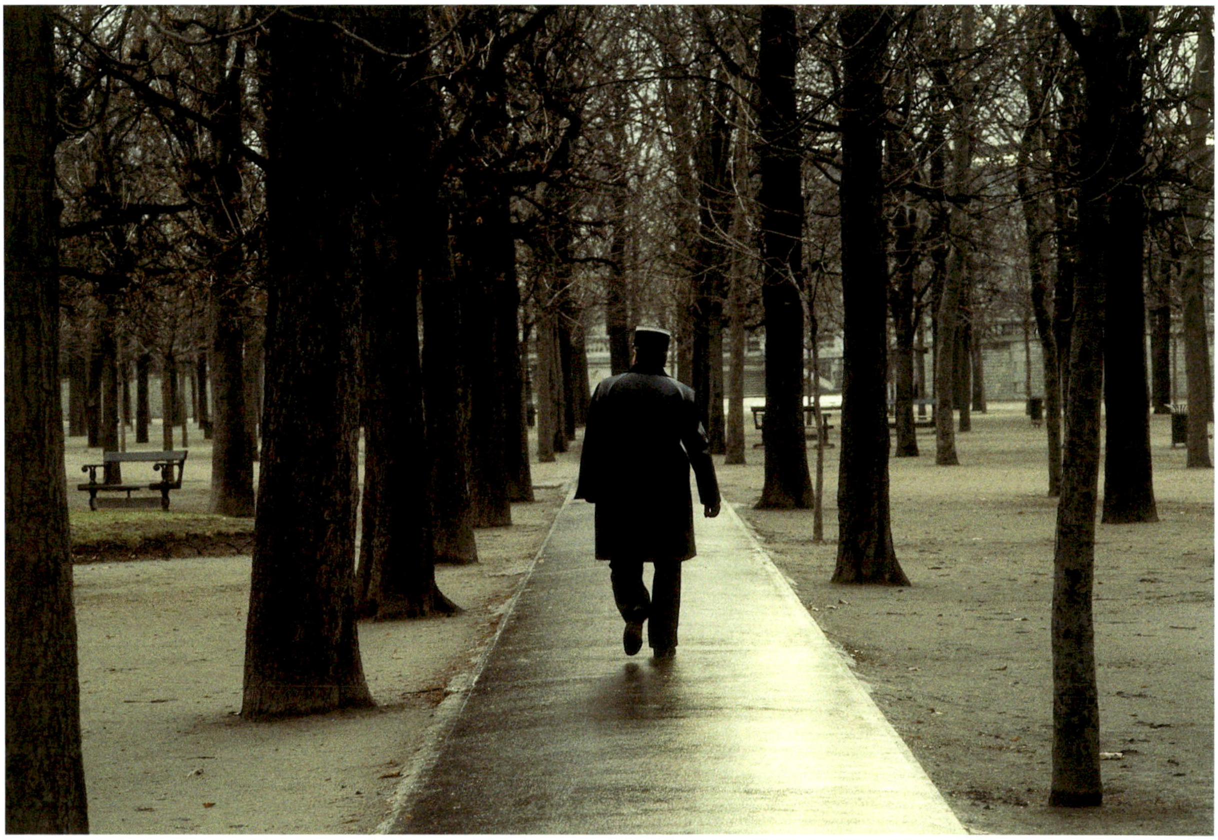

ABBILDUNG 25
Linien und Kontraste leiten die Augenbewegungen in die entsprechende Richtung. Sie signalisieren »Kanten zwischen zwei Flächen« oder »Flächenbegrenzungen« und weisen uns zur Gegenstandserkennung.

Um unser Ziel zu erreichen, sehen wir über vieles hinweg. Andererseits wird unser Blick von einigen Phänomenen angezogen, auf die unsere Augen unmittelbar reagieren. → [25]

Es sind zum Beispiel Bewegungen, die wir am Rand unseres Blickfeldes vorrangig bemerken, weil sie Gefahr signalisieren können. Konturen, Linien, aber auch Grenzen von Schwarzweiß- oder Farbkontrasten werden vorrangig wahrgenommen, sie signalisieren »Kanten zwischen zwei Flächen« oder »Flächenbegrenzungen« und weisen uns zur Gegenstandserkennung. → [26]

Schon in den zwanziger Jahren hatte die Gestalttheorie, auf die wir in Kapitel 6 noch eingehen werden, behauptet, dass das Sehen prägnante Strukturmuster erfasst und nicht mechanisch einzelne Elemente aufzeichnet. Physiologisch lässt sich das heute in einigen Untersuchungen bestätigen.

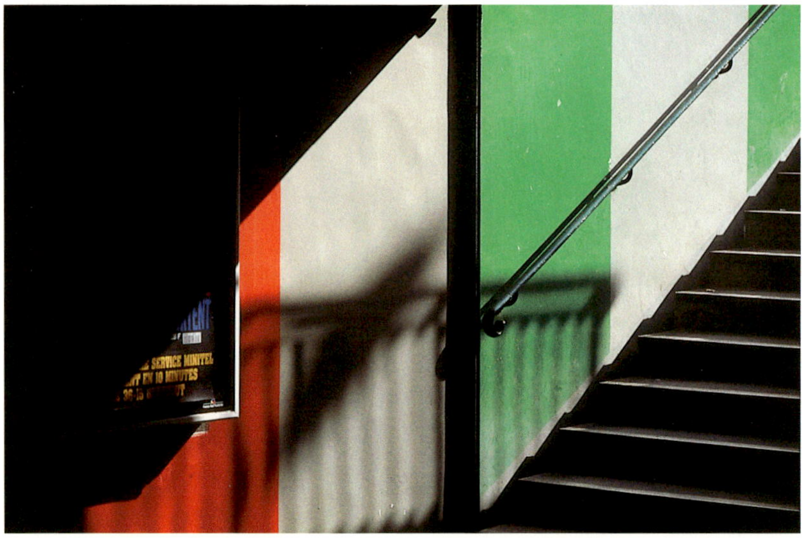

ABBILDUNG 26
Konturen, Linien, aber auch Grenzwerte von Schwarzweiß- oder Farbkontrasten werden vorrangig wahrgenommen.

2.2.2 Die sakkadischen Augenbewegungen

Unsere Augen, mit denen wir unsere Umwelt visuell wahrnehmen, funktionieren normalerweise, ohne dass der eigentliche Prozess des Sehens in unser Bewusstsein dringt. Damit die Lichteindrücke auf der Retina nicht verblassen, braucht das Auge alle 2–3 Sekunden neue Reizimpulse. Um diese Impulse zu fokussieren, indem die Fovea die richtige, zentrale Position einnimmt, verändert das Auge ständig seine Stellung. Stärkere Veränderungen der Blickrichtung werden durch Bewegen der Augäpfel bzw. des Kopfes vollzogen.

Linien und Kontraste, die unsere Augen wahrnehmen, werden, im Gegensatz zu unserer eigenen Empfindung, in ruckartigen, unfreiwilligen Augenbewegungen aufgenommen. Diese ruckartigen schnellen Bewegungen, auch Sakkaden genannt, die in Fixationen kurz zur Ruhe kommen, können weder vom Menschen selbst noch vom Beobachter wahrgenommen werden.

Experimente haben gezeigt, dass das Auge den Gegenstand nicht in der Art einer Fernsehkamera, das heißt, in fortlaufenden Linien abtastet oder einer Kontur folgt, sondern sich auf einige fixierte Bereiche beschränkt. Die Fixationen verändern sich, wenn den Versuchspersonen Fragen in Bezug auf den Bildinhalt gestellt werden. Bildunterschriften zum Beispiel können dann Einfluss auf die Bildrezeption nehmen.

2.2.3 Aufzeichnungsmethoden von Sakkaden

Zum ersten Mal hat der russische Psychophysiker L. A. Yarbus 1957 Augenbewegungen einer Versuchsperson beim Betrachten von Bildern aufgezeichnet. Man fragt sich natürlich, wie man diese Augenbewegungen beobachten kann, wenn sie mit dem bloßen Auge nicht sichtbar sind? Man hat Methoden entwickelt, die heute im Zusammenhang mit Computerberechnungen diese Sakkaden ziemlich genau aufzeichnen können. In der letzten Zeit haben sich die Methoden verbessert und sind für die Versuchspersonen einfacher geworden.

Um Beispiele für solche Sakkaden zu erhalten, ist man auf wissenschaftliche Untersuchungen angewiesen. Der Sonderforschungsbereich 360 »Situierte künstliche Kommunikatoren« der Universität Bielefeld hat mir freundlicherweise einige der Experimente vorgeführt und ich konnte sehen, wie mit modernen Geräten, man nennt sie »Eye-Trackers«, die Augenbewegungen gemessen wurden. Ein Kopfgestell wird einer Versuchsperson aufgesetzt, das ihr leichte Bewegungen erlaubt ohne eine Verringerung der Messgenauigkeit. → [27]

ABBILDUNG 27
Aufnahme: Universität Bielefeld, Sonderforschungsbereich 360 »Situierte künstliche Kommunikatoren«. Der so genannte Eye-Tracker, ein modernes Gerät, das Augenbewegungen aufzeichnet.

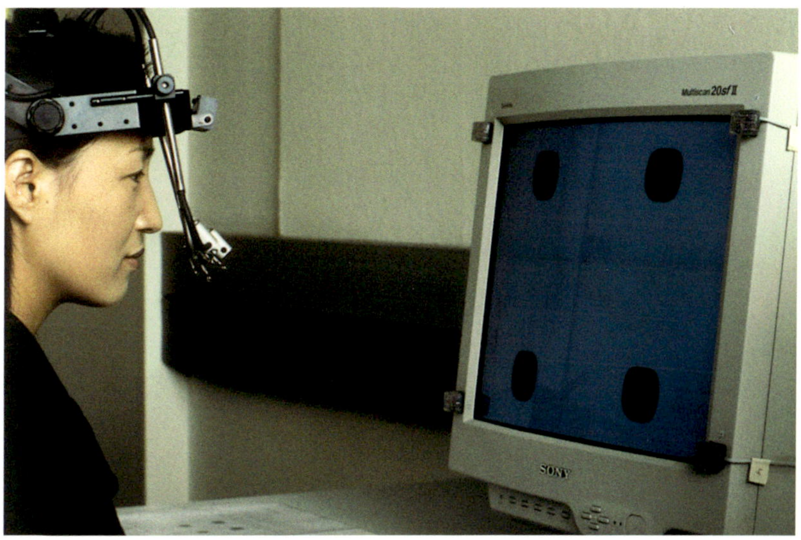

Zwei Miniaturkameras am Kopfgestell ermitteln die Pupillenposition eines Auges und die Ausrichtung zum Monitor. Die Stimuli werden auf einem computergesteuerten Monitor dargeboten und die Aktionen beginnen mit einer Kalibrierung, bei der die Versuchsperson nacheinander neun verschiedene Punkte anschauen muss, um Stützpunkte für die Umrechnung der Kameradaten in die Bildschirmkoordinaten der momentanen Blickposition zu gewinnen.

Die Kamera, die auf die Pupille gerichtet ist, zeichnet die Lichtbrechungen an der Hornhaut und in der Linse auf, und durch die oben erwähnten Computerberechnungen können die Sakkaden auf das wahrgenommene Objekt protokolliert werden.

Die normalen Sakkaden werden von beiden Augen ungefähr fünfmal in der Sekunde ausgeführt. Die Information, die von den Randgebieten der Retina aufgenommen wird, steuert die sakkadischen Augenbewegungen, deren Größe meist einen Winkel zwischen 4 und 15 Grad hat. Einzelne Sakkaden schießen über das Ziel hinaus und müssen korrigiert werden, was den Sehvorgang aber weiter nicht stört. Das Gehirn berechnet vor jeder Sakkade die zu erwartende Änderung des Gesichtsfeldes, so dass der Betrachter die Verschiebung auf der Retina gar nicht bemerkt.

2.2.4 Beispiele von Sakkadenaufzeichnungen

Es werden zwei Beispiele von wahrgenommenen Bildern gezeigt. Die erste Abbildung, die das Max-Planck-Institut für Psycholinguistik in Nijmwegen freundlicherweise zur Verfügung gestellt hat, zeigt die Abbildung eines Fuchses.→ [28]

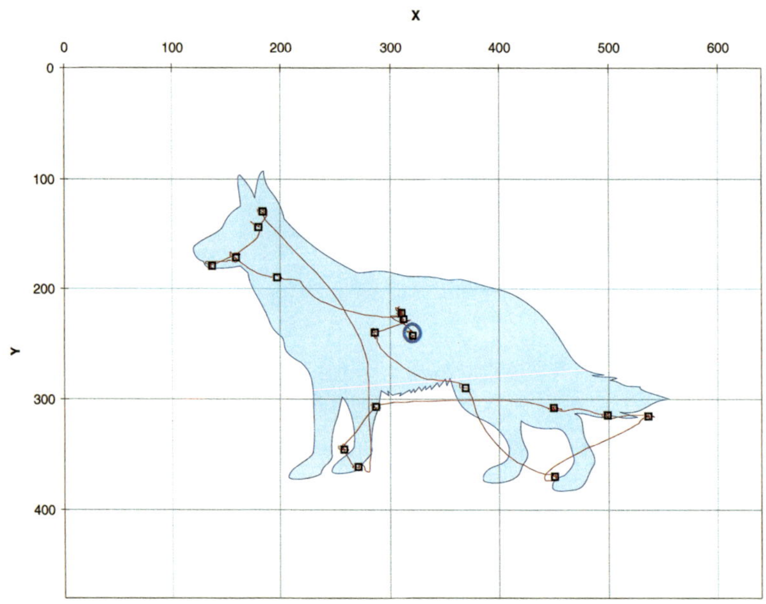

ABBILDUNG 28
Aufzeichnung: Sakkaden, Max-Planck-Institut für Psycholinguistik, Nijmwegen. Entgegen der Erwartung folgen die einzelnen Augenbewegungen nicht der Kontur, sondern verweilen nur an wenigen Punkten der Darstellung.

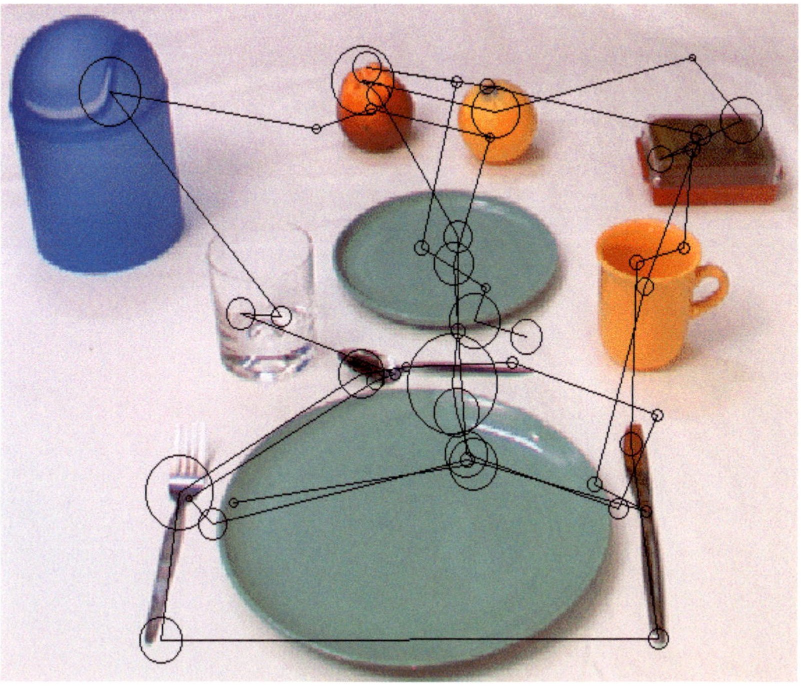

ABBILDUNG 29
Aufzeichnung: Marc Pomplan: Sakkaden, Universität Bielefeld, Künstliche Kommunikatoren. Selbst in komplexeren Konstellationen beschränkt sich das Auge wahrnehmend mit einigen Details. Die Größe der Kreise bezeichnen die Dauer der Fixationen.

Wenn wir diese durchgängig konturierte Zeichnung mit einer helleren Blautönung sehen, erwarten wir eigentlich, dass wir beim ersten Betrachten der Kontur der Zeichnung folgen, um ihre Bedeutung zu erkennen. Aber wir stellen hier schon fest, wie unsere Erwartungshaltung irritiert wird. Als Erstes zielt der Blick mitten in die Figurantin, um sich dann an den Extremitäten zu tummeln, von dort aus den Kopf zu erreichen und wieder zum Ausgangspunkt zurückzufinden. Jedes der kleinen Vierecke markiert die Fixation einer Sakkade. Wo bleibt das »Projizierte Bild« und wo die »Leserichtung«, der man in der Bildgestaltung immer eine bedeutsame Rolle zugewiesen hat? Noch überzeugender lassen sich in einem anderen Bild→[29] die Sakkadenaufzeichnungen verfolgen, wo wir es mit einer komplexen Kombination von Gegenständen zu tun haben. Auch hier liegt der erste Blick quasi in der Mitte des Bildes und wandert zu den einzelnen Gegenständen, wobei zum Beispiel die Dose nur mit einer Sakkade gestreift wird. Hier verweisen die unterschiedlichen Kreise auf die Dauer der Fixationen. Für die Wiedererkennung genügen wenige Daten und erstaunlicherweise liegt eine Sakkade zwischen den Gegenständen, wahrscheinlich, um die Entfernungen der Konstellation einzuschätzen.

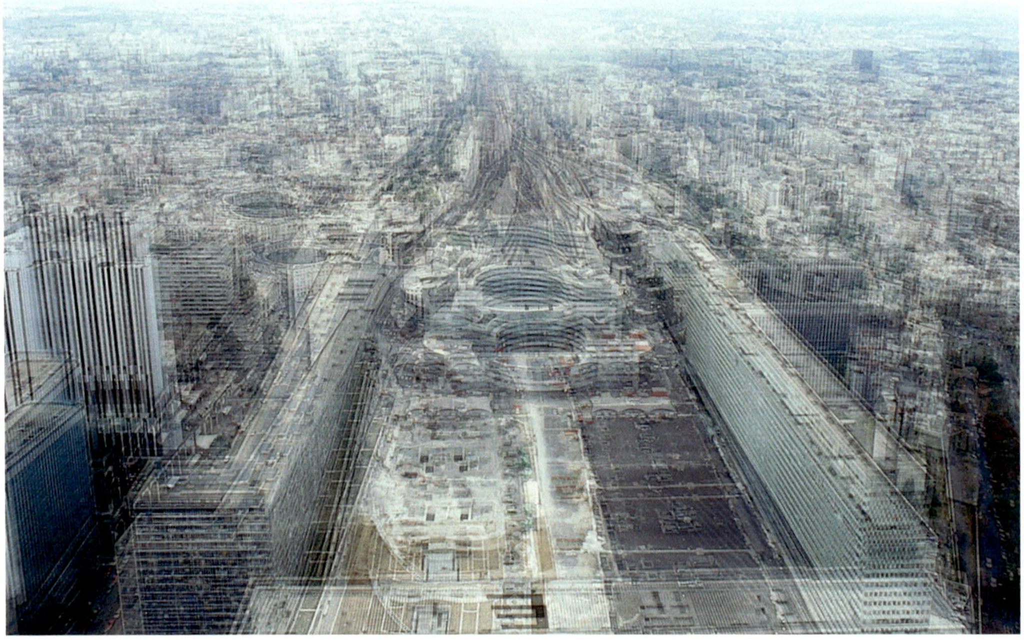

ABBILDUNG 30
Wie wir schon beschrieben haben, würde bei einer Folge von so genannten Retinabildern eine Überlagerung auf der Netzhaut stattfinden und wir würden ungefähr einen solchen Seheindruck haben.

2.2.5 Die Aktivität des Sehens

Die sakkadischen Augenbewegungen spielen eine große Rolle in der visuellen Wahrnehmung. Sie haben ihren besonderen Stellenwert bei der Verarbeitung des Gesehenen innerhalb des Sehsystems. Unsere Augen nehmen die Reize also nicht simultan, gleichzeitig, sondern sukzessiv, das heißt nacheinander auf. Wir haben schon davon gesprochen, dass sich die Bildeindrücke nicht überlagern können – denn dadurch würden sie nur ein unscharfes, kaum zu erkennendes Bild erzeugen. → [30]

Es muss aus diesen Daten eine Struktur entstehen, die diese gesehenen Einzelheiten zu einem Ganzen zusammenbaut. Zum Aufbau dieser Struktur, zum Beispiel eines Gegenstandes, ist nun keineswegs jedes Detail notwendig, das heißt, wir nehmen in der Aktivität unseres Sehens zugleich eine Selektion und eine Auswahl vor, um daraus unser Gegenstandsbild zu erzeugen. Doch diese Verarbeitungsprozesse finden nicht im Auge statt. Wir haben schon gesagt, dass das Auge ein Organ eines ganzen Wahrnehmungssystems ist.

Der Mensch konstruiert in seinem Gehirn eine kognitive Welt, der er Bedeutung zuweist:

»Bei diesem Übersetzungsprozess geht aber das ›Original‹ unwiederbringlich verloren; denn da im Gehirn der signalverarbeitende und der bedeutungserzeugende Teil eins sind, können die Signale nur das bedeuten, was entsprechende Gehirnteile ihnen an Bedeutung zuweisen.« [SCHMIDT, 1986]

An diesen Erkenntnissen wird besonders deutlich, dass es auch nicht ganz einfach ist, die »Realität« zu definieren. Ist Realität die Objektwelt der Dinge, die außerhalb meiner selbst existiert – die Seinsweise der Dinge; oder ist Realität die von uns wahrgenommene Welt und somit die Erscheinungsweise der Dinge? Man kann das anhand der drei Aufnahmen, die das gleiche Motiv darstellen, kurz durchspielen. → [31, 32 & 33]

Diese Fragen beschäftigen die Philosophen seit über zweitausend Jahren und darum ist es vielleicht der Mühe wert, diese Fragen in Bezug auf die Photographie erneut zu diskutieren.

2.2.6 Der Scan Path und die Wiedererkennung

Jede Person hat einen charakteristischen Weg, die Dinge, die ihr bekannt sind, anzuschauen. Oder auch, jedes Objekt wird von einer Person in einem bevorzugten Weg wahrgenommen. Das hat seine besondere Bedeutung im Zusammenhang mit visuellem Lernen und Erkennen. Wenn man die Augenbewegungen verbindet und verfolgt, kann man einen bestimmten Weg ablesen, der bei Wiederholungen gelegentlich leichte Abweichungen enthält, aber die Regelmäßigkeit überwiegt. Noton und Stark bezeichnen den sich wiederholenden Weg als »Scan Path«. Das Objekt wird durch seine prinzipiellen Merkmale identifiziert und ist durch sie und den »Scan Path« im Gedächtnis repräsentiert. ★

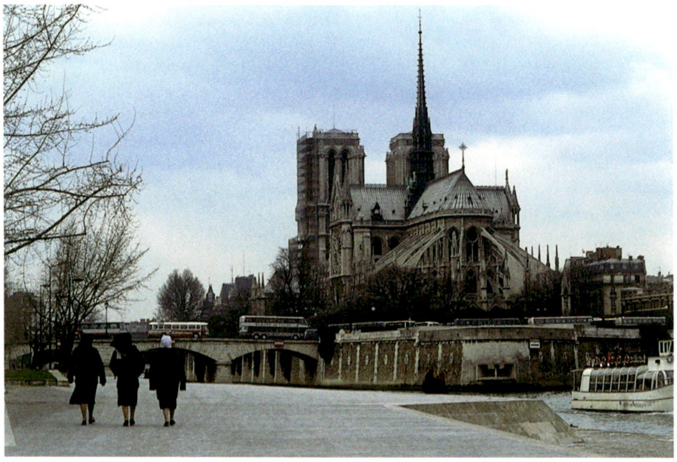

ABBILDUNG 31
Diese Aufnahme von Notre Dame in Paris ist mehr oder weniger registrierend. Sie zeigt die Architektur in einer neutralen Ansicht. Die Beleuchtung ist neutral, ohne Dramatik und ohne eine bestimmte Situation wiedergebend. Selbst die drei Personen und das Schiff am Bildrand scheinen sich dieser Darstellungsweise anzupassen. Man könnte hier auch von einer Wirkung des Seinscharakters der Objekte sprechen.

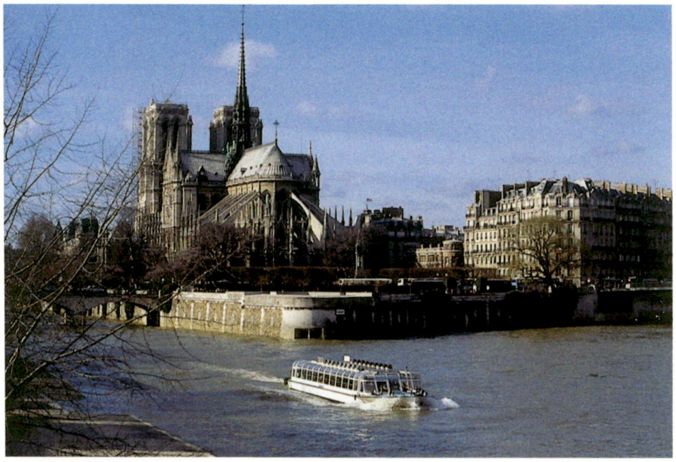

ABBILDUNG 32
Wenn wir diese Aufnahme mit Abbildung 31 vergleichen, sie sind ja ungefähr vom gleichen Standpunkt aufgenommen, so zeigt die Beleuchtung, dass es sich um eine momentane Situation handelt. In den nächsten Minuten können sich die Lichtverhältnisse und die Schiffsposition verändern. Hier ist die Erscheinungsweise der Objekte stärker betont.

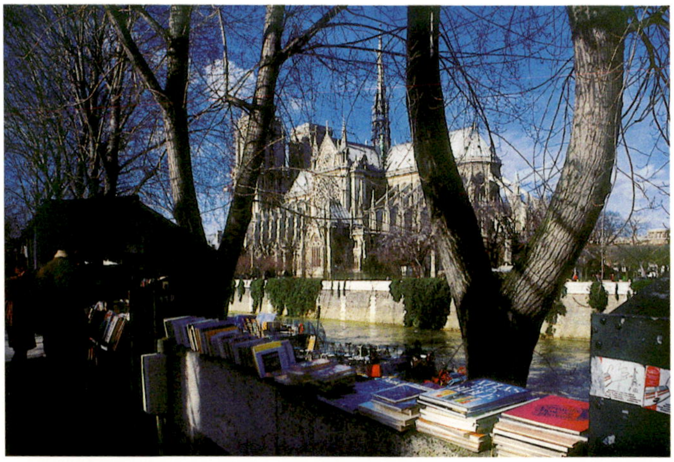

ABBILDUNG 33
Bei dieser Aufnahme, aus der Sicht der Bouquinisten, erscheint uns Notre Dame im Kontext einer Stimmungssituation.

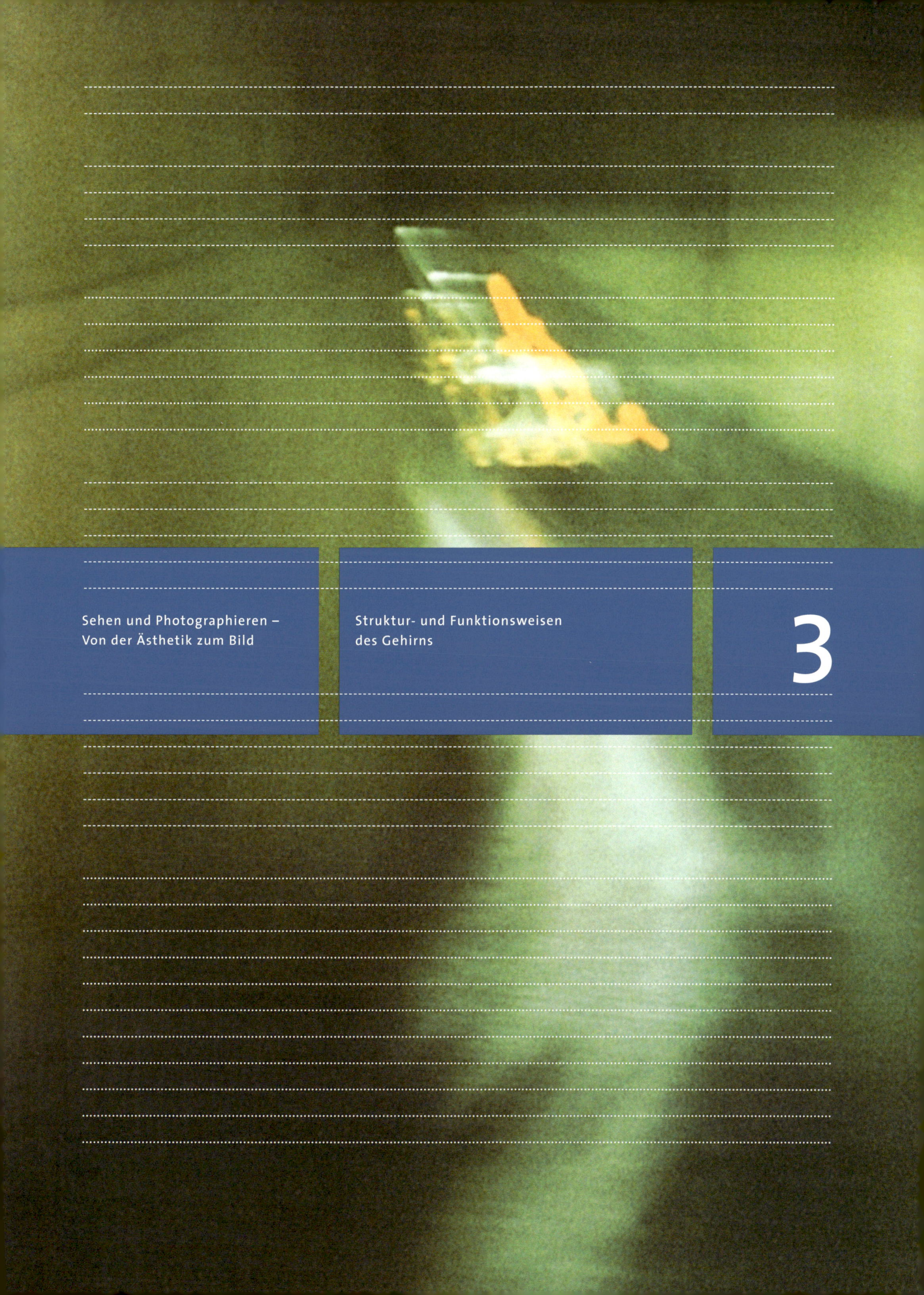

Sehen und Photographieren –
Von der Ästhetik zum Bild

Struktur- und Funktionsweisen des Gehirns

3

3.1 Der Aufbau des Gehirns

3.1.1 Vom Stammhirn zum Neokortex

Es ist erstaunlich, wie vielfältig die Funktionen des Gehirns sind. Es hat sich herumgesprochen, dass auch die Emotionen hier gesteuert werden, dass wir nicht mit dem Herzen, sondern mit dem Gehirn lieben! Unsere Emotionen entscheiden darüber, was wir speichern und im Gedächtnis festhalten wollen. Wir können logisch denken und zugleich in einen irrationalen Zustand verfallen, der alle gewonnenen Erkenntnisse für eine Zeit lang außer Kraft setzt. Die verschiedenen Bereiche des Gehirns betreiben einen permanenten und intensiven Austausch von Aktivitäten, Signalen und Informationen.

Mit den ca. 1500 Gramm, die das menschliche Gehirn wiegt, können wir eine beachtliche Menge von Aktivitäten und Handlungen, Denk- und Gefühlsprozessen, Kommunikation und Kreativität auslösen. Wir können Gesehenes und Gehörtes speichern, können Assoziationen produzieren, die sich auf unser Wissen und Fühlen beziehen, und aus all diesen Aktivitäten konstruieren wir unser »Weltbild«. Innerhalb dieser Aktivitäten ist das Sehen kein isolierter Prozess, Wissen und viele Funktionen des Gehirns sind daran beteiligt.

Die Entwicklung des Gehirns hat eine lange Geschichte. Im Stammhirn, dem ältesten Teil des Gehirns, werden z. B. Atmung, Herzschlag, Schluckbewegungen, Verdauung und Blutdruck reguliert. Das Kleinhirn ist für motorische Koordination und willkürliche Bewegungen verantwortlich. Das Mittelhirn ist hauptsächlich für Emotionen, Gefühle und Geruch zuständig. Der so genannte Thalamus ist die Schaltzentrale für den Austausch von motorischen und sensorischen Informationen zwischen tiefer liegenden Bereichen und dem Kortex. Im Hypothalamus befinden sich die Nervenzellen für das autonome Nervensystem. Hier erfolgt die Regelung der Hormondrüsen und der primären Triebe, wie Hunger, Durst und Geschlechtsverhalten. Außerdem ist er für die Konstanz des inneren Milieus, z. B. Herzschlag, Atemfrequenz, Körpertemperatur, Wasserhaushalt und vegetativen Funktionen, verantwortlich.
Der Hipocampus übernimmt das Einspeichern ins Gedächtnis. Er ist die erste Station für das Behalten gesehener Bilder, die dann in der Großhirnrinde abgelegt werden. In dieser Zusammenarbeit spielt die Großhirnrinde *(Neokortex)* eine besondere Rolle.→ [34]

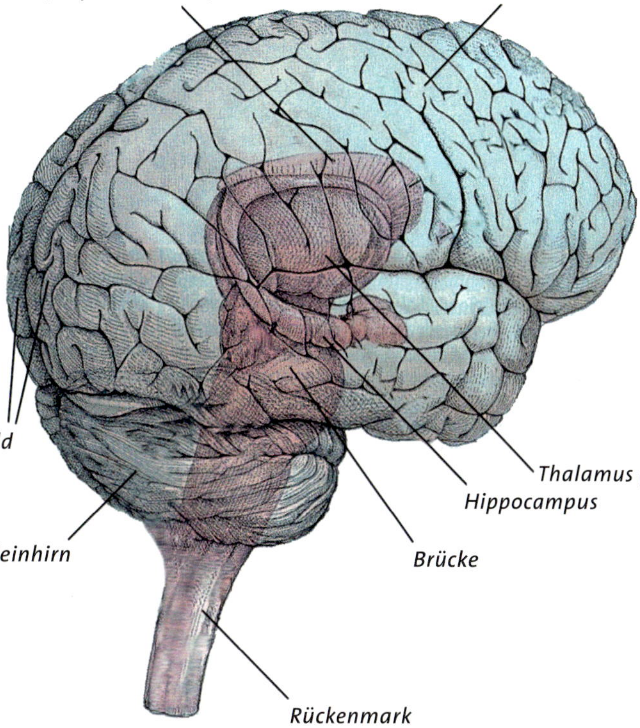

ABBILDUNG 34
Der Aufbau des Gehirns. In der schematischen und transparenten Darstellung lassen sich unterschiedliche Bereiche erkennen.

3.1.2 Die Großhirnrinde (Neokortex)

Die einzigartigen neuronalen Verbindungen erklären die vielseitigen Fähigkeiten unseres Gehirns. Die menschliche Großhirnrinde ist in der Entwicklung des Menschen der jüngste Teil des Gehirns und hat sich später als die anderen Bereiche entwickelt und umhüllt das ganze Gehirn. Im so genannten Neokortex sind ca. 70% aller Neuronen des gesamten zentralen Nervensystems versammelt. Aber es ist nicht nur die Anzahl der Neuronen, die beindruckt, sondern im Laufe der Evolution hat dieses Organ eine erstaunliche Leistungsfähigkeit entwickelt, mit der die bewusste Existenz des Menschen gesteuert wird. Der Neokortex hat die Fläche von ca. 1 Quadratmeter, seine Schicht ist etwa 2 mm dick und durch seine Faltung auf sehr geringem Raum untergebracht. Im Neokortex sind unter anderen Sprach-, Analyse- und komplexe Wahrnehmungsfähigkeiten angesiedelt. Die Eigenschaft, diese Fähigkeiten durch Lernen zu aktivieren, besitzt nur der Mensch und das unterscheidet ihn von den Primaten, die eine wesentlich primitivere Struktur des Kortex besitzen. Das motorische Rindenfeld, das sich zwischen den beiden Ohren über eine Furche entlangzieht, ist für die willkürlichen Muskelbewegungen zuständig und auch bei Tieren zu finden. Im daneben liegenden sensorischen Feld werden die Informationen der Sinnesempfindungen der Haut, der Knochen, der Gelenke und der Muskeln bearbeitet. In den motorischen und sensorischen Rindenfeldern sind die einzelnen Körperregionen lokalisiert, vom Zeh bis zum Kopf. Man hat eine Reihe von Funktionsbereichen im Kortex lokalisieren können, aber der so genannte »Gehirnatlas« hat fließende Grenzen. Die Systeme sind in der Literatur auch unter Schaltkreisen oder Netzwerken bekannt.

»Heute können wir mit Gewissheit sagen, dass keine einzelnen ›Zentren‹ für Sehen und Sprache oder auch Vernunft und Sozialverhalten existieren. Vielmehr gibt es ›Systeme‹, die aus mehreren untereinander verbundenen Gehirnabschnitten bestehen.« [DAMASIO, 1997]

3.1.3 Nervenzellen und Verarbeitung

Das Gehirn hat etwa einhundert Milliarden Nervenzellen, aber sein Potential wird über die Kontakte unter den Nervenzellen aller Gehirnbereiche um ein Vielfaches vermehrt. Durch mehrere Tausend Synapsen *(Kontaktstellen)* erhält eine Nervenzelle *(Neuron)* über Dendriten *(Eingangsfasern)* Informationen und sendet ihrerseits über Axone *(Ausgangsfaser)* eine ähnliche Anzahl von Signalen aus. → [35]

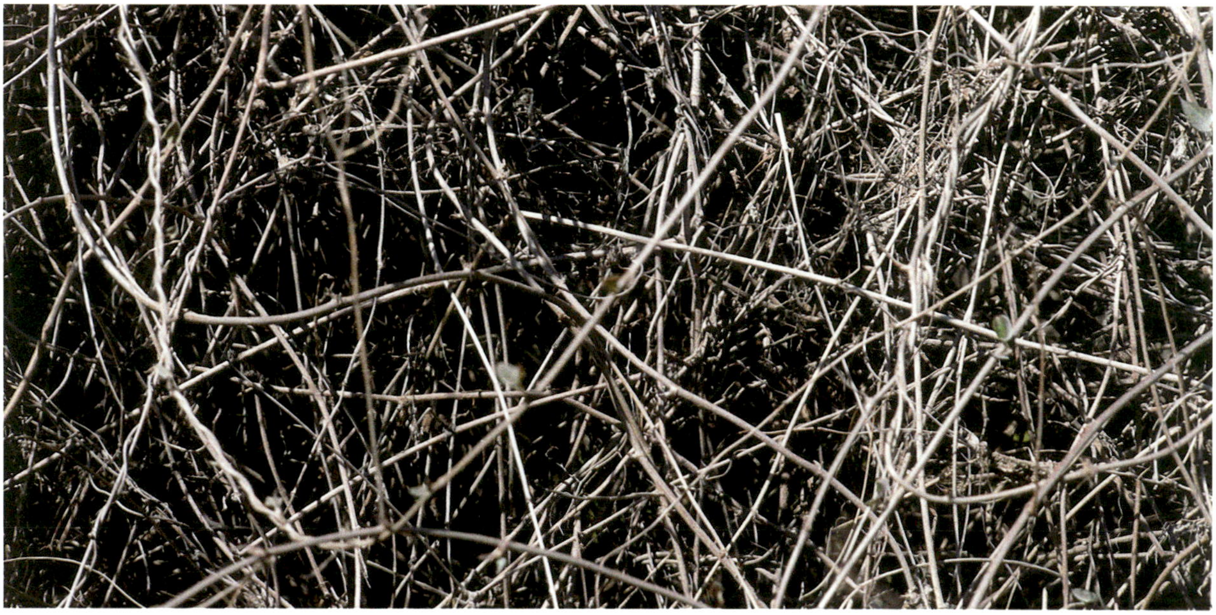

ABBILDUNG 35
Wenn wir uns die Verbindungen der Nervenzellen vorstellen, dann entspricht das vielleicht solchen Bildern. Es erscheint wie ein Wunder, dass diese Verbindungen und Verzweigungen Ordnung im Chaos vermitteln.

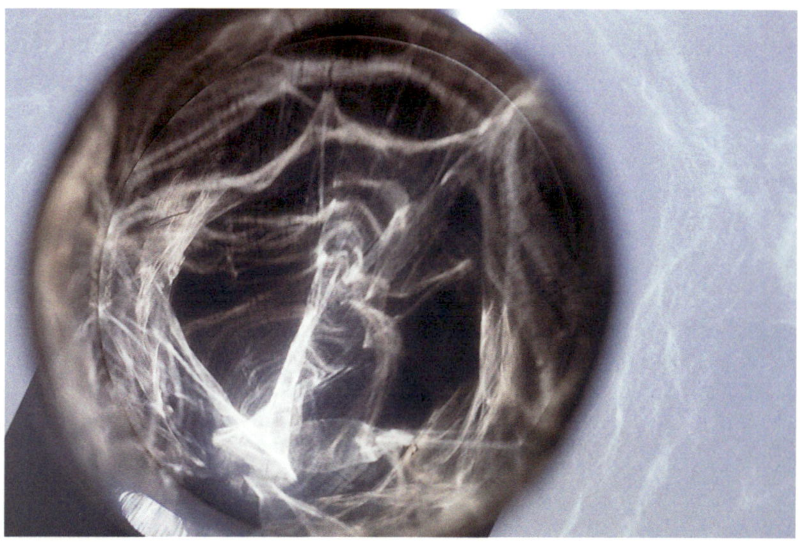

ABBILDUNG 36
So könnte man sich die so genannten Systeme vorstellen, die mit einem akzentuierten Bereich und Verbindungen zu anderen Bereichen aktiv sind.

An den Synapsen, den Schaltstellen von Axonen und Dendriten, findet der Austausch von chemischen Substanzen statt, hier werden elektrische Impulse vermittelt, die so genannten Aktionspotentiale. Viele Neuronen agieren nahe beieinander, andere sind über mehrere Millimeter oder gar Zentimeter durch die Axone verbunden. Wir haben oben schon die »Systeme« erwähnt:

»Mit einem Wort, das Gehirn ist ein Supersystem aus Systemen.« [DAMASIO, 1997]

Unzählige Blutgefäße versorgen das Gehirn mit Sauerstoff und Nährstoffen. Wie man sich vorstellen kann, ist das Zusammenwirken elektrischer und chemischer Prozesse in den Nervenbahnen des Gehirns für die Forschung im wahrsten Sinne des Wortes unübersichtlich. Vor allem, wenn man bedenkt, dass aus diesen Aktionen von Nervenverbindungen sinnvolle und zusammenhängende Erkenntnisse und Handlungen entstehen können. Wie lernen wir, wie können wir uns erinnern, wie wird das Gedächtnis aufgebaut, wie sehen wir und erkennen wieder? Die Fragen scheinen unendlich und die Antworten können bisher nur partiell gegeben werden.→ [36]

3.1.4 Die Lateralisierung

Vermutungen über unterschiedliche Funktionen der Gehirnhälften wurden bereits im vierten vorchristlichen Jahrhundert angestellt. Der Athener Arzt Diokles von Karystos machte eine Unterscheidung von Empfindung und Intellekt, die in den beiden Gehirnen angesiedelt waren.

»Es ist letztlich das Verdienst Franz Josef Galls, Anfang des 19. Jahrhunderts das wissenschaftliche Interesse auf die Großhirnhemisphären gelenkt zu haben. Er trug damit zur Wiederentdeckung der lateralen zerebralen Asymmetrie bei…« [PREILOWSKI, 1987]

Unser menschliches Großhirn, und nur das menschliche, besteht aus zwei asymmetrisch angeordneten und arbeitenden Gehirnhälften, den so genannten Hirnhemisphären. Sie sind durch den Balken *(Corpus callosum)* verbunden. Durch diesen Strang von Axonen findet ein lebhafter Austausch zwischen den beiden Hälften statt. Durch die Lateralisierung kontrolliert jeweils eine Hemisphäre die andere Körperhälfte. Die beiden Hemisphären sind nicht nur funktional unterschiedlich, sondern auch anatomisch asymmetrisch, d. h., die Hirnwindungen des Neokortex entwickeln sich schon beim Fötus verschieden. Durch die Funktionstrennung ist die Hochleistung des menschlichen Gehirns möglich geworden.

In der Evolution war es sinnvoll, dass sich eine Seite *(die linke)* auf die sprachlichen, analytischen, rechnerischen und gedanklichen Aufgaben spezialisieren konnte und komplementär dazu die andere Hemisphäre *(rechte)* mit Hilfe eines unterschiedlichen Bauplans auf synthetische, holistische, bildliche, musikalische und räumliche Aufgaben. Nach neueren Erkenntnissen darf man sich diese Bereiche nun nicht scharf begrenzt vorstellen, heute stehen andere Konzepte im Vordergrund und man nennt sie:

» ›... multiple Repräsentationen von Funktionen, Netzwerkstrukturen oder parallele Informationsverarbeitung...‹, um damit zu betonen, dass mehrere Gehirnregionen miteinander vernetzt sind und synchron an den verschiedenen Verarbeitungen beteiligt sind.« [POEK, 1997]

3.1.4.1 Die linke Hemisphäre

Die linke Hemisphäre kontrolliert die rechte Körperhälfte. Der linken Seite wurde bis vor kurzer Zeit die Dominanz zugeschrieben, weil hier wesentliche Bereiche der Sprache angesiedelt sind.

» In den vergangenen Jahren musste dieses Konzept revidiert werden, denn es stellte sich heraus, dass beide Hirnhälften ihre besonderen ›Talente‹ haben.« [GESCHWIND, 1986]

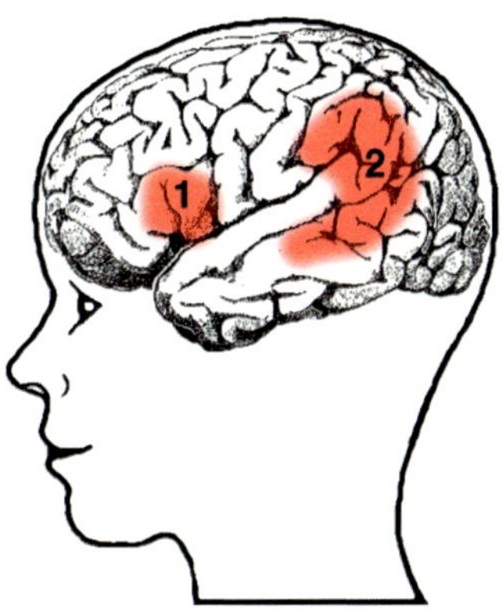

ABBILDUNG 37
Die Ansicht der Großhirnrinde mit ihren zahlreichen Faltungen. In dieser linken Hälfte sind zum Beispiel die Sprachzentren angesiedelt, die für den Menschen sehr wichtig sind: [1] Broca und [2] Wernicke, nach ihren Entdeckern benannt.

Schon im 19. Jahrhundert entdeckte der französische Chirurg und Anthropologe Paul Broca [1824 – 1880] das vordere motorische Sprachzentrum, das am linken seitlichen Stirnlappen liegt und auch für die Grammatik zuständig ist. Bei Schädigung dieser Region in der linken Hemisphäre treten Sprachstörungen auf *(Aphasie)*. Die Patienten sprechen schwerfällig und langsam, in unvollständigen Sätzen und mit vielen Lautverwechslungen und grammatikalischen Fehlern. Singen ist möglich. Zu dieser Zeit konnten sich die Untersuchungen nur auf sprachliche Ausfallsymptome beschränken.→ [37]

Der deutsche Nervenarzt Karl Wernicke [1848 – 1905] entdeckte das sensorische Sprachzentrum, das zwischen primärem Hör- und Lesezentrum liegt und für die Wortwahl zuständig ist. Bei Störungen dieses Bereichs sprechen die Patienten flüssig, grammatikalisch richtig, aber die gewählten Worte ergeben inhaltlich keinen Sinn.

Die linke Seite arbeitet stark analytisch und sequentiell, ihr werden zum Beispiel die Kontrolle über das Netzwerk der Sprache, die Fähigkeiten des Rechnens und Schreibens, das Benennen von Gegenständen, die sprachliche Beschreibung und die abstrakte Auffassung zugeschrieben.

3.1.4.2 Die rechte Hemisphäre

Die rechte Hemisphäre kontrolliert die linke Körperhälfte. Die rechte Seite arbeitet gestalthaft und globalistisch. Sie hat eine bessere Erkennung von Sprachlauten und leistet einen Beitrag zu Emotionen und geistiger Einstellung. Ihre Fähigkeiten liegen zum Beispiel im Erkennen von Gesichtern, Melodien, Intonationen, Stimmen und räumlichem Hören. Außerdem werden ihr die musikalischen Fähigkeiten, zum Beispiel die Singfähigkeit, zugeschrieben.

Kathryn Marx hat 1994 ein Buch herausgegeben: »Right Brain – Left Brain Photography«, in dem sie Bilder von 70 modernen Meistern jeweils einer Hemisphäre zuordnet. Die Bilder, die eine maximale Objektivität repräsentieren, sie zählt die Medizin-, Sport-, Industriephotographie und den Bildjournalismus dazu, werden ihrer Meinung nach eher von Aktivitäten der linken Hemisphäre geprägt. Sie sind in der Regel durchgehend scharf. Gut durchdachte Konzepte der Inszenierung gehören auch dazu.

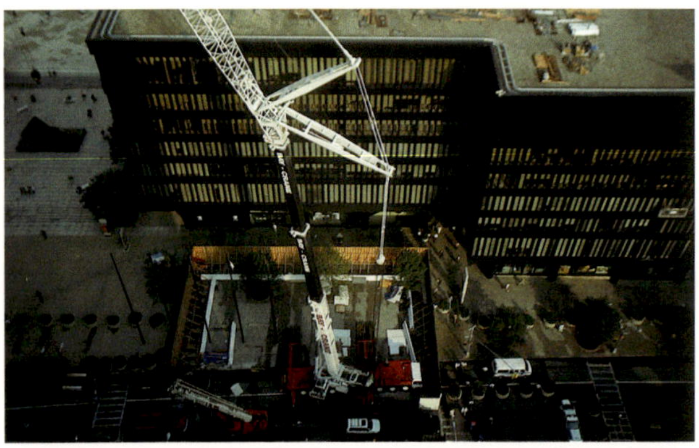

ABBILDUNG 38
Bei einem solchen Bild kann die analytische Fähigkeit aktiviert werden. Man versucht zunächst, zu identifizieren und die Zusammenhänge zu verstehen. Dann würde bei dieser Art von Bild die linke Gehirnhälfte vorzugsweise aktiviert.

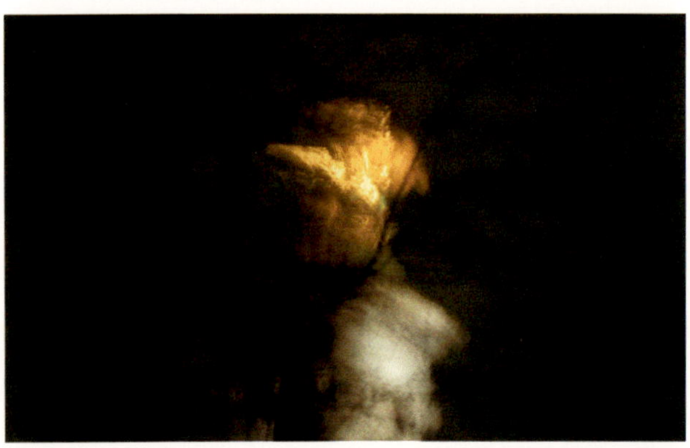

ABBILDUNG 39
Man kann sich vorstellen, dass die rechte Hemisphäre auf ein solches Bild als »Farbstimmung« reagieren könnte, zumal hier nicht die Wiedererkennung im Vordergrund steht.

Dagegen trifft die rechte Hemisphäre spontane Entschlüsse, drückt im rechten Moment intuitiv auf den Auslöser und folgt dem Instinkt.

Der Denkprozess wird zugunsten des Gefühls zurückgestellt, wobei Abstraktion und Unschärfe die Mittel sein können und Assoziationen und Metaphern ins Spiel kommen. Wenn beide Seiten beteiligt sind und sich überlappen, kann das Resultat aus einem gut durchstrukturierten Bild bestehen und sogar zur visuellen Poesie werden. Vielleicht klingt das auf den ersten Blick etwas dubios, aber Marx versucht hier, autonome visuelle Erkenntnisse zu beschreiben, die sich von den begrifflichen unterscheiden, und das ist in jedem Fall ein faszinierender Aspekt. Es wäre interessant, festzustellen, ob diese Teilung auch für die Rezeption zutreffen könnte. → [38 & 39]

3.1.5 Untersuchungsmethoden

Seit dem 19. Jahrhundert ist das Gehirn Gegenstand wissenschaftlicher Forschung. Zwischen 1930 und 1940 konnte geklärt werden, wie die Nervenzellen elektrische Signale erzeugen und auf andere Zellen übertragen. Nach 1945 sind neue Techniken entwickelt worden. Man versuchte, mit mathematischen Modellen über die elektrische Erregungsverbreitung in neuronalen Netzwerken die Fähigkeiten des Gehirns zu simulieren. In diesen Modellen konnte man mit einem Minimum von Informationsverarbeitung durch einzelne Neuronen für beliebige Aufgaben ein neuronales Netzwerk konstruieren. Seit den 70er Jahren beschäftigt sich die Neurobiologie intensiv mit dem Gehirn. Eine wichtige Rolle bei den Untersuchungen hat die Einfärbetechnik gespielt. Nur durch sie konnte man Nervenzellen und ihre Verbindungen sichtbar machen. Schon 1885 hatte der Italiener Camillo Golgi erste Einfärbetechniken des Nervengewebes erreicht. 1950 entdeckte der Holländer Walle J. H. Nauta eine neue Färbemethode, mit der Verbindungen von Hirnpartien festgestellt werden konnten.

Wie kann das Gehirn das Gehirn verstehen? Die Motivation für die Aktivitäten in der Gehirnforschung sind sicherlich auch in dem Wunsch zu suchen, geistige Leistungen des Gehirns nachzuahmen. Die Simulation von neuronalen Netzwerken verfolgt den Zweck, Vermittlung, Verarbeitung und Speicherung von sensorischen und motorischen Informationen nachzuahmen und dabei kennen zu lernen. Obwohl das Ziel noch sehr weit entfernt liegt, spricht man schon einige Zeit von Forschungen zur »Künstlichen Intelligenz«, der so genannten »KI«. Die KI hat sich zum Ziel gesetzt, aus der Logik »intelligenter« Programme auch die Arbeitsweise des Gehirns zu verstehen. Einerseits arbeiten die Computer, auf denen solche Programme laufen, viel schneller als eine Einzeloperation im menschlichen Gehirn, andererseits sind sie viel langsamer als die komplexen Prozesse des menschlichen Gehirns.

Wie wichtig das Zusammenwirken des Netzwerkes im Gehirn ohne Störung ist, kann bei Ausfällen beobachtet werden. Zahlreiche Adern versorgen das Gehirn mit Blut und Sauerstoff. Wenn diese Versorgung durch eine Schädigung *(Läsion)* nur eine Minute unterbrochen wird, ist das Gewebe zerstört. Hirnläsionen haben denn auch bisher den größten Aufschluss über die Funktionsweise einzelner Partien des menschlichen Gehirns gegeben. Versuche am lebendigen Gehirn konnten verständlicherweise nicht stattfinden und man war auf den Krankheitsfall angewiesen.

So konnten zum Beispiel Schlaganfälle, Tumore und Verletzungen apparativ und operativ lokalisiert werden und anzeigen, welche Partien des Gehirns betroffen waren. Das hat sich mit den neuen, bildgebenden Verfahren geändert und man hat heute ganz neue Möglichkeiten der Darstellung. Die Computertomographie, die Positronen-Emissions-Tomographie (PET) und die Kernspintomographie sind in der Lage:

»... nicht nur den Ort von Hirnschäden festzustellen, sondern auch die Aktivität umschriebener Hirnareale zu erfassen, während jemand – ob gestört oder gesund – sprachliche oder andere Aufgaben löst.« [POEK, 1997]

3.2 Visuelle Informationsverarbeitung

3.2.1 Die Aufgabe des primären Sehfeldes

Von seinen Strukturen ist das visuelle System des Gehirns recht gut untersucht worden und ganz besonders das primäre Sehfeld im Kortex. Wir hatten im Abschnitt über die Sehnervkreuzung schon erwähnt, dass hier die Orientierung von Linien und Kanten identifiziert wird. Das primäre Sehfeld besteht aus 6 Zellschichten, die in Verbindungen zu anderen visuellen Bereichen im Gehirn stehen. Die Fasern der vierten Schicht gehen zum Beispiel zurück zu den Kniekörpern. Die fünfte ist mit dem vorderen Vierhügelpaar im Mittelhirn verbunden. Die Fasern der zweiten und dritten Schicht nehmen Verbindung zu anderen Gebieten des Kortex auf.

»Das Erregungsmuster im Cortex ist alles andere als eine Reproduktion der äußeren Ereignisse.« [HUBEL, 1998]

Auch im primären Sehfeld, dem so genannten Areal 17, haben wir es nicht mit einer Projektion der Außenwelt zu tun. Hier, im primären Sehfeld, ist die erste Station der visuellen Verarbeitung im Kortex. Von hier aus werden die Informationen zu anderen Gebieten des Gehirns weitergeleitet, wo Farbe, Bewegung und räumliche Tiefe verarbeitet werden. Die räumliche Tiefe wird durch das binokulare Sehen erzeugt. Wir sehen mit zwei Augen eine dreidimensionale Welt. Dadurch haben wir die Fähigkeit, Entfernungen und Tiefenverhältnisse der Objekte einzuschätzen. Im primären Sehfeld sind etwa die Hälfte der Zellen binokular und verarbeiten die Reize beider Augen. → [40 ↩ 41]

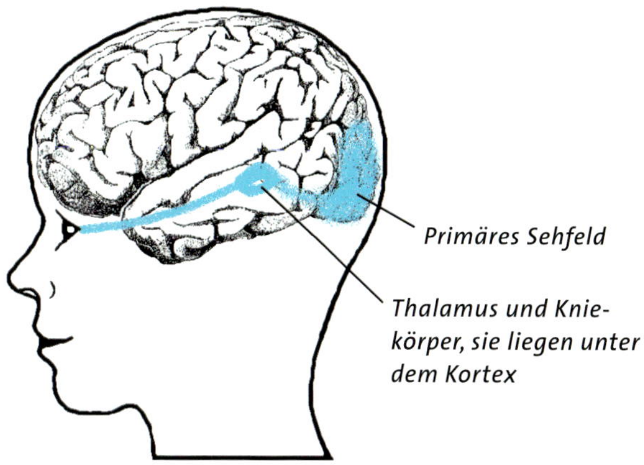

ABBILDUNG 40
Die Reize werden von den Augen zu den Kniekörpern geleitet und erreichen im primären Sehfeld zum ersten Mal den Neokortex.

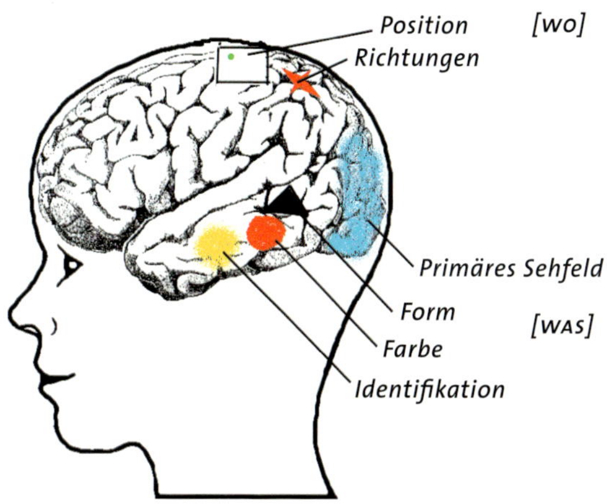

ABBILDUNG 41
Vom primären Sehfeld werden Richtungen, Bewegungen und Positionen in einem »Wo-Weg« und Form, Farbe und Erkennung in einem »Was-Weg« verarbeitet.

3.2.2 Konturbetonung der Netzhautbilder im Gehirn

Bei den physiologischen Sehforschungen konnte man bei subjektiven und objektiven Untersuchungen zeigen, dass das Sehen einer Form vorwiegend durch Grenzkontraste bestimmt wird, dagegen haben die farbigen oder schwarz-weißen Flächenreize für das Gestaltsehen weniger Bedeutung. → [42]

Im Auge findet außerdem ein erster Kontrastierungsprozess statt, der sich auf dem Weg zum Neokortex zunehmend verstärkt. Halb- und Mitteltöne werden auf lineare Umrisse reduziert. Diese Prozesse verbessern die Sehleistungen durch zwei Wirkungen, erstens durch den Ausgleich der optischen Unvollkommenheit des Auges mit Verschärfung der Konturen und zweitens durch eine spezielle lineare Hervorhebung der Umrisse.

Daran sind die lichtempfindlichen Rezeptoren in der Retina und die erregungsleitenden Nervenzellen beteiligt und das heißt:

»Selektion und Abstraktion gesehener Formen entsteht physiologisch durch bestimmte Schaltungen visueller Nervenzellsysteme, die vom Auge bis zur Hirnrinde eine Informationsverarbeitung der Netzhautbilder durchführen. Solche auf Konturen vereinfachte Gestalten werden im Gedächtnis gespeichert und erleichtern ein Wiedererkennen bestimmter Formen.« [JUNG, 1974]

ABBILDUNG 42
Wenn Formen oder Gestalten vorrangig erkannt werden sollen, so müssen sie als Grenzkontraste oder starke lineare Helligkeits- und Farbkontraste an entscheidender Position im Bild verankert werden.

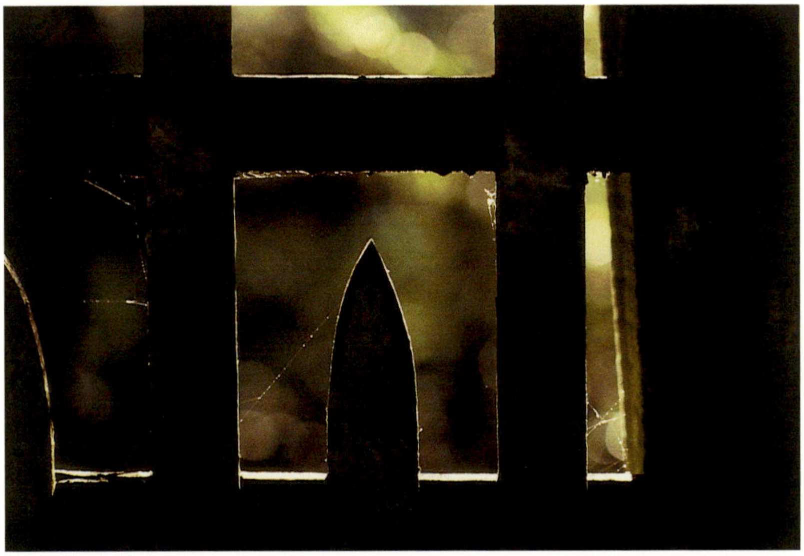

Wir haben es hier mit elementaren neurophysiologischen Abstraktionsprozessen zu tun, die schon im Sehprozess der Tiere nachweisbar sind. In der Sehrinde ist eine bestimmte Ordnung linearer Konturen bereits morphologisch vorbereitet. Man kann sich das folgendermaßen vorstellen, ein Halbtonbild mit verschiedenen Grauflächen wird in der Sehrinde auf lineare Umrisse reduziert. Dabei ist eine steigende Nervenzellentladung vom Auge bis zur Sehrinde an den Hell-Dunkel-Grenzen festzustellen und dadurch entsteht eine zunehmende Konturbetonung. → [43 & 44]

ABBILDUNGEN 43 & 44
So etwa kann man sich die Konturbetonung vorstellen. Grau- und Zwischentöne werden auf Kontraste reduziert, die entweder durch Linien oder Grenzflächen, wie in unserem Fall, betont werden.

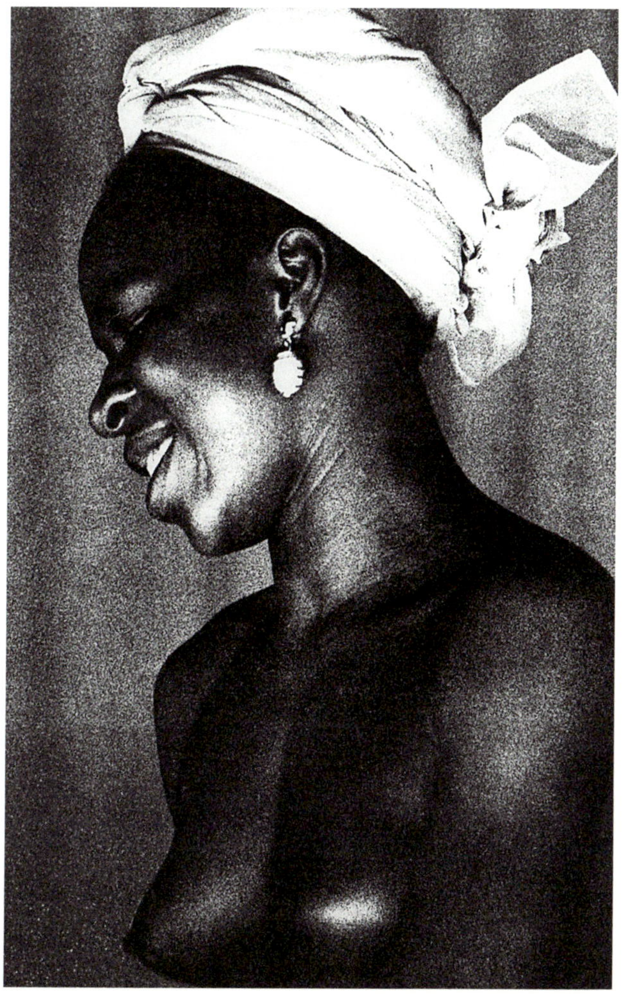

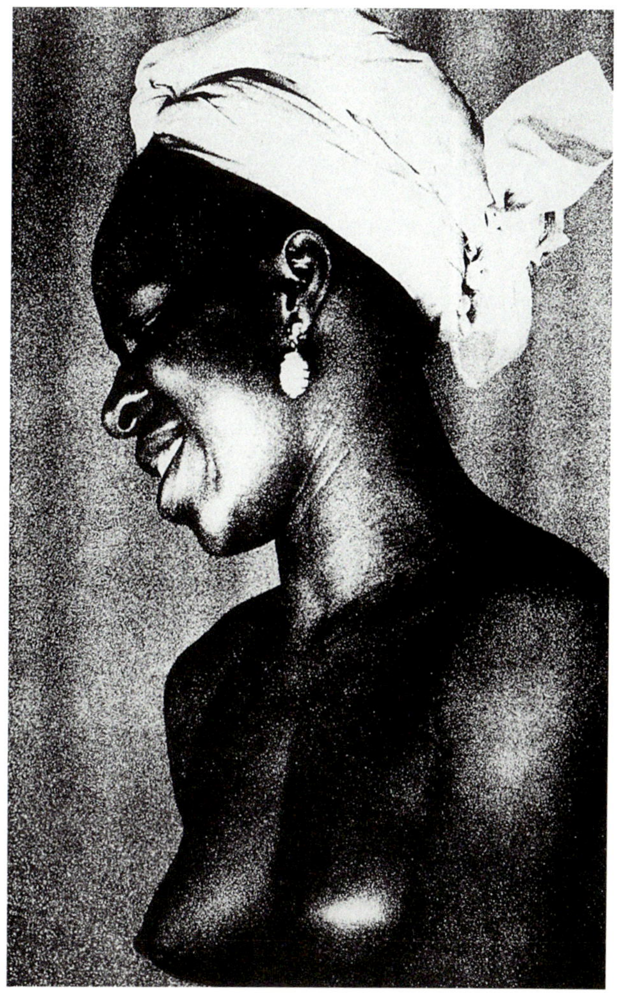

3.2.3 Automatische und kontrollierte Prozesse

Wir unterscheiden zwischen automatischen und bewussten Wahrnehmungsprozessen. Einige Aktivitäten sind gut gelernt und eingeübt worden und laufen danach quasi automatisch ab. Neue, ungewohnte Aktivitäten, Störungen und Irritationen erfordern die Kontrolle und die bewusste Reaktion und Aufmerksamkeit.

Wir wissen, dass wir Prozesse, die unsere Aufmerksamkeit erfordern, nicht gleichzeitig ausführen können. Dagegen können wir bei automatischen Prozessen Möglichkeiten der Koppelung entdecken. Zum Beispiel können wir nicht gleichzeitig einen Brief lesen und eine Rechenaufgabe lösen oder Vokabeln lernen und ein Bild beschreiben. Dagegen haben wir keine Schwierigkeiten, ein Auto zu lenken und einem Gespräch zuzuhören oder Rad zu fahren und ein Gedicht zu zitieren.

Die automatischen Wahrnehmungsprozesse sind bisher nur wenig berücksichtigt worden und doch spielen sie eine große Rolle. Sie befähigen uns, eine Fülle von Aufgaben in einer Fülle von visuellen Angeboten zu bewältigen. Wenn wir zum Beispiel über eine spiralförmige Rampe in eine Tiefgarage fahren, so orientieren wir uns unbewusst an wenigen Daten, um einen recht komplizierten Vorgang auszuführen, in dem das Fahrzeug und wir selbst den Standplatz erreichen wollen. Das Fließmuster der Umgebung, was an uns vorbeirauscht, vermittelt uns den Eindruck ständiger Veränderung. Wir reagieren darauf nicht mit Analysen einzelner Reize, sondern versuchen, unsere Position und die Situation assoziativ und ganz allgemein einzuschätzen. → [45]

Viele ähnliche Handlungen sind uns aus unserer alltäglichen Erfahrung geläufig. Weniger geläufig oder bewusst sind uns die physiologischen Prozesse, die dabei eine Rolle spielen. Wir wissen nicht, ob ein automatischer Prozess andere Neuronen aktiviert als ein bewusster. Die sakkadischen Augenbewegungen entziehen sich zum Beispiel jedem Versuch der bewussten Reflexion. Die Kontrastverstärkung, die bereits in der Retina beginnt, können wir lediglich aus der quantitativen Reduktion der Zellen entnehmen, die für unsere bewusste Erfahrung keine Rolle spielt.

ABBILDUNG 45
Wenn wir z. B. über eine spiralförmige Rampe in eine Tiefgarage fahren, so orientieren wir uns an wenigen Daten, um einen Standort zu finden. Das Fließmuster, was an uns vorbeirauscht, vermittelt uns den Eindruck ständiger Veränderung und wir versuchen, unsere Position ganz allgemein einzuschätzen.

Die automatischen Prozesse werden abrupt unterbrochen, wenn eine Irritation auftritt. Ein »Stolpereffekt« lässt uns Füße und Weg wahrnehmen, was im Falle unserer Tiefgarage Blechschäden zur Folge haben kann. In der Irritation, die unsere bewusste Teilnahme herausfordert, werden Dinge gesehen, die der automatische Prozess unterdrückt hat. Wenn wir einen Weg zum ersten Mal benutzen *(auch im Auto)*, auf dem wir auch zurückkehren wollen, werden wir versuchen, Kennzeichen bewusst zu sehen, um sie uns zu merken, nötigenfalls mit Hilfe einer Brille.→ [46]

Doch selbst hier wird unsere Wahrnehmungsweise nur identifizierend verfahren, das heißt selektiv beschränkt, denn die oben genannten Irritationen haben im Allgemeinen eine kurze Lebensdauer und werden von der automatischen Wahrnehmungsweise wieder sehr schnell eingeholt. ★

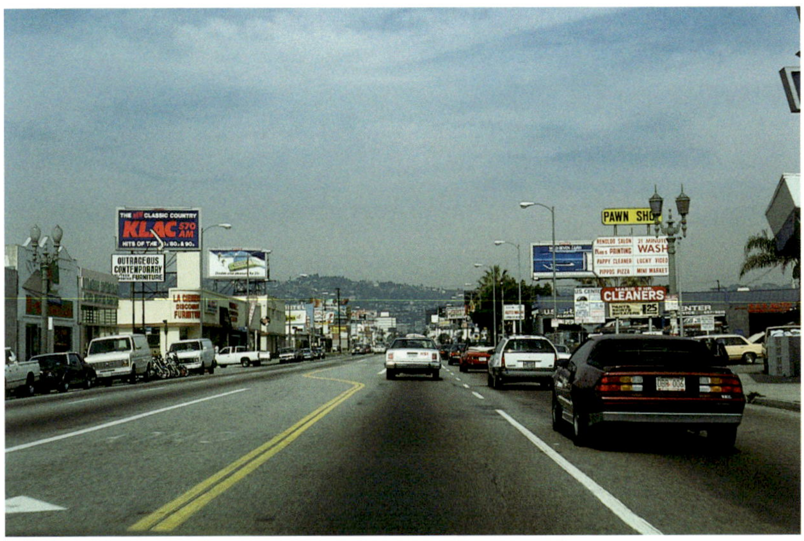

ABBILDUNG 46
Fahren wir zum ersten Mal auf einer Straße, auf der wir auch zurückkehren wollen, werden wir versuchen, Kennzeichen bewusst zu sehen, um sie uns zu merken.

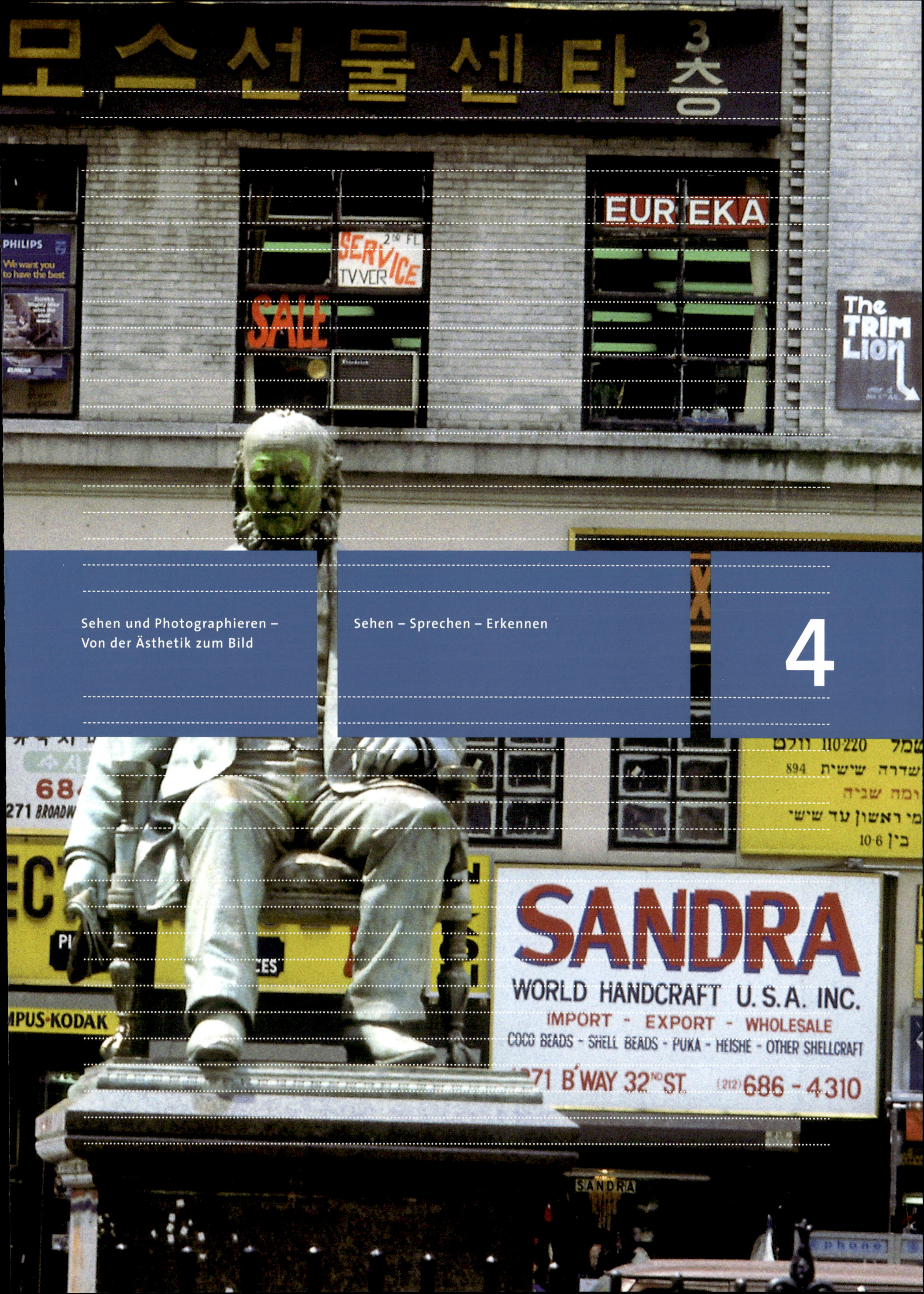

Sehen und Photographieren – Von der Ästhetik zum Bild

Sehen – Sprechen – Erkennen

4

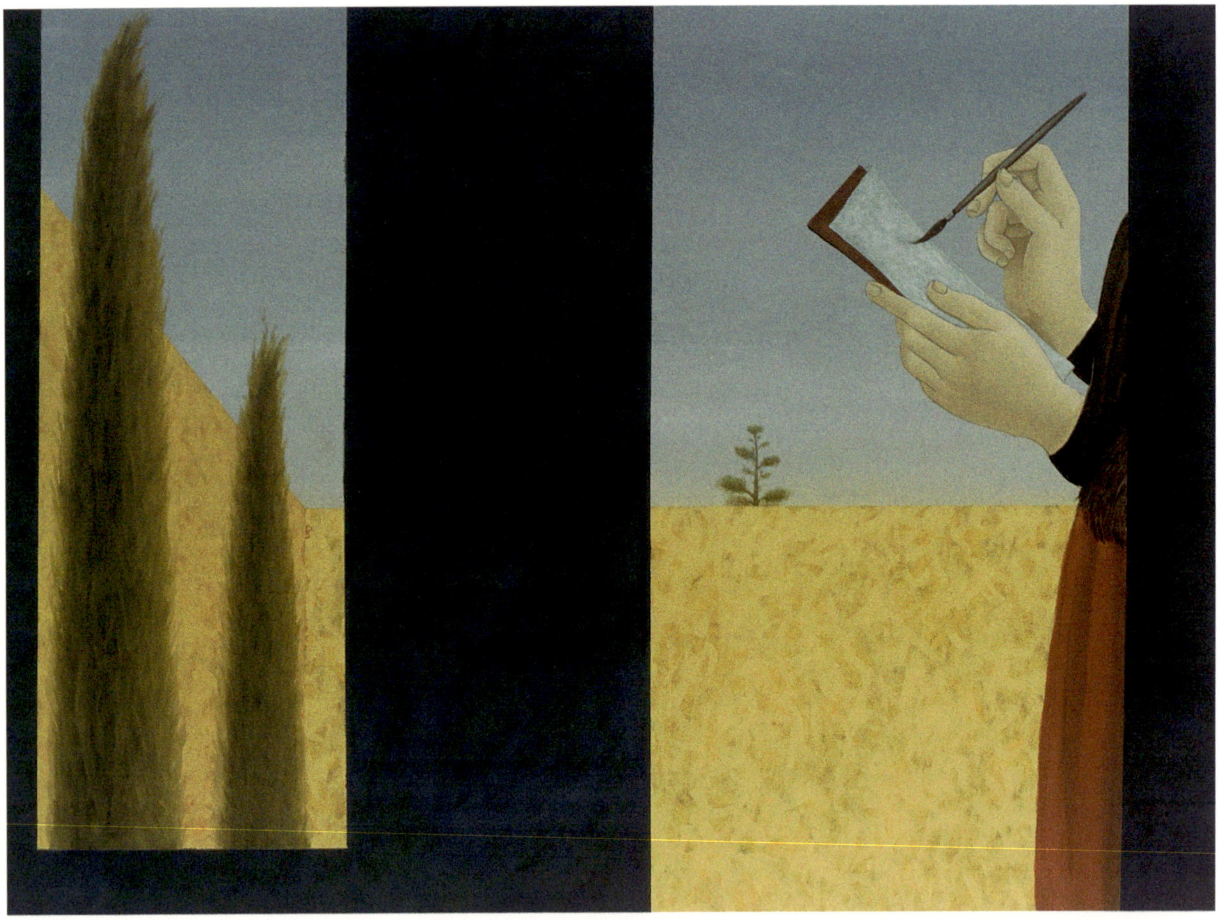

ABBILDUNG 47
Andreas Schnelle: »Geräusch des Pinsels«, 2000. 90×120 cm, Acryl und Öl auf Leinwand. In diesem Bild ist beides verbunden: Formen und Gestaltfragmente sind klar zu erkennen und gleichzeitig löst der Kontext Irritationen aus. Erst auf den zweiten Blick entwickelt sich aus dem Dialog zwischen Zitaten aus der traditionellen Malerei und autonomen Farbflächen eine neue Bildwirklichkeit, die das Erkennen erlaubt und auch verweigert und die wir so nicht in der Realität erfahren können.

4.1 Konsequenzen für die Darstellung

4.1.1 Malerei

Wenn Grundprozesse des Sehens durch Bildkonturierung zum Gestaltsehen führen, so müssen sie auch für den gestaltenden Künstler und den Bildbetrachter von Bedeutung sein. Wenn zum Beispiel in der Darstellung Formen oder Gestalten vorrangig erkannt werden sollen, so müssen sie als Grenzkontraste oder starke flächenwirksame Helligkeits- und Farbkontraste an entscheidender Position im Bild verankert werden, denn nur so haben sie die Chance, der Intention des Künstlers zu entsprechen.→ [47]

Die Maler vergangener Jahrhunderte haben nichts von diesen physiologischen Wahrnehmungsbedingungen gewusst, aber sie haben sich empirisch geholfen und ihre Beobachtung trainiert. In seinem Buch »Über die Malerei« hat Leonardo da Vinci schon auf die Helligkeits- und Farbkontraste als Grundlage des Malens und Zeichnens hingewiesen. Im 19. Jahrhundert sind subjektive Untersuchungen über Farb- und Helligkeitskontraste in der Färbetechnik unternommen worden. Der Franzose Michel Eugène Chevreul hat 1825–1838 Untersuchungen über systematische Verwendung von Gegenfarben *(Komplementärfarben)* und ihre Wahrnehmungseffekte gemacht. Chevreul und auch der deutsche Physiologe Hermann von Helmholtz haben auf mögliche Beziehungen der Sehphänomene zur darstellenden Kunst hingewiesen. Das ist nicht ohne Wirkung auf die Impressionisten und Pointillisten geblieben. In der Theorie dieser Künstler haben die Komplementärfarben, die Konturdarstellung durch Helligkeitskontraste und auch ihre Auflösung eine große Diskussion ausgelöst. Die konkrete Malerei und besonders die Op-Art hat sich im 20. Jahrhundert dieser Mittel bedient. Daraus ist aber auch abzuleiten, dass die künstlerischen Gestaltungsprozesse nicht völlig autonom sind. Sie sind in gewisser Weise von Gesetzen des Sehens und der Organisation des Sehsystems bestimmt. Das ist auch den Kunsthistorikern nicht entgangen. Rudolf Arnheim, Richard Wölfflin, Ernst H. Gombrich und William Innes Homer haben sich ausgiebig mit der Theorie des Sehens befasst, wobei sie aber mehr vom psychologischen als vom physiologischen Standpunkt ausgehen.

4.1.2 Zeichnung

Rudolf Arnheim folgert zum Beispiel aus den Kriterien der Wahrnehmung, dass Kinderzeichnungen realistisch seien, weil sie meistens aus Andeutungen und Fragmenten beständen, die Detailzeichnung dagegen abstrakt, weil sie der visuellen Wahrnehmung nicht entspräche.→ [48]

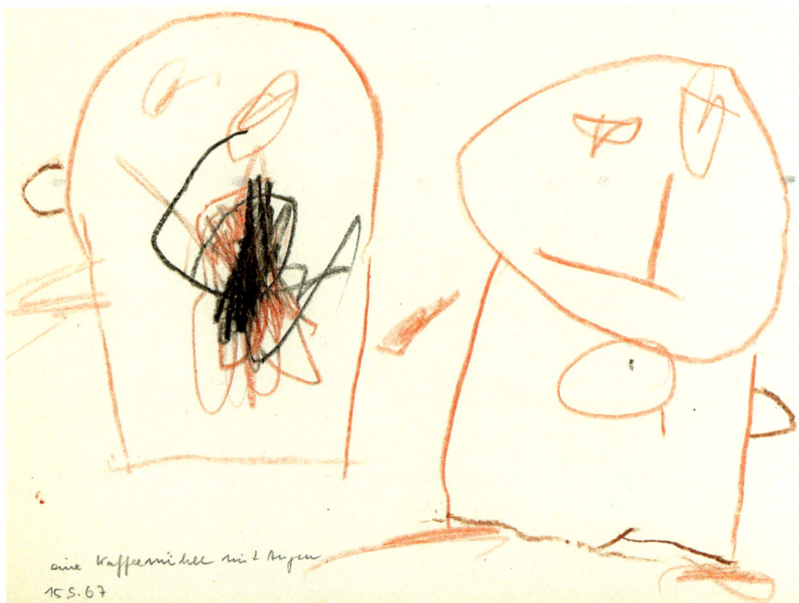

ABBILDUNG 48
Kinderzeichnung Andreas, 4 Jahre: »Kaffeemühle mit Augen«, 1967. Kinder sind oft geneigt, Dingen Gesichter zu verleihen. Das Geräusch und die Bewegung der »Kaffeemühle« sollten offenbar die wilden Striche in der linken Figur bedeuten.

Ein künstlerischer Zeichner konzentriert sich zum Beispiel auf das Wesentliche, das er darstellen will. Er arbeitet gegen die Sehabstraktion, weil er sich zunächst auf ein genaues Sehen einlassen muss, um dann zu entscheiden, was er betont und was er weglässt. Seinen linearen Umrissen, die auch fragmentarisch angedeutet werden können, weil sie das Auge ergänzt, fügt er Flächen-, Licht- und Raumeffekte hinzu. Zusätzlich machen die Qualität einer Zeichnung dynamische Ausdruckskraft, Lichtphänomene, Bewegungskennzeichen und gefühlsauslösende Zeichen aus. Dazu stehen dem Zeichner mehrere Techniken zur Verfügung: die Konturlinie, die Schraffur, die Lavierung oder die Abstufung der Helligkeitswerte, um ein paar zu benennen.

Künstler arbeiten auch sehr bewusst mit Irritationen in der bildlichen Darstellung, um das Auge anzuziehen und zu verführen. Für Irritationen muss man sich Zeit nehmen. Die Zeit ist die wichtigste Voraussetzung jeder Bildrezeption. Im Zeitalter der Reizüberflutung haben wir verlernt, sie uns zu nehmen. Wir zappen und blättern durch Bilder mit einer Geschwindigkeit, als wollten wir damit den großen Preis gewinnen.

4.1.3 Schwerpunkte und Gewichtungen in der Photographie

In der Photographie verhält es sich ganz ähnlich. Die Photographierenden müssen zuerst das bewusste Sehen schulen, um den Selektions- und Abstraktionsmechanismen entgegenzuwirken. → [49]

In der Regel arbeitet eine Kamera mit der üblichen Blende 8 und einer entsprechend kurzen Belichtung gleichmäßig scharf registrierend. Darüber hinaus gibt es natürlich viele andere Möglichkeiten und Mittel, die Kamera zu verwenden und sie eventuell zu überlisten. Der Produzent muss ihre eigenen Gesetze kennen, um sie variabel einsetzen zu können.Die Photographie ist durch den Ausschnitt per se eine Kunst des Weglassens. Aber es ist ganz entscheidend, wo und wie wir im Bild unsere Schwerpunkte und Gewichtungen setzen.

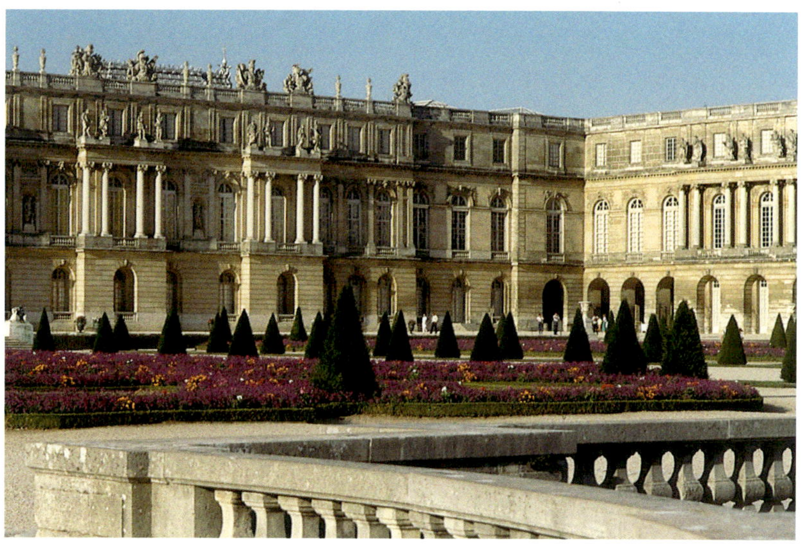

ABBILDUNG 49
Die Kamera registriert gleichwertige Details, wenn zum Beispiel mit üblicher Blende *(8)* und der entsprechenden kurzen Belichtungszeit gearbeitet wird.

Es stehen uns die unterschiedlichsten Möglichkeiten der Gestaltung zur Verfügung, auf die wir noch genauer eingehen werden. Aber wir können hier schon Beispiele nennen.→ [50]

Ist ein beabsichtigter Schwerpunkt grau und flau, an anderen Stellen im Bild aber konzentrieren sich Linien und Kontraste, dann müssen wir damit rechnen, dass das Auge des Betrachters sie zuerst wahrnimmt und die Sakkaden sich an diesen Stellen besonders konzentrieren.

Ein anderes Beispiel ist die Nebelsituation. Die Augen sind in der Lage, aus einer unscharfen unkontrastierten Situation gut konturierte Objekte auszumachen und zu identifizieren. Es ist etwas anderes, die gleiche Situation zu photographieren. Das Resultat wird im Gegensatz zum Gesehenen kaum Kontraste aufweisen, der Dunst wird als solcher registriert und kann natürlich als Bild sehr reizvoll sein, nur sollte man wissen, was man mit welcher Wirkung tut!→ [51 & 52]

Auch wenn der Rezipient beim Bildsehen dieselben Bedingungen anlegt wie in der Realität, er kann aus dem Nebelbild nichts mehr konturieren. Dagegen wird die reale Umwelt nicht so wahrgenommen wie sie ist, sondern der Kontrast wird herausgearbeitet. Wenn man das Auge schon mit einem mechanischen Apparat vergleichen will, so gleicht es weniger einem Photoapparat als einer Datenverarbeitungsanlage.

Weil die Photographie auch ein Massenmedium ist, haben sich gewisse Standards in Bezug auf ein gelungenes Bild entwickelt. Sie werden in nicht geringem Maße durch die Industrie bestimmt, aber auch durch den persönlichen Erinnerungswert, den ein Bild haben kann. Die Eigenschaften der Bildlichkeit spielen in diesem Zusammenhang oft nur eine sehr geringe Rolle. Der Effekt der Wiedererkennung, der Identifizierung, steht dabei im Vordergrund. Um diesen Erwartungshaltungen entgegenzuwirken, kann gerade in der Photographie mit starken Irritationen gearbeitet werden, um das Bewusstsein für die Bildlichkeit des Mediums zu wecken.→ [53]

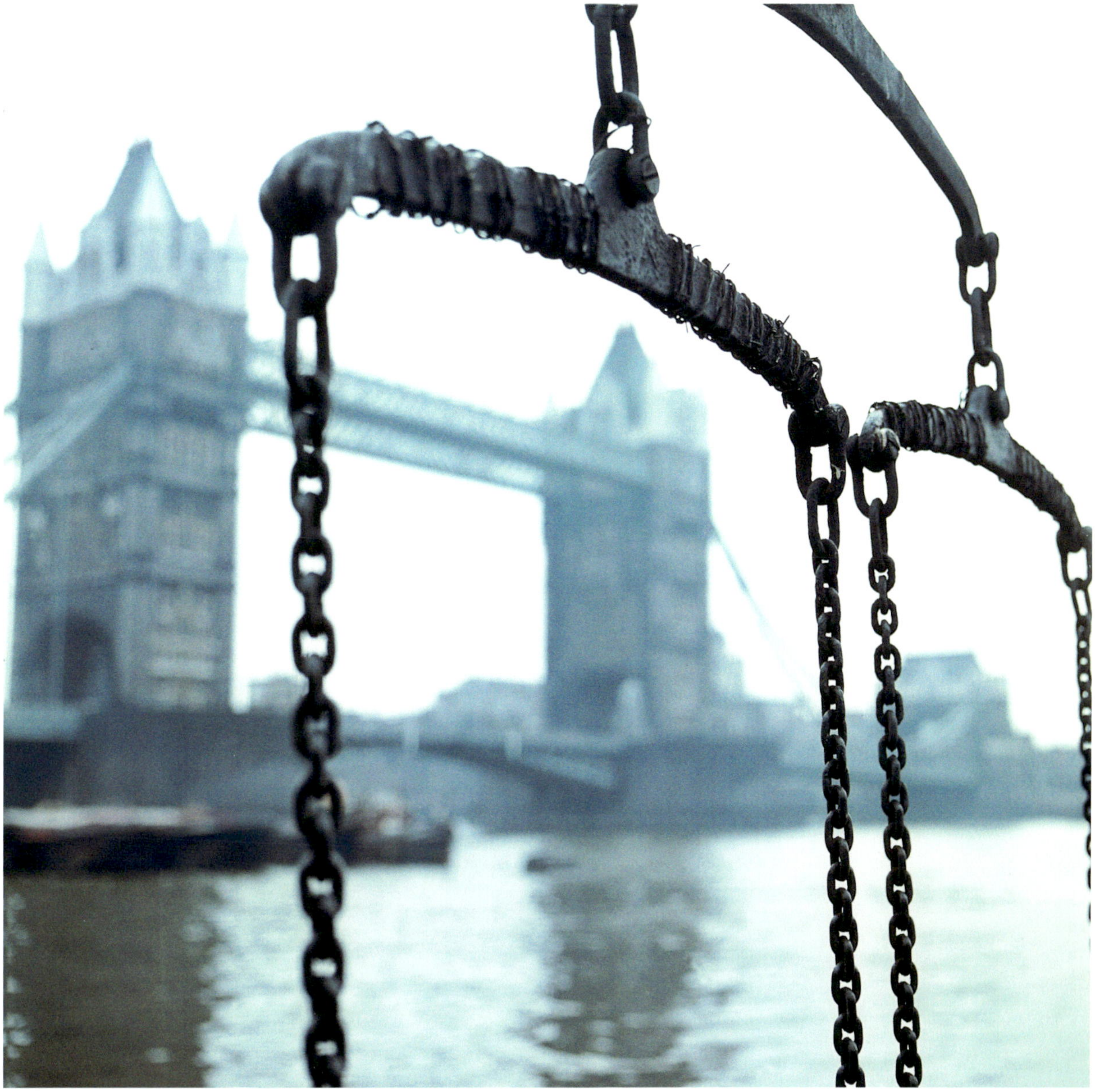

ABBILDUNG 50
Es ist entscheidend, wie wir die Schwerpunkte im Bild einsetzen und die Gewichtungen verteilen.

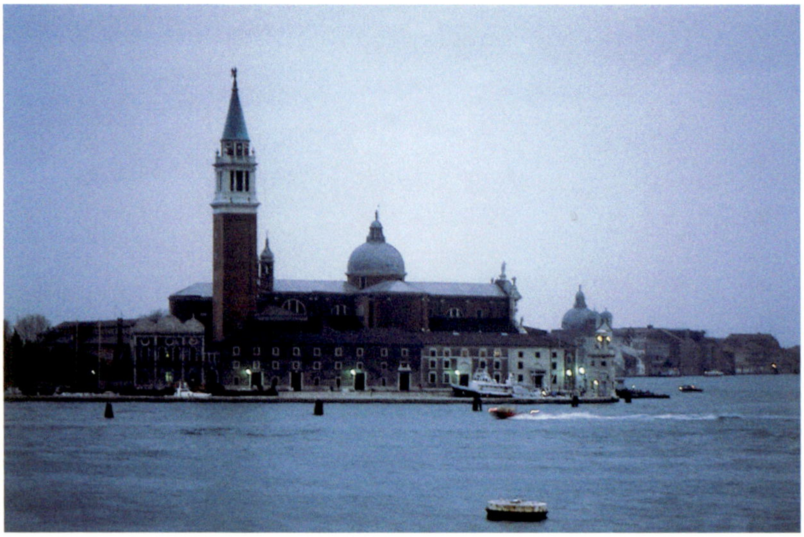

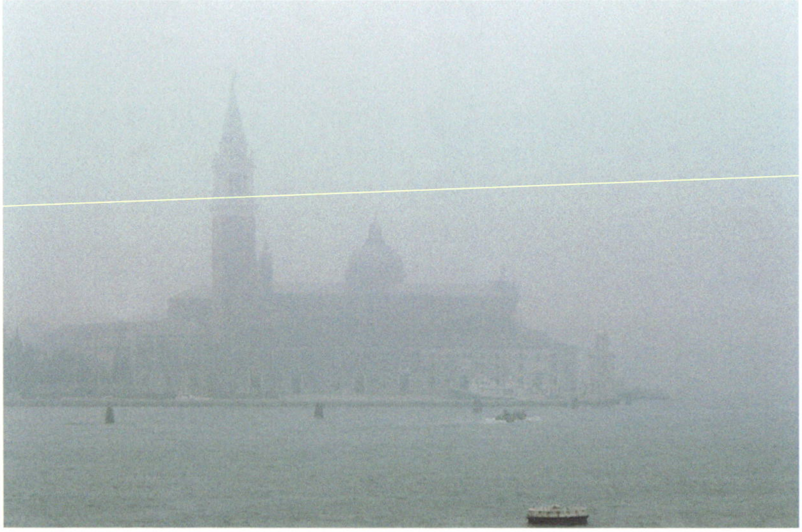

ABBILDUNGEN 51 & 52
Wir können aus einer Nebelsituation Objekte extrahieren, die Kamera zeigt dagegen den Dunst.

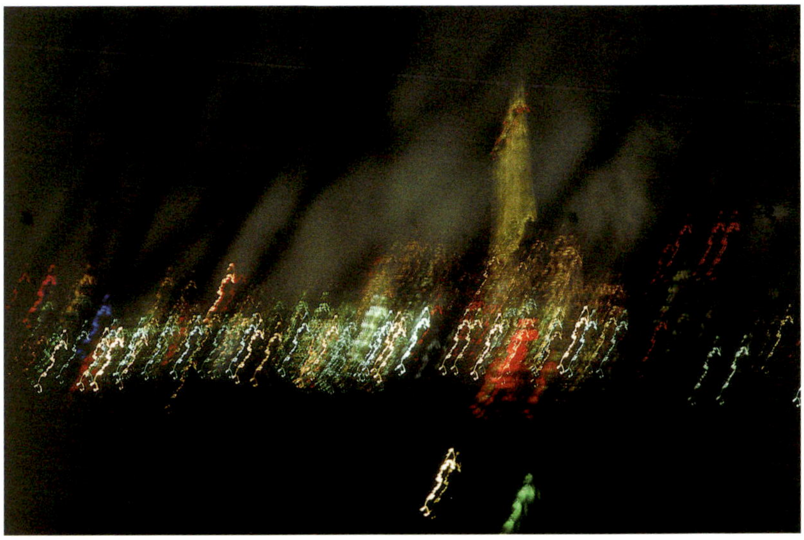

ABBILDUNG 53
Die automatischen Prozesse werden abrupt unterbrochen, wenn eine Irritation auftritt. Die Erkennungsmechanismen brauchen mehr Zeit, um eine verfremdete Situation aufzulösen.

4.2 Sehen und Erkennen

4.2.1 Sehen und Benennen

Wir haben uns mit den Gehirnfunktionen beschäftigt und dabei auch von den Sprachzentren gesprochen. Entgegen allen anderen Behauptungen ist der Mensch sprachdominant, das heißt, dass die Sprache eine entscheidende Funktion in unserem Bewusstsein spielt.

Wir sprechen gegenwärtig von der Macht der Bilder, von der Bilderflut und doch können die Bilder keine Rolle spielen, wenn wir sie nicht erkennen oder benennen können. Was wir sehen, wollen wir wiedererkennen und in Kategorien und einen Kontext einordnen können. Wir haben das seit unserem ersten Lebenstag ganz natürlich gelernt, unsere Erfahrungen und Erinnerungen haben ein Netzwerk aufgebaut, mit dem wir unsere Umwelt verstehen und begreifen können.

4.2.2 Lernsituation im Babyalter

Die Entwicklung der Persönlichkeit oder des Bewusstseins ist natürlich nicht nur von visuellen Reizen abhängig, aber sie spielen eine große Rolle in der Entwicklung. Auch die sakkadischen Augenbewegungen entwickeln sich schon in den ersten Monaten. Sie versuchen immer komplexere Formen zu erfassen. Die Grundstruktur zur Vernetzung der Nervenbahnen ist angeboren und intersubjektiv. Doch die Netzwerke müssen gebildet werden und dazu sind Lernprozesse wichtig. Das Neugeborene bekommt viele visuellen Angebote, die es zum Glück gar nicht alle wahrnehmen kann. Es ist sehr früh in der Lage, das Gesicht seiner Bezugsperson zu erkennen. Das Baby lernt Gesichter zu unterscheiden und zu identifizieren. Diese Lernprozesse entwickeln sich, obwohl es die Welt aus vielen Perspektiven sieht. Das Kind lernt schon sehr früh, dass die Welt um es herum kein Karussell ist, sondern eine ziemlich stabile Angelegenheit, auf die optisch Verlass ist.

Man kann an Kleinkindern eine systematische Entwicklung beobachten. Im Laufe von wiederkehrenden Erfahrungen wird das Erinnern aufgebaut, wozu das Kind selbst Wesentliches beiträgt. Es übt unentwegt ähnliche Bewegungen, erfährt seinen eigenen Körper, lernt Größen und Distanzen, Verdeckungen und Figurationen zu unterscheiden. Plötzlich weiß es seine Hände gezielt auf einen Gegenstand zu richten und ihn zu ergreifen! Es begreift ihn auch mit seinem Mund, der ein sensibles Tastorgan ist, und lernt, die Form zu ertasten und sehend zu begreifen.→ [54]

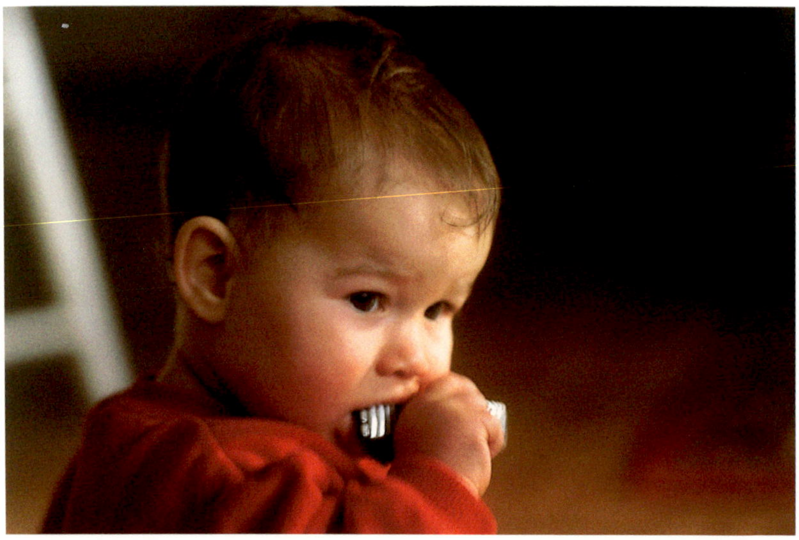

ABBILDUNG 54
Das Kind prüft den Gegenstand auch mit seinem Mund, der ein sensibles Tastorgan ist, und lernt, die Form zu ertasten

Nach einer Reihe von Erfahrungen kann das Kind die Dinge sehend einschätzen und kann auf das Tasten verzichten. Es hat gelernt, dass weiter entfernt liegende Gegenstände motorischen Aufwand benötigen, um sich ihnen zu nähern, und dass es eine Auswahl treffen muss, um an einen Gegenstand heranzukommen. Es lernt auch, dass teilweise verdeckte Objekte hinter ihrer optischen Abdeckung ganz vorhanden sind, zumindest versucht es, sie zu entdecken. Das »Kuckuck – daaa« - Spiel zum Beispiel trägt manches zu diesem Lernziel bei.

Wenn es auf dem Bauch liegend seinen Kopf hochreckt oder sitzen kann und die Welt aus der zukünftigen Ansicht erblickt, scheint es nicht sonderlich überrascht. Wenn es auf seinen Beinen steht, signalisiert seine eigene Körpererfahrung oben und unten. Vieles wird dann schon bald in automatische Prozesse »abgelegt«, und nur wenn ein Sturz zum Beispiel den mechanischen Bewegungsablauf unterbricht, treten Irritationen auf. Im ständigen Austausch zwischen automatischen und bewussten Erfahrungen werden Erkenntnisse angereichert und gespeichert.

4.2.3 Sprachlernen und Abstraktion

Ein Kind lernt, die Dinge zu sehen, zu begreifen, zu unterscheiden, sie in einen Kontext einzuordnen und sie dann mit einem Wort zu bezeichnen. Der Zeigeduktus spielt dabei eine wichtige Rolle. »Das ist ein Ball« oder »das ist Papa«, hört es von seinen Bezugspersonen immer wieder, bis es das erste eigene Wort formuliert. → [55]

Der Erfolg seiner eigenen Anstrengungen motiviert es erheblich, und es dauert in der Regel nicht lange, bis es in der Lage ist, Wörter und kleine Sätze zu bilden. Das Kind hat einen wesentlichen Punkt erreicht, wenn es beim Erkennen eines Gegenstandes im Bild in der Lage ist, ihn zu benennen, obwohl der tatsächliche Gegenstand nicht präsent ist. → [56]

Es genügen ihm wenige Kennzeichen, um das Objekt zu identifizieren. Das Anschauen von Bilderbüchern mit den Bezugspersonen unterstützt den Prozess der Hinweise und Benennung erheblich. »Das ist ein Ball« ist gewöhnlich die Erklärung, wenn auf der Seite eine runde Fläche, die farbig gestaltet ist, erscheint. Wohl keinem Kind wird erklärt: »Das ist das Bild eines Balls«. So wird mit Hilfe der Sprache schon sehr früh die Darstellung für die Sache selbst gehalten. Es dauert dann nicht mehr lange, bis man in der Lage ist, über Dinge zu reden, ja, ganze Gedankenfolgen zu artikulieren, obwohl sie weder im Bild noch in der Realität präsent sind. Man macht sich dabei in der Regel nicht klar, welche kognitiven Leistungen in diesem Zustand erreicht sind und um welchen hohen Abstraktionsgrad es sich dabei handelt. → [57]

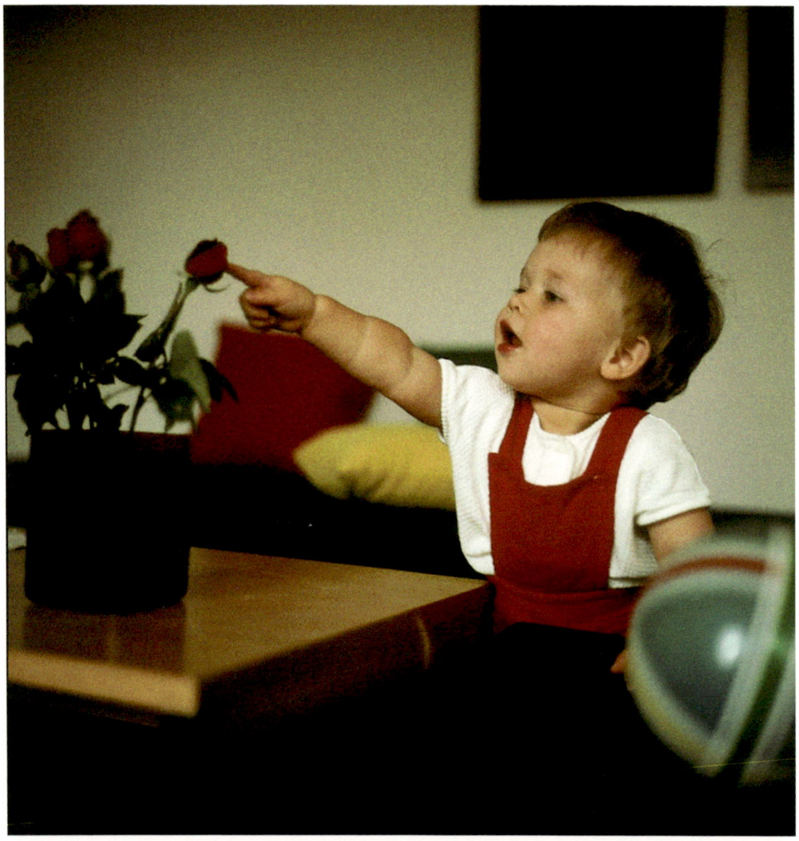

ABBILDUNG 55
Der Zeigegestus spielt beim Sprachlernen eine große Rolle. »Da« ist der erste Hinweis auf eine gezielte Aufmerksamkeit.

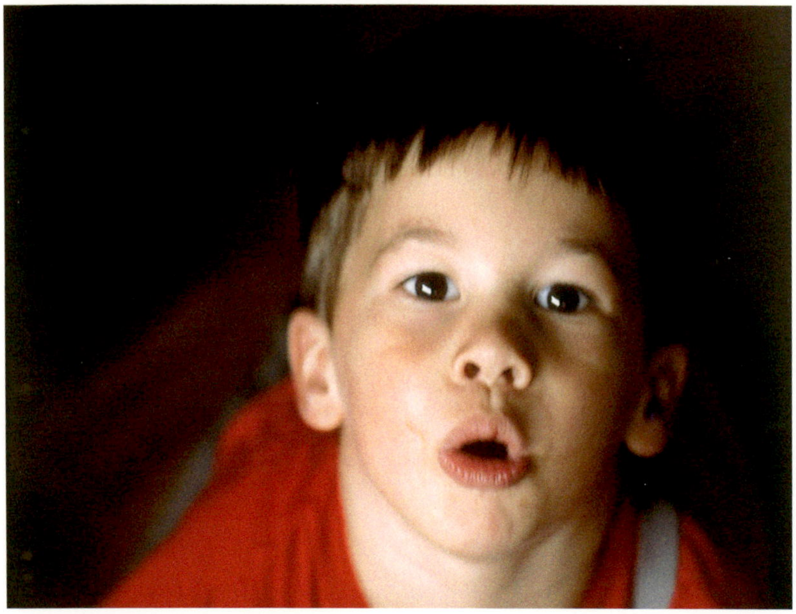

ABBILDUNG 56
Hat das Kind die ersten Wörter artikuliert, ist es motiviert, auch andere zu finden.

ABBILDUNG 57
Es dauert nicht mehr lange, bis man über Dinge reden kann, obwohl sie weder im Bild noch in der Realität präsent sind. Dabei handelt es sich um einen hohen Grad einer Abstraktionsleistung.

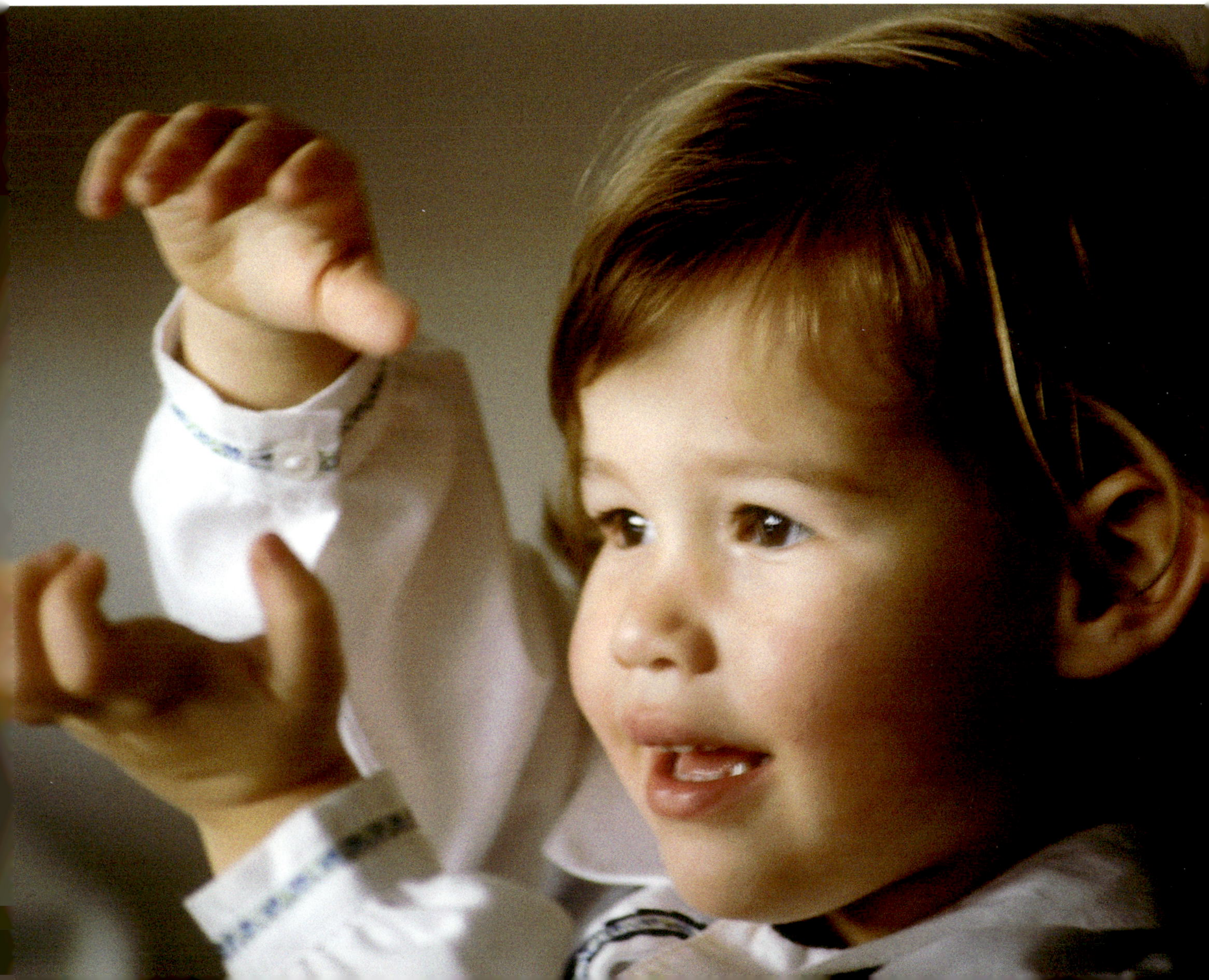

Im weiteren Verlauf seiner Entwicklung lernt der Mensch, in höchster Abstraktion begrifflich zu argumentieren. Die sprachliche Dominanz des Gehirns stellt seine Leistung unter Beweis und verweist die visuellen Fähigkeiten des Menschen in eine Rolle, die in erster Linie auf die Identifikation von Umweltmustern reduziert ist.

4.2.4 Sprache und Schrift

Die Sprache hat sich in vielen Jahrtausenden entwickelt, und Menschen einer Sprachgemeinschaft haben durch Konvention, das heißt Übereinkunft, bestimmten Objekten und Handlungen bestimmte Lautfolgen zugeordnet, die an grammatische Regeln gebunden sind. Partner gleicher Sprache können mit diesen Konventionen kommunizieren. Einige Lautfolgen ahmen Geräusche nach und haben sich hauptsächlich in der Kleinkindersprache, die auch viele Erwachsene als das geeignete Kommunikationsmittel mit Kleinkindern ansehen, erhalten, zum Beispiel Wauwau, Miau, Kikeriki etc. Es sind vorwiegend Tierlaute und Geräusche, die nachgeahmt werden. Man nennt sie onomatopoetisch. Aber welche Nachahmung sollte man wohl für Stuhl oder Tisch finden? Diese Lautfolgen, besser als Wörter bekannt, haben ursächlich nichts mit den Dingen oder Handlungen gemein, sie bezeichnen sie und sind »arbiträr«, wie es in der Fachsprache heißt.

Die Sprache besteht aus lautlicher Artikulation und Schrift. Die lautliche Artikulation bestimmt den Inhalt, sie setzt Pausen, bildet Lautzusammenhänge. Physiologisch wird die Wahrnehmung von Lauten in beiden Ohren unterschiedlich bearbeitet. Auch hier gilt die Regel, dass die Sprachlaute, die das linke Ohr erreichen, in der rechten Gehirnhälfte verarbeitet werden und umgekehrt. Dabei wird von der linken Seite die exakte Unterscheidung von Sprachlauten vorgenommen und in der rechten die exakte Unterscheidung anderer Lautreize.

Die Schrift hat sich aus der Bilderschrift entwickelt. Man sagt, schon Sokrates habe Kritik an der Schrift geübt, weil sie einen Verlust der lebendigen Unmittelbarkeit darstelle und das Gedächtnisschwäche. → [58]

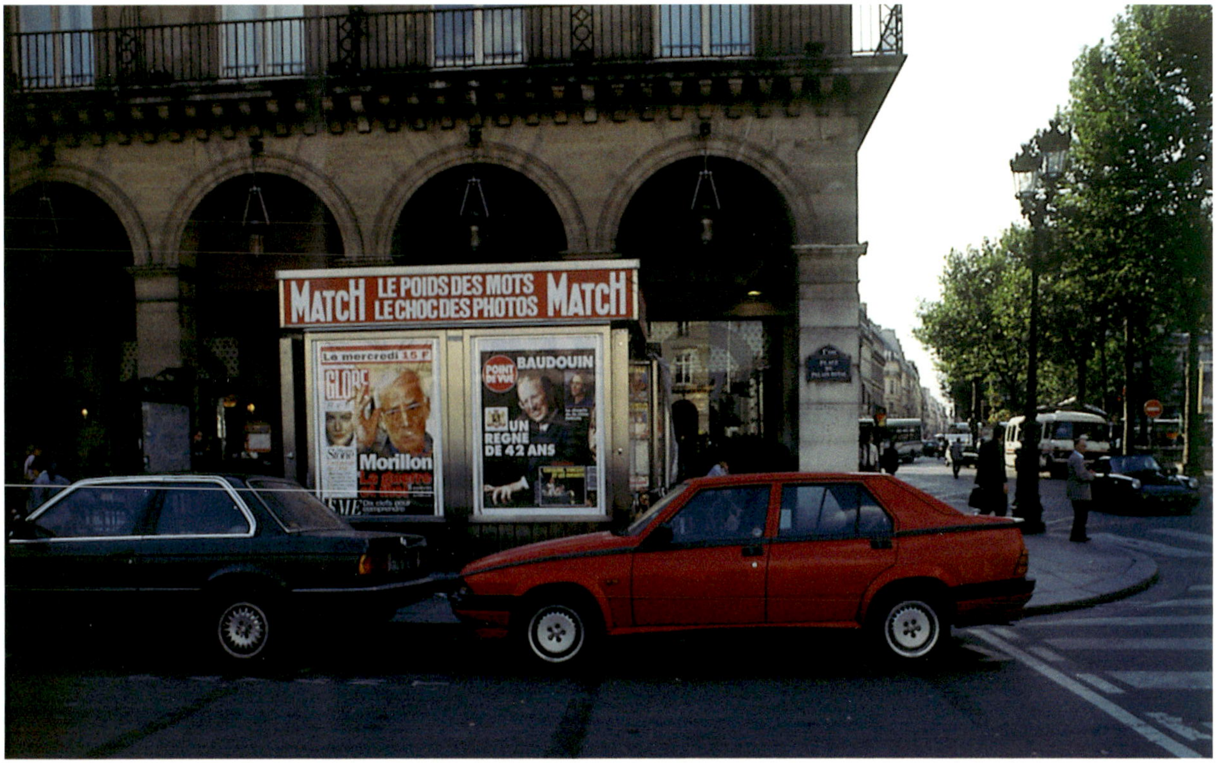

ABBILDUNG 58
Paris Match glaubt sich der unterschiedlichen Wirkung der Worte und der Bilder sicher zu sein: »Das Gewicht der Worte, der Schock der Photos«, was zum Nachdenken über die Konzeption des Blattes reizt.

Man kann sich vorstellen, welche Revolution die Erfindung des Buchdrucks einläutete. Man kann die Situation mit den heutigen Warnungen vor der so genannten Bilderflut und den Neuen Medien vergleichen. Man befürchtete eine Reizüberflutung von Drucksachen, den Verlust der Kunst des Erzählens und der Überlieferung von Geschichten. Die Schrift übersetzt den Redefluss ohne Intonation und Unterbrechung. Sie löst das Sprechen und Verstehen aus der Einheit von Raum und Zeit, und das geschriebene Wort oder der Text stellen eine Konzentration von Inhalt dar und sind in den meisten Fällen einer Funktion untergeordnet. → [59 & 60]

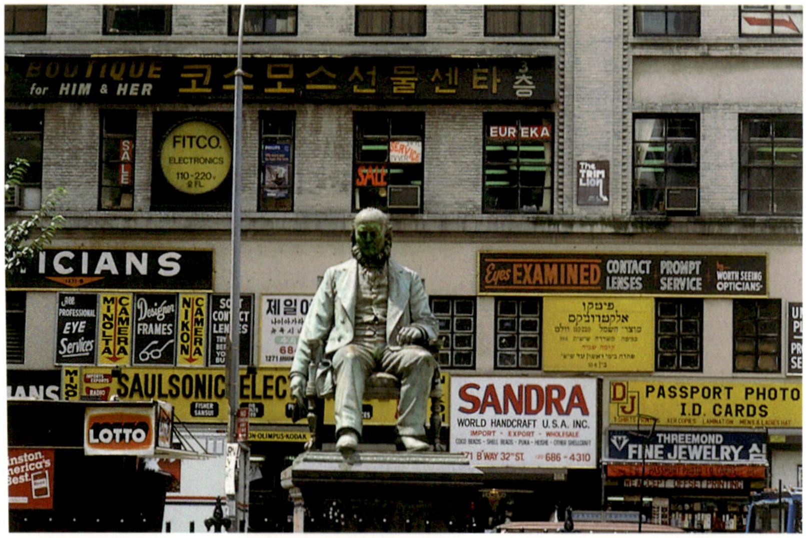

ABBILDUNG 59
In der Straßenwerbung vertraut man offensichtlich auf die Schrift, selbst wenn sie dicht nebeneinander in unterschiedlichen Größen und Sprachen die Augen verwirrt.

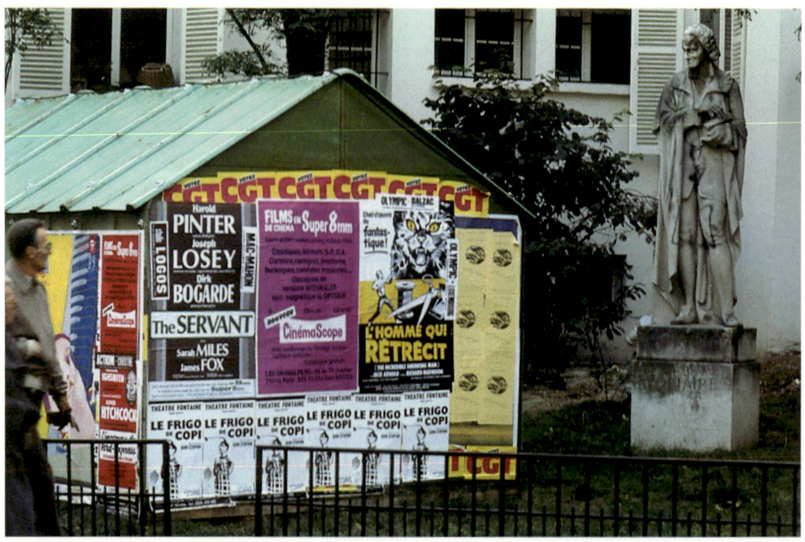

ABBILDUNG 60
Auch Voltaire blickt irritiert auf die Fülle sprachlicher Angebote und könnte sich fragen, welche Funktion hier erfüllt wird?

4.2.5 Bild und Sprache

Musik- und Sprachzeichen symbolisieren hierarchische Strukturen, in Bildern sind diese Strukturen nur sehr bedingt wahrzunehmen. In der Malerei gibt es zum Beispiel ein räumliches Nebeneinander, eine Gleichzeitigkeit, die Simultaneität, in der Dichtkunst ein zeitliches Nacheinander, die Sukzession. Lessing hat im Laokoon dieses Problem diskutiert. Der Sprache und der Musik wird im Allgemeinen die Zeit zugeordnet und der Malerei speziell die visuellen räumlichen Zeichen. Obwohl beide Seiten Gemeinsamkeiten haben, bestehen profunde Unterschiede zwischen ihnen. Wir nehmen mehr wahr, als wir verbalisieren können, und die Realität ist vielfältiger, als wir wahrnehmen. Wir selektieren aus der Vielfalt des Angebots, um uns anderen verständlich zu machen. Wir versuchen einen Sinnzusammenhang sprachlich darzustellen, damit der Leser oder Zuhörer diesem Sinn folgen kann. Wie verhalten wir uns zu Bildern? Immer wieder ist an den verschiedenen Stellen zu hören und zu lesen, dass die Bilder unsere Zeit beherrschen, dass »Bilder mehr als tausend Worte sagen« und viele andere Klischees. Man wird aber noch fragen dürfen, warum und wie Bilder das tun und ob das auf alle Bilder zutrifft. Man hat bisher wenig dazu getan, die Struktur von Bildern zu untersuchen und zu verstehen. Es gibt keine Grammatik der Bilder, kein System, mit dem wir verbindliche Regeln aufstellen können, die auf eine unbeschränkte Menge von Bildern zutreffen.

Unsere Gewohnheit, mit Bildern umzugehen, beschränkt sich in der Regel auf Identifikation von außerbildlichen Gegebenheiten der Realität. Wir projizieren unsere Wahrnehmungsstrategie aus der Realität auch auf die Bilder und halten sie deshalb für Abbilder. Die spezifischen Eigenschaften der Bildlichkeit, ihre Mehrschichtigkeiten von Sinnzusammenhängen werden dabei kaum berücksichtigt. → [61]

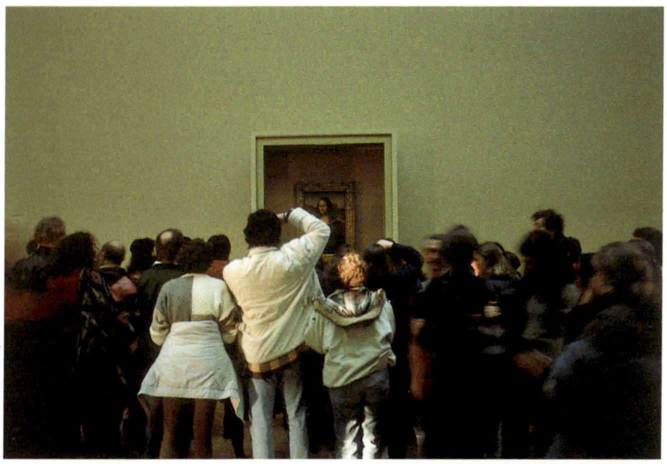

ABBILDUNG 61
Die Faszination der Bilder ist unbestritten, gerade, wenn es sich um so genannte Ikonen handelt. Aber unsere Fähigkeiten, mit Bildern umzugehen, beschränken sich in der Regel auf Identifikation, auch wenn es sich um die Mona Lisa handelt.

Gerade in der Photographie und speziell im Bildjournalismus glauben wir an die Dokumentation. Das betrifft die »Stillen Bilder« und noch mehr die Fernsehbilder. Es hat zwar schon immer Manipulationen der Bilder gegeben, aber vielleicht konnten oder wollten wir sie nicht sehen. Gegenwärtig werden wir zur Auseinandersetzung mit der Computerbearbeitung von Bildern herausgefordert. Sie wird auch dazu anregen, sich über die Wirklichkeits- und Abbildungsrelation in der Photographie Gedanken zu machen.

Die Geschichte der Photographie zeigt viele Ansätze, sich bewusst mit neuen Ausdrucksformen gegen die eingefahrenen Sehweisen zu wenden. Man erprobte dabei die ganze Bandbreite der Möglichkeiten in der Photographie und hat auch die folgenden Generationen zu neuen Bildkonzepten angeregt. → [62]

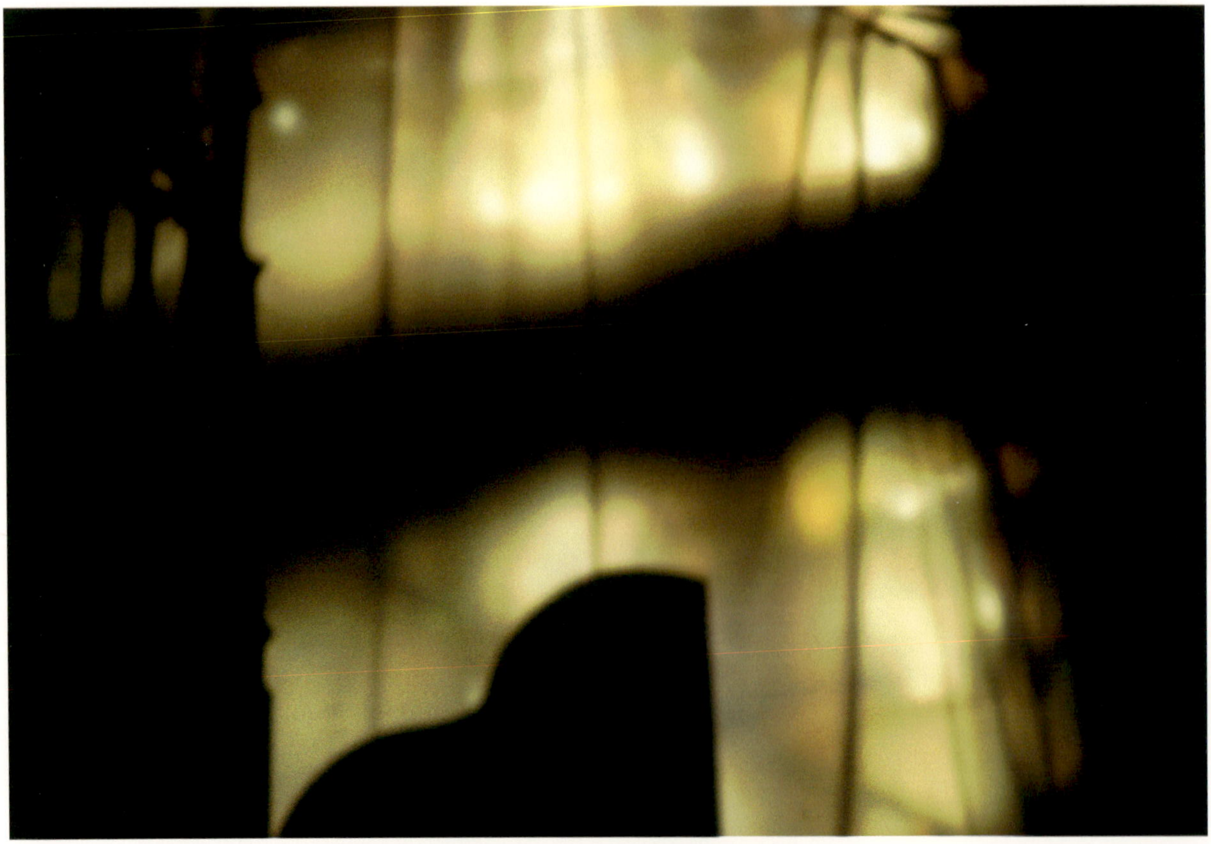

ABBILDUNG 62
Es ist eine Möglichkeit der Photographie, gegen eingefahrene Sehweisen anzuarbeiten.

Man kann jetzt vielleicht besser verstehen, mit welcher Komplexität das Sehen, das Wissen und Verstehen verarbeitet wird, obwohl wir die eigentlichen Prozesse nicht bewusst wahrnehmen oder erfahren. Es ist geradezu erstaunlich, dass wir die Fülle des Angebots, sei es zum Beispiel visuell oder sprachlich, strukturieren, organisieren und auch noch speichern können. Wie wir sehen und erkennen, was wir wissen und behalten, und wie wir darüber sprechen und letztlich, was wir sind, haben wir in der Regel sehr natürlich gelernt. Die Probleme der Simulation zeigen uns, dass das gar nicht selbstverständlich ist. Noch sind wir besser als die Computer, weil wir noch keine Programme entwickeln können, die unseren komplexen Fähigkeiten entsprechen.

4.3 Optischer Reiz und visuelle Aufmerksamkeit

4.3.1 Visuelle Aufmerksamkeit

Wie können die Formen aus dem visuellen Angebot extrahiert werden? Das Angebot der optischen Information wird durch das Licht strukturiert, aber wahrnehmen müssen wir es selber. → [63]

Wahrnehmen ist ein aktiver Prozess. Dem Menschen steht das Ziel einer Handlung vor Augen und er erreicht es gewöhnlich, indem seine visuelle Wahrnehmung automatisch Kennzeichen registriert, die ihn diesem Ziele näher bringen. Er findet sich in seiner Welt zurecht, da er zielorientiert seine Auswahl trifft. Diese Auswahl wird einmal von einer Aufmerksamkeits- und Erwartungshaltung bestimmt und zum anderen durch seine Intention gesteuert.

» Wie einer seinen Blick auf die Welt richtet, hängt also sowohl von seinem Wissen über die Welt als auch von seinen Zielen ab – d.h. von der Information, die er sucht. « [HOCHBERG, 1977]

Dass wir nicht unter der Vielfalt des visuellen Angebots zusammenbrechen, haben wir bei der Selektion und Abstraktion bereits verstanden. Unser Wahrnehmungssystem ist darauf angelegt, zu selektieren und zu abstrahieren, um die Fülle der Information zu reduzieren. Wenn unsere Aufmerksamkeit auf ein bestimmtes Objekt oder eine Handlung fokussiert ist, sind wir in der Lage, andere Gegebenheiten zu übersehen oder Geräusche zu überhören, es geht also viel sensorische Information verloren, der wir gar keine Aufmerksamkeit schenken. Wir können diese Erfahrung auch bei Gesprächen in einer lauten Umgebung machen, wo es uns möglich ist, die Umgebungsgeräusche zu überhören. → [64]

ABBILDUNG 63
Das Angebot der optischen Information wird durch Licht strukturiert, wahrnehmen müssen wir es selber.

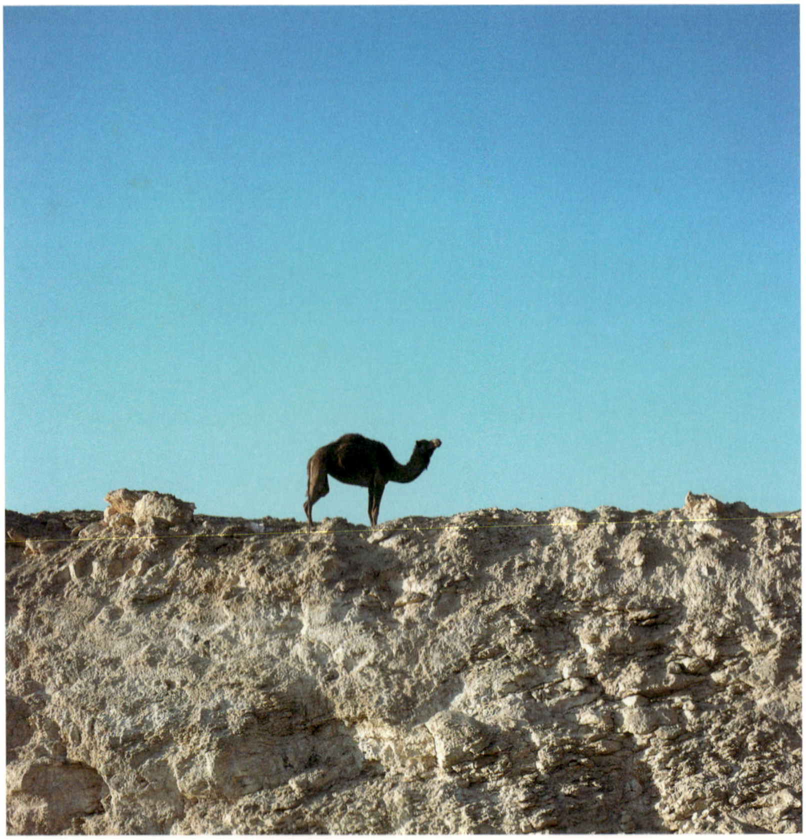

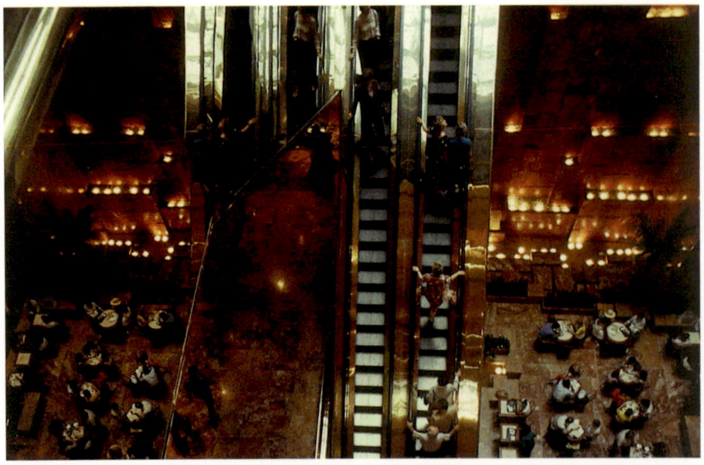

ABBILDUNG 64
Unser Wahrnehmungssystem selektiert und abstrahiert, um die Fülle der Information zu reduzieren. So gleichwertig sehen wir nicht. Wir unterdrücken Angebote, um unsere Aufmerksamkeit zu konzentrieren, im Gegensatz zum photographischen Apparat.

Aber zunächst muss ein entsprechendes Objekt ja überhaupt erst angeschaut werden, das heißt, wir müssen ihm unsere Aufmerksamkeit zuwenden. Der Physiker und Philosoph Carl Friedrich von Weizsäcker hat dazu folgende Erklärung:

»Die Welt ist nicht aus Objekten zusammengesetzt, nur der endliche Verstand des Menschen zerlegt das Ganze zu dem er selbst gehört, in Objekte, um sich zurechtzufinden. Dies zu begreifen, ist der Anfang des Aufstiegs!« [GEFFRATH, 1988]

Wenn dieser »Aufstieg« also gelingen soll, müssen wir lernen, die Objekte zu erkennen und in ihrem Umfeld zu deuten. Wenn diese Aktion allerdings einen Gewohnheitscharakter annimmt, wird sie nicht mehr mit unserer Aufmerksamkeit rechnen können und unsere Intention wird sich anderen Gegebenheiten zuwenden. Die Aufmerksamkeit und die Intention, ein Objekt anzuschauen, spielen eine große Rolle in der visuellen Wahrnehmung, aber auch die Aufmerksamkeit kann uns täuschen. → [65]

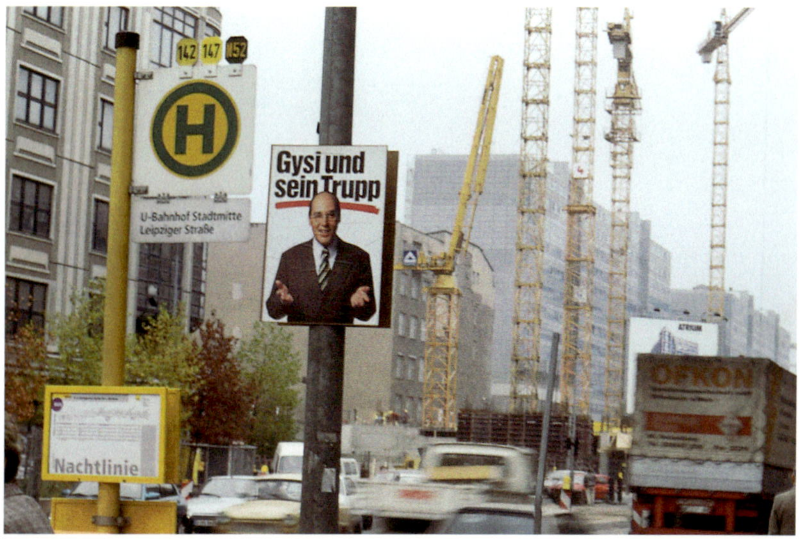

ABBILDUNG 65
Wir müssen die Objekte erkennen und in ihrem Umfeld deuten können. Das Wahlplakat täuscht allerdings, es stammt von 1995. Auch da waren Gysi und sein Trupp schon unterwegs.

4.3.2 Erkennen von Objekten

Wie wird unsere Aufmerksamkeit angeregt, etwas anzuschauen, bzw. was veranlasst uns, in eine Richtung oder auf ein Objekt zu sehen und andere Konstellationen zu vernachlässigen?

Bei den Untersuchungen der sakkadischen Augenbewegungen haben wir bereits gesehen, dass wir auf starke Kontraste oder Linien und Flächengrenzen reagieren, unser Blick und unsere Aufmerksamkeit werden angezogen. Wenn wir dagegen in ein Museum gehen, um uns Bilder anzuschauen, dann haben wir eine bestimmte Intention, diese Bilder zu sehen. → [66]

ABBILDUNG 66
Im Museum erwarten wir eigentlich Bilder und keine leeren Rahmen!

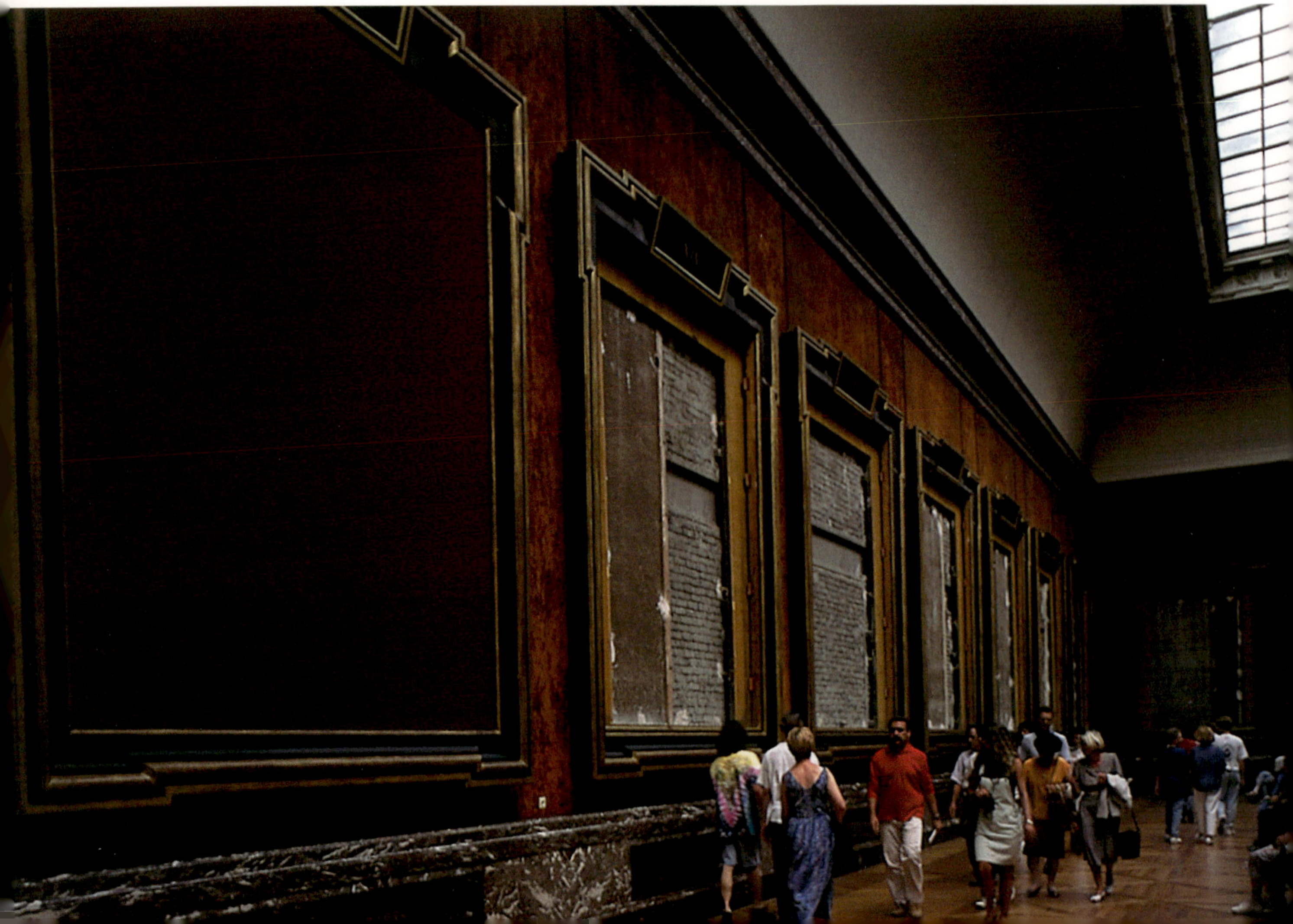

Wenn wir Bilder produzieren wollen, zum Beispiel photographieren, dann werden wir ja auch in der Regel von unserer Intention getrieben, Bilder zu machen. Das sind zielgerichtete, komplexe Handlungen. Doch wir wollen zunächst danach fragen, wie wir Objekte überhaupt erkennen können, wie wir aus Linien, Kanten, Farbflecken, Oberflächenstruktur und Größe, Formen extrahieren, so genannte Gestalten entstehen lassen, denen wir Bedeutung zuordnen. Dieses Problem hat die Psychologie, genauer die Gestalttheorie, in den zwanziger Jahren schon untersucht und wir werden in Kapitel 6 näher darauf eingehen.

Die Physiologie ist im Moment fasziniert von der Frage, wie werden solche Gestalten im Gehirn repräsentiert? Leider läuft da kein Film in Form einer Projektion ab. Leider entspricht der Sehprozess nicht der Kameraaufzeichnung und die Neuronen nicht den Silberkörnern!

Die Realität besteht nicht aus isolierten Gestalten oder Objekten, wie sie im Modellversuch gerne verwendet werden. In einer komplexen Szene Figur, Grund, Farbe und Form, Überschneidungen, Verdeckungen, Licht und Schatten zu sortieren, erscheint uns als Selbstverständlichkeit, aber die Neurophysiologen haben ihre Schwierigkeiten, es zu erklären, weil es so selbstverständlich eben gar nicht ist.

Denn man weiß, dass visuelle Informationen an verschiedenen Stellen parallel im Gehirn verarbeitet werden und nicht, wie man zuerst geglaubt hat, hierarchisch gegliedert sind. Ein Objekt aktiviert Zellen in den unterschiedlichen visuellen Bereichen des Gehirns. Aber wie wird diese Information verbunden und zu einer Gestalt zusammengebracht? Das Bindungsproblem *(binding)* ist zur zentralen Frage beim Sehen geworden. Wie können über das Gehirn verteilte Merkmale eines Objektes in der Synthese zu einer Repräsentation verbunden werden? Wie schon bemerkt, gibt es offensichtlich kein hierarchisches System, in dem die Informationen auf einer »höheren« Ebene zusammengefasst werden.

Einen Vorschlag dazu hat schon in den achtziger Jahren der Neuroinformatiker Christoph von der Malsburg von der Ruhr-Universität Bochum und der University of Southern California in Los Angeles gemacht, nämlich, dass die durch ein gesehenes Objekt aktivierten Neuronen durch zeitliche Synchronisation in wenigen Tausendstel Sekunden zu so genannten »Assemblies« *(Neuronenverbände)* zusammengeschlossen werden. Aus dieser zeitlichen Bindung einer Gruppe von Neuronen kann sich die Repräsentation eines Objektes ergeben.

In neuesten Messungen der neurophysiologischen Abteilung am Max-Planck-Institut in Frankfurt haben sich diese Thesen erhärtet. Die Speicherung und das Gedächtnis hängen natürlich auch von diesen Fragen ab und daraus ergibt sich die Bedeutung, die man diesen Untersuchungen beimisst. Denn wer möchte nicht gerne wissen, warum man dieses und jenes behält, vielleicht sogar ein Leben lang, und anderes vergisst.

Wie erkennen wir ein Objekt? Um ein Objekt zu erkennen, müssen wir das Gesehene interpretieren, es kategorial einordnen und in seinem Kontext verstehen, das heißt identifizieren. Wir können auch ungünstige Voraussetzungen eines visuellen Angebotes umsetzen. In der Dämmerung können wir Formen unterscheiden, obwohl Schattierungen und Grauabstufungen fehlen, Irritationen können wir entschlüsseln und ungewohnte Konstellationen auf den zweiten Blick einordnen.

4.3.3 Mustererkennung

Ein Muster kann ein Bild, Wort, Klang, Sinneseindruck, Gegenstand oder eine Situation sein. All diese Muster werden über Sinnesorgane in neuronale Aktivitäten im Gehirn umgesetzt. Einige Aktivitätsmuster sind dabei häufiger, sie entsprechen oft auftauchenden Situationen. Keine Situation ist identisch, aber manche sind ähnlich. Vielleicht stehen sprachliche Begriffe eigentlich für nichts anderes als für das Gemeinsame, das unerwartet oft in vielen Situationen vorkommt, und dann wird daraus ein besonders stabiles Aktivitätsmuster gebildet.

Die ersten Untersuchungen haben sich damit beschäftigt, wie Muster zu erkennen sind. Zunächst ist man von einer Schablonenerkennung ausgegangen, das heißt, dass von einem Buchstaben A eine so genannte Schablone im Gedächtnis erzeugt wird, die bei entsprechendem Reiz verglichen und erkannt wird. Die Schwierigkeit einer solchen Vorgehensweise wird offensichtlich, wenn man sich vorstellt, dass der Buchstabe oder andere Gegenstände sich bei der Wahrnehmung in Größe, Form, Relation zu anderen Gegenständen, Farbe und Tonwert ständig verändern und von einer Schablone abweichen können. Inzwischen sind die Psychologen der Ansicht, dass es sich bei der Mustererkennung um eine Merkmalanalyse handelt. Das heißt, es werden Winkel und die entsprechenden Konstellationen von Strichen analysiert. Diese Merkmale zu analysieren ist einfacher als der Schablonenvergleich, zumal einige Merkmale in vielen anderen Formen wieder auftauchen und man nur die Unterschiedsmerkmale in diesem Fall vergleichen muss.

Wir gehen also nicht von den Details aus, um einen Eindruck aufzubauen, sondern wir müssen seine Bedeutung feststellen. Erst wenn wir den Gesamtzusammenhang in seiner Bedeutung verstanden haben, können wir seine Einzelteile analysieren. Wenn ungewohnte Muster auftreten, wird ein hoher Grad an Aufmerksamkeit aktiviert, um diese Muster zu entschlüsseln. → [67 68]

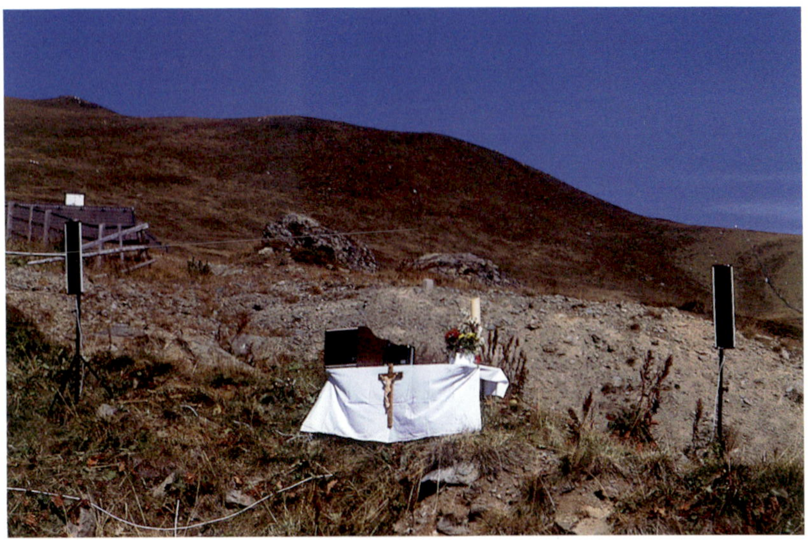

ABBILDUNG 67
In diesem Bild haben wir keine Identifikationsprobleme: Der Altar, das Kruzifix, die Lautsprecher und die Landschaft sind als Objekte zu erkennen. Schwieriger scheint die Interpretation zu sein. Wir müssen in Umwegen denken, denn gewöhnlich ist dieser Kontext anders sortiert.

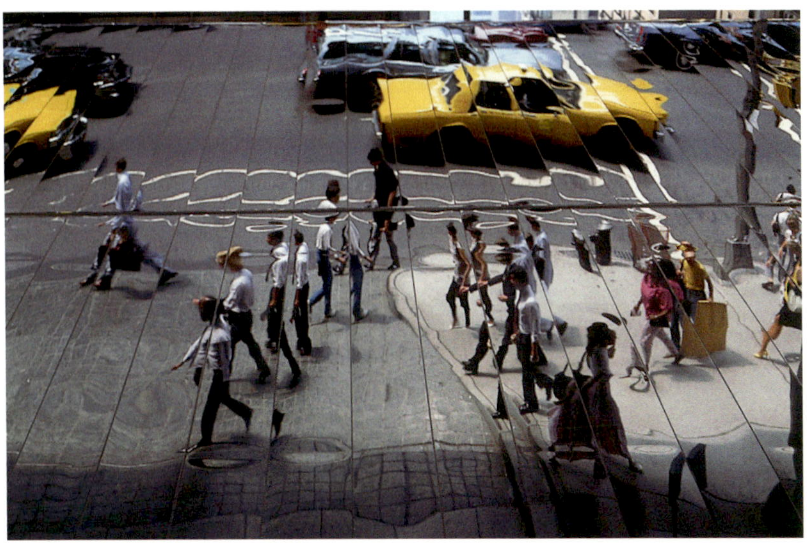

ABBILDUNG 68
Auf den ersten Blick sind die Merkmale von Menschen und Autos zu erkennen. Auch wenn sie deformiert erscheinen, genügen diese Signale, um uns ein Bild zu machen. Auf den zweiten Blick ist vielleicht unsere Aufmerksamkeit angeregt, die Ursachen für diese Deformationen zu entschlüsseln

Wenn man diese Zusammenhänge versteht, ist es einleuchtend, dass der kreative Prozess der Bildgestaltung mit den Wahrnehmungsmechanismen eng verknüpft ist. Es kann wichtig für eine Bildaussage sein, wie und wo ein Schwerpunktobjekt platziert wird, in welcher Beleuchtung es erscheint, wie seine Umgebung arrangiert wird. Wenn man da auf seinen bloßen Instinkt *(in manchen Fällen auch Bauch genannt)* vertraut, kann das Ergebnis sehr leicht die Wahrnehmung des Betrachters gar nicht erreichen. Man hat ja in der Regel die Intention, mit seinen Bildern die Aufmerksamkeit des Betrachters zu aktivieren, das ist allerdings auch durch die Irritation seiner Erwartungshaltung möglich, wenn der optische Reiz die gewohnten Muster in ungewöhnlicher Art präsentiert. Wir haben im Allgemeinen keine Schwierigkeiten, bekannte Gegebenheiten oder Objekte zu erkennen, selbst wenn sie in einer Perspektive angeboten werden, die uns leicht ungewohnt erscheint:

[1] Die Organisation des Bildes zerstört Bedeutungszusammenhänge. Der Kontext ist nicht eindeutig, unsere Aufmerksamkeit ist gefordert, um eine dargestellte Situation einzuordnen: Spiegelungen, die einen gewohnten Kontext verzerren. → [69]

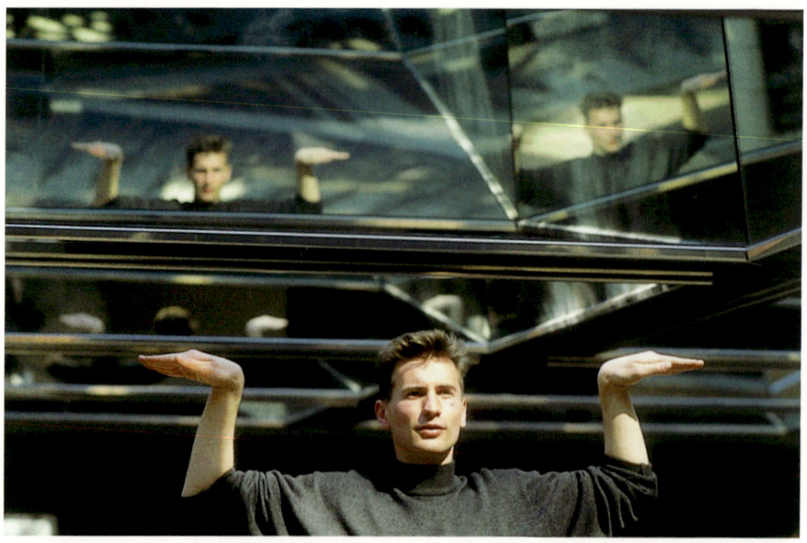

ABBILDUNG 69
Spiegelungen verzerren in der Regel einen gewohnten Kontext.

[2] Eine Reduktion von unterscheidbaren Merkmalen. Das Bild ist reduziert, das heißt, die Interpretation wird erschwert oder unmöglich. Details, die in einen Bildbezug gebracht werden, die in der Realität in der Dichte, das heißt in Relationen zu den Bildgrenzen, so nicht auftauchen. → [70]

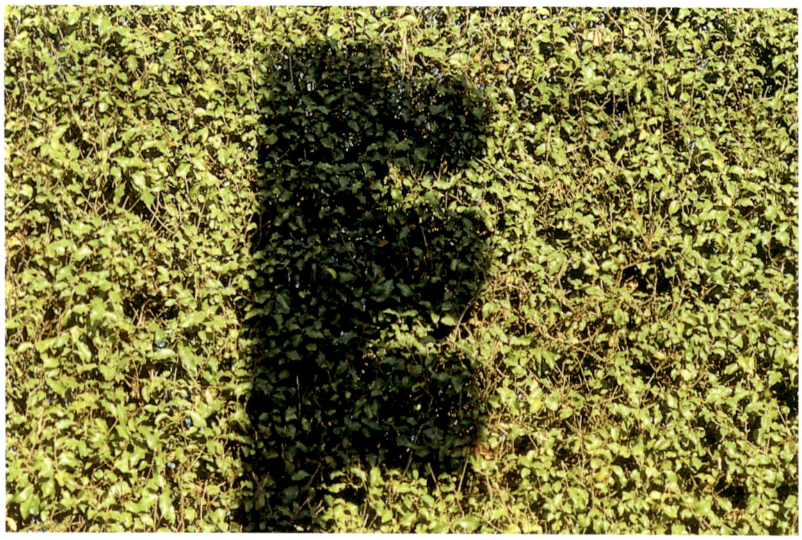

ABBILDUNG 70
Obwohl wir nur das Schattenbild der Ampel sehen, erkennen wir sie schon nach ganz kurzer Zeit, weil sie ihre charakteristischen Merkmale zeigt und in einem reduzierten Zusammenhang dargestellt worden ist. Von der Oberflächenstruktur der Hecke, die ja auch den Schatten der Ampel zeichnet, sehen wir zunächst ab zugunsten der erkennbaren Form.

[3] Konkurrierende Organisationsstrukturen. Widersprüchliche Interpretationen des Bildes sind möglich und fordern eine erhöhte Aufmerksamkeit. → [71] [72]

Wenn visuelle Botschaften interpretiert werden, dann sucht man in dem Angebot nach Unterscheidungsmerkmalen, um eine Gestalt zu extrahieren.
Bei der Mustererkennung in Bildern spielt die Beziehung, die die Merkmale untereinander eingehen, eine große Rolle. Wir sind in der visuellen Wahrnehmung darauf ausgerichtet, die Anordnung von innerbildlichen Elementen zu erkennen und zu deuten. Sehr oft versuchen Künstler, diese Merkmale aus ihren üblichen Bedeutungszusammenhang zu lösen und in eine neue Bildwirklichkeit zu transformieren. ★

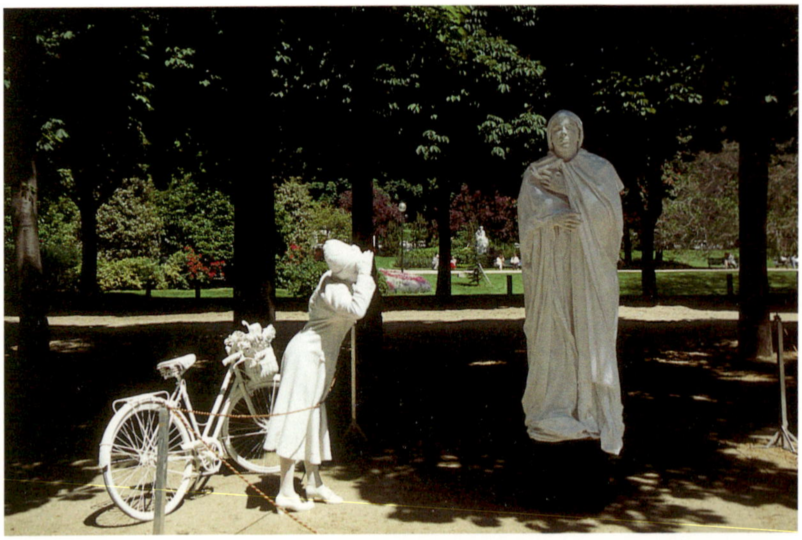

ABBILDUNG 71
Bei der Mustererkennung spielt die Beziehung, die Merkmale untereinander eingehen, eine große Rolle. Hier scheint alles zu stimmen, was die Form anbetrifft. Nur das Weiß der Figuren scheint eher der Statue aus Bild 72 zu gehören. Genau mit dieser Irritation rechnen diese Darstellungskünstler.

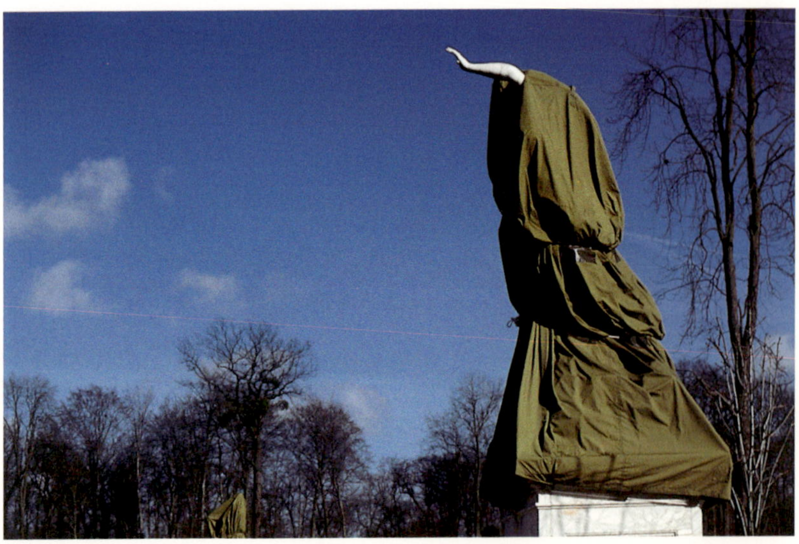

ABBILDUNG 72
Aus dem Sockel und der sichtbaren Hand schließen wir, dass der Inhalt dieser Verpackung zu einer Skulptur gehört und weniger lebendig ist, als es die Figuren aus Bild 71 sind.

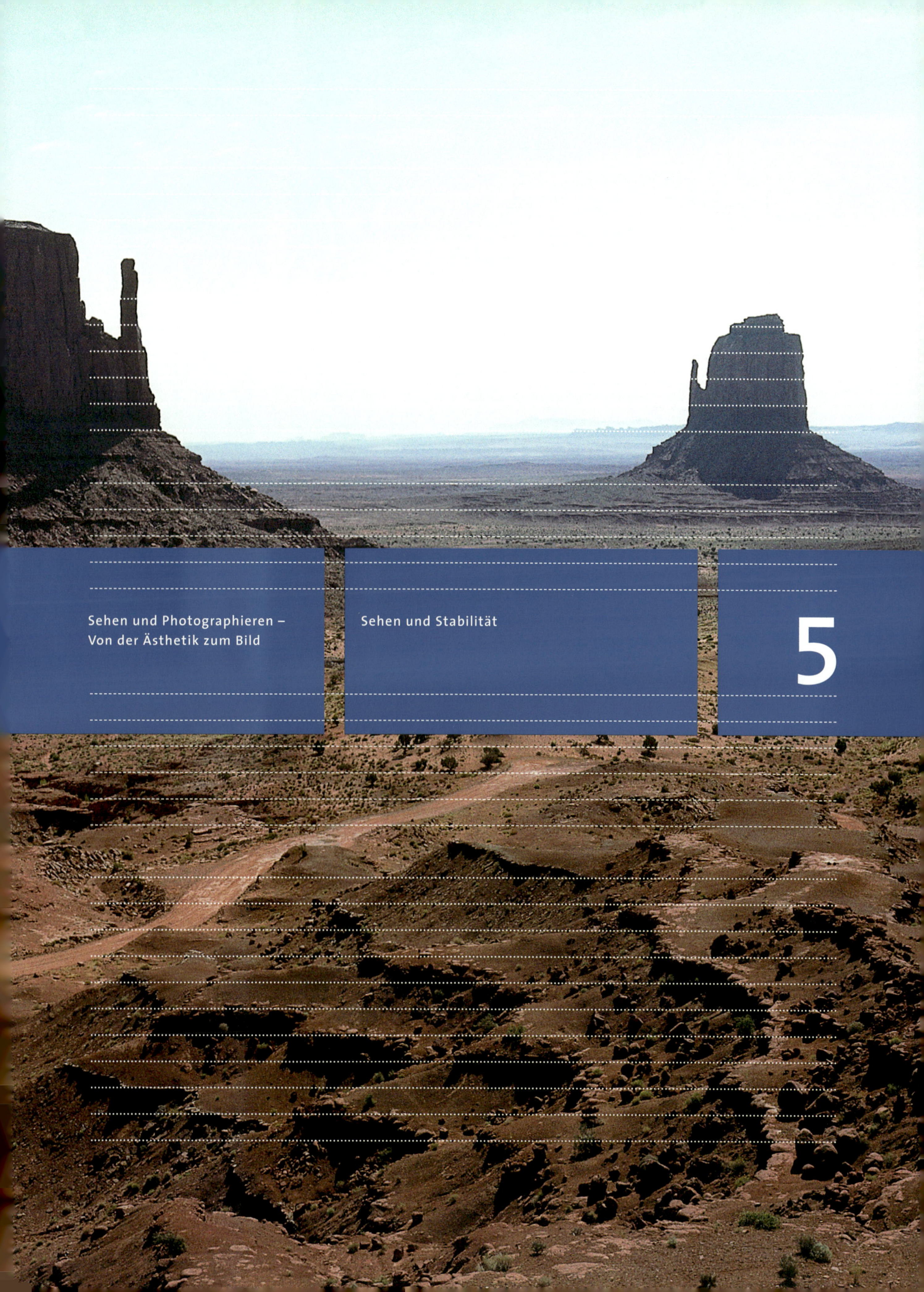

5 Sehen und Stabilität

5.1 Konstanzphänomene

5.1.1 Objekte und Erscheinung

Die Welt, die uns umgibt und in der wir uns bewegen, vermittelt uns einen ziemlich stabilen Eindruck. Obwohl wir durch Körper-, Kopf- und Augenbewegungen ständig unseren Standort und Blickpunkt verändern und eine Unmenge visueller Eindrücke unsere Augen erreichen, haben wir nicht den Eindruck, dass diese Welt sich dreht oder ständig ihre Ansicht wechselt. In der Regel bemerken wir diesen Wechsel noch nicht einmal. Der Mensch hat eine Tendenz zur Konstanzerhaltung der Erscheinung von Objekten und Umweltangeboten. Er reagiert mit der so genannten Dingkonstanz, die in Größen-, Form- und Farbkonstanz unterschieden wird.→ [73]

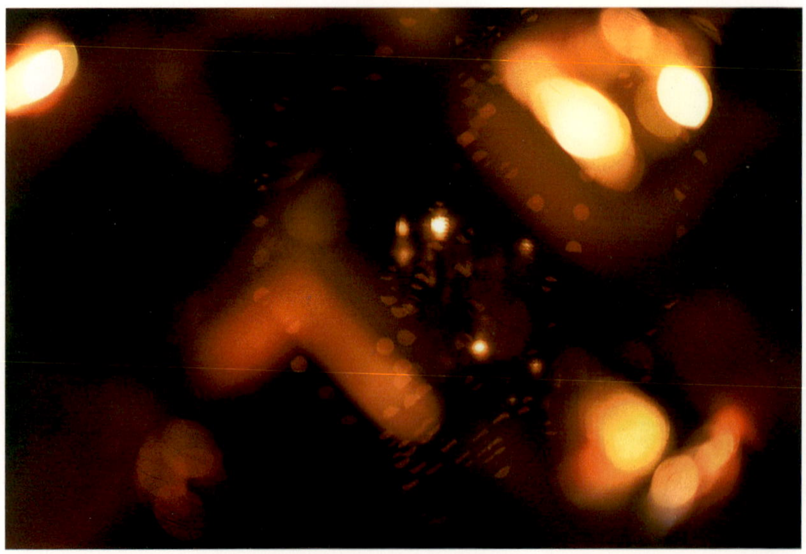

ABBILDUNG 73
Wir haben nicht den Eindruck, dass unsere Welt, die wir wahrnehmen, ständig aus dem Gleichgewicht gerät.

Wir haben Begriffe zur Hand, um unsere Eindrücke beschreiben zu können. Wir nennen eine Farbe rot, auch wenn sie eine ganze Farbskala von Rottönen enthält. Wir nennen eine Teller rund, auch wenn er in perspektivischer Verzerrung vor uns auf dem Tisch steht. Wir bezeichnen einen Menschen als groß, auch wenn er in der Entfernung im messbaren Vergleich nicht größer als ein Daumennagel erscheint.

Wir wissen, dass die Dinge fest und stabil sind, dass sie ihre Größe, Form und Farbe »an sich« bewahren und dass wir uns in der Regel darauf verlassen können, dass wir mit beiden Füßen auf der Erde stehen. Wir konstruieren unsere Wirklichkeit, die sich am Sachverhalt der Objekte in Bezug auf Größe, Form und Farbe orientiert, und ignorieren ihre Erscheinungsweise. Ja, es fällt schwer, wirklich zu sehen, was wir sehen!

Die Verarbeitung unserer visuellen Daten verläuft derartig schnell und wird gleichzeitig mit so viel Wissen angereichert, dass wir uns kaum auf unser Sehen konzentrieren. Wir haben ein gewisse Art der Logik in der Wahrnehmung und Konstruktion unserer Welt vorgenommen, das heißt, wir verallgemeinern das Einordnungsproblem, wir versuchen, es auf einen gemeinsamen Nenner zu bringen, um unsere Welt »objektiv« zu strukturieren.
Die visuelle Wahrnehmung wird im »normalen« Sehvorgang von einer großen Adaptionsfähigkeit, den so genannten Konstanzphänomenen, und einer ausgeprägten Stabilitätstendenz begleitet.→ [74]

Für das Überleben und die Bewältigung unseres Handelns ist das außerordentlich nützlich. Für die Darstellung speziell von Bildern und ganz besonders photographischen Bildern ist es irreführend. Für die Kamera und die Darstellung gelten andere Gesetze als in der Wahrnehmung. Für eine bestimmte Darstellungsintention müssen wir das Wahrnehmen der Erscheinungsweise trainieren, damit die Situation der Realität in eine Bildorganisation überführt werden kann. Die Sensibilisierung des Sehens und Wahrnehmens ist zum Beispiel ein Hauptanliegen der photographischen Ausbildung.

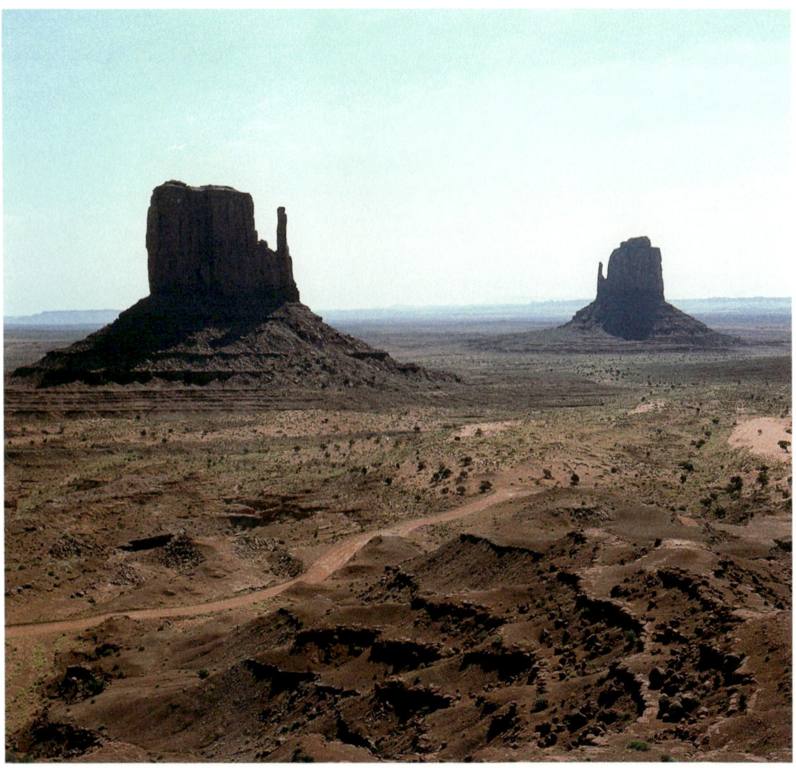

ABBILDUNG 74
Himmel und Erde sind stabil. Unsere Welt scheint »objektiv«.

5.1.2 Größenkonstanz

In der realen visuellen Wahrnehmung sieht der Mensch eher die reale Größe der Objekte als ihre optische Verkleinerung durch die Entfernung. Wir versuchen unsere Welt zu »objektivieren«. Wir wissen um die tastbare oder messbare Größe eines Gegenstandes und wissen, dass er sich auch in großer Entfernung »an sich« nicht verkleinert, und darum wollen wir nicht sehen, was wir sehen. Unser Wissen vertraut darauf, dass die Größe der Gegenstände konstant erhalten bleibt.→ [75]

Der photographische Apparat hat die geometrische Perspektive wieder ins Spiel gebracht. Er besitzt die Eigenschaft per se, perspektivisch mit den entsprechenden Verkleinerungen aufzuzeichnen. Bei der Rezeption dieser Bilder verfahren wir ähnlich wie bei der Wahrnehmung der Realität. Mit den Konstanzphänomenen übersehen wir die optischen Verzeichnungen und sie werden erst wahrgenommen, wenn wir ein Bezugssystem haben.→ [76 ⮌ 77]

5.1.3 Formkonstanz

Mit der Formen, die wir sehen, verhält es sich ähnlich. Wir sehen die tatsächliche Form und nicht die Verzeichnung der Erscheinung. Wenn wir als Fußgänger an der Ampel warten, nehmen wir die vorbeifahrenden Autos in ihrer konstanten Form wahr, ohne ihre Größen- und Formveränderung zu registrieren. Der Blick aus der Frosch- oder Vogelperspektive kann uns vielleicht überraschen, aber das »Zurechtrücken« durch das Bewusstsein der tatsächlichen Form dauert nur Bruchteile von Sekunden. Wir sehen die Dinge in paralleler Ebene, auch wenn sie uns perspektivisch erscheinen. Der Gegenstand in seiner Form und in seinem Beziehungsgefüge ist sozusagen invariabel, egal in welcher Erscheinung er sich anbietet.

Die photographische Kamera hat, im Gegensatz zur Konvention der malerischen Perspektive, die Eigenschaft, die Vertikalen und die Horizontalen zu verzeichnen. In den ersten Jahrzehnten nach der Erfindung der Photographie 1839 hatte man sich bei der Konstruktion der Kameras bemüht, Entzerrungsmöglichkeiten einzubauen, um der Konvention der geometrischen Perspektive zu entsprechen. Erst in der 20er Jahren des folgenden Jahrhunderts setzten Photographen die »Fehler« der Kamera ganz bewusst und medienspezifisch ein. Sie propagierten das »Neue Sehen«, wobei die Kamera ein willkommenes Hilfsmittel war. Mit extremen Ansichten, wie der Frosch- oder Vogelperspektive, erzeugten sie eine eigene Bildwirklichkeit, die von den Konventionen abrückte und die Mittel der Photographie thematisierte.→ [78, 79 ⮌ 80]

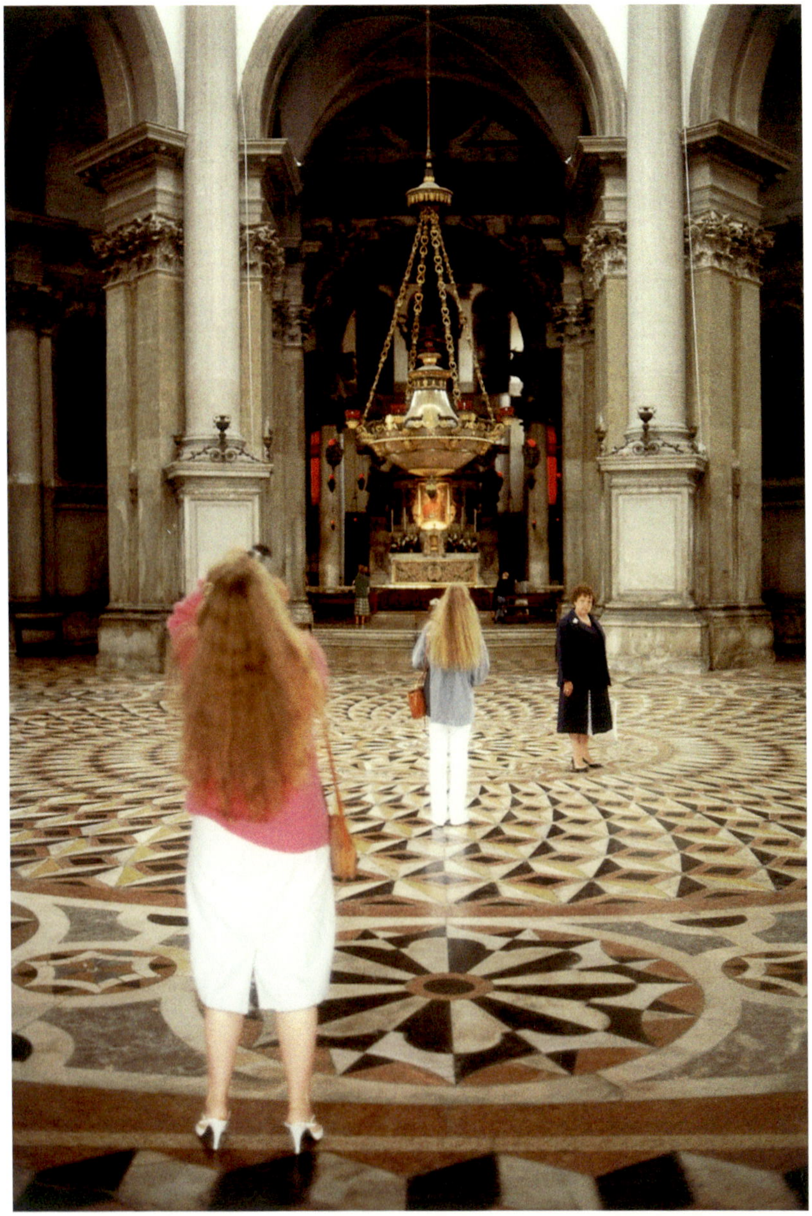

ABBILDUNG 75
Wir kennen die ungefähre Größe eines Menschen und wissen, dass er sich auch in großer Entfernung »an sich« nicht verkleinert. Dass er in unserem Gesichtsfeld sich optisch stark verkleinert, nehmen wir nicht wahr. Erst wenn ein Gegenstand oder ein Mensch in einem Bezugssystem erscheint, wird die optische Veränderung wahrgenommen.

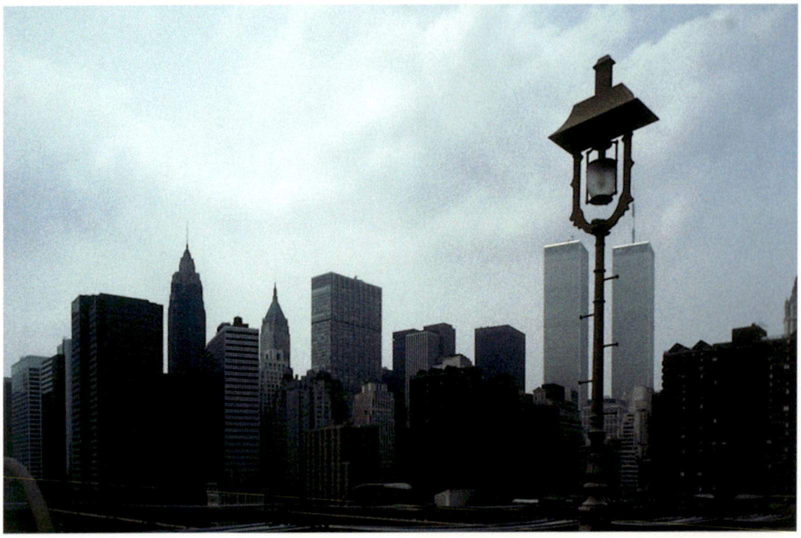

ABBILDUNG 76
Kaum zu glauben, dass die Laterne größer war als die Türme des World Trade Center in New York und in der Realität wird das auch nicht so gesehen. In dieser Konstellation ist das Bildresultat eindeutig.

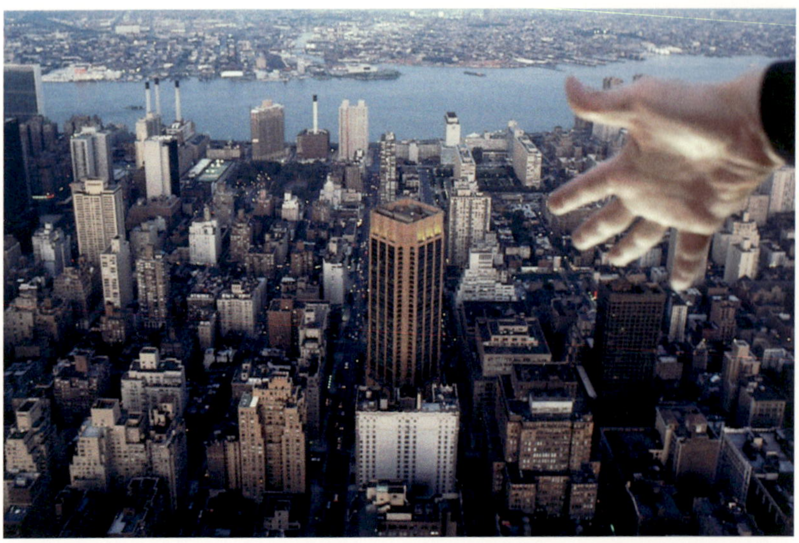

ABBILDUNG 77
Eine Hand genügt, um einige Häuserblocks mit Wolkenkratzern verschwinden zu lassen – bildlich gesprochen. Wir würden dieses Verhältnis in der Realität kaum so einschätzen, weil wir uns die reale Größe vergegenwärtigen.

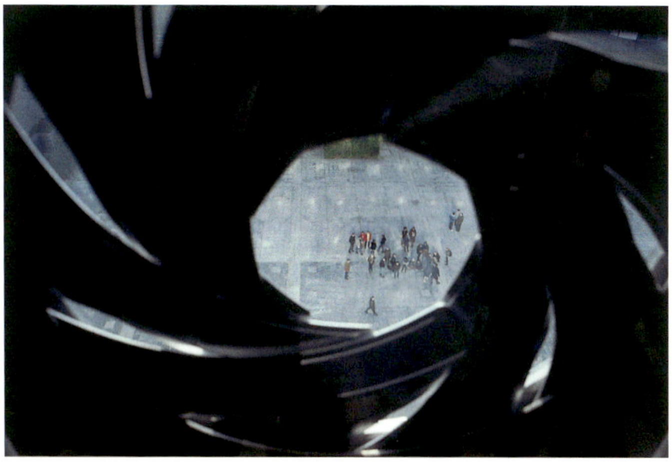

ABBILDUNG 78
Aus dieser Entfernung und durch diese »Blende«, die als Bezugssystem fungiert, erscheinen die Menschen in Ameisengröße. Ihre Gestalten sind verzeichnet und verkürzt.

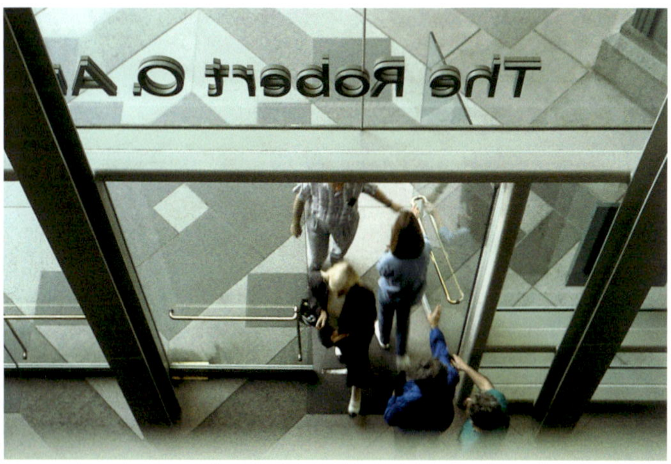

ABBILDUNG 79
Im Bild verstärkt sich die Verkürzung der Gestalten und die Senkrechten der Glasfront scheinen zu kippen. Auch hier sind wir problemlos in der Lage, die reale Gestalt der Menschen wahrzunehmen und ihre Formverzeichnung aufzuheben.

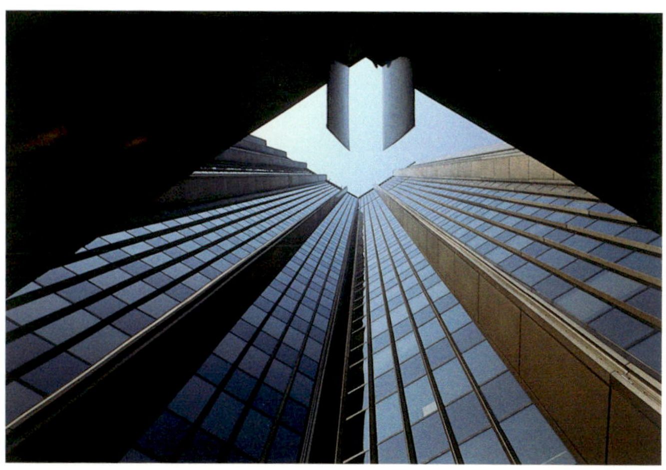

ABBILDUNG 80
Aus dieser Froschperspektive ergeben sich eigene Bildformen, die aber noch auf ihren Ursprung *(Gebäude)* verweisen.

5.1.4 Farbkonstanz

Auch die Farbe unterliegt den Konstanzphänomenen. Wir sehen eher dieselbe Farbe eines Gegenstandes als ihre Veränderung in wechselnder Beleuchtung oder Helligkeit. Man versucht bei der Sicht der Dinge, sich an die »wirkliche« Farbe heranzutasten, um sie dann kategorial einzuordnen und zu benennen. Obwohl die Dinge in unterschiedlicher Beleuchtung ihre Farbe extrem verändern können, wird von ihrer Erscheinungsweise abstrahiert und ihnen die »Grundfarbe« zugeordnet. Wir bezeichnen Schnee als weiß, obwohl die Impressionisten uns gelehrt haben, welche Farbnuancen eine entsprechende Beleuchtung, die Reflexion einer Nachbarfarbe oder die eigene Farbenergie durch Komplementär- und Simultankontraste erzeugen kann.

Die Photographie hat für die unterschiedliche Farbtemperatur von Tages- und Kunstlicht entsprechende Filme zur Verfügung. In der Realität stellen wir diesen Ausgleich durch eine hohe Adaptionsfähigkeit unter Beweis. Wir halten die Gegenstandsfarbe sozusagen konstant. In der Darstellung muss die Beleuchtungsfarbe und Eigenfarbe der Dinge und Umgebung berücksichtigt werden. Das Abnehmen der Farbintensität mit der Entfernung von der Lichtquelle zum Beispiel, die Veränderung der Farberscheinung bei Tages- oder Kunstlicht oder zu verschiedenen Tageszeiten. Um die Farbe bewusst mit der Kamera einzusetzen, müssen wir genau hinsehen und wahrnehmen, was wir zum Beispiel auf der Mattscheibe sehen. → [81, 82 & 83]

5.1.5 Stabilitätstendenz

Wir haben also die Tendenz und die Fähigkeit, die Dinge konstant zu sehen, die visuellen Eindrücke zu reduzieren und zu verfestigen, sie in den Griff zu bekommen, um uns in dieser Welt zu orientieren. Der Mensch hat gelernt, seine Umwelt wiederzuerkennen, obwohl der »faktische Sehraum« unbegrenzt und unendlich ist, da die ständigen Augenbewegungen und die Neufokussierung auch ständige Veränderungen bedingen. Der Mensch kann von diesen Veränderungen absehen, denn er hat gelernt, an die Stelle von optischen Zeichen die Vorstellung einer geordneten Welt zu setzen.

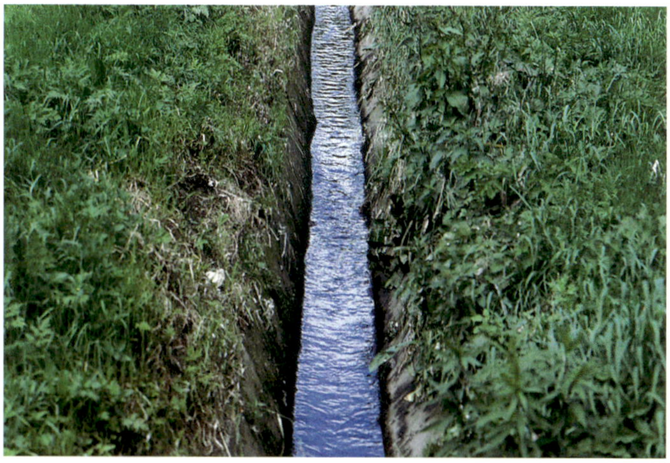

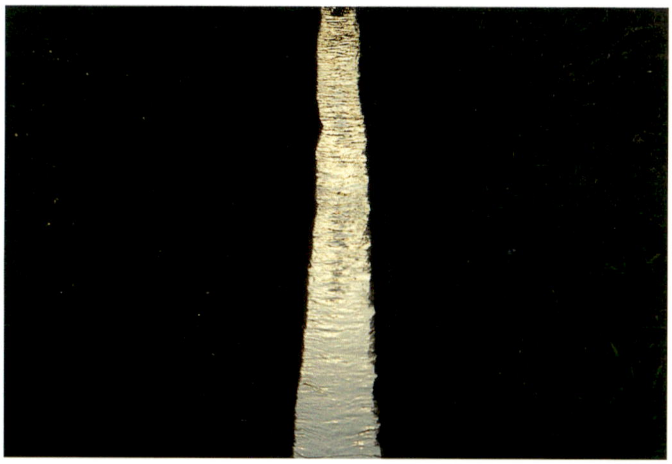

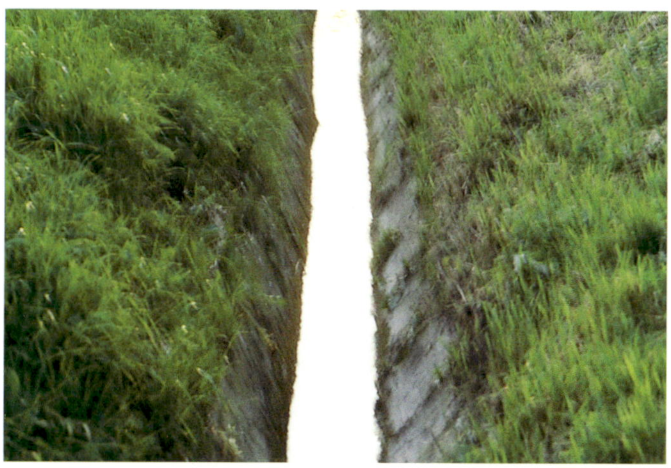

ABBILDUNGEN 81, 82 & 83
Die gleiche Situation in unterschiedlicher Tageszeit aufgenommen. Die Farbveränderung ist unübersehbar und doch würden wir behaupten, dass Gras in der Regel grün ist.

Unsere Körperbewegungen, unsere Standortveränderungen werden kompensiert, auch die bewegte Umwelt wird stabilisiert, vorausgesetzt, man hat diese normalen Funktionen durch allzu großen Alkoholgenuss oder Drogeneinfluss nicht außer Kraft gesetzt.

»Ein Ding als unveränderlich sehen, heißt, es auf dem höchsten Allgemeinniveau zu abstrahieren, und dies Niveau eignet sich für alle die vielen praktischen Situationen, in denen das Sehen dazu dient, den physischen Umgang mit den Dingen zu überwachen.« [ARNHEIM, 1977]

Dabei ist die Sprache hilfreich. Mit ihr kann das visuelle Angebot rationalisiert werden. Das Wort Baum steht für ganz unterschiedliche Gewächse, die zwar gemeinsame Merkmale haben, aber in ihrer Form und Farbe sehr verschieden aussehen können. Begriffe haben die Eigenschaften zu generalisieren und zu kategorisieren. Der Mensch hat also gelernt, Formen und Farben zu unterscheiden, sie einem Gegenstand zuzuordnen, er hat gelernt, diesen Gegenständen Namen zu geben und im Umgang mit diesen Namen über vieles hinweg zu sehen. Unsere sprachliche Dominanz hat uns fest im Griff. Wir versuchen, Begriffenes auf den Begriff zu bringen, um es abrufbereit zu fixieren. Nur so sind wir aber auch in der Lage, zu kommunizieren und Veränderungen zu begegnen. → [84 ⊖ 85]

5.1.6 Gestaltung

Uns mögen Konstanzphänomene als selbstverständlich erscheinen, weil wir sie unbewusst nutzen. Doch die Frage nach den Funktionen unserer Sehprozesse wird spätestens an dem Punkt interessant, wo die Gestaltung ins Spiel kommt. Gestaltung ist kein Bestandteil unbewusster Wahrnehmungsprozesse, denn dann würden wir keine Ausbildung und keinen Lernprozess dafür brauchen. Erst wenn ihre Bedingungen im Bewusstsein gespeichert sind, kann man sie im Moment der Produktion »automatisch« verwenden.

Wenn wir diese Welt konstant erleben, so ist diese Erfahrung unter Umständen für die Gestaltung eines Bildes auszusetzen und das muss aus den oben genannten Gründen trainiert werden, weil die Kamera anders arbeitet als das menschliche Sehen. Außerdem liefert auch die Kamera ein Bild und kein Abbild der Wirklichkeit. Die Kamera arbeitet wie ein Auge ohne Gehirn. Das ist kein Fehler, sondern eine große Chance, sie als Bildmittel einzusetzen. Die eigentlichen Bilder werden in den Köpfen hinter der Kamera konzipiert. → [86] ★

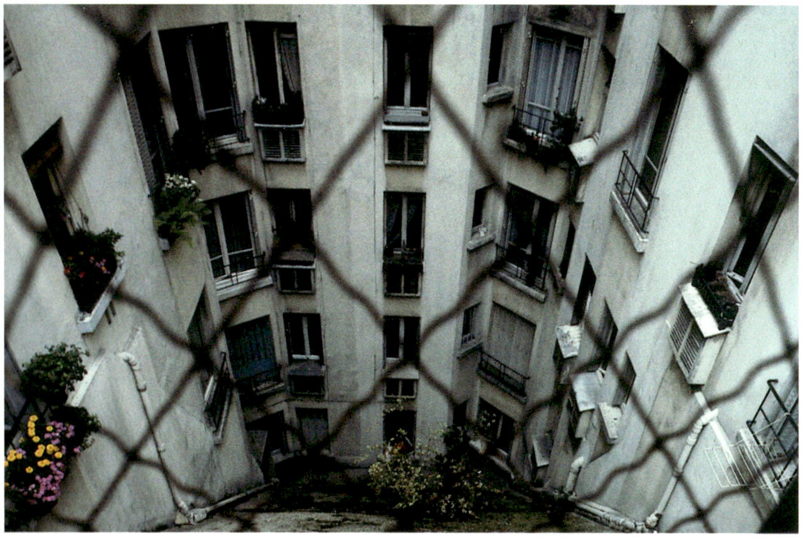

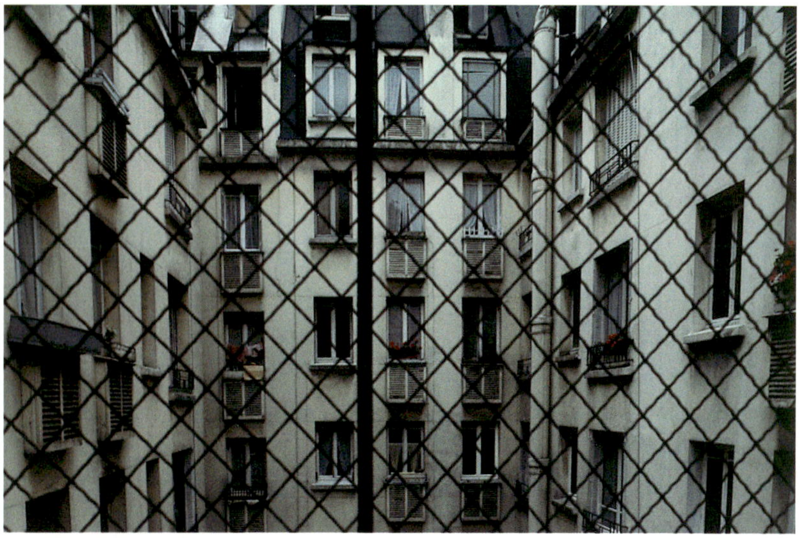

ABBILDUNG 84 & 85
Wir sehen mit stürzenden Linien, doch unser Bewusstsein richtet sie wieder auf zugunsten der Stabilität des Hauses.

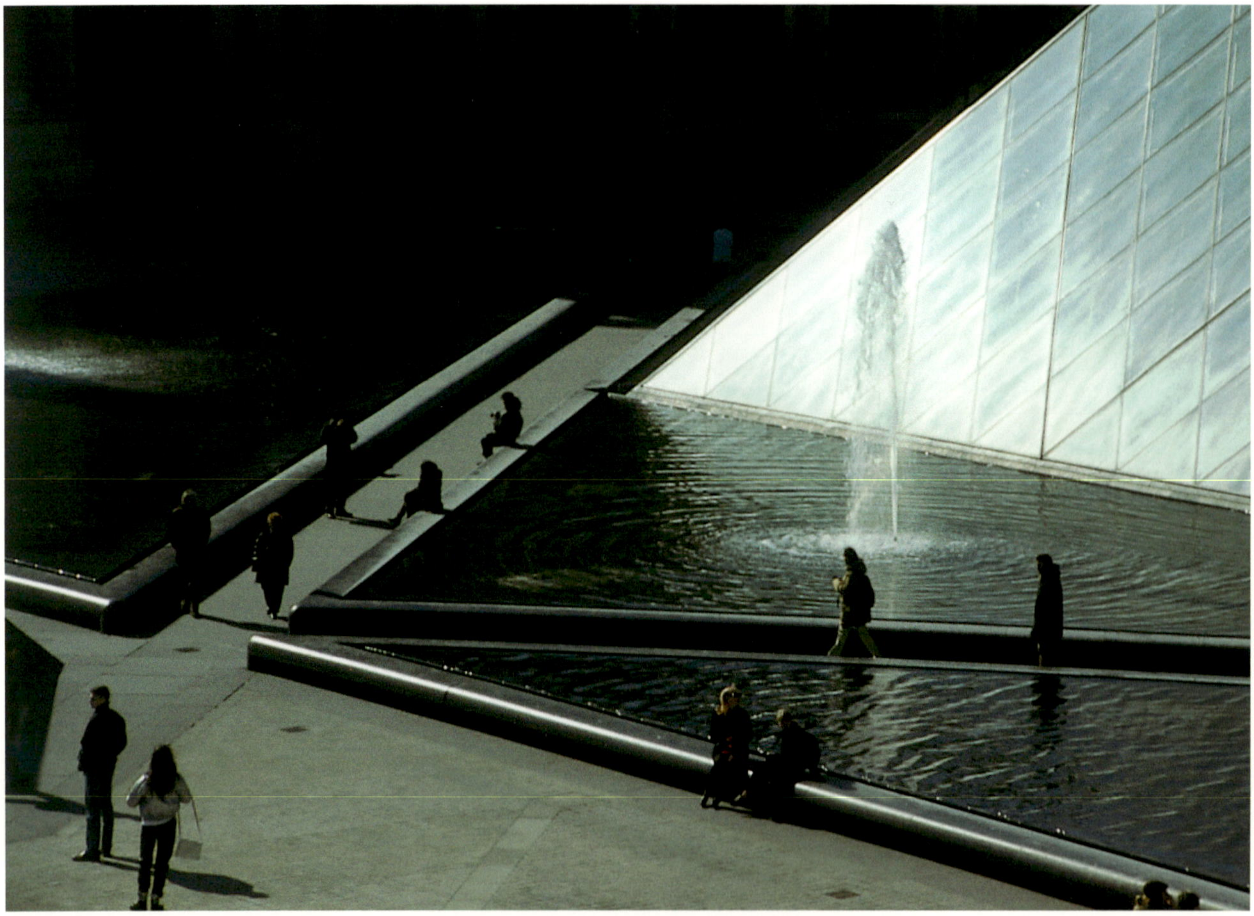

ABBILDUNG 86
Da Gestaltung keinen Bestandteil unbewusster Wahrnehmungsprozesse darstellt, ist dafür ein Lernprozess erforderlich. Erst wenn ihre Bedingungen im Bewusstsein gespeichert sind, kann man sie im Moment der Produktion »automatisch« verwenden.

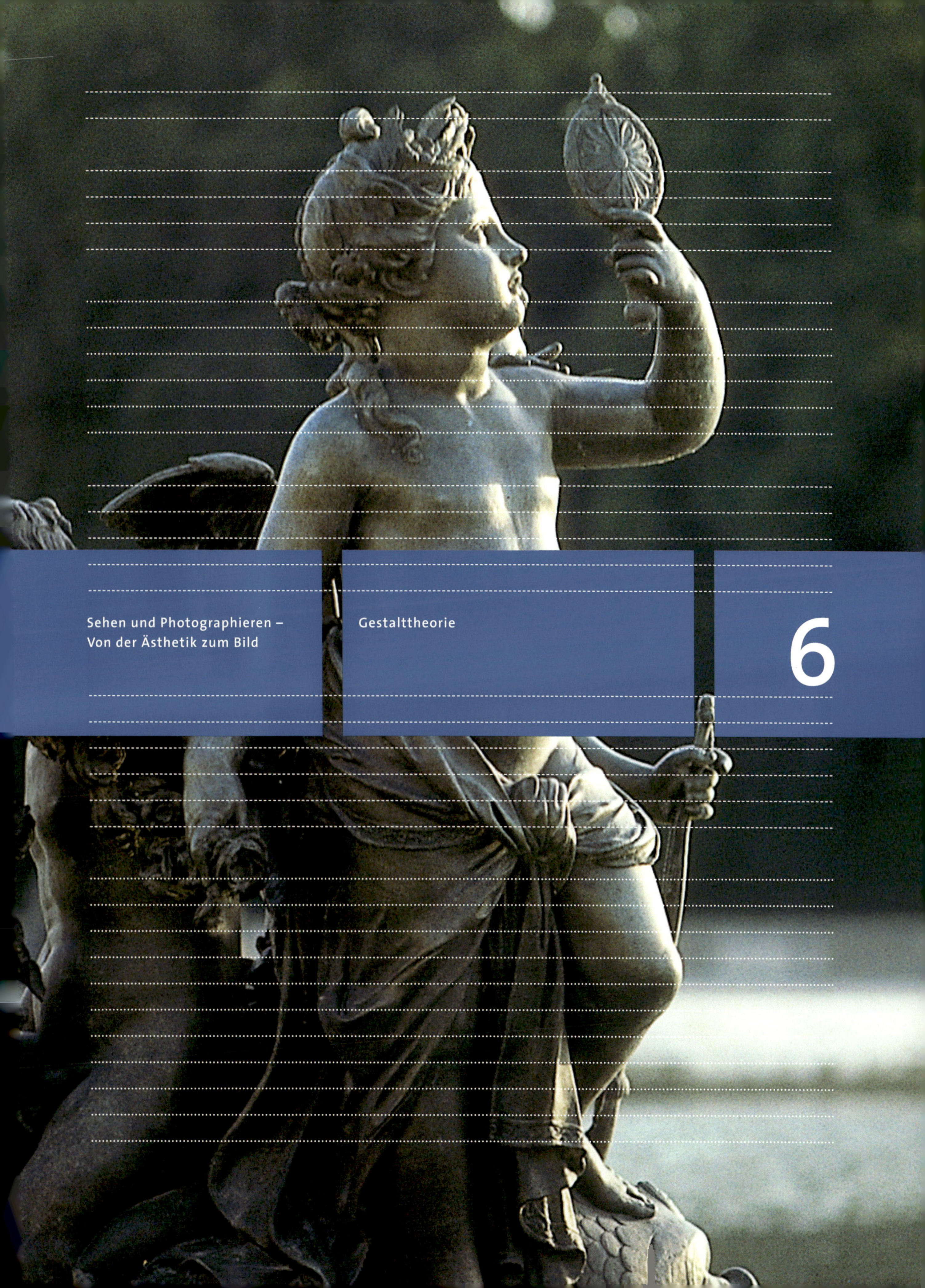

6 Gestalttheorie

6.1 Gestalterkennung

6.1.1 Gestaltfindung

Wenn wir nur Form- und Farbmuster erkennen würden, wären wir niemals in der Lage, die wesentlichen Merkmale einer visuellen Konstellation zu strukturieren. Wir wären sozusagen entscheidungslos. Uns interessiert hier, dass wir es nicht sind. Wir wollen den Fragen nachgehen, wie wir diese visuellen Konstellationen strukturieren, damit wir ihnen einen Sinn geben können, damit wir uns orientieren können und unsere Umwelt verstehen können.

Die Strukturierung unserer Umwelt verläuft unter verschiedenen Aspekten. Wir haben die Tendenz, Formen zu bilden und in ihnen Gestalten zu entdecken. Die Wahrnehmung versucht auch dann Gestalten zu extrahieren, wenn amorphe Formen und ein an sich bedeutungsloses Bild angesehen werden. → [87]

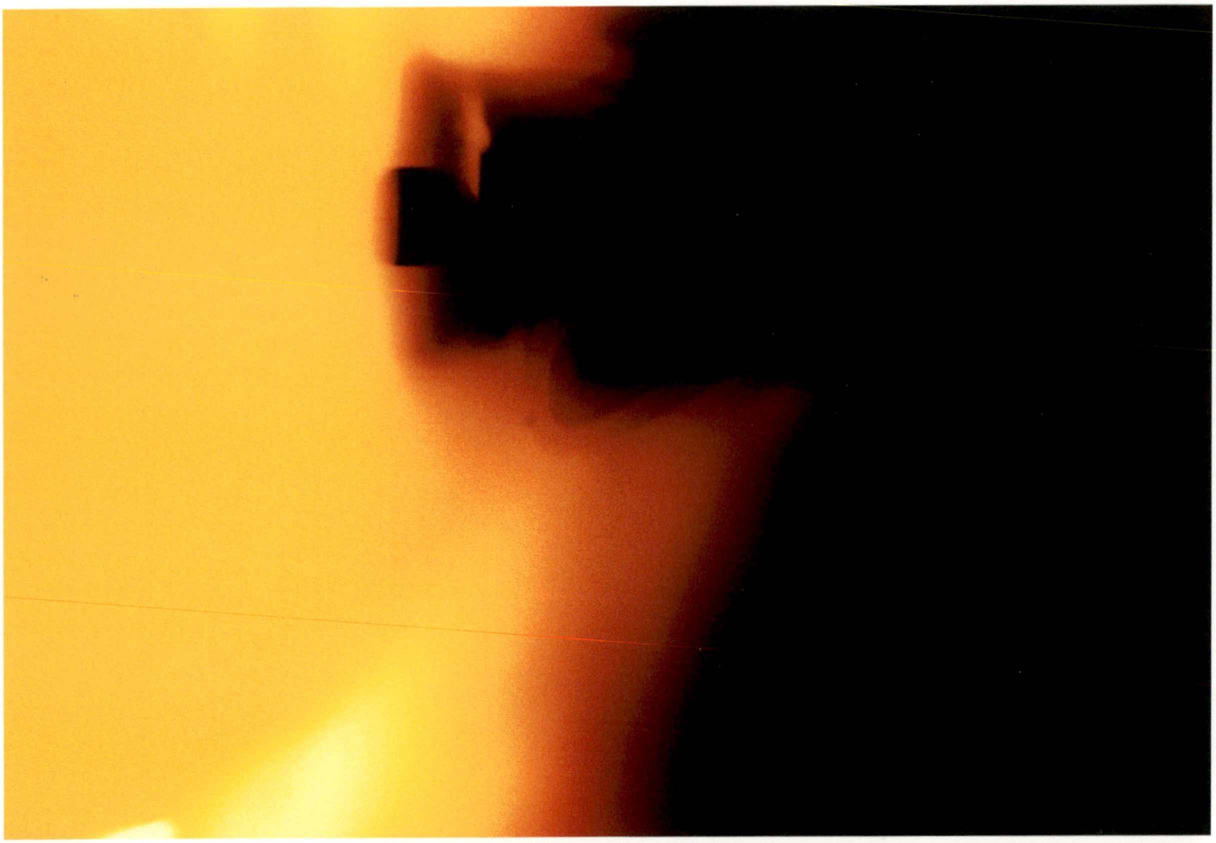

ABBILDUNG 87
Wir sehen nicht nebeneinander liegende Flächen, sondern haben die Tendenz, auch in amorphen Formen Gestalten zu entdecken.

Wir haben alle schon mal das »Wolkenspiel« erlebt, bei dem man in Wolkenformationen zum Beispiel Gesichter und Figuren erkennen kann. Schon Leonardo da Vinci hat diese »Art des Schauens« brauchbar gefunden, um den Geist zu Erfindungen anzuregen:

» Sie besteht darin, dass du auf manche Mauern hinsiehst, die mit allerlei Flecken bedeckt sind, oder auf Gestein von verschiedenem Gemisch. Hast Du irgend ein Situation zu erfinden, so kannst du da Dinge erblicken, die diversen Landschaften gleich sehen, geschmückt mit Gebirgen, Flüssen, Felsen, Bäumen, grossen Ebenen, Thal und Hügeln in mancherlei Art. Auch kannst du da allerlei Schlachten sehen, lebhafte Stellungen sonderbar fremdartiger Figuren, Gesichtsminen, Trachten und unzählige Dinge, die du in vollkommene und gute Formen bringen magst. [LEONARDO DA VINCI, 1882]

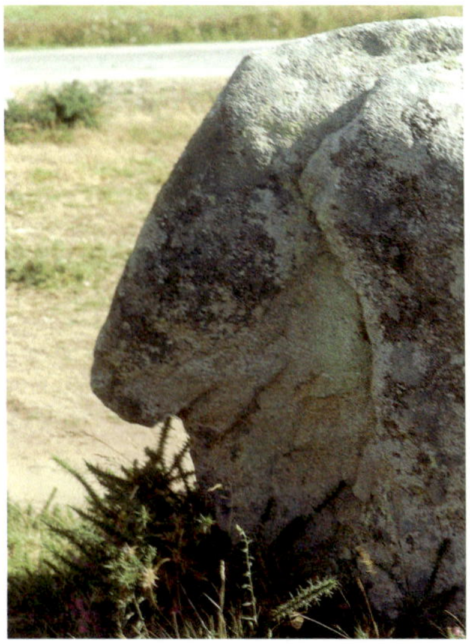

Man braucht also nur seine Phantasie zu bemühen, um Formationen auf amorphe Angebote zu projizieren. → [88 & 89]

6.1.2 Optische Anordnungen

In einer optischen Anordnung müssen wir oft entscheiden, wie eine Fläche oder ein Gegenstand gestaffelt ist, um Figur und Grund zu trennen. Gewöhnlich bietet unsere Umwelt uns keine einzelnen Flächen oder Ebenen an, sondern sehr komplexe Konstellationen, die wir entschlüsseln und einschätzen müssen. → [90]

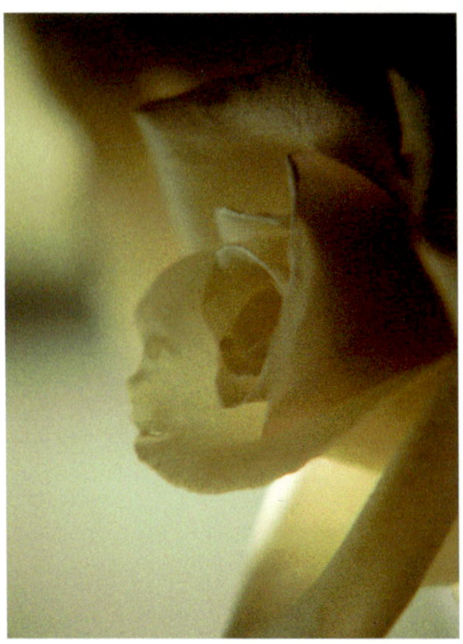

ABBILDUNGEN 88 & 89
Es fällt leicht, in diesem Stein oder der Rose ein Gesicht zu finden.

Dazu kommt die Bewegung mit ständig wechselnden Blickpunkten und Anordnungen, in der wir die Muster der Oberflächen sortieren müssen, um einen sinnvollen Zusammenhang zu konstruieren. Mit ähnlichen Gedanken hat sich am Beginn des vorigen Jahrhunderts die Gestalttheorie befasst.
Sie ist der bis dahin vorherrschenden Meinung entgegengetreten, dass die bewusste Wahrnehmung sich aus vielen einzelnen Empfindungen zusammensetzt. Für die Gestalttheoretiker stand die verbindliche Erkenntnis: »Das Ganze ist mehr als die Summe seiner Teile«, die sich auf die Formwahrnehmung bezieht, im Vordergrund. Viele dieser Fragen können die Physiologen heute bestätigen. Wie werden Formen und Gestalten aus dem komplexen Angebot der Wirklichkeit wahrgenommen, wie erkennen wir eine Gestalt, wenn Teile von ihr verdeckt sind, und wie wissen wir, dass die verdeckenden Teile nicht zu ihr gehören? Wie verhält es sich mit Details, Vergrößerungen, Transparenzen oder Verhüllungen? → [91 & 92]

Wir haben die Fähigkeit, bekannte aber unvollständige Gestalten zu ergänzen und zu komplettieren. Wir können aus Fragmenten Formen zusammenziehen und sie erkennen.

Ähnliche Phänomene treten bei Sprache oder Musik auf. Schon vor Ende eines Satzes oder einer Melodie glaubt man das Ende zu kennen. Wissen und Erfahrung aus diesen Phänomenen werden in der Bildgestaltung ganz bewusst eingesetzt. Die photographische Kamera hat die Eigenschaft, bei entsprechender Blendeneinstellung alle Schichten und Staffelungen gleichwertig zu berücksichtigen. Sie bietet aber auch andere Möglichkeiten, die Gewichtung der einzelnen Schichten in einer bewussten Bildorganisation zu betonen. Wir gehen in Kapitel 8 genauer darauf ein. → [93]

Man kann die Gestaltgesetze an zahlreichen Beispielen demonstrieren. Die Forschung hat sich weiterentwickelt und viele neue Gesichtspunkte erarbeitet, dabei sind die Grundzüge der Gestalttheorie nicht negiert, sondern allenfalls modifiziert worden. Für die künstlerische Produktion und Rezeption ist es wichtig, sie zu kennen, denn unabhängig von modischen Trends des Designs sind sie die Grundlagen der Gestalterkennung und Einordnung.

ABBILDUNG 90
Unsere Umwelt bietet uns sehr komplexe Konstellationen an, die wir sehend entschlüsseln müssen. Wir müssen oft entscheiden, in welcher Position eine Fläche, ein Gegenstand oder eine Linie liegt. Aus diesem Wissen können wir in den Bildern die Ebenen schichten.

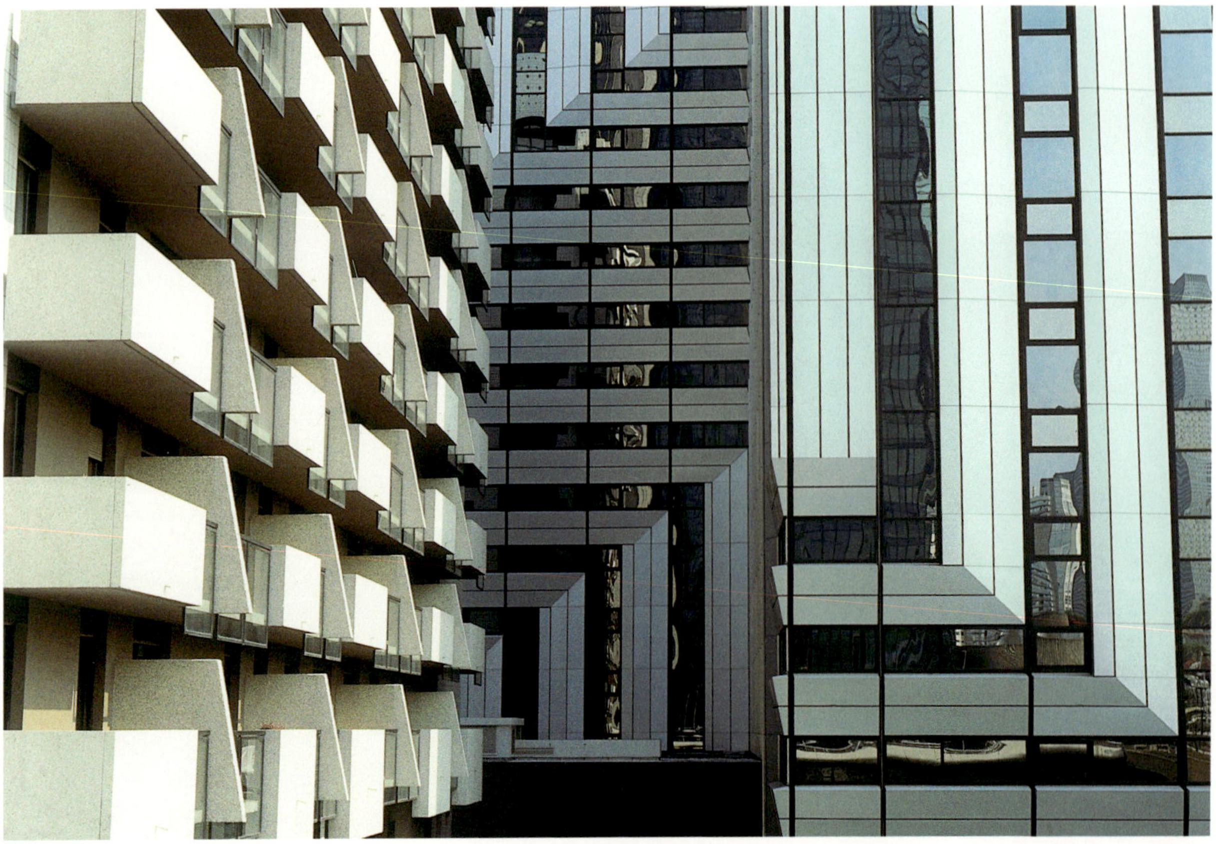

6.1.3 Die Schulen

Aus der Beschäftigung mit der Gestalttheorie haben sich verschiedene Schulen entwickelt. Da ist zunächst die Berliner Schule zu nennen mit M. Wertheimer [1880–1943], K. Koffka [1886–1941], K. Lewin [1890–1947] und W. Köhler [1887–1967], deren Nachfolger in Deutschland R. Arnheim und W. Metzger waren. In Leipzig haben Krüger, Klemm und Volkelt gewirkt und in Österreich ist Christian von Ehrenfels hervorzuheben, der als Erster von Gestaltqualitäten gesprochen hat, die relativ unabhängig von einzelnen Elementen sind.

Im Berliner Kreis formulierte Koffka, dass Gestalten nicht aus Elementen gebildet werden, sondern sie sind im Erlebnis primär und unmittelbar gegeben. Erst im zweiten Schritt können mit analytischer Einstellung aus ihnen die Elemente als »Teilganze« ausgegliedert und isoliert werden. 1910 fand ein Treffen zwischen Wertheimer, Köhler und Koffka in Frankfurt statt, auf dem die Berliner Gestalttheorie festgeschrieben wurde. Die Wahrnehmung von Bewegung stand im Mittelpunkt der Untersuchungen, zum Beispiel »Scheinbewegungen«, Projektion von Kinofilmen, die Stroboskopie etc. Köhler hat damals schon behauptet, dass eine Isomorphie *(Gestaltgleichheit)* zwischen den anschaulichen Erlebnissen und den kortikalen Vorgängen besteht. Damit ist nicht die topographische Gleichheit gemeint, sondern die Gleichheit im topologischen Sinne, denn absolute Größenverhältnisse brauchen sich nicht zu entsprechen. Der Grundtenor: »Das Ganze ist mehr als die Summe seiner Teile«, ist von allen vertreten worden und, wie das in der Wissenschaft üblich ist, differenziert interpretiert worden. Wertheimer hat darüber hinaus betont, dass das Ganze auch früher als die Summe seiner Teile sei.

Rudolf Arnheim hat die Gestalttheorie mit der Wahrnehmung von Kunst in eine enge Verbindung gesetzt. Er sieht in der Gestalttheorie ein Gegenprogramm zu den Methoden der Naturwissenschaft, die einzelne Teile untersucht, ihre Charakteristika definiert und aus der Summe dieser Eigenschaften das Ganze bezeichnet. Arnheim betont:

»Niemand mit einem gesunden Nervensystem begreift Gestalt in der Weise, dass er ihren Teilen nachspürt und diese dann zusammenflickt.«

[ARNHEIM, 1978]

Dadurch würde ein falscher Eindruck entstehen und das würde den Tod des Kunstwerkes bedeuten. Wenn man darüber nachdenkt, ist es eigentlich sehr einleuchtend, dass wir uns ganzheitlich orientieren. In der Schnelligkeit, in der die Verarbeitungsprozesse stattfinden, kann man sich gar nicht vorstellen, dass wir eine Gestalt aus Einzelteilen zusammenbasteln. Es bleibt die Frage, was eine Gestalt ausmacht. Zu dieser Lösung haben die Wissenschaftler der Gestalttheorie so genannte Gesetze der Wahrnehmungsorganisation ausgearbeitet.

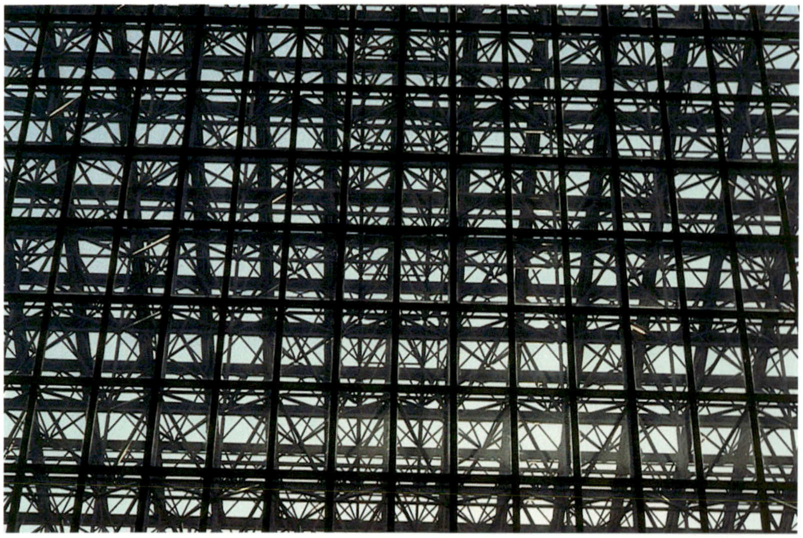

ABBILDUNG 91
In diesem Bild ist schwer zu entscheiden, welche Ebenen davor oder welche dahinter liegen. Die Gestalt ist hier zu einer »all over«-Struktur geworden.

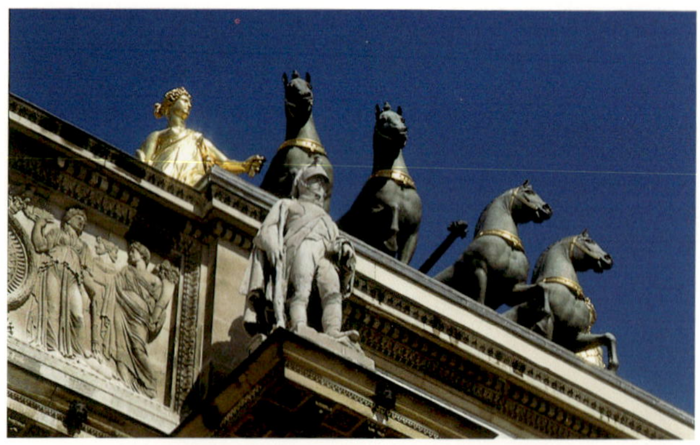

ABBILDUNG 92
Wir können bekannte, aber unvollständige Dinge komplettieren. Schon ein paar Fragmente genügen, um Dinge zu erkennen. Wir kennen das auch bei Sprache und Musik.

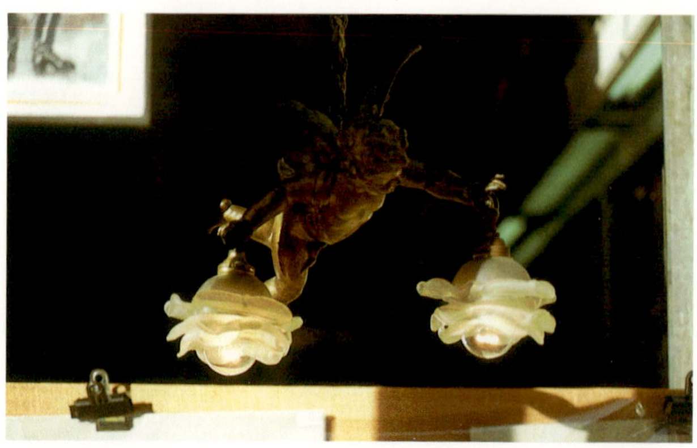

ABBILDUNG 93
Wir müssen entscheiden, auf welche Ebene wir zum Beispiel die Schärfe legen, wenn wir ein Detail betonen wollen.

6.2 Gestaltgesetze

6.2.1 Gesetz von Figur und Grund

Die Gesetze der Wahrnehmungsorganisation nennen als Erstes das Gesetz von Figur und Grund, weil das für die Struktur des Erkennens unserer Umwelt von großer Bedeutung ist. Wir müssen entscheiden, was an einem Ding sozusagen seine Figur ausmacht, die sich von einem Grund abhebt. Dabei ergeben sich zwei Komponenten: Es wird eine Figur oder eine Form scharf und durchgegliedert im Vordergrund gesehen, die vor einem diffusen Grund, oder besser Hintergrund, angenommen wird. Das heißt nicht, dass unsere Umwelt von selbst scharfe Figuren und diffuse Hintergründe anbietet, sondern wir selbst gliedern aus der Menge der wahrgenommenen Elemente eine Figur aus, während der Rest relativ unscharf wahrgenommen wird. → [94]

ABBILDUNG 94
Es wird eine Figur oder eine Form scharf und durchgegliedert im Vordergrund gesehen, die sich von einem diffusen Grund, oder besser Hintergrund, abhebt, der sich in diesem Fall noch als Bäume identifizieren lässt.

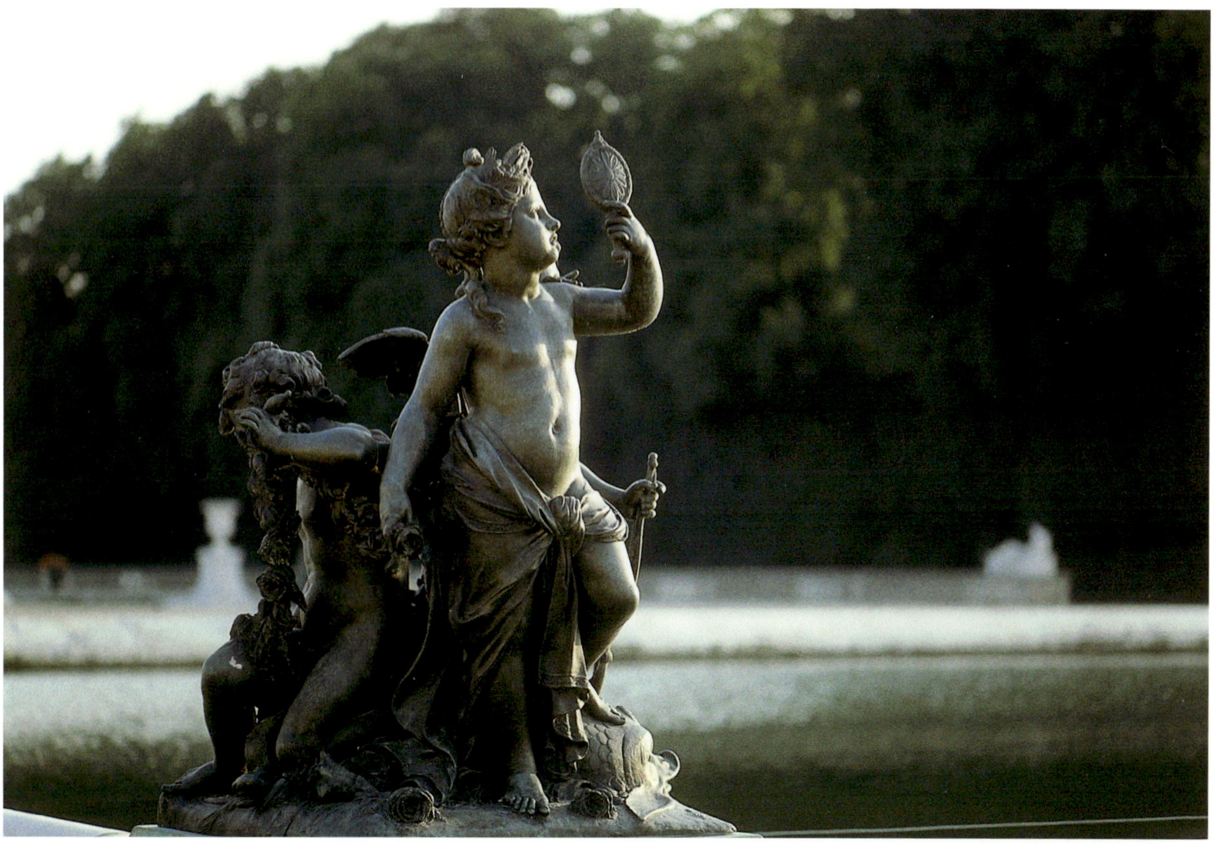

Nun ist in der Wahrnehmung der Realität selten eine einfache Konstellation einer Figur vor einem Grund zu finden. In Bildern ist das schon anders. Gerade in der Photographie ist der diffuse, unscharfe Hintergrund ein ideales Gestaltungsmittel, mit dem Figur und Grund getrennt werden können und die Figur als Schwerpunkt betont werden kann. Mit diesem Mittel kann man geradezu den menschlichen Wahrnehmungsmechanismen entgegenkommen. → [95]

Sehr häufig werden wir mehrere Objekte sehen, die sich nebeneinander und hintereinander verdecken. Dabei müssen wir entscheiden können, wie sie sich trennen, wie ihre Kanten oder Ecken eine Grenze markieren. → [96 & 97]

In der Wahrnehmung der Realität wird die Zeit nicht angehalten, die optischen Anordnungen fließen. Einmal im wechselnden Licht und der Struktur der Oberflächen und zum anderen in der ständigen Veränderung des Betrachters. In »Stillen Bildern« kann dieser Prozess nicht nachvollzogen werden. In vielen Überlagerungen würde wohl nur ein Chaos entstehen können, deshalb kann eine bewusste Bildorganisation, die das Verhältnis von Figur und Grund berücksichtigt, eigene Qualitäten entwickeln.

ABBILDUNG 95
Nicht immer muss die Figur so wörtlich genommen werden wie in Abbildung 94. In diesem Bild wird deutlich, dass wir Figur und Grund ganz selbstverständlich definieren.

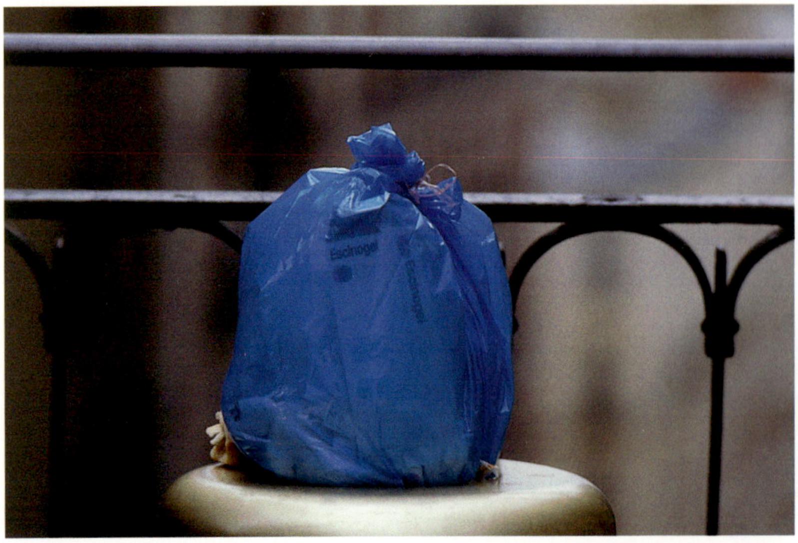

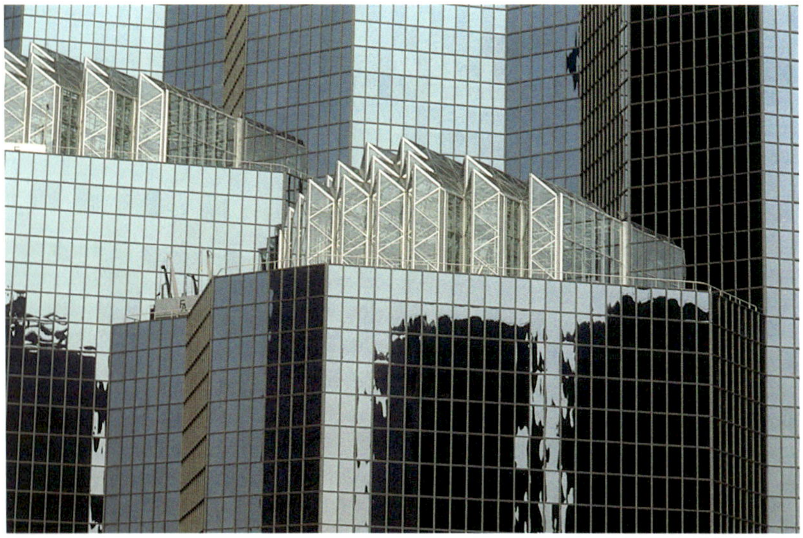

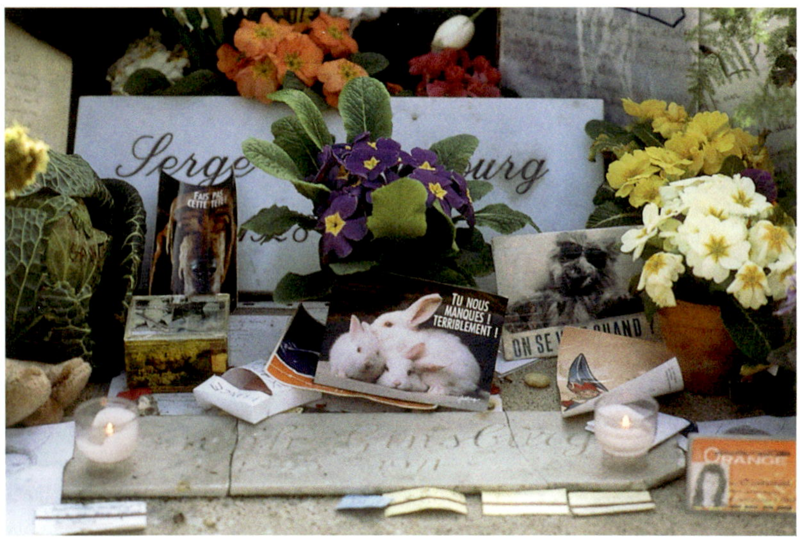

ABBILDUNGEN 96 & 97
Wenn sich mehrere Objekte nebeneinander und hintereinander verdecken, müssen wir entscheiden können, wie sie sich trennen, wie ihre Kanten oder Ecken eine Grenze markieren.

6.2.2 Gesetz der Prägnanz (Gesetz der guten Gestalt)

Das Gesetz der Prägnanz, das manchmal auch das Gesetz der guten Gestalt genannt wird, bezieht sich auf das Einfache und Verständliche ohne viel Ablenkung. Für ein Bild bedeutet das, dass man sich auf charakteristische Formen und Merkmale konzentriert, die die Identifikation so einfach wie möglich machen und so wenig Details wie möglich berücksichtigen. → [98] Man kann sich gut vorstellen, dass das für die Werbung von großer Bedeutung sein kann. Besonders für Plakate, auf denen Botschaften auf »einen« Blick angeboten werden sollen, kann diese Erkenntnis wichtig sein.

Wir kennen aus der Werbung ja auch genug Beispiele, wo gerade dieses Gesetz nicht berücksichtigt wird. Häufig versucht man hier, den Gegensatz der Erwartungshaltung zu betonen, um in der Bilderflut überhaupt eine Attraktion für das Auge zu schaffen. Man muss allerdings damit rechnen, dass das überforderte Auge sich abwendet und man könnte es ja auch mal mit der prägnanten Information versuchen, das wäre in unserem Werbewald sicher eine »neue Methode«.

Aber auch die visuelle Wahrnehmung ist so angelegt, dass sie möglichst einfache Formen »konstruiert«. Eine Konfiguration wird so wahrgenommen, dass sie eine möglichst einfache Struktur ergibt. Die so genannten schlechten Gestalten werden im Gedächtnis zu »guten« umfunktioniert, z. B. ungenau oder unvollständig gezeigte Objekte werden vervollständigt *(Prägnanztendenz)*. Oder was wir schon aus den Konstanzphänomenen kennen, gute Gestalten behalten ihre Form, Größe, Farbe trotz Veränderung der Darbietungsbedingungen.

ABBILDUNG 98
Prägnante Formen sind einfache und verständliche Formen, die ohne Ablenkung präsentiert werden.

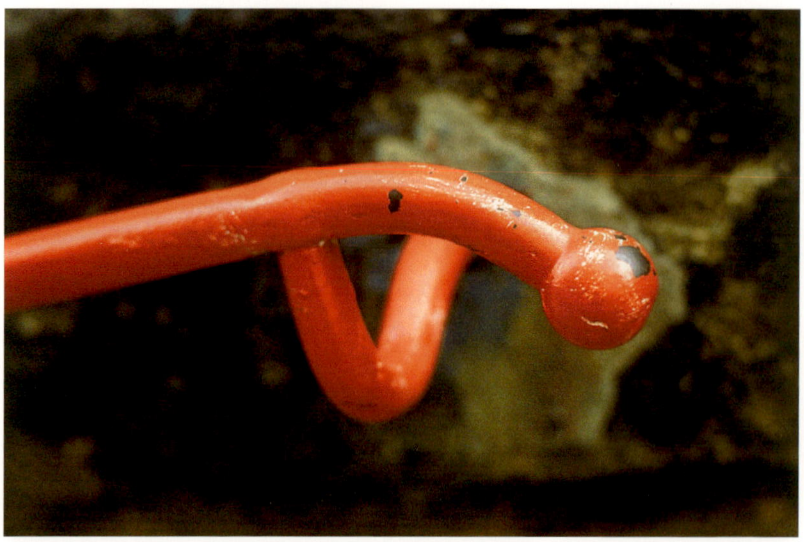

6.2.3 Gesetz der Ähnlichkeit

Um eine Ähnlichkeit festzustellen, müssen Gemeinsamkeiten und Unterschiede sichtbar sein, das heißt, es müssen gleiche Strukturmerkmale existieren. Ähnliche Elemente werden zu einer Figur zusammengefasst. Die Ähnlichkeit kann sich auf Raum und Zeit, Gestalt und Raumlage, Helligkeit und Farbe, Größe oder Bewegung beziehen. Ähnliche Elemente werden im Wahrnehmungsbild zu einer Einheit organisiert. Das hat auch Relevanz für die Darstellung. In Bildern werden z. B. Flächen gleicher Farbe oder Helligkeit, Elemente gleicher Größe oder Form zusammen gesehen und in Beziehung gesetzt. Dabei werden nicht nur formale Bezüge geschaffen, sondern inhaltliche und sachliche Aussagen können gedeutet werden. Die Merkmale, die sich am prägnantesten präsentieren, werden als ähnlich definiert. Wir kennen solche Generalisierungen aus der Sprache: Wir reden von Schwarzen oder Weißen, von Dunkelhaarigen oder Blonden.→ [99]

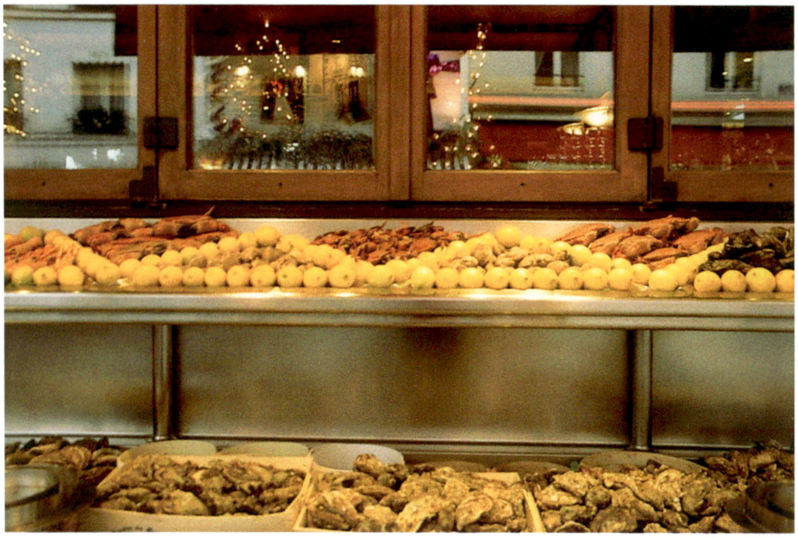

ABBILDUNG 99
Ähnliche Elemente werden zu einer Figur zusammengefasst. Die Ähnlichkeit kann sich auf Raum und Zeit, Gestalt und Raumlage, Helligkeit und Farbe, Größe oder Bewegung beziehen. Ähnliche Elemente werden zusammen gesehen und in Beziehung gesetzt.

6.2.4 Gesetz der Nähe

Die Elemente, die räumlich nahe beieinander liegen, werden als eine zusammengehörige Gestalt wahrgenommen. Benachbarte Linien zum Beispiel werden eher zu einer gemeinsamen Figur zusammengefasst als entfernte. Bei der Schrift werden die Wörter gesehen und nicht die einzelnen Buchstaben. Die Zwischenräume sind wichtig für den Sinn. Durch den Abstand werden Gruppen gebildet. In der Darstellung werden benachbarte Figuren als Gruppe wahrgenommen und können so Schwerpunkte der Aussage bilden. Parallel verlaufende Linien werden als »Balken« interpretiert, wenn sie durch den Abstand als zusammengehörig empfunden werden. Ähnlich verhält es sich mit Farben und Formen, die sich zusammenhängend präsentieren. → [100 ∂ 101]

ABBILDUNG 100
Parallel verlaufende Linien werden als »Balken« interpretiert, wenn sie durch den Abstand als zusammengehörig empfunden werden.

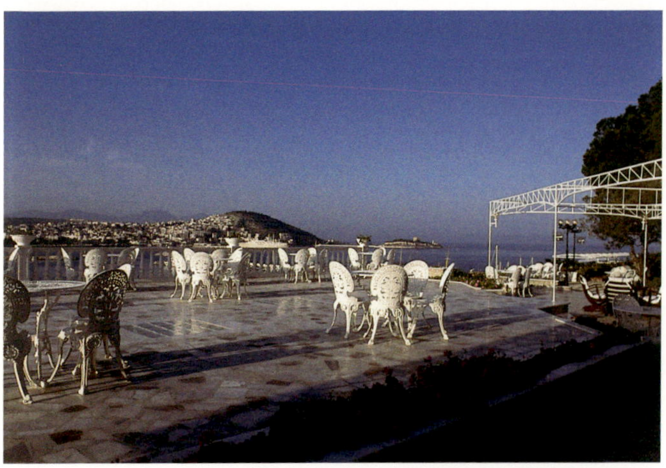

ABBILDUNG 101
Formen, die sich wiederholen und in geringem Abstand zueinander stehen und in deren Nachbarschaft andere Formen zu sehen sind, werden als zusammengehörige Gruppen interpretiert.

6.2.5 Gesetz des gemeinsamen Schicksals

Ein gemeinsamer Verlauf von Punktmustern, Linien oder Objekten wird als eine Einheit gesehen. Das »gemeinsame Schicksal« ist mit den Prinzipien der Ähnlichkeit oder der Nähe verwandt.→ [102]

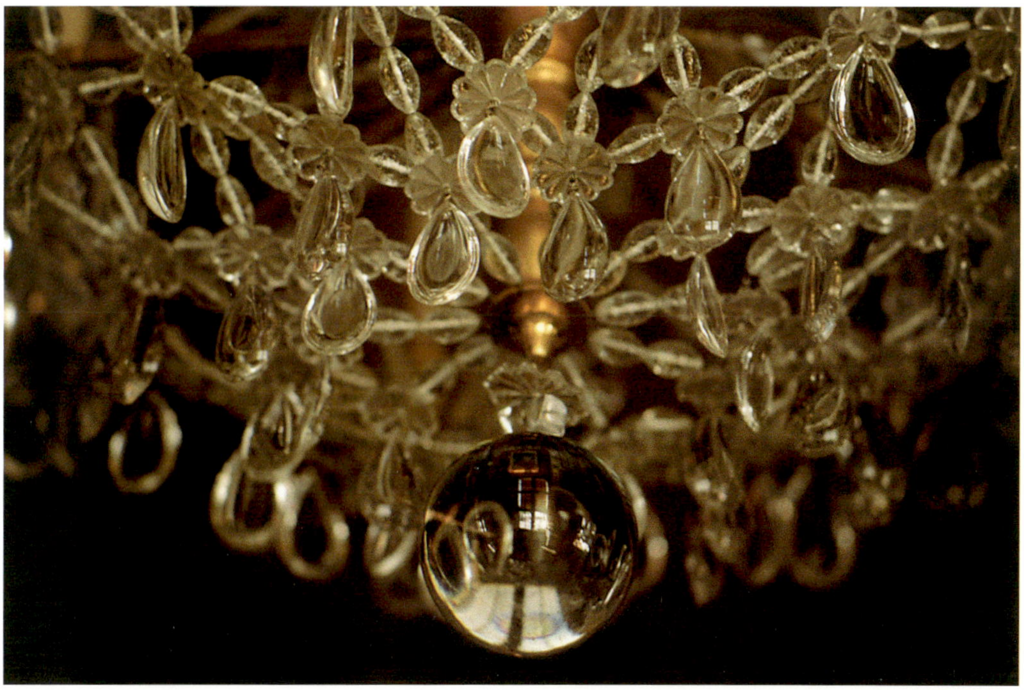

ABBILDUNG 102
Die aufgereihten Kristalle haben einen gemeinsamen Verlauf, um das Licht in bestimmten Winkeln zu reflektieren. Sie umspielen gemeinsam ihr Zentrum, die Kugel.

6.2.6 Grundgesetz der Gesichtswahrnehmung

Aus jedem optischen Angebot wird ein Muster gesehen, das so einfach wie möglich ist. Die größte Einfachheit wird durch die strukturelle Übereinstimmung von Inhalt und sichtbarer Gestalt erreicht. Wir haben bei der Prägnanztendenz schon darauf hingewiesen. In der Darstellung kann diesen Tendenzen entsprochen oder es kann ihnen entgegengearbeitet werden.

Einfachheit und Prägnanz werden durch Gleichmachung erreicht. Es gibt verschiedene Faktoren, die eine Gleichmachung stützen können, die aber gleichzeitig die Spannung verringert. Man muss also klären, wie man darstellen will. Betonung der Symmetrie, Wiederholungen, wenig Strukturmerkmale, Vermeidung nicht passender Einzelteile und Beseitigung von Schrägheit werden ein Bild zum Beispiel in der Wahrnehmung vereinfachen und beruhigen. Dagegen steigern eine betonte Ausprägung, Unterschiede, Asymmetrie und Betonung von Schrägheit die Spannung. → [103 & 104] ★

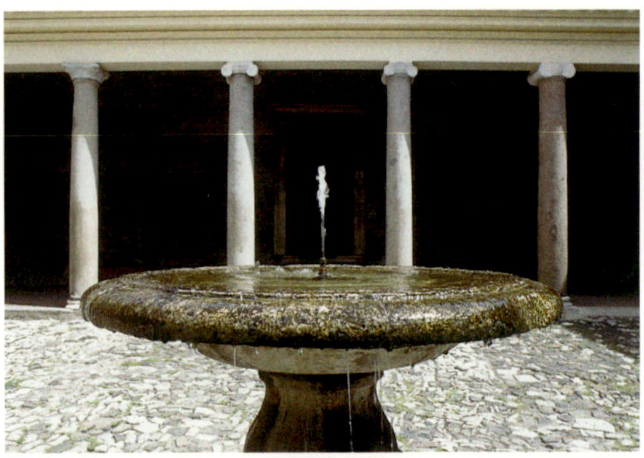

ABBILDUNG 103
Einfachheit wird gekennzeichnet durch: Symmetrie, Wiederholungen und vertikale Ausrichtung an den Bildgrenzen.

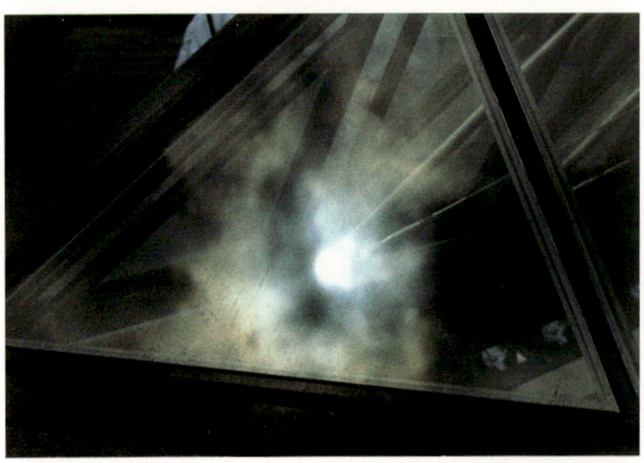

ABBILDUNG 104
Spannung wird durch Ausprägung, Asymmetrie und Schrägheit erreicht.

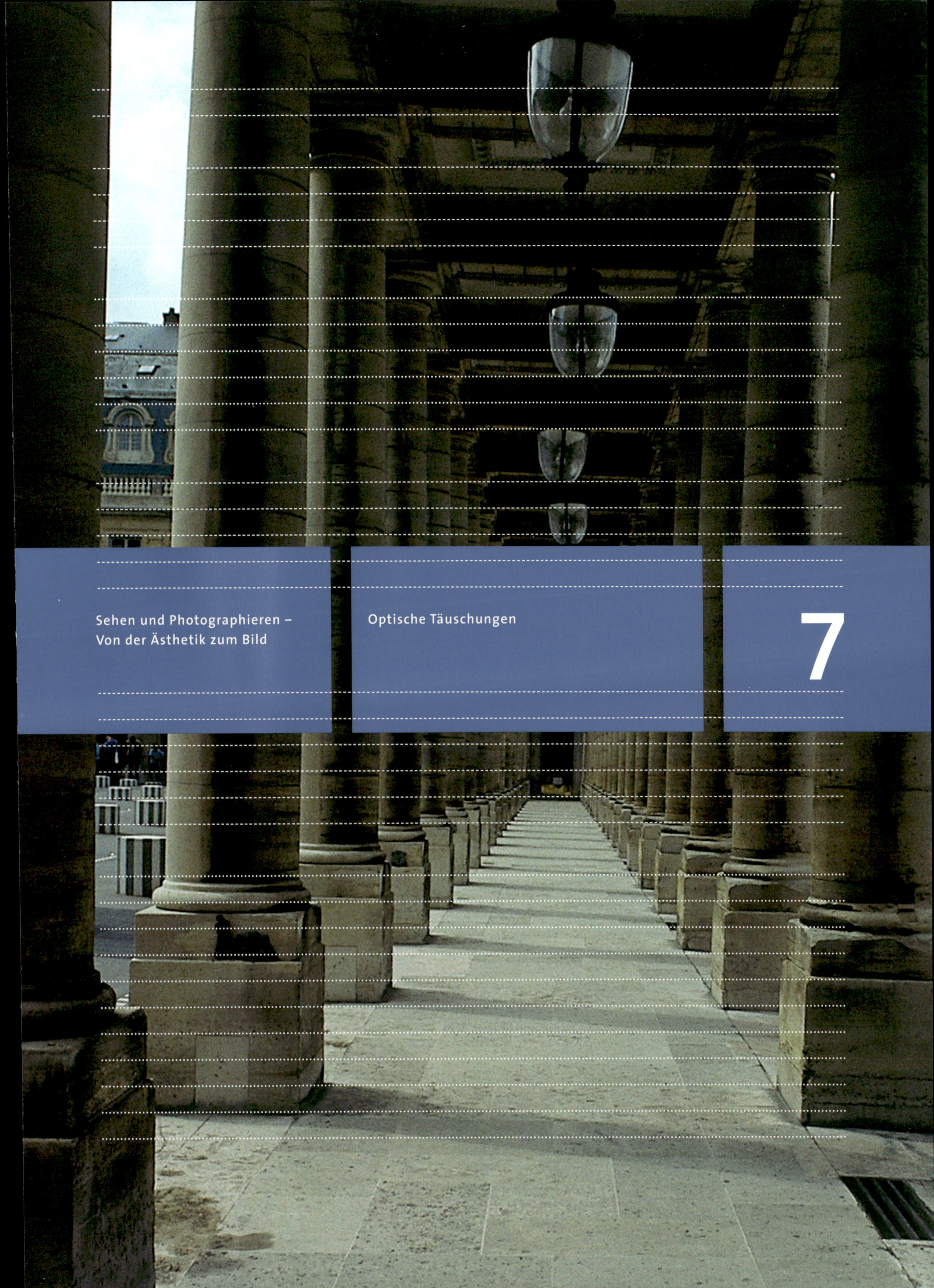

Sehen und Photographieren –
Von der Ästhetik zum Bild

Optische Täuschungen

7

7.1 Wie wahr ist die Wahrnehmung?

7.1.1 Sinne und Apparate

Seit ungefähr hundert Jahren versucht man, Erklärungen für die optischen Täuschungen zu finden. Man möchte wissen, welche Strukturen des Gehirns täuschende Eindrücke produzieren und welche Einflüsse der Umgebung daran beteiligt sind. Die so genannten optischen Täuschungen sind für die Wahrnehmung ein besonders reizvoller Sonderfall. Sie bezeugen besonders eindrucksvoll, dass die menschliche visuelle Wahrnehmung auf erlernte Strukturen und Beziehungsgefüge spontan reagiert. Einige hat man schon im achtzehnten Jahrhundert entdeckt. Dabei müssen wir uns zunächst fragen, was wir denn unter Täuschungen verstehen? Welches sind die Kriterien und Maßstäbe, nach denen man eine Täuschung eine Täuschung nennt?

Unsere Sinne, in diesem Fall unsere Augen, können etwas anderes wahrnehmen als tatsächlich existiert. Wir können Messungen vornehmen und unsere Einschätzung einer Situation kann sich als fehlerhaft gegenüber den Skalen, Gewichten und Zahlen erweisen. Was soll als Maßstab gelten? Verlassen wir uns auf die Zahlen oder trauen wir unseren Sinnen? Stellen die Mechanismen unserer Wahrnehmung die Kriterien? Man sieht, das ist keine leichte Entscheidung. Wissenschaftliche Untersuchungen und Modellversuche haben in vielen Disziplinen zu verlässlichen Daten, das heißt ziemlich konstanten Ergebnissen geführt. In der Regel vertrauen wir den Apparaten oder den Messeinrichtungen mehr als unseren Empfindungen und Gefühlen, und deshalb sind wir geneigt, sie als Kriterium anzulegen. In diesem Fall können wir die »Täuschungen« als Täuschungen bezeichnen. Ist dagegen die menschliche visuelle Wahrnehmung und ihre Verarbeitung der Maßstab, dann sehen wir, was wir sehen und halten es für wahr. Wie vieles im Leben ist das eine Interpretationsfrage.

Für unsere Augen mag eine Entfernung 30 cm betragen, in der Messung sind es tatsächlich 50 m. Für unsere Augen mag ein Raumzusammenhang schätzungsweise 30 m lang erscheinen, in der bildlichen Darstellung eines Basreliefs sind es tatsächlich nicht mehr als maximal 5 cm. Wir können viel mit unserem Wissen kompensieren, aber gelegentlich fallen wir auf unsere Augen und Erkennungsmethoden herein und brauchen Sekunden, um einen solchen »Irrtum« zu korrigieren.

Der Mensch lässt sich nicht gerne täuschen. Er möchte die Welt und die Dinge verstehen und durchschauen. Obwohl er in der Renaissance zum Maß aller Dinge aufgestiegen ist, vertraut er in unserem Zeitalter der Technik und Wissenschaft, den Apparaten und Messungen. Wir preisen unsere Logik und Erkenntnis, sind aufgeklärt und haben Tabus über Bord geworfen. Unser Gehirn untersucht das Gehirn. Und doch scheint alles komplizierter, als wir vermutet haben.

7.1.2 Täuschungen der vielfältigen Art

Wir wollen wahrnehmen! Das heißt, wir wollen uns auf unsere Augen verlassen können. Aber wie schon vielfach betont, sehen wir im Zusammenspiel von Auge und Gehirn, und da werden Signale zu Informationen verarbeitet, die durch vielfältige Erfahrungen angereichert und gedeutet werden. Die Täuschungen, die im Laufe der Zeit als zweidimensionale Phänomene gesammelt worden sind, werden nach ihren Entdeckern benannt. Wir wollen hier einige der Bekanntesten vorstellen.

7.1.3 Müller-Lyer-Täuschung

Wenn wir nur das optische System unserer Augen berücksichtigen würden, könnte man sich noch darauf einigen, dass die beiden mittleren Linien gleich groß auf der Netzhaut erscheinen. Aber wir haben gesehen, dass das kein Maßstab sein kann und die Weiterverarbeitung des Gesehenen weit über das optische System hinausgeht. So sehr wir uns auch bemühen, es gelingt uns nicht, die beiden Linien als gleich groß zu empfinden. Die nach außen gekehrten Winkel »verlängern« sie in einem Maße, dass wir geneigt sind, das Zentimetermaß zur Hand zu nehmen, um die Linie, die von den nach innen gekehrten Winkeln eingefasst wird, nachzumessen. Das Resultat ist verblüffend.

Man kann den Versuch mit Photographien starten. Wahrscheinlich wird es nicht so überzeugend funktionieren, weil die Ablenkung der Umgebung eine Rolle spielt und es sich nicht um das gleiche Gebäude handelt, außerdem sind die Mittellinien nicht so gut zu vergleichen. Der unmittelbare Eindruck funktioniert erheblich besser in der zweidimensionalen Zeichnung.
→ [105, 106 & 107]

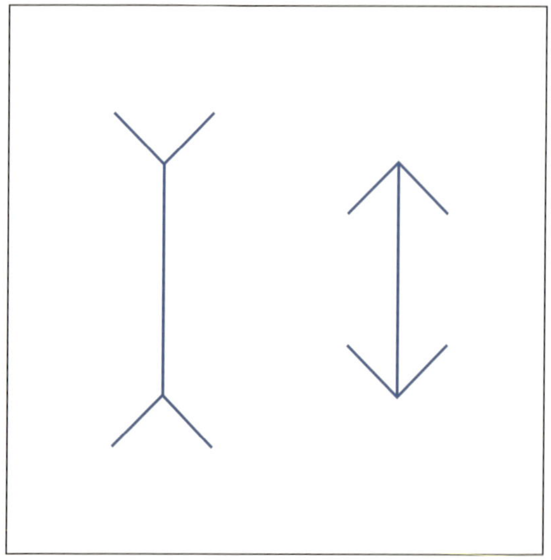

ABBILDUNG 105
Die Müller-Lyer-Täuschung

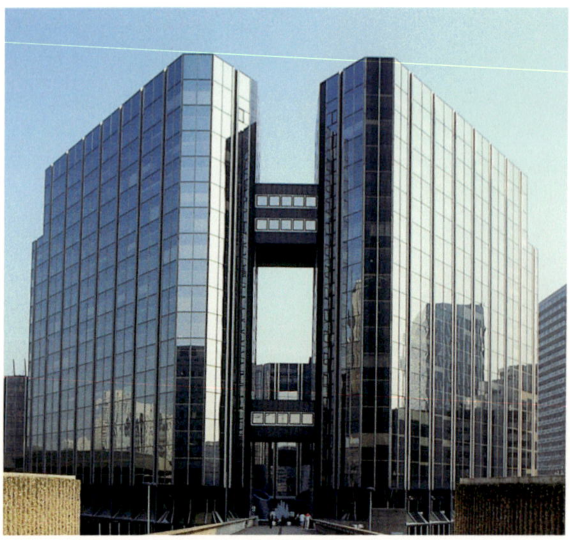

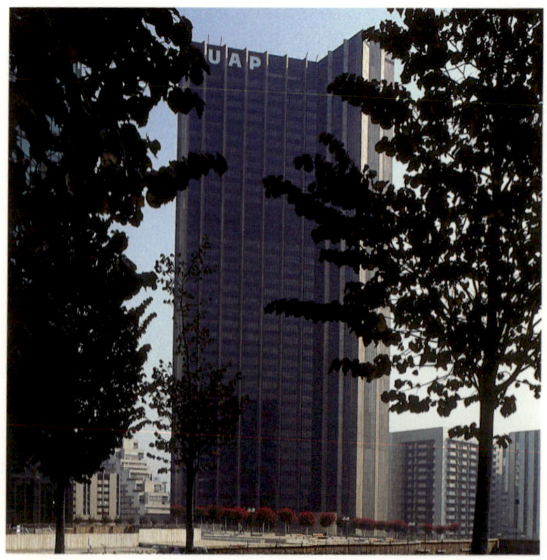

ABBILDUNGEN 106 & 107
Der Vergleich bei den Photographien ist nicht so überzeugend. Man kann selbst nachprüfen, ob die Mittellinie im Vergleich zum anderen Bild länger wirkt.

7.1.4 Ponzo-Täuschung

Im Zusammenhang mit zwei zusammenlaufenden Linien realisieren wir in der Regel, dass die oberen Linien weiter zurückliegen. Wenn nun zwei gleich große Balken in dieses Perspektivgebilde gelegt werden, so erscheint der hintere größer als der vordere. Da jede schräge Linie auf einer Fläche perspektivverdächtig ist und wir von den Konstanzphänomenen wissen, dass wir sehen, was wir wissen, ist dieser Eindruck einleuchtend. Auch in der photographischen Umgebung funktioniert das, weil das Wissen um die perspektivische Situation noch besser eingelöst werden kann. Der hintere Balken müsste sich ja eigentlich, gemäß der perspektivischen Verkleinerung der Entfernung, wie wir es gewöhnt sind, verkürzen. In der gleichen Größe irritiert er im Bezugsystem der Schienen und vermittelt den Eindruck, größer zu sein.
→ [108, 109 ⊕ 110]

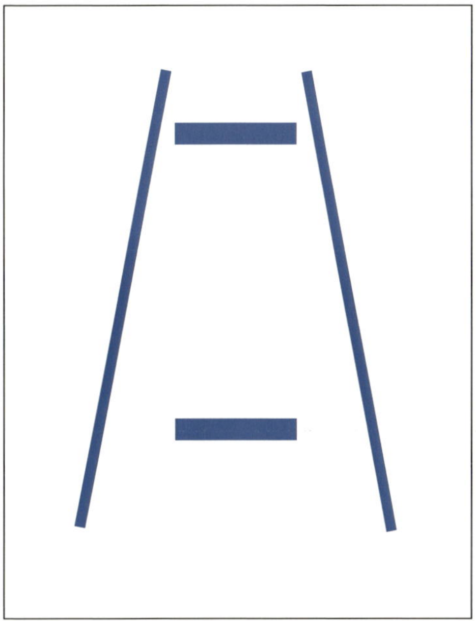

ABBILDUNG 108
Die Ponzo-Täuschung

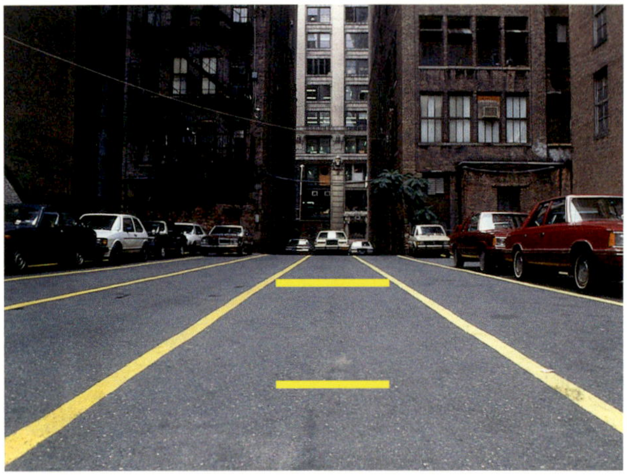

ABBILDUNG 109
In der Photographie funktioniert diese Täuschung. Ein Beispiel mit tiefem Blickpunkt und mittlerem Horizont.

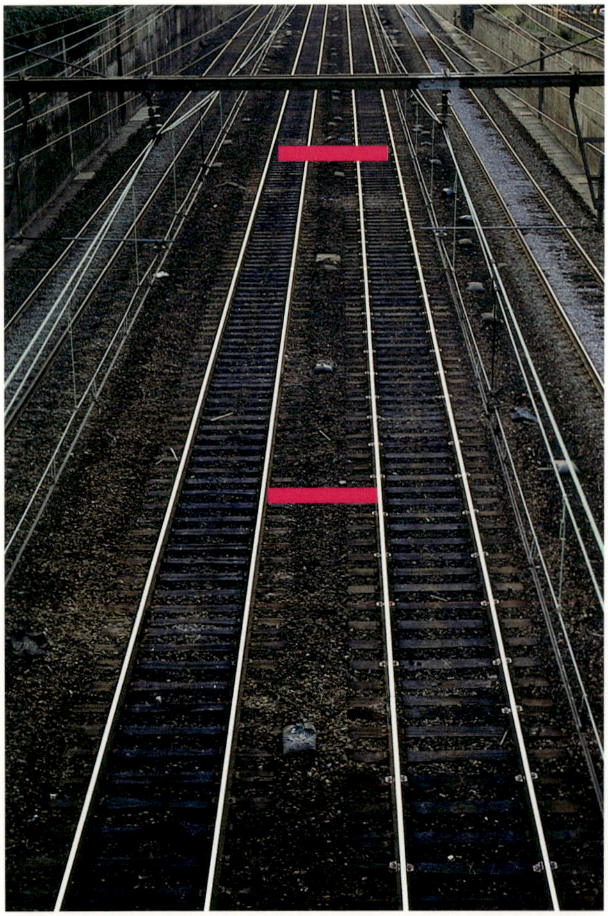

ABBILDUNG 110
Auch in der Aufsicht funktioniert das Schienenbeispiel.

7.1.5 Titchener-Täuschung

Die Beziehung von Objekt und Umgebung kann die Einschätzung einer Form, Größe und auch Farbe beeinflussen. Im Fall der so genannten Titchener-Täuschung ist nicht zu glauben, dass der innere Kreis der beiden Figuren die gleiche Größe hat. Ist er umringt von großen Kreisen wirkt er kleiner als sein Ebenbild, das von kleinen Kreisen umspielt wird. Das lässt auch andere psychologische Schlüsse zu, denn auch aus menschlichen Beziehungen sind uns solche Vergleiche bekannt!→ [111]

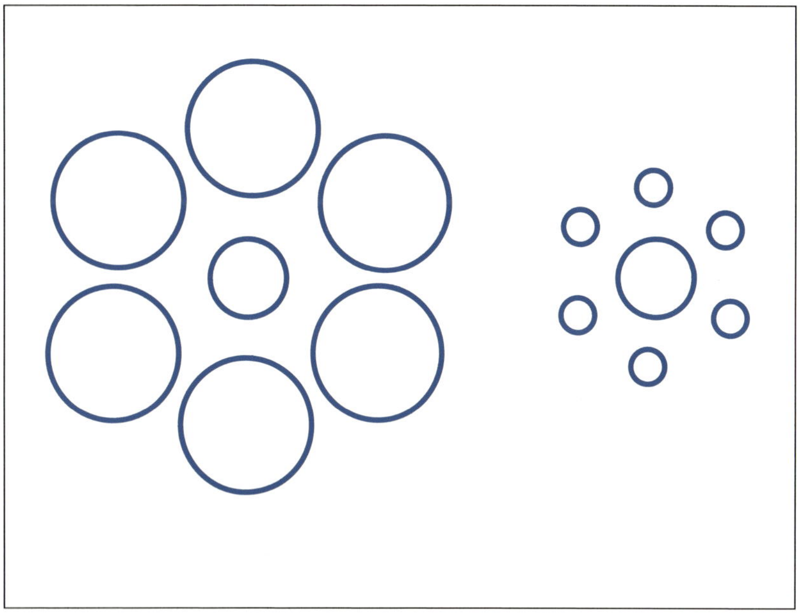

ABBILDUNG 111
Die Titchener-Täuschung

7.1.6 Scheinkanten

In einer bestimmten Anordnung von regelmäßigen Formen entsteht der Eindruck von so genannten Scheinkanten, das heißt, von Kanten, die eine Form vervollständigen, obwohl sie tatsächlich nicht existent sind. Man hat solche Modelle erstellt und dabei beobachtet, dass diese kantenstiftenden Formen nicht beliebig sein dürfen. Sie müssen eine bestimmte Masse und Regelmäßigkeit aufweisen. Wir können mühelos unterbrochene Linien ergänzen oder teilweise verdeckte Gegenstände als eine Einheit betrachten, obwohl sie tatsächlich nur in Fragmenten sichtbar sind.→ [112, 113 & 114]

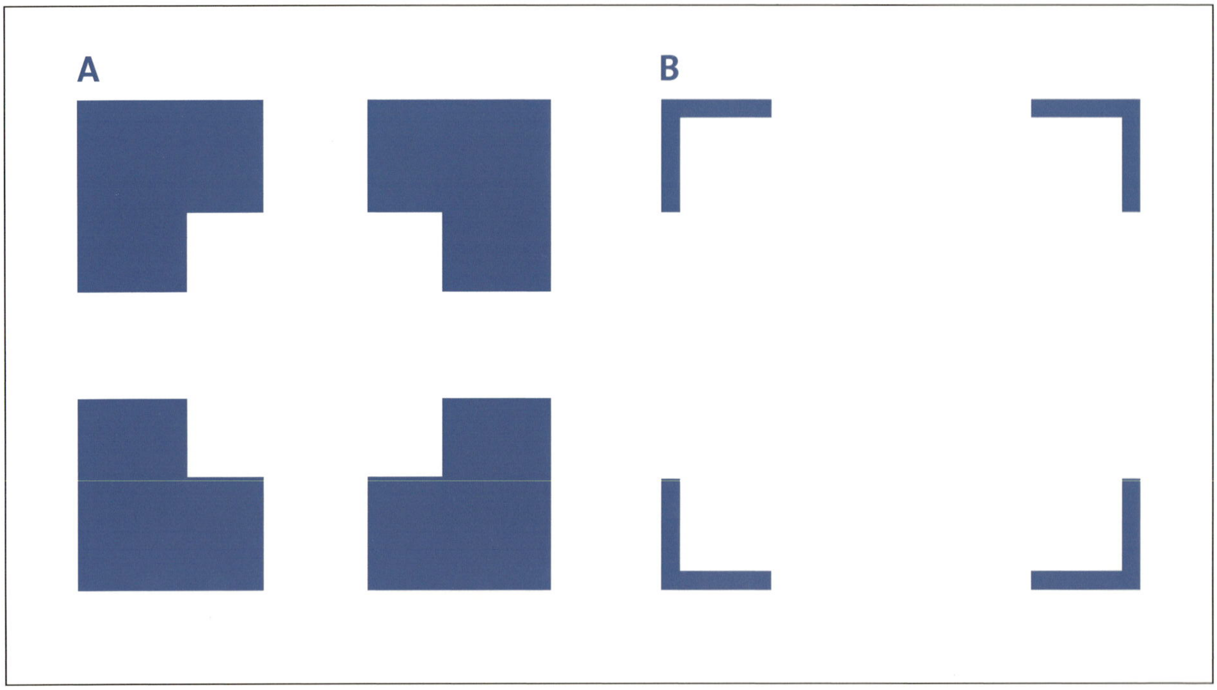

ABBILDUNG 112

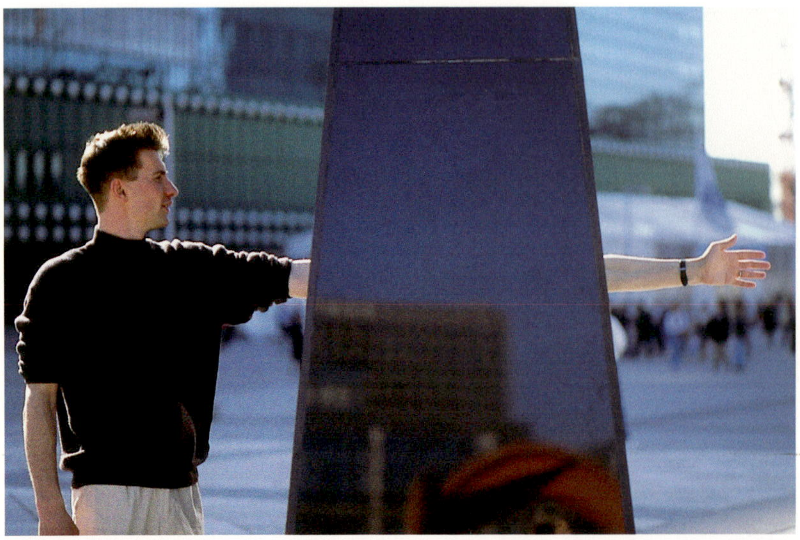

ABBILDUNG 113

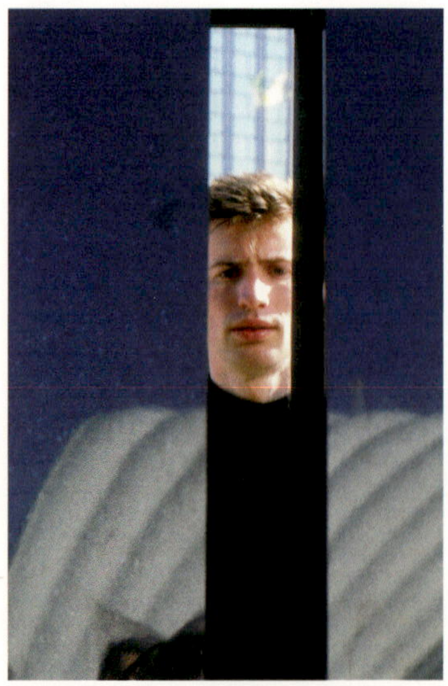

ABBILDUNG 114

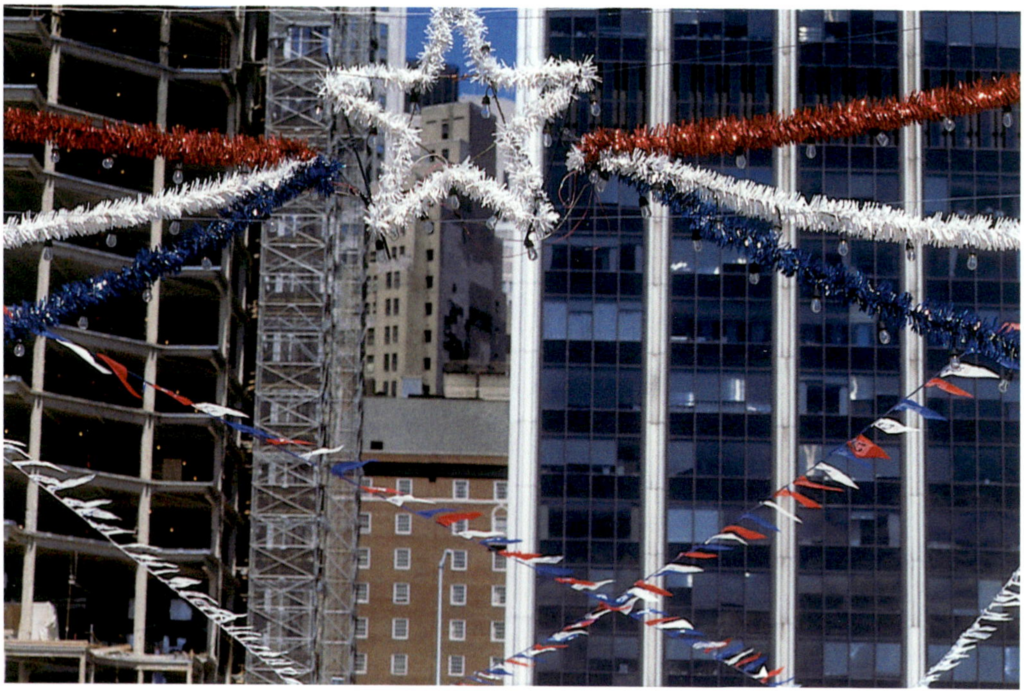

ABBILDUNG 115

ABBILDUNG 112
In der Figur A werden die weissen Zwischenräume zu einem Quadrat zusammengezogen. In der Figur B kann man kein Quadrat erkennen, weil die blaue Umgebung zu dünn ist.

ABBILDUNG 113
Selbst über eine unwahrscheinliche Entfernung werden Kanten zusammengezogen zu einem Langarm, von dem wir wissen, dass er so nicht existieren kann.

ABBILDUNG 114
Obwohl hier das Gesicht gar nicht vollständig erscheint, so wird doch der Kopf mit den weißen Flächen als Schultern gesehen.

ABBILDUNG 115
Ein anderes Beispiel zeigt, dass wir ohne Mühe durchlaufende Kanten im Hintergrund sehen, obwohl sie durch die Girlanden im Vordergrund mehrfach optisch unterbrochen werden.

In der Realität, wie wir bereits wissen, wird vieles ausgefiltert und übersehen. Es ist erstaunlich, dass wir keine Schwierigkeiten haben, eine durchlaufende Kante als solche zu registrieren, obwohl sie mehrfach unterbrochen ist. Die optischen Daten werden ergänzt oder zusammengezogen. In Bildern verfolgen wir mit der gleichen Leichtigkeit weit auseinander liegende Kanten und sehen sie zusammen, auch wenn wir erkennen, dass dieser Zusammenhang nicht der Realität entspricht. Die optischen Daten werden ergänzt oder zusammengezogen. → [115]

7.1.7 Mondtäuschung

Auch der Mond hat seine Täuschungsqualitäten. Er kann nicht nur süchtig machen und Dichter zu poetischen Ergüssen verleiten, er spielt auch mit der Erscheinung in unterschiedlicher Größe. Warum, ja warum sieht er hoch am Himmel stehend kleiner aus und warum wirkt seine »Scheibe« so beeindruckend groß, wenn er kurz über dem Horizont steht? Es haben sich viele Wissenschaftler den Kopf darüber zerbrochen, warum wir Täuschungen erliegen und haben Erklärungen dafür gesucht. Für den Mond gelten folgende: Wenn er über dem Horizont steht, dann spielt die mit gesehene Umgebung für seine Größenbestimmung eine Rolle. Dagegen allein am Himmel scheint er weiter weg und wirkt kleiner, es fehlt ihm der Boden.→ [116]

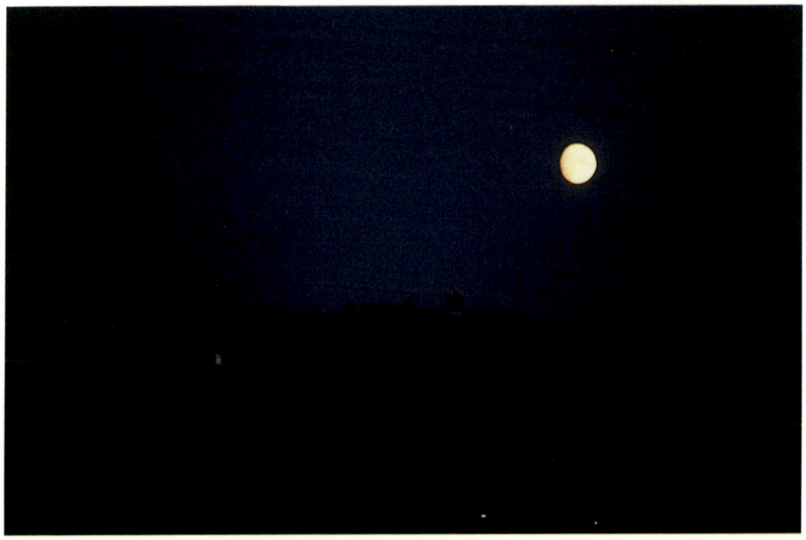

ABBILDUNG 116
Die »Scheibe« des Mondes wirkt größer, wenn er kurz über dem Horizont steht.

7.1.8 Modell und Welt

Bei den Gestaltgesetzen und auch bei den Täuschungen darf nicht vergessen werden, dass die Beispiele sich nur auf Modelle beziehen und dass unsere wahrgenommene Umwelt von komplexen Anordnungen umgeben ist, die wir strukturieren müssen. Es ist immer wieder erstaunlich, dass unsere Welt für uns nicht nur aus Form- und Farbflächen besteht, sondern dass wir hinter der sichtbaren Seite von Gegenständen oder Personen eine Rückseite vermuten, dass wir aus Fragmenten und Überschneidungen eine dreidimensionale Welt konstruieren. Mit den gleichen Fähigkeiten betrachten wir Bilder! Wir extrahieren Zeichen und formen daraus einen Sinnzusammenhang. Die Illusionen und Täuschungen helfen, die menschlichen Wahrnehmungsprozesse besser zu verstehen. Wir können an ihnen sehen, dass Platon schon mit Recht vor mehr als zweitausend Jahren über Sein und Erscheinung nachgedacht hat und dass die Bestimmung von Realität, Abbildung und Dokumentation nicht so simpel ist, wie einige uns weismachen wollen und immer noch ungestraft nachbeten.

7.2 Bild und Täuschung

7.2.1 Inversion

Für die künstlerische Darstellung haben die optischen Täuschungen schon immer einen großen Reiz ausgeübt, weil die Darstellung in der zweidimensionalen Fläche besonders gut funktioniert. In der Realität kann man sie zwar dreidimensional nachbauen, aber sie können nur einäugig von einem ganz bestimmten Standpunkt aus eingelöst werden. Eine interessante Täuschung ist das so genannte Inversionsprinzip. An der Inversion oder Umkehrung der Formen ist ein interessanter Zusammenhang festzustellen, man kann nie beide Formen gleichzeitig sehen. Der dänische Psychologe Edgar Rubin fand heraus, dass eingeschlossene Figuren vorwiegend als Figur gesehen werden, die einschließenden als Grund. → [117]

Wir haben es hier mit dem schon bekannten Figur-Grund-Problem zu tun, nur in diesem Zusammenhang ist die Interpretation nicht eindeutig, sondern das Verhältnis von Figur und Grund springt ständig um. Rubin hat diese Erscheinung 1921 an dem schon bekannten Becher untersucht und wir können dieses Phänomen hier mit einer Balustrade zeigen. → [118]

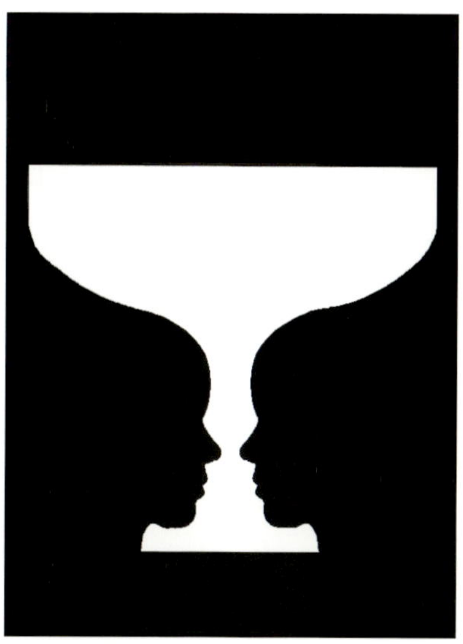

ABBILDUNG 117
Der bekannte Rubin-Becher. Bei einer Inversion *(einem Austausch von Figur und Grund)* können wir entweder die Schale oder zwei Silhouetten von Profilköpfen sehen.

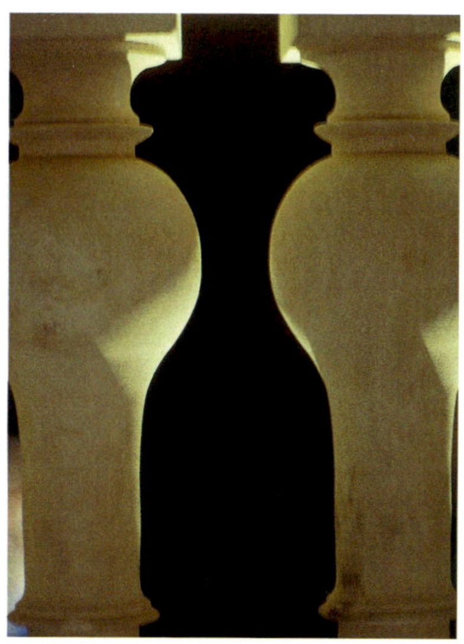

ABBILDUNG 118
Das Prinzip der Inversion ist an dieser Balustrade gut zu zeigen. Der schwarze Zwischenraum springt wie eine Schachfigur vor den hellen Grund, oder die Säulen treten hervor und der Zwischenraum übernimmt wieder seine Hintergrundrolle.

Es war auch für mich erstaunlich, dass es funktioniert, selbst wenn es sich nicht um homogene Flächen handelt, sondern Lichtreflexe und Materialunebenheiten die kleinen Säulen modulieren. Der schwarze Zwischenraum springt wie eine Schachfigur vor den hellen Grund, oder die Säulen treten hervor und der Zwischenraum übernimmt wieder seine Hintergrundrolle. Nicht ganz so überzeugend, aber dafür um so spannender passiert das Gleiche mit dem Kopf. Obwohl man weiß, dass es sich um eine Skulptur handelt, die einen Kopf darstellt, der im Laufe seines Friedhofdaseins die Vollkommenheit verloren hat, hat das Stück Himmel die Tendenz, sich in den Vordergrund zu drängen. → [119]

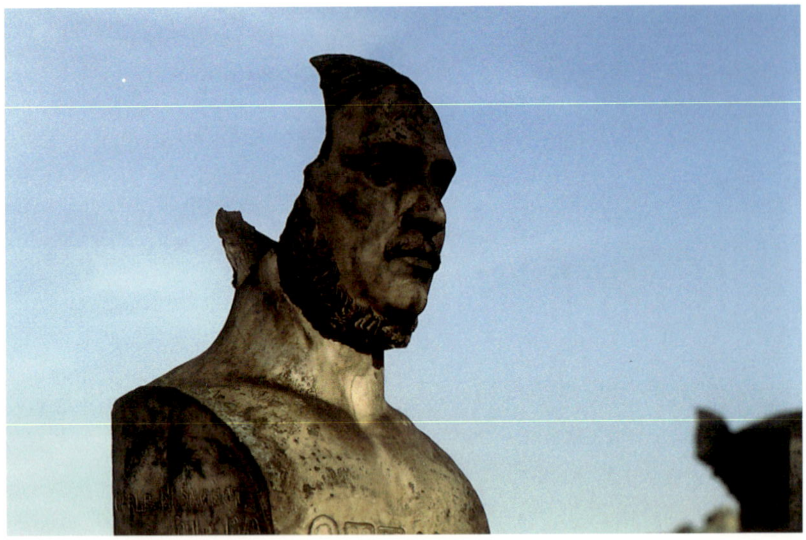

ABBILDUNG 119
Nicht ganz so überzeugend, aber dafür um so spannender passiert das Umkippen auch mit dem defekten Kopf. Das Stück Himmel hat die Tendenz, sich in den Vordergrund zu drängen.

Müheloser geht es wieder mit dem Kontrastverhältnis von Schwarz und Blau. Der Wechsel von Figur und Grund ist leicht nachzuvollziehen. Die Bildfläche ist in diesem Zusammenhang nicht mehr der fixierte Träger, auf dem eine Raumillusion in die Tiefe wirkt, sondern sie ist das Medium, um das die virtuelle Kippbewegung schwingt. → [120]

Für die Photographie ist das eine Innovation, denn in der Abbildungsfunktion spielt die Bildfläche ja überhaupt keine Rolle, das heißt, sie wird ganz bewusst übersehen. In meinen ersten Schultagen hatte ich ein Motiv auf meinem Griffelkasten, das ich auf dem Fußboden von San Marco in Venedig wieder fand. Es war faszinierend zu wissen, dass Baumeister schon damals mit diesem Effekt gespielt haben und nicht nur Kinder im zwanzigsten Jahrhundert damit vom Unterricht abgelenkt werden sollten. → [121, 122 & 123]

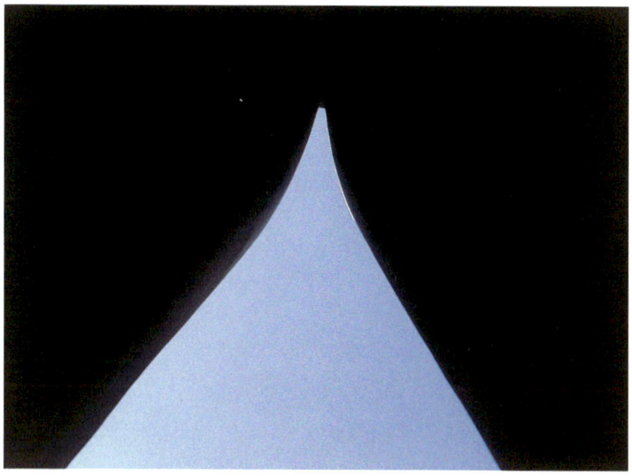

ABBILDUNG 120
Müheloser kippt das Kontrastverhältnis von Schwarz und Blau. Wir sind nicht durch die Identifikation von Objekten abgelenkt. Vielleicht ist der Austausch deshalb so gut zu beobachten.

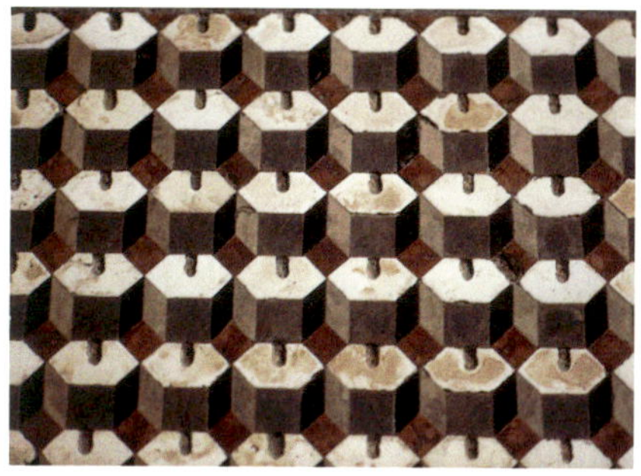

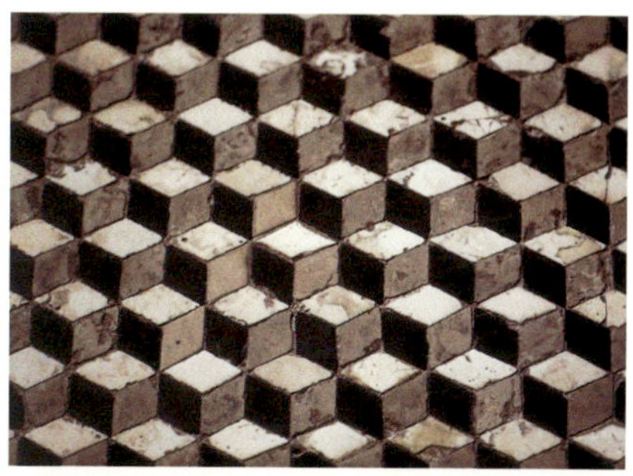

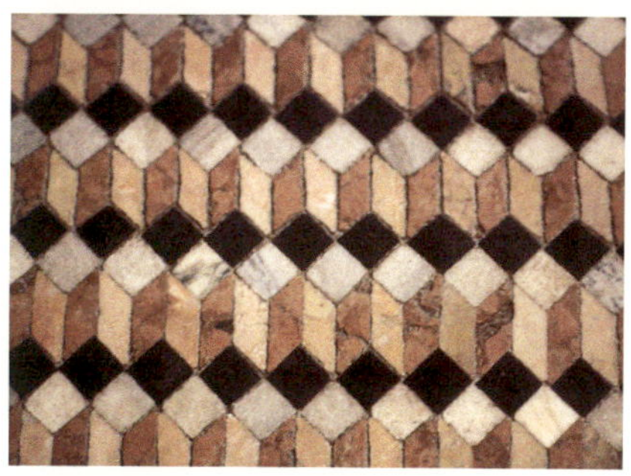

ABBILDUNGEN 121, 122 & 123
In San Marco in Venedig ist dieser alte Fußboden zu bewundern. Auch er spielt mit dem Austauschphänomen von Figur und Grund.

Das Umkippen von Figur und Grund ist ein interessantes Phänomen in der Darstellung. Das trifft auch bei der Malerei zu, wo die Komposition die freie Anordnung der Einzelelemente bestimmt. Farbe, Form und Fläche können als autonome Mittel thematisiert werden und der Betrachter kann den aktiven Prozess des Sehens nachvollziehen. Figuren bilden, wenn sie abgesondert und scharf umgrenzt sind, einheitliche und geschlossene Bereiche und sie heben sich jeweils von einem unstrukturierten Grund ab. In besonderen Fällen kann eine Inversion stattfinden, ein Wechsel von Figur und Grund, wobei jedoch nur eine Version gesehen werden kann.

Eine vielschichtige Darstellung in einem Gemälde wollen wir kurz analysieren. Zunächst irritiert es, dass hier eine Landschaft und ein Portrait auf den ersten Blick in klassischer Manier gemalt sind. Bei näherem Hinsehen kann man eine zeitgemäße Auseinandersetzung mit Fläche, Figur und Grund entdecken. In diesem Bild treten mehrfache Inversionsprinzipien auf, die sich bewusst mit gegenständlichen Motiven befassen. Die Landschaft und die »Renaissance-Dame« auf blauem Grund sind erkennbar, vertraut und leicht zu identifizieren. Es fällt schwerer, die gelblichen Rechtecke, die sich teilweise auf der blauen Fläche als opake Farbelemente darstellen und teilweise als »Überzug« Landschaftselemente bedecken, in diesen Bezug einzuordnen. Wir haben es hier nicht mit einem einfachen Figur-Grund-Austausch zu tun. Hier wird mit mehreren Ebenen, Ergänzungen, Verdeckungen, Ähnlichkeiten und Unterschieden gearbeitet. Das Bild bietet optische Anordnungen an, die den Prozess der visuellen Wahrnehmung aktivieren wollen. Die Landschaft repräsentiert offensichtlich die hinterste Ebene. Der blaue Grund liegt davor und das Portrait wiederum vor der blauen Fläche, so weit die Positionen der Hauptebenen. Die Landschaft kann nur an der Horizontlinie ergänzt werden, der Himmel, der den Kopf umspielt, scheint jetzt eine selbstständige Ebene mit den gelben Rechtecken einzugehen und drängt nach vorne. Das Dekolleté der Dame scheint sich mit einem See zu vereinen und ihr Kopf teilweise hinter die Landschaft zu treten. Landschaft und Dame sind minutiös ausgearbeitet, bei der blauen Fläche ist der Pinselduktus nicht zu übersehen. Es würde zu weit führen, wenn wir hier die inhaltlichen Bezüge aufzählen wollten. Bild und Wahrnehmung und die Verdichtung mehrschichtiger Sinnebenen werden hier »wörtlich« genommen und die Fläche thematisiert.→ [124]

7.2.2 Perspektive

Die Darstellung der wissenschaftlichen, linearen oder auch geometrischen Perspektive *(so wird sie unterschiedlich bezeichnet)* ist keine Erfindung des Photoapparates. Seit die Renaissance sie wieder entdeckt hat, ist sie in der Malerei benutzt worden. Die Antike hatte Donatello den Anstoß gegeben, als der Bildhauer 1416 in Florenz für die Kirche Or San Michele ein zusammengedrücktes flaches Relief *(relievo schiacciato)* produzierte, das den Sockel der Statue des Heiligen Georgs zierte.→ [125, 126 & 127]

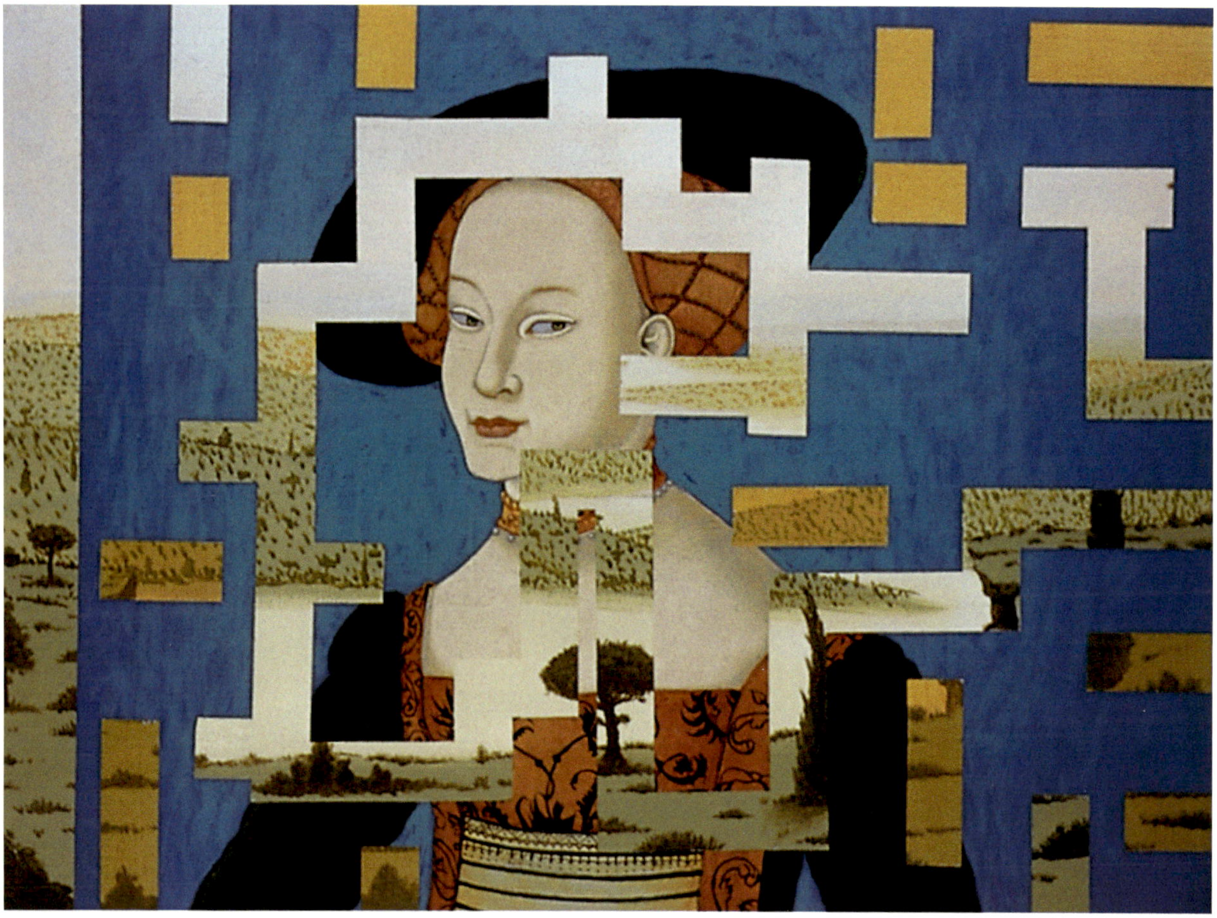

ABBILDUNG 124
Andreas Schnelle: »Ein Blick nach Süden«
2002. 31 x 40 cm, Acryl auf Leinwand.
Eine mehrschichtige Darstellung von Bild und Wahrnehmung.

Die wissenschaftliche Perspektive war damit zu neuem Leben erweckt worden. Der Maler Masaccio folgte Donatello um 1426 mit dem Trinitätsfresko in S. Maria Novella in Florenz. Was war das Revolutionäre an dieser Darstellung und warum bestimmte sie über Jahrhunderte die bildliche Darstellung? Man glaubte zunächst, mit diesem Darstellungsmittel der visuellen Wahrnehmung einen Schritt näher gekommen zu sein und damit auch dem Abbild der Wirklichkeit. Die Bildfläche wurde wie ein offenes Fenster *(fenestra aperta)* behandelt, also negiert, und der Betrachter schaute durch dieses »Fenster« in einen Raum, der durch die Organisation der geometrischen Verkürzungen und Verkleinerungen bestimmt war. Warum in der Darstellung der Perspektive nur die horizontalen Verzeichnungen und Verkürzungen Berücksichtigung fanden und die Vertikalen parallel zur Bildgrenze ausgerichtet blieben, ist bis heute eine Frage.

ABBILDUNG 125
Donatello: Der Heilige Georg in einer Nische an der Kirche Or San Michele in Florenz.

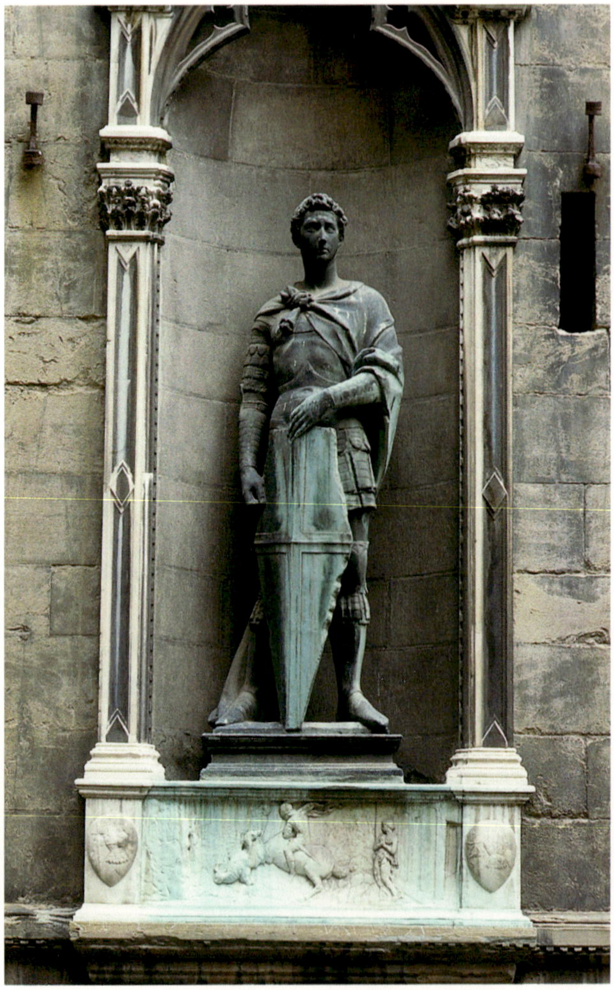

ABBILDUNG 126
Drachenkampf des Heiligen Georgs. Das wichtige an dieser Skulptur ist das Basrelief im Sockel von 1416, auf dem zum ersten Mal seit der Antike eine geometrische Perspektive dargestellt wird. Lineare, zeichnerische Elemente auf der rechten Seite bewirken eine Raumillusion.

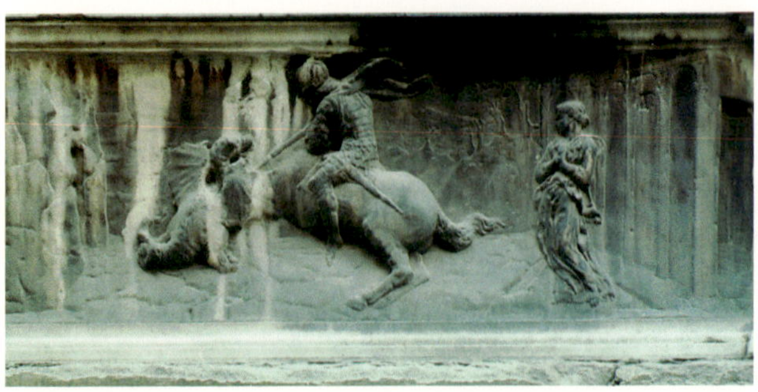

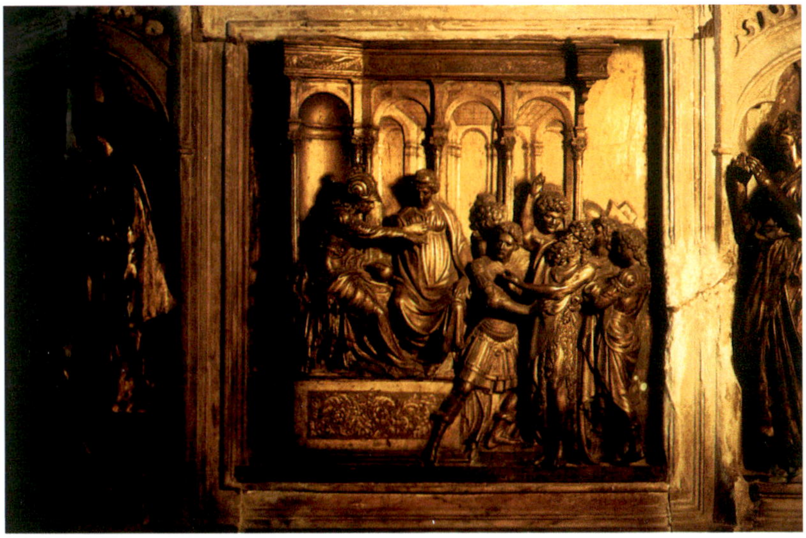

ABBILDUNG 127
Wenige Jahre später, 1427, bringt es Ghiberti in Siena zur Meisterschaft der Raumillusion. Die tatsächliche Tiefe des Reliefs beträgt nicht mehr als ca. 5 cm. Ghiberti verdanken wir auch zwei Türen am Baptisterium in Florenz, von der die eine, nach Goethe, als »Paradiestür« bekannt ist.

Die Rezipienten gewöhnten sich schnell daran, die Bildfläche zu negieren, denn sie suchten in der optischen Anordnung nach der Identifikation. Sie wollten Inhalte erkennen und glaubten, die Abbildung der Realität im Bild zu finden. Dass es sich um Bilder mit eigener Gesetzlichkeit handelte, wurde und wird dabei oft vergessen. Wer die Perspektive beherrschte, konnte Effekte erzielen, die die Bildtiefe betonte oder sie zurücknahm. → [128 & 129]

Die Bildorganisation der Perspektive war auf den Betrachter als Subjekt ausgerichtet. Augen- und Fluchtpunkt konnten von ihm eingelöst werden, und das war das eigentlich Revolutionäre daran. Durch die Beziehung zwischen Betrachter und Bild wurde ein neues Verständnis der Rezeption gestiftet. Wenn auch die erste Begeisterung über die Perspektivdarstellung nach etwa 60 Jahren verblasste, so hat sie sich über die Jahrhunderte gehalten und ist in mehr oder weniger prägnanter Form benutzt worden.

Bei der Erfindung der Photographie 1839 hat die Perspektive eine neue Renaissance erfahren, denn die Kamera hat per se die Eigenschaft, perspektivisch abzubilden. Das haben schon die Maler gewusst und haben die Camera obscura seit dem 17. Jahrhundert als Zeichenhilfe benutzt. In der Photographie wurde deutlich, was man in der Renaissance zunächst übersehen hatte, dass diese Bildorganisation nur mit feststehendem Auge und einäugig einzulösen ist, sich also nicht analog zur menschlichen Wahrnehmung verhält. Aber auch in der Photographie wurde das traditionelle Bildverständnis beibehalten. → [130]

ABBILDUNG 128
Hier sind es die Säulenreihen und der niedrige Standpunkt, die den Eindruck der Tiefe verstärken. Die optischen Verkleinerungen und die horizontalen Verzeichnungen sind hier gut zu beobachten.

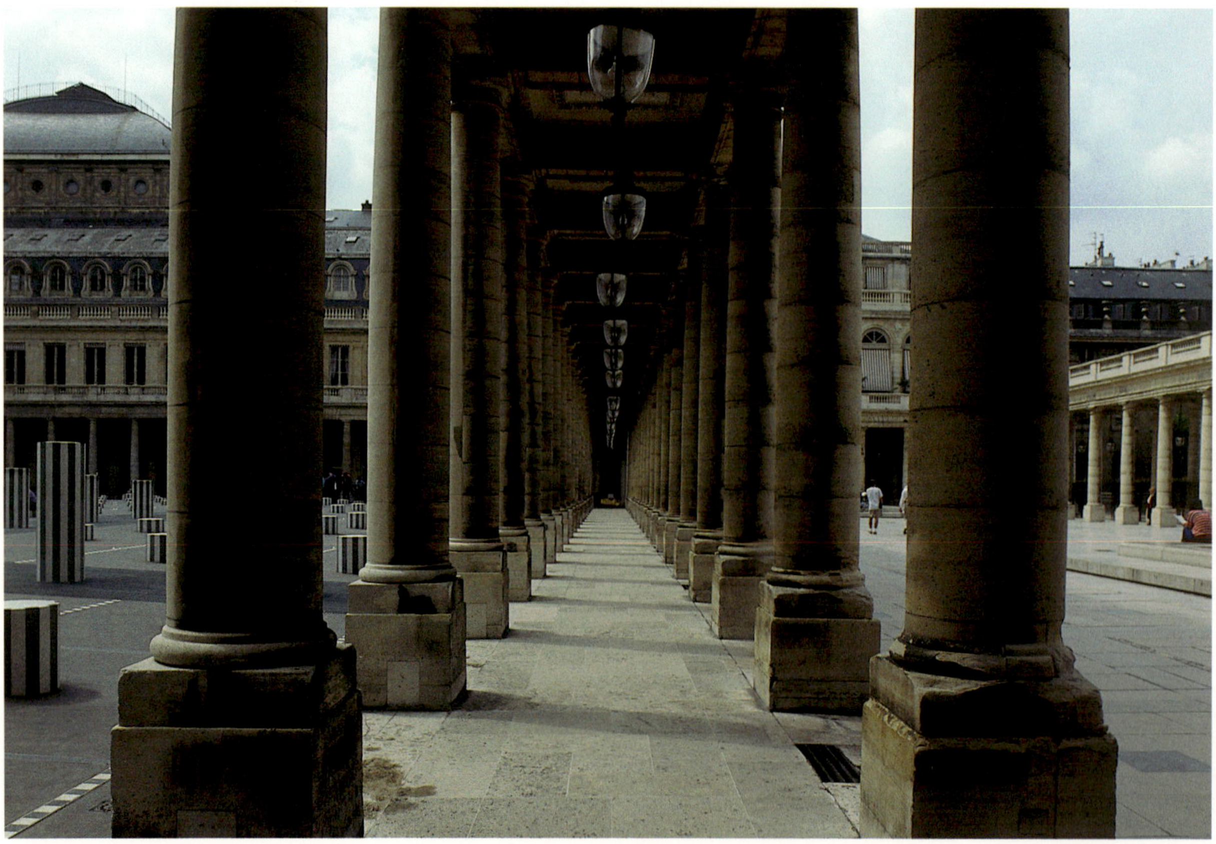

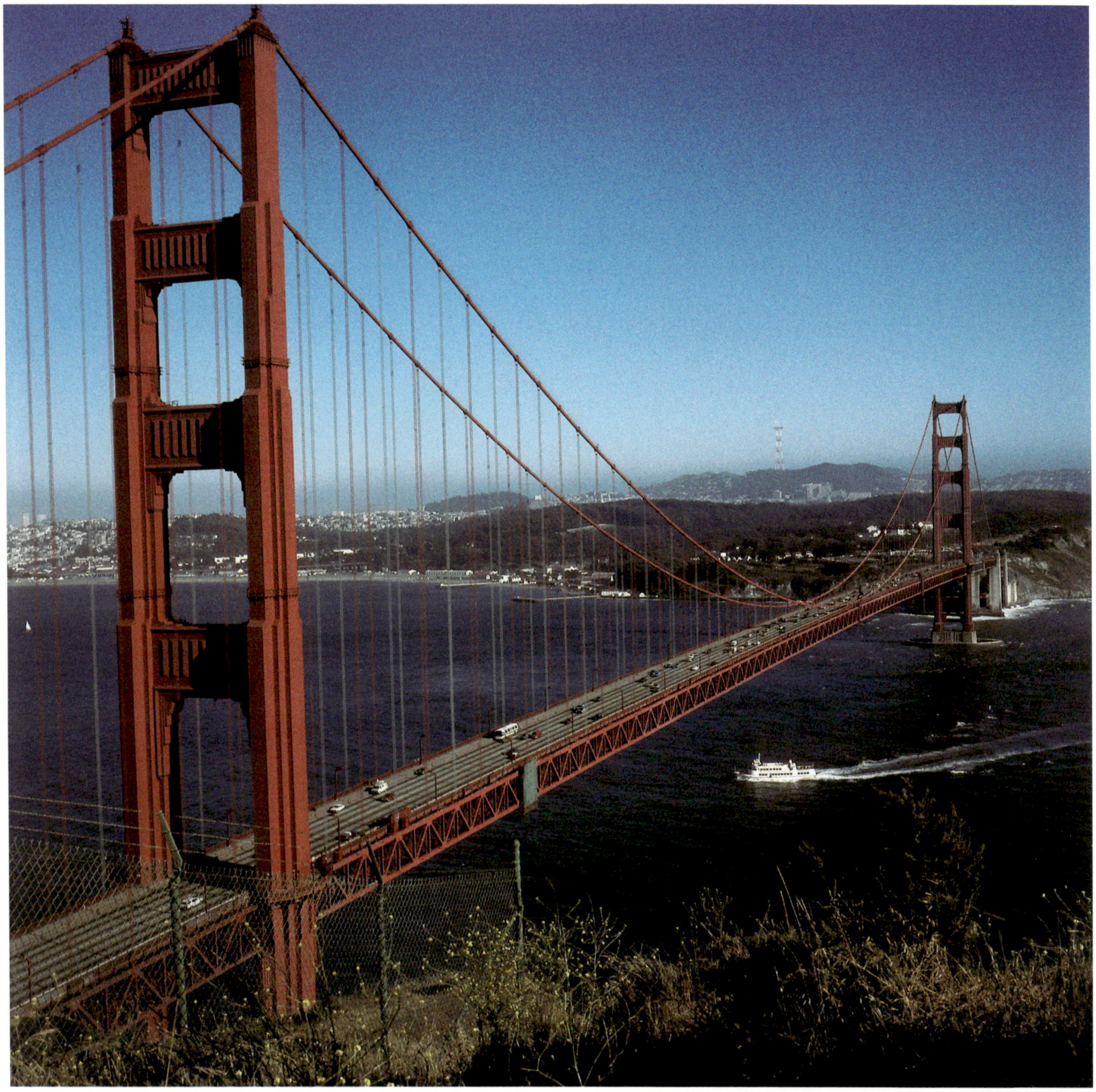

ABBILDUNG 129
Der Betrachter ist bereit, die Bildfläche zu negieren und durch das »offene Fenster« zu schauen.

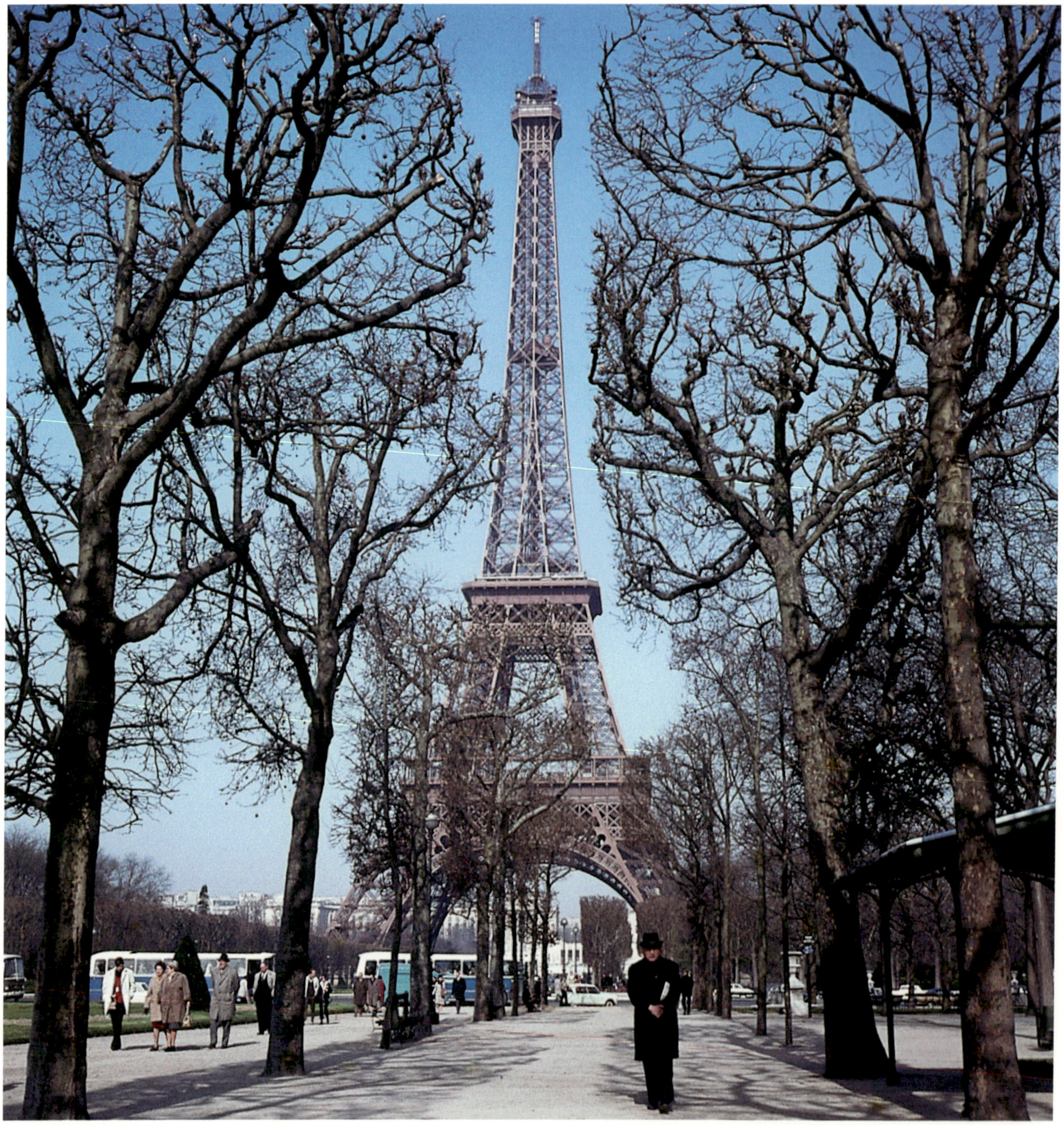

ABBILDUNG 130
In der Photographie wird die alte Bildtradition gepflegt: Die Horizontalen sind verzeichnet, die Vertikalen bleiben standhaft. Die Verkleinerung ist offensichtlich, die vorderen Bäume konkurrieren mit der Höhe des Eiffelturms.

Die horizontalen Verzeichnungen verhielten sich gemäß der Perspektive, die vertikalen wurden ausgeglichen und orientierten sich an der Bildgrenze. Dazu hatte man schon früh Entzerrungsmechanismen für die Kameras entwickelt und später dann Shiftobjektive, um die Senkrechten ins Lot zu bringen. Erst in den zwanziger Jahre des 20. Jahrhunderts brachen einige Photographen mit dieser Tradition und setzten die Verzeichnungen der Kamera bewusst als Mittel ein. → [131]

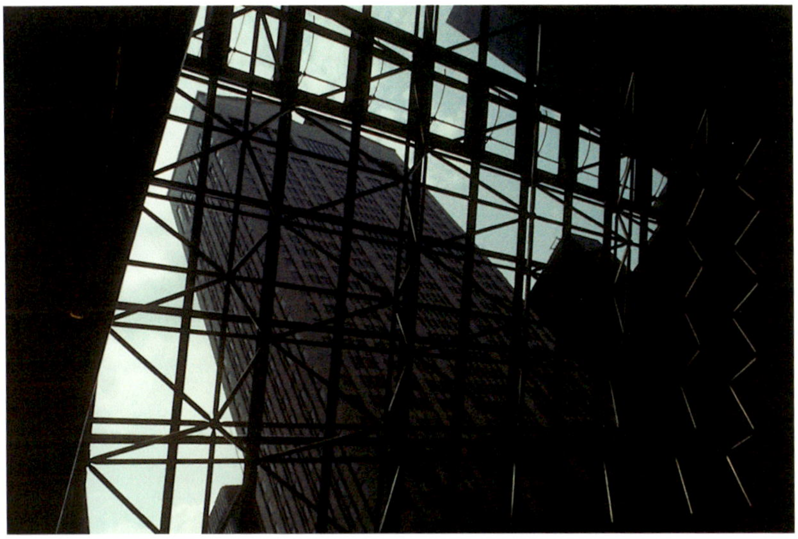

ABBILDUNG 131
Wenn wir den Blick nach oben richten, verjüngen sich die Linien. Die Kamera zeichnet das auf, wenn sie nicht entzerrt wird. Man kann das an dem Bezugsmuster gut nachmessen.

Wir können die so genannte lineare Perspektive als eine optische Täuschung bezeichnen. Man könnte auch sagen, dass jede bildliche Darstellung per se eine Sinnestäuschung ist, wenn es sich um eine illusionistische Raumorganisation auf einer zweidimensionalen Fläche handelt. In diesem Zusammenhang ist eine interessante Bildeigenschaft zu entdecken. Der Rahmen beziehungsweise die Bildränder sind von entscheidender Bedeutung für die Einlösung der gesehenen Bildtiefe. Die untere Bildgrenze bezeichnet in der Regel die vorderste Bildebene. Bei Perspektivdarstellungen würde dann die obere Grenze die weiteste Entfernung kennzeichnen. Das kann, aber es muss nicht so sein. Wenn der Horizont im Mittelfeld liegt, so kann zum Beispiel ein Himmel wieder an die vordere Bildebene anschließen. Es ist in den Bildmedien sehr viel mit diesem Mittel experimentiert worden. Man sieht daran, dass Bilder und ihre Ausschnitte eigene Gesetze haben, und auch in der Photographie bestehen viele Möglichkeiten, gewisse Mechanismen außer Kraft zu setzen oder sie zu betonen.

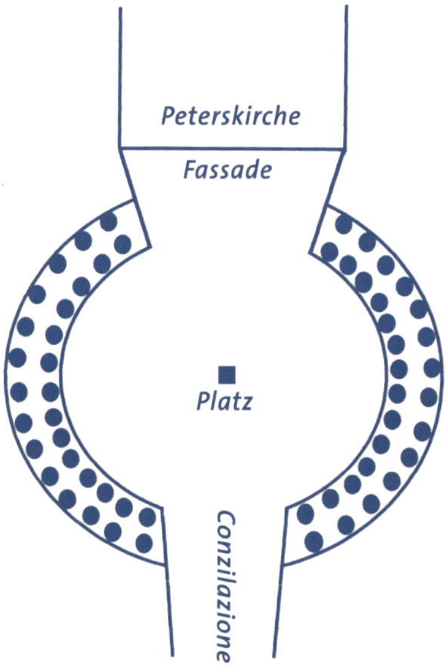

ABBILDUNG 132
An der Graphik kann man gut nachvollziehen, wie der Platz angelegt ist.

7.2.3 Architektur und Städteplanung

In der Architektur und im Städtebau hat man schon seit Jahrhunderten mit dem Phänomen der optischen Täuschungen gespielt. In der Architektur arbeitet man mit Verkürzungen, Verformungen oder Erweiterungen, die aus der Perspektive bekannt sind, um einen Scheineindruck herzustellen, auf den das Auge entsprechend reagiert.

Die Renaissancekünstler konnten die Wahrnehmungsphänomene an einem antiken Bauwerk in Rom studieren, dem Pantheon. Die Kassetten im Inneren der Kuppel sind optisch konstruiert. Sie sind versetzt, um den Eindruck der Höhe der Kuppel zu verstärken, obwohl das Verhältnis von Schaft und Kuppel 1:1 beträgt. In Rom kann man zahlreiche Beispiele finden: die Scala Santa im Vatikan, den Kapitolplatz oder den Petersplatz. In Paris ist der Place de la Concorde ein Paradebeispiel. Auf dem Petersplatz in Rom holen die schräg auf die Kirche zulaufenden Seitenbauten die Fassade von S. Peter optisch an das Oval des Platzes heran. → [132 133]

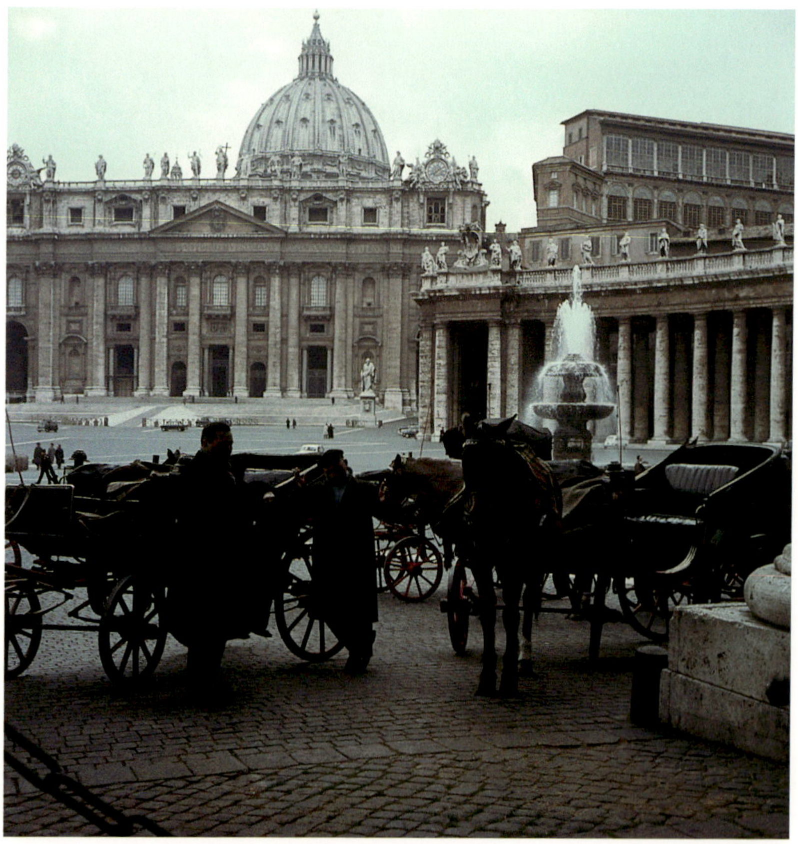

ABBILDUNG 133
Die Fassade des Petersdoms ist hier nicht in ganzer Breite zu sehen. Aber selbst aus dieser Schrägsicht erkennt man, wie die Säulenreihen sich an die Fassade optisch anschließen.

Auch auf dem Kapitolplatz in Rom kann man die wohlüberlegte Konstruktion Michelangelos erkennen. Das Oval der Pflasterung, in deren Mitte die antike Bronzeskulptur des Marc Aurel steht, erscheint von der Treppe von oben als rund und verleiht dem Platz dadurch eine ausgewogene Symmetrie. Der Place de la Concorde in Paris ist im Sinne der Symmetrie auch in dieser Art konzipiert worden. Der Obelisk als Mittelpunkt ist auf die Champs Elysées und die Tuilerien ausgerichtet und bildet in der Achse vom Louvre zum Arc de Triomphe ein markantes Zeichen. In der Querachse stehen die beiden Brunnen und an der einen Seite jenseits der Seine die L'Assemblée Nationale mit ihrem Säulenportikus. Das Gegenstück auf der anderen Seite ist die Säulenfront der Kirche Madeleine. Die gemessene Entfernung vom Obelisken zur Madeleine ist erheblich länger als die zur Nationalversammlung. Um die Symmetrie optisch auszugleichen, hat man die Rue Royal in der Höhe der Rue Faubourg St. Honoré verbreitert, um die Front der Madeleine optisch an den Obelisken heranzuholen. Man kann viele solcher Konzeptionen finden, die mit der Verführung der visuellen Wahrnehmung rechnen.→ [134 & 135]

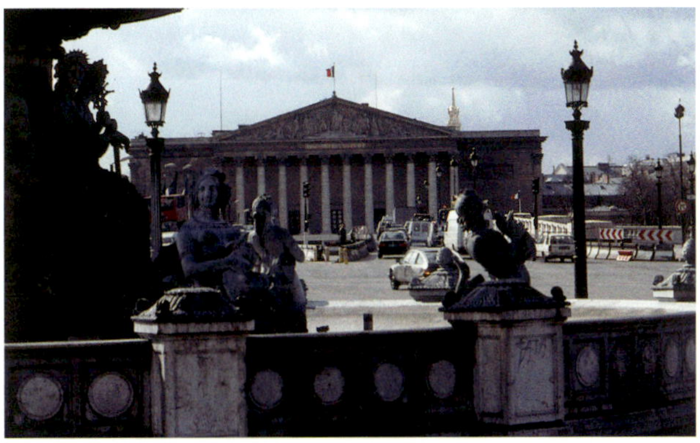

ABBILDUNG 134
Bei der Anlage von Plätzen hat man in der Regel sehr auf Symmetrie geachtet. Auf dem Place de la Concorde wurde die Fassade der Madeleine durch einen Trick näher herangeholt. Man erweiterte die Rue Royal an einem bestimmten Punkt.

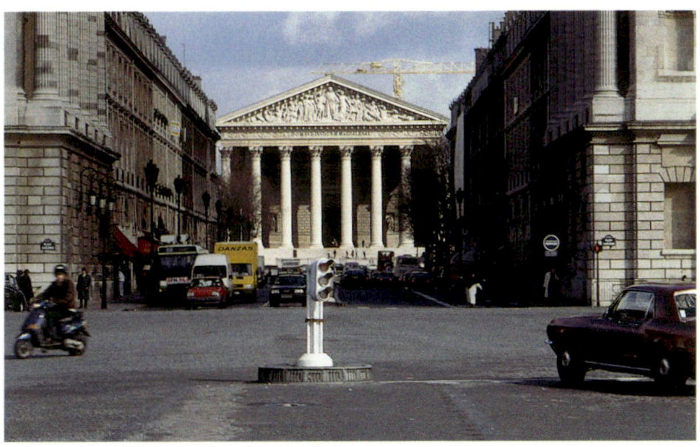

ABBILDUNG 135
Dadurch wurde der Abstand zur L'Assemblée Nationale auf der anderen Seite ausgeglichen und die Inszenierung stimmte wieder.

Die Architektur und in letzter Zeit die Postmoderne hat sich ausgiebig mit diesen Erscheinungen beschäftigt. Der Pariser Bahnhof Gare Montparnasse hat nicht darauf verzichtet, den Rezipienten durch diese Ansicht zu verunsichern. Wölbt sich diese Rückfront teilweise nach innen oder nach außen? → [136]

In San Francisco lockerte man die Fassaden der Wolkenkratzer durch solche Umkehrverhältnisse auf, rechnet mit dem Blick des Betrachters und überlässt es ihm, welche Konstellation er sehen will. → [137]

Gleichzeitig wird mit diesen Täuschungen auch der Realitätsgrad in Frage gestellt. Mit solchen architektonischen Finessen im öffentlichen Raum will man das Spiel mit der menschlichen Wahrnehmung thematisieren, die Aufmerksamkeit auf die Architektur lenken und ein zeitgemäßes »Ornament« schaffen. → [138]

ABBILDUNG 136
Der Pariser Gare Montparnasse hat nicht darauf verzichtet, den Rezipienten durch diese Ansicht zu verunsichern. Wölbt sich diese Rückfront teilweise nach innen oder nach außen?

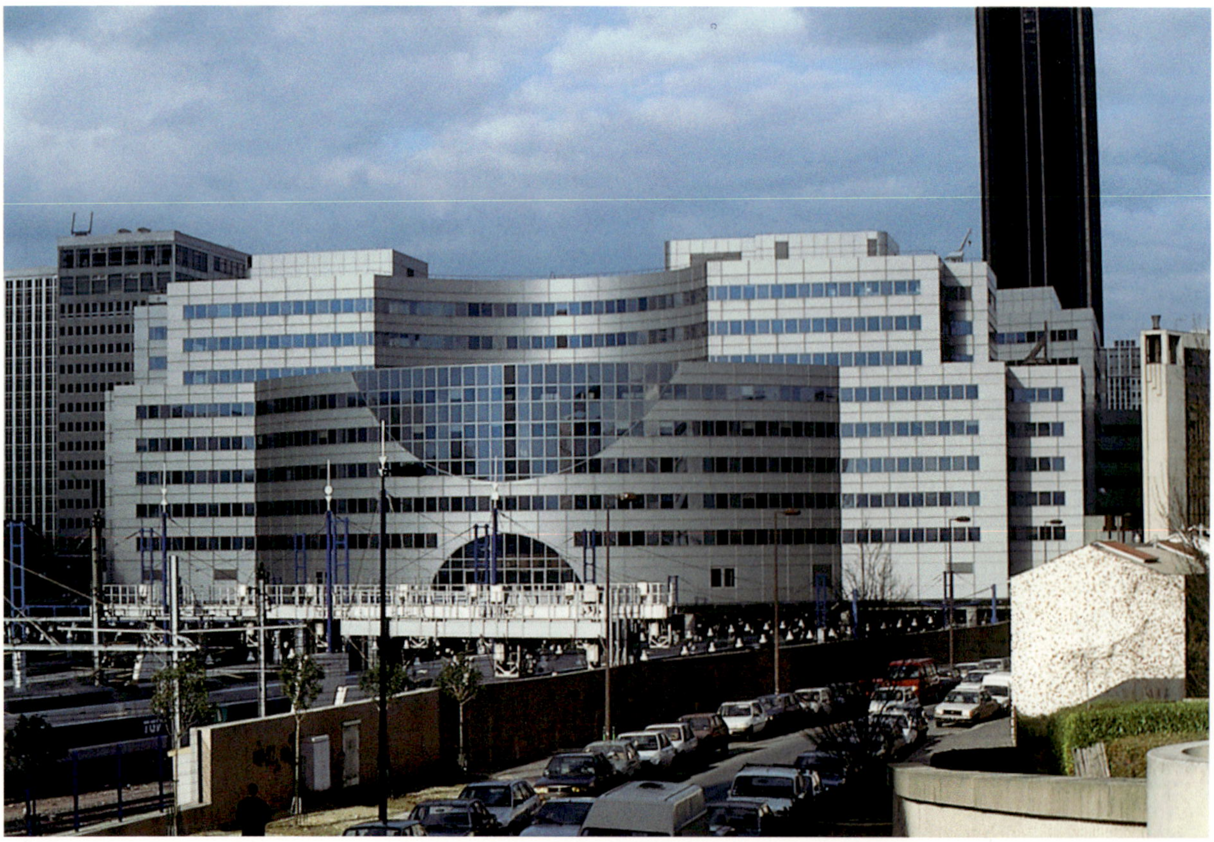

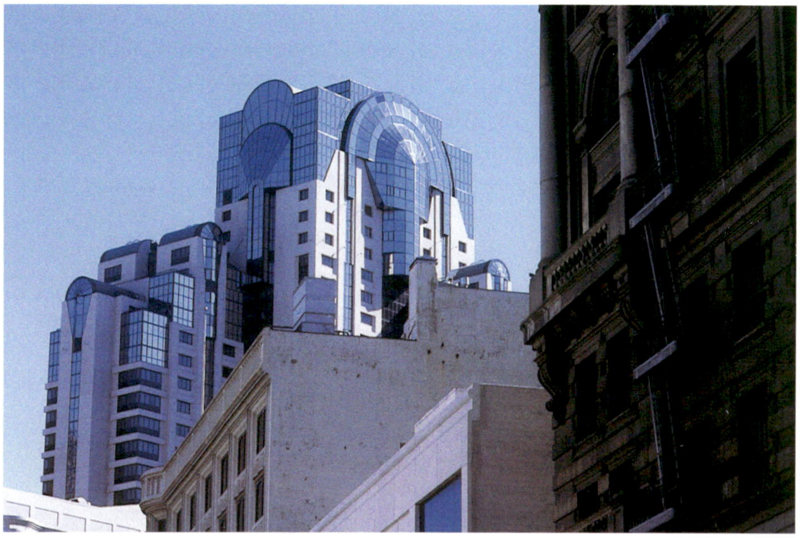

ABBILDUNG 137
In San Francisco lockert man die Fassaden der Wolkenkratzer durch solche Umkehrverhältnisse auf. Der Blick in die Höhe wird durch Scheinbewegungen belohnt.

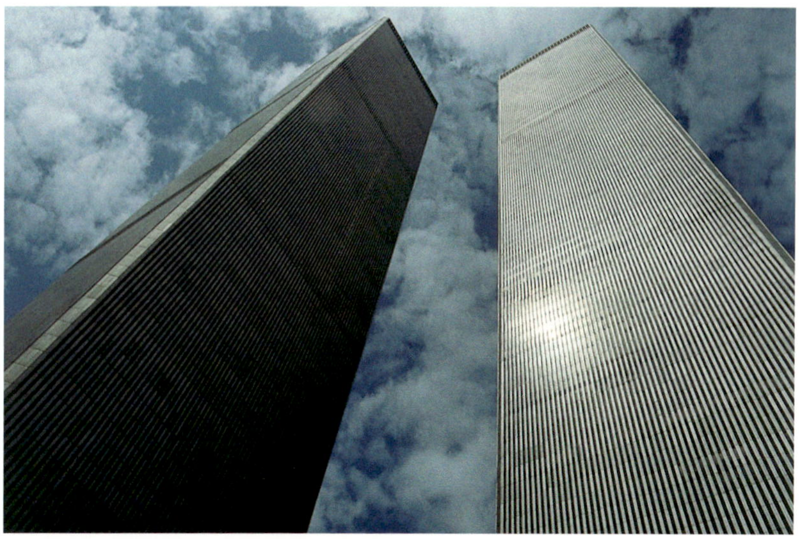

ABBILDUNG 138
Etwas harmloser, aber sicherlich nicht unabsichtlich haben die Architekten bei den »Wolkenkratzern« in der Nahsicht mit der Verjüngung gerechnet. Durch die zusammenlaufenden Linien entsteht der Eindruck einer noch größeren Höhe.

7.2.4 Malerei

Die so genannte »Optical Art« ist fast so alt wie die Kunst selber. Bevor in psychologischen Experimenten optische Phänomene der Täuschung empirisch nachgewiesen wurden, haben Künstler durch eine genaue Beobachtung solche Phänomene festgestellt und künstlerisch eingesetzt. Wir haben schon auf die Perspektive hingewiesen. Die Funktion der Komplementärkontraste war bekannt, die Illusionsmalerei fand im Trompe l'oeil, der Augentäuschung, ihren Höhepunkt. In der Freskenmalerei hat man reale Architekturelemente mit gemalten Effekten verbunden. Die gemalten Himmel öffneten im Barock die Decken der Kirchen. Wo eine Apsis fehlte, wurde sie durch Malerei ergänzt. Man kann unzählige Beispiele anführen, bei denen der Betrachter bewusst getäuscht werden sollte.

Irritationen erwecken gleichzeitig Aufmerksamkeit, eine sicher sehr erwünschte Komponente der Künstler. Sie können aber auch in ganz besonderer Weise auf die bildlichen Eigenschaften verweisen und nicht wenige Künstler haben davon Gebrauch gemacht. Im vergangenen Jahrhundert hat die »Op-Art« die Täuschung thematisiert. Die Künstler haben sich auch an den Erkenntnissen der Physiologie und Psychologie orientiert, haben die Perspektive, die Farbe und den menschlichen Wahrnehmungsprozess studiert.

7.2.5 Photographie

In der Photographie ist die Täuschung eigentlich nicht das primäre Anliegen gewesen. Aber sie funktioniert. Der Apparat ist dafür konstruiert, die perspektivischen Verzeichnungen maßstabsgerecht *(mit normalem Objektiv)* aufzuzeichnen und uns die Illusion zu vermitteln, räumliche Erscheinungen wahrzunehmen, die auf einer zweidimensionalen Fläche erscheinen. Wir wissen von den Konstanzphänomenen, dass wir nicht linearperspektivisch sehen, und doch glauben wir, dass uns der Apparat die Realität vermittelt. Das heißt nicht, dass man die Perspektive nicht unterlaufen kann. Die Fokussierung kann dabei eine entscheidende Rolle spielen. Wird sie nur auf eine Bildebene gelegt, haben der Raum und die Tiefe keine Chance mehr, im Bild Tiefe zu suggerieren.→ [139]

Die nicht fassbare Oberfläche der Photographie, die ihre Materialität kaum erkennen lässt, verleitet dazu, durch sie hindurch zusehen und dreidimensionale Räume und Objekte zu erkennen. Wir sehen, wie leicht wir zu täuschen sind, wie leicht wir von dem absehen, was wir sehen, und wie leicht an die Stelle der visuellen Wahrnehmung die Einlösung der Erfahrung und Informationsverarbeitung im Gehirn tritt.

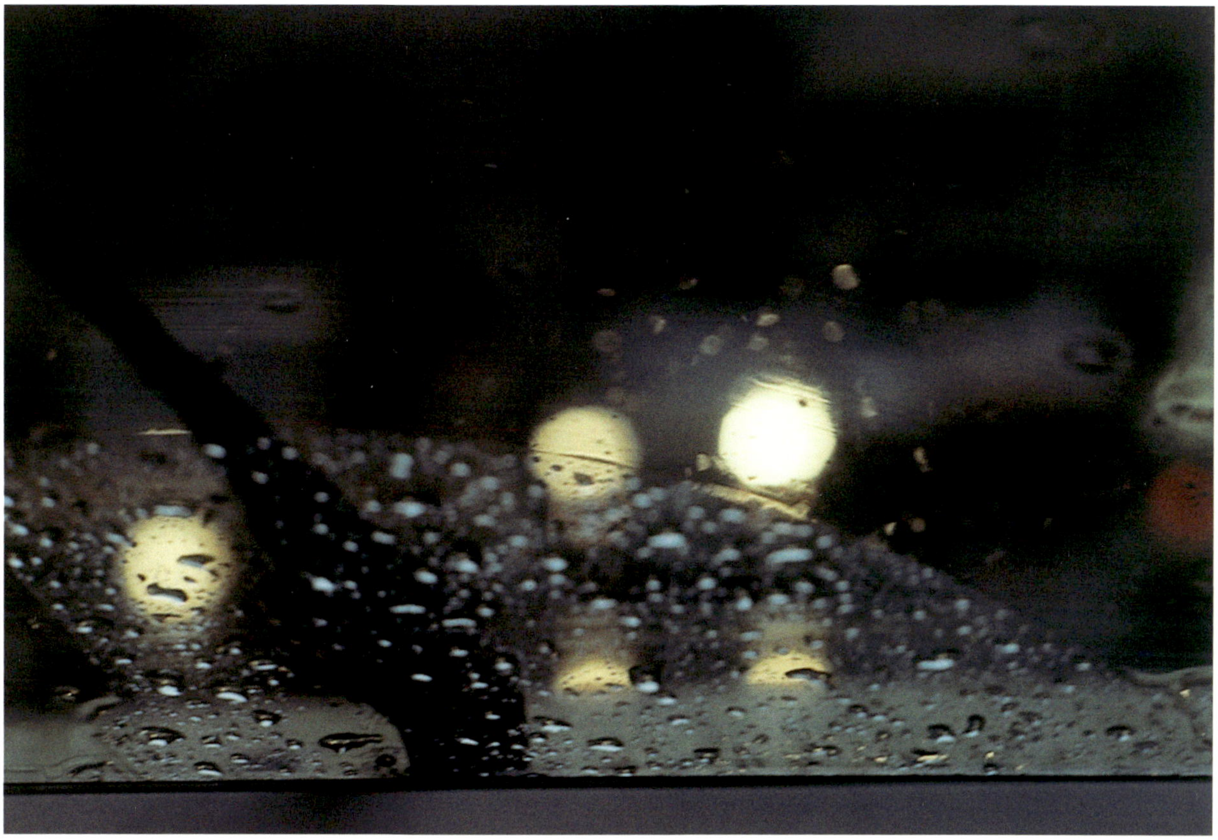

ABBILDUNG 139
Ein Mittel der Photographie, die Perspektive zu unterlaufen, ist die Fokussierung auf nur eine Bildebene.

7.2.6 Kunst und Täuschung

Wir haben das Problem von Bild und Täuschung, oder Illusion, schon einige Male erwähnt. Wir haben auch gezeigt, dass sich die Kunst mit diesem Problem seit Jahrhunderten auseinander setzt. In der Architektur, in der Bildhauerei und in der Malerei hat man experimentiert, um den Rezipienten zu irritieren und die Möglichkeiten der Medienmittel in das Bewusstsein zu führen. Das fing bei den antiken Tempeln an. Um die Säulen optisch höher und schlanker erscheinen zu lassen, hat man die Schäfte nach oben verjüngt, oder, um anschaulich zu demonstrieren, wie die Last des Gebälks die Säulen zusammendrückt, Schwellungen eingebaut. → [140, 141 & 142]

ABBILDUNGEN 140, 141 & 142
Ob in Agrigent, in Korinth oder in Paestum, überall sind die Verjüngungen oder Schwellungen deutlich zu sehen.

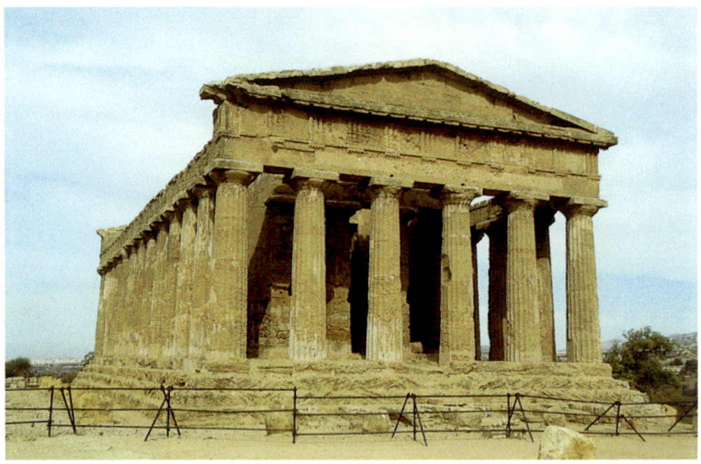

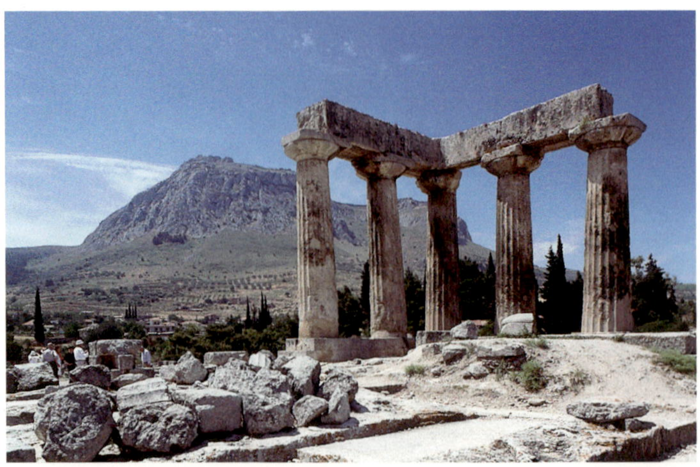

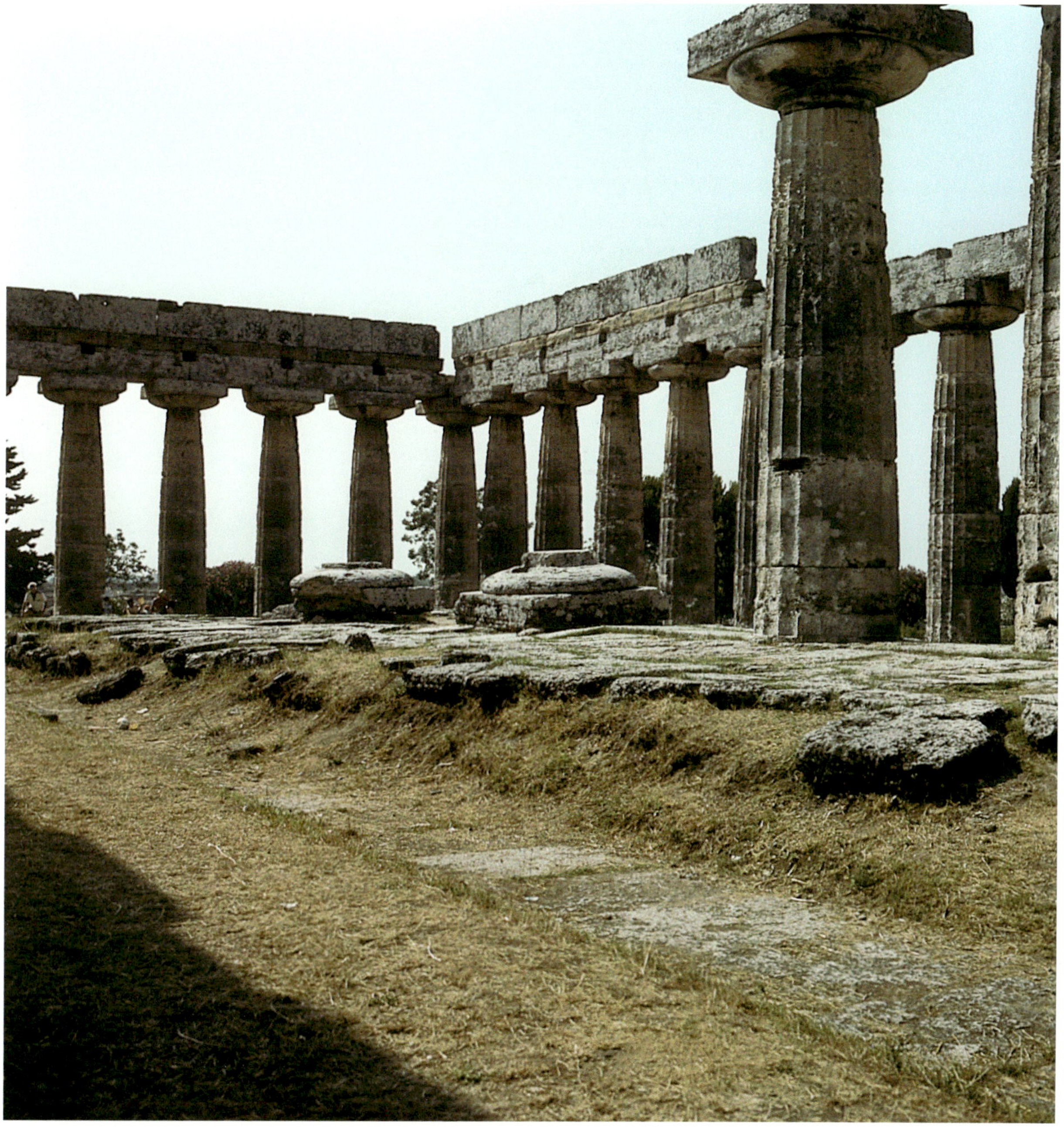

ABBILDUNG 142

Aus der Photographie sind sehr wenige Beispiele bekannt. Natürlich gibt es da auch schon im 19. Jahrhundert Täuschungsmanöver, die durch Retuschen und Montagen entstanden sind. Aber die sind hier eigentlich nicht gemeint, denn sie verwenden eine Art von Täuschung, die der Betrachter oft gar nicht in Zweifel ziehen kann, oder, die ihm den eigenen Wahrnehmungsprozess nicht vorführt.

Mit der elektronischen Bearbeitung oder auch Generierung der Bilder ist ein neues Zeitalter angebrochen. Die Täuschungsmanöver werden immer schwerer durchschaubar, weil sie perfekter manipuliert werden können. Der Wahrheitsanspruch der Dokumentation wird dadurch zur Legende und spätestens jetzt muss man sich um den Bildcharakter der Photographie Gedanken machen. Aber Legenden halten sich und die Industrie lebt von den Amateuren, die ihre Erinnerungen bildlich nach Hause tragen wollen. Und warum sollen sie sich nicht alle der Täuschung hingeben, mit dem Bild ein Stück Leben eingefangen zu haben? Normalerweise verursacht sie keinen Schaden und was wäre das Leben ohne Illusionen?→ [143] ★

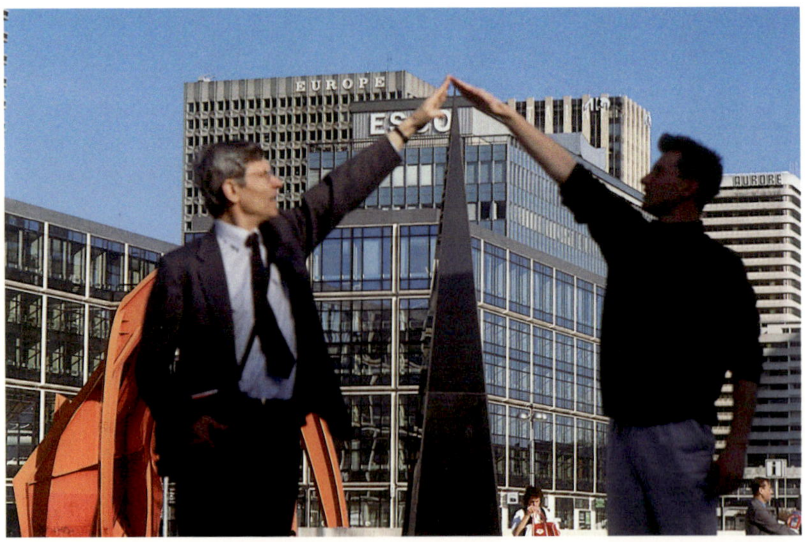

ABBILDUNG 143
Was wäre das Leben ohne Illusion? Warum nicht mit den Händen nach dem Himmel greifen?

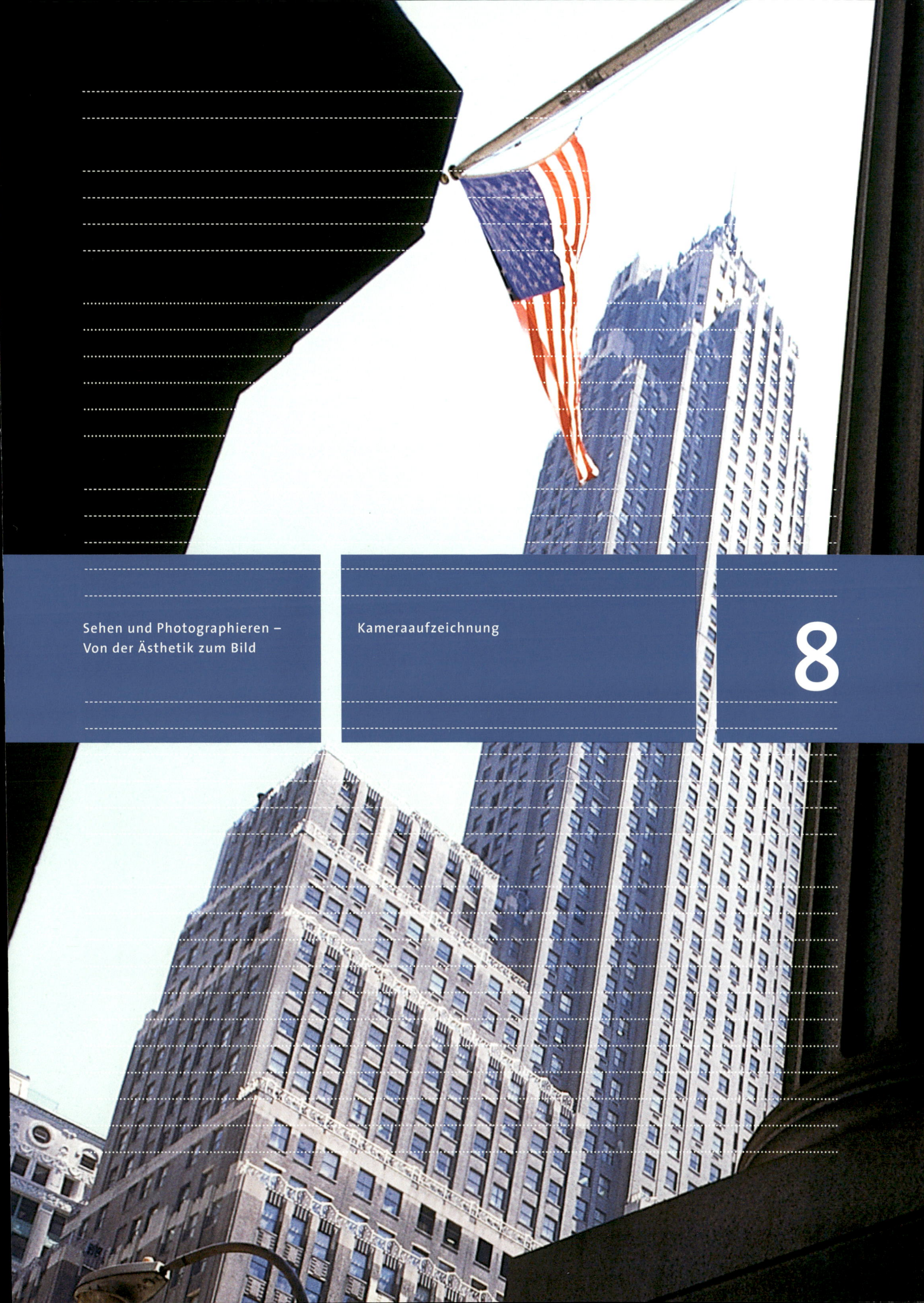

8 Kameraaufzeichnung

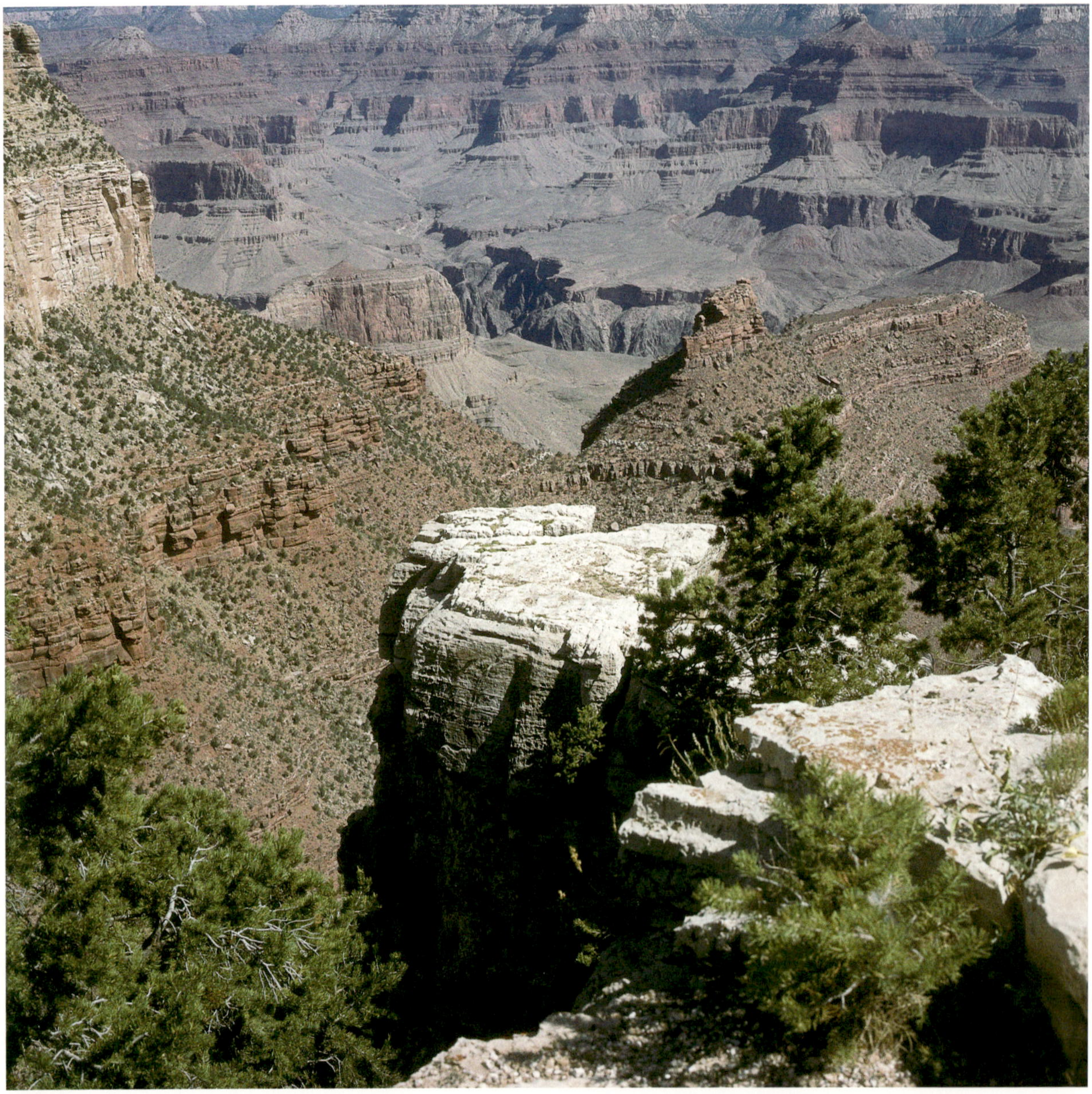

ABBILDUNG 144
Mit der Blende kann ein gleichmäßig scharfes Bild erzeugt werden.

8.1 Gegenüberstellung

8.1.1 Kamera

Wenn wir hier eine Gegenüberstellung von menschlicher visueller Wahrnehmung und Kameraaufzeichnung betreiben, so ist sie nicht in der Aufrechnung von Vor- und Nachteilen begründet. Wir wollen die Unterschiede herausstellen, um das Bewusstsein zu stärken, dass die Photographie ein Bildmedium ist und nicht nur ein Abbildungsmechanismus.

Die photographische Kamera hat ja ihre Vorgänger. Aristoteles hat sie bereits erwähnt und in der Renaissance wird die Camera obscura von Leonardo das erste Mal genauer beschrieben. In der Folge wird die »dunkle Kammer« mit Linsensystemen verbessert und ist, seit dem siebzehnten Jahrhundert, als darstellende Hilfe für die Perspektive von vielen Malern nachweislich benutzt worden. Die Erfindung einer lichtempfindlichen Platte und die Fixierung des projizierten Bildes reservieren sie dann ausschließlich für die Lichtbildner. Damit hatte die Kamera das Obskure verloren und wurde zum mechanischen Apparat. In einer technikgläubigen Welt wurde sie mit Vorgaben der objektiven Darstellung ausgezeichnet.

8.1.2 Prinzipielle Funktionsweise der Kamera

Wir werden uns an dieser Stelle nicht mit der Geschichte und der Entwicklung der photographischen Kamera befassen, sondern nur mit ihrer prinzipiellen Funktionsweise.

Die Kamera ist in der Regel einäugig, das heißt, sie arbeitet mit einem Linsensystem, das durch eine Blende ergänzt wird. Diese Blende dient der doppelten Funktion von Schärfen- und Lichtmengenregulierung.→ [144]

Die Berechnung und Zusammenstellung des Linsensystems bestimmen die Lichtstärke und das Auflösungsvermögen. Die Fokussierung wird durch die Positionsveränderung der Linse und die dadurch bedingte Veränderung der Bildweite erreicht. Der Objektivverschluss bietet die Wahlmöglichkeit von verschiedenen Belichtungszeiten, damit auf die unterschiedliche Helligkeit des Aufnahmemotivs oder der Blendeneinstellung reagiert werden kann. Seit der Entwicklung der Kurzzeitverschlüsse wird bei der Auslösung jeweils eine konstante Lichtsituation aufgezeichnet.

Der Standort des Linsensystems ist im Moment der Aufnahme feststehend und die Kamera registriert die optischen Daten, auf die sie gerichtet wird. Das Linsensystem bildet perspektivisch ab, wobei die Wahl der Brennweiten über den Abbildungsmaßstab und den Ausschnitt entscheiden, die Perspektive verändert sich dabei nicht.→ [145, 146 & 147]

ABBILDUNGEN 145, 146 & 147
Das Linsensystem bildet perspektivisch ab, wobei die Wahl der Brennweite über den Abbildungsmaßstab und den Ausschnitt entscheidet, die Perspektive verändert sich dabei nicht.

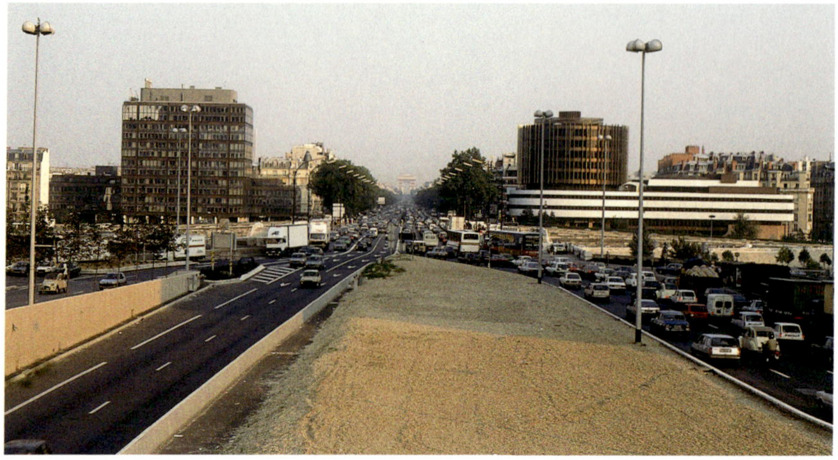

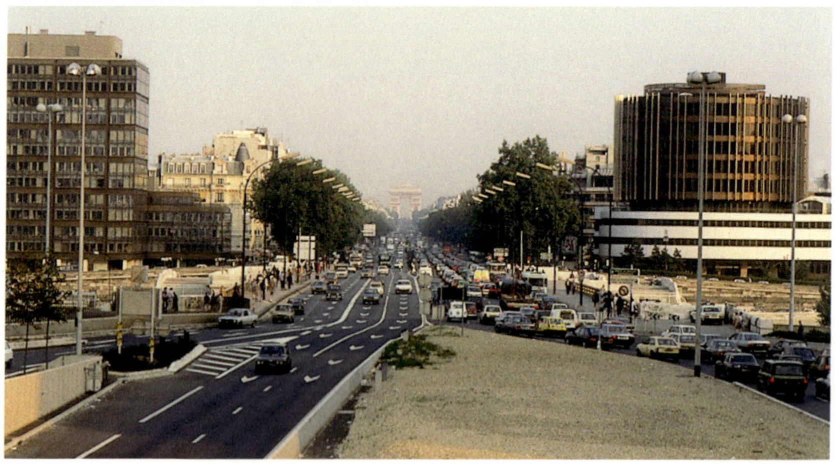

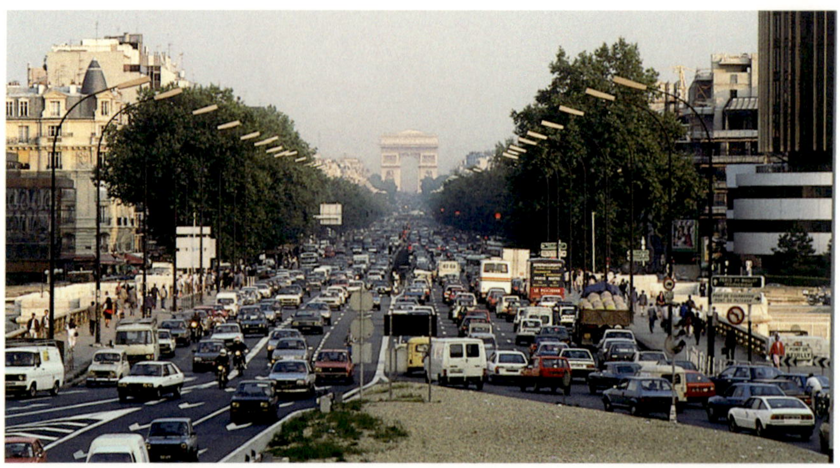

Wenn keine Entzerrung benutzt wird, bildet das optische System der Kamera mit allen perspektivischen Verzeichnungen ab, auch den vertikalen! → [148]

Die lichtempfindliche Schicht des Filmes ist dem Objektiv zugewandt. Der Apparat ist auf Einzelbilder konzipiert und um eine neue Aufnahme zu machen, muss der Film transportiert werden. Mit der Aufnahme wird eine optische Anordnung fixiert, die in ein zweidimensionales, simultanes Bild übertragen wird. Dabei kann es sich zum Beispiel um eine Verkleinerung, eine Vergrößerung oder ein Detail des Aufgenommenen handeln. → [149]

Der Bildausschnitt ist begrenzt. In der Bildaufzeichnung findet im optischen System in der Regel keine Kontrastverstärkung oder Konturierung statt. Bei der entsprechenden Filmwahl werden Zwischentöne aufgezeichnet. Ob die vorhandene Lichtmenge überhaupt für eine Aufnahme ausreicht, hängt auch von der Wahl der Lichtempfindlichkeit des Filmes ab. Sie hat ebenfalls entscheidenden Einfluss auf Auflösungsvermögen und Kontrastumfang. Bei Farbaufnahmen muss zusätzlich entschieden werden, ob es sich um Tages- oder Kunstlicht handelt, da die entsprechenden Filme für die unterschiedlichen Farbtemperaturen sensibilisiert sind.

Wenn man die Konstruktion einer Kamera betrachtet, so ist es augenfällig, dass dieser Apparat bedient werden muss, um zu funktionieren. Wenn wir von der Konstruktion der Amateurkamera – die heute weitgehend auf Automatisierung konzipiert ist – absehen, so erfordert die Komplexität der Möglichkeiten eine kenntnisreiche Entscheidung über die Auswahl der Funktionen, ganz zu schweigen von der Konzeption und Transformation einer Photographie.

ABBILDUNG 148
Wenn keine Entzerrung benutzt wird, bildet das optische System der Kamera mit allen perspektivischen Verzeichnungen ab.

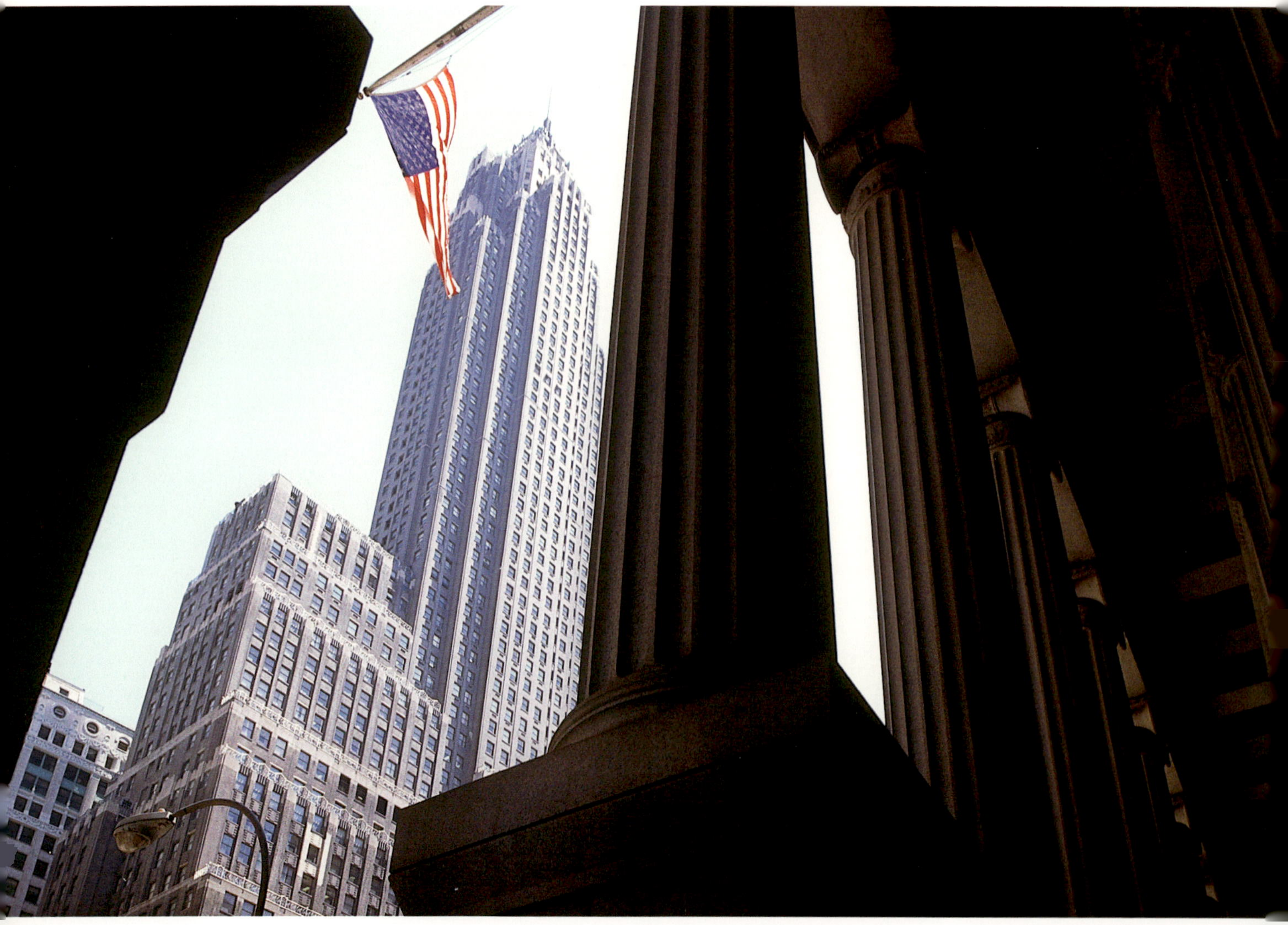

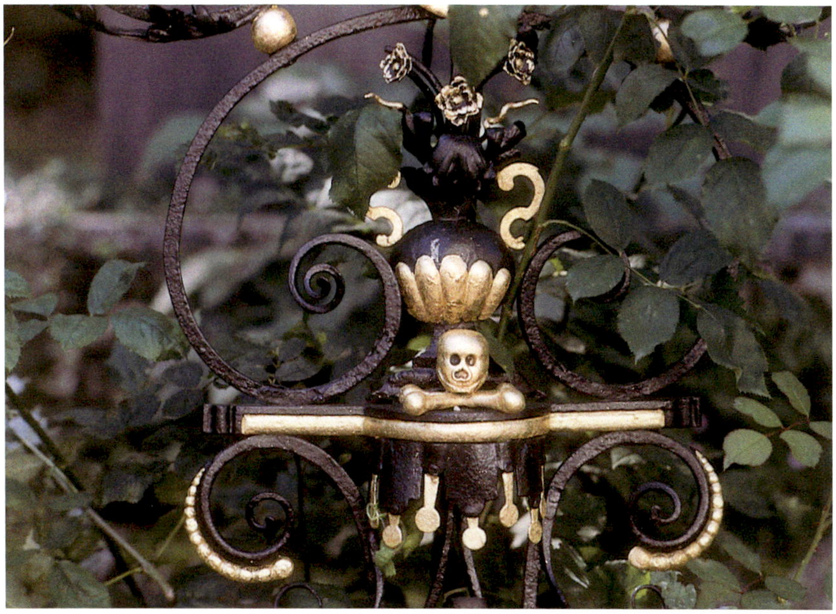

ABBILDUNG 149
Es kann zum Beispiel ein Detail herausgenommen werden. Die Größe des Bildgegenstandes wird durch den Kameraabstand und die entsprechenden Brennweiten der Objektive bestimmt.

Selbst die Photoindustrie weiß um die Bildmittel des Photographen und bietet eine große Auswahl an Kameras an, die eine freie Wahl der Funktionen ermöglichen. Für den Photographen, der sich der Kamera bedient, ist es also sehr wichtig, ihre Arbeitsweise nicht mit seiner Wahrnehmung zu verwechseln, um der Transformation eines Bildes gerecht zu werden. Und so betont James J. Gibson:

»Kein Maler oder Fotograf braucht sich besonders zu bemühen, dem Betrachter das Gefühl zu geben, als sähe er einen Ort, ein Objekt, eine Person oder ein Ereignis in Wirklichkeit. Das lohnt sich nicht. Der Versuch wird auf jeden Fall zum Scheitern verurteilt sein.« [GIBSON, 1982]

Das bedeutet für den Photographen und den Rezipienten eine Herausforderung, sich auf die bildlichen Qualitäten einer Darstellung zu konzentrieren und die Unterschiede zu sehen, die er aus der umgebenden Umwelt extrahiert und die er in ein Bild transformiert. → [150]

UMGEBENDE UMWELT

AUGE	KAMERA
Aktive motorische Zuwendung	Passiver Empfang von optischen Daten
Zweiäugig	Einäugig, fester Standort
Dreidimensionales Sehen	Zweidimensionales Bild
Räumliche Staffelung	Ornamentale Flächenwirkung
Automatische Adaption an Lichtstärke und Farbtemperatur	Mechanische Adaption durch Blende und entsprechende Filmwahl
Kontinuierliche Veränderung	Statik
Konstanzphänomene u. Adaption Erkennen von Invarianzen	Perspektive und Verzeichnung
Fokussierung durch Akkomodation	Fokussierung durch Veränderung der Bildweite
Feststehende Linse	Positionsveränderung der Linse
Geöffnetes Auge	Momentverschluss
Sakkaden, sukzessiv	Fixiertes Bild, simultan
Kugelförmig gewölbte Retina	Flaches Negativbild
Konzentrierte Schärfe in der Fovea centralis	Gleichmäßige Bildebenenschärfe
Lichtempfindliche Rezeptoren auf der Retina hinter den Zellschichten	Filmschicht dem Objektiv zugewandt
Kontrastverstärkung	Zwischentöne
Weiterleitung der optischen Reize zum Gehirn	Entwicklung des Filmbildes
Kontinuierliche Übergänge	Filmtransport
Kontinuierliches Bewegungssehen	Fixierte, optische Anordnung
Multivision	Einzelbild
Unendlicher Sehraum	Ausschnitt, Bildbegrenzung
Eindruck eines Gesamtbildes	Detailaufnahme, Vergrößerung, Verkleinerung
Information aus dem Umgebungslicht	Punkt-für-Punkt-Aufzeichnung
Wechselnde Lichtsituation	Konstante Lichtsituation

ABBILDUNG 150

8.1.3 Gegenüberstellung von Auge und Kameraaufzeichnung

Wir können aus dieser Gegenüberstellung von Auge und Kameraaufzeichnung ersehen, dass schon in den Bedingungen der beiden Prozesse wesentliche Unterschiede festzustellen sind. So sehr sich ein Photograph auch bemüht, er wird Gesehenes nicht authentisch im Bild festhalten können, weil er an die Kamerabedingungen gebunden ist und allenfalls ein Bild mit den partiell verzerrenden Eigenschaften des Mediums herstellen kann und ja auch will!

Die Kamera hält ein Bild fest. Im Gegensatz zur Wahrnehmung extrahiert sie einen Moment aus dem zeitlichen Fluss und komprimiert ihn gleichzeitig zu einem simultanen Bild. Sie zeichnet mit Objektiven, die etwa der normalen Brennweite entsprechen, ohne Konstanzphänomene auf. Ihre verstellbare Linse fokussiert eine Bildebene, die durch Bildweite und Objektivwahl fast zu einer fixierten Sakkade reduziert werden kann. Mit der Blende kann aber auch ein gleichmäßig scharfes Bild erzeugt werden. Die Kamera zeichnet Einzelbilder auf, die auf einen Ausschnitt reduziert werden und die ihr Bildpotential aus diesem Ausschnitt entwickeln.

Wir müssen den Vergleich von Auge und Kamera also hinterfragen, um die prinzipiellen Unterschiede zu betonen. Das menschliche Auge ist Bestandteil eines Zusammenwirkens von visueller Wahrnehmung und kognitiven Prozessen. Die Kamera ist ein Apparat, der unter bestimmten vorbereiteten Konditionen Bilder aufzeichnen kann. Sie ist kein selbsttätiger Roboter, sie arbeitet ohne Frage in gewisser Weise mechanisch und sie ist auf die Beziehung Mensch – Maschine angewiesen. Dass diese Beziehung aber auf beiden Seiten mechanisch funktionieren soll, ist eine ziemlich absurde Vorstellung.

8.2 Mittel der Photographie

8.2.1 Transformation

Hier sollen in erster Linie die formalen Kriterien der Photographie beschrieben werden. Schon Arnheim hat betont:

»... daß sowohl in der Kunst wie auch ganz allgemein in Darstellungen die Form eine unerläßliche Voraussetzung für die wahrnehmungsmäßige Charakterisierung des Inhaltes ist.« [ARNHEIM, 1980]

In der Regel wird für die Gestaltung der Bildmedien der Begriff der Komposition verwendet. In der Photographie ist stattdessen der Begriff der Transformation sehr viel sinnvoller. Die Position der Kamera entscheidet, in welcher Weise die optischen Anordnungen in das Bild transformiert werden. Wenn der Ausschnitt nur geringfügig geändert wird, verschieben sich alle Bildelemente, das heißt, jeder Punkt im Bild verlagert sich! → [151 ⊖ 152]

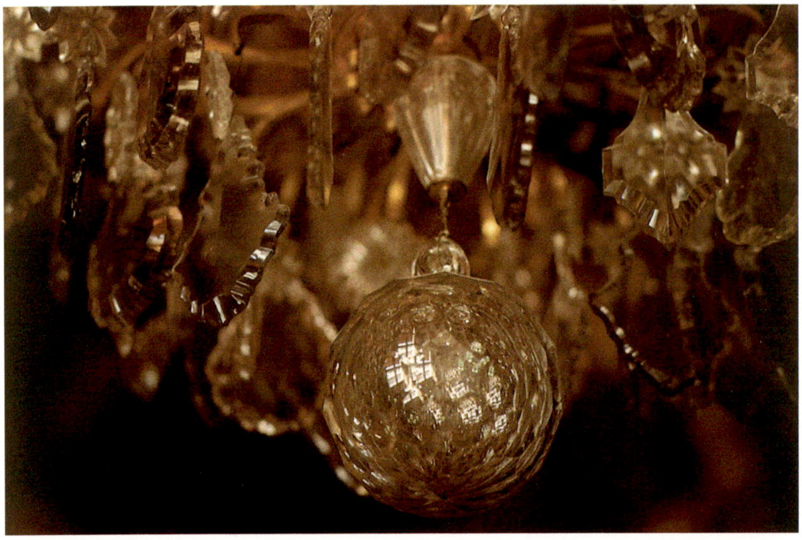

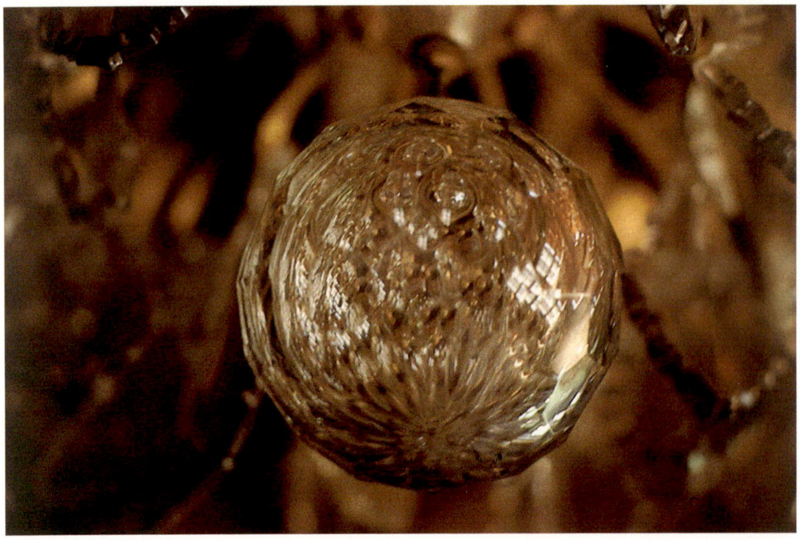

ABBILDUNGEN 151 & 152
Wenn der Ausschnitt nur geringfügig geändert wird, verschieben sich alle Bildelemente, jeder Punkt im Bild verlagert sich.

Dieser Kernsatz der photographischen Transformation ist von außerordentlicher Wichtigkeit. Dabei verändert sich nicht nur die Relation der Formen, sondern auch die der Beleuchtung, der Größe, der Verzeichnung und Schichtungen. In jedem photographischen Bild bleibt also ein Teil von Kontingenz erhalten, die in eine Spannung zur bewussten Transformation treten kann: Jede Punktverlagerung bedeutet eine neue Ansicht, Beleuchtung, Kontrastflächen, Überlagerungen und Anordnungen von Flächen und eine neue Gewichtung der innerbildlichen Elemente. Darauf muss sich der Photograph zu jeder Sekunde seiner Auswahl einstellen, denn auf welches Motiv er seine Kamera auch immer richtet, die Aussage seines Bildes wird auch von dem Stellenwert abhängen, das er seinem Motiv auf der Fläche einräumt.

»Eine Fotografie ist dem menschlichen Auge immer nur teilweise faßlich. Ja, die Einzigartigkeit und der kulturelle Wert der Fotografie (...) liegt gerade in der Begegnung von natürlichem Zufall und dem menschlichen Formsinn.«
[ARNHEIM, 1980]

8.2.2 Bildgrenze

Ausgangspunkt für die Gestaltung der Photographie ist der Ausschnitt mit seiner Begrenzung, also analog zur Malerei, die Bildgrenze. Aber anders als in der Malerei werden die innerbildlichen Elemente nicht zu einem Gesamtbild komponiert, sondern aus dem Gesamtbild werden die innerbildlichen Elemente bestimmt. → [153]

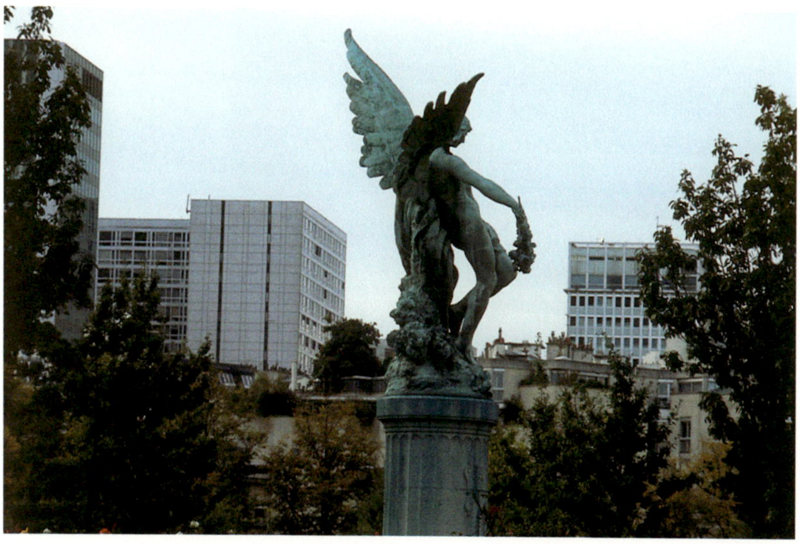

ABBILDUNG 153
Ausgangspunkt für die Gestaltung der Photographie ist der Ausschnitt mit seiner Begrenzung. Im Gegensatz zur Malerei werden die innerbildlichen Elemente nicht zu einem Gesamtbild komponiert, sondern aus dem Gesamtbild werden die innerbildlichen Elemente bestimmt.

Einzelne Elemente können nur isoliert verändert werden, wenn ein Bildaufbau vorliegt. Doch auch bei einer so genannten inszenierten Photographie wird letztlich der Standpunkt über das Bild entscheiden. Es ist offensichtlich, dass aus diesen formalen Veränderungen ganz neue inhaltliche Aussagen folgen können.

Die photographische Bildgrenze hat zwei unterschiedliche Funktionen:

[1] Die Rahmenfunktion, zu der eine innerbildliche Anordnung von Elementen in Beziehung gesetzt wird. In diesem Fall werden Elemente für eine Photographie arrangiert, um eine spezielle Transformation zu erreichen. Die Relation der Elemente zu den Bildgrenzen wird jedoch letztlich von dem Kamerastandpunkt bestimmt. Die so genannte »Inszenierende Photographie« bedient sich dieser Methode, aber auch Werbe- und Sachaufnahmen sowie Portraits und Gruppenbilder fallen unter diese Kategorie.

[2] Die Ausschnittfunktion, die aus einem visuellen Angebot eine Auswahl trifft, ausschneidet und damit die Organisation der innerbildlichen Elemente bestimmt. Hier übernimmt der Kamerastandpunkt die entscheidende Rolle, denn er entscheidet über Position, Relation und Gewichtung der innerbildlichen Elemente. → [154 & 155]

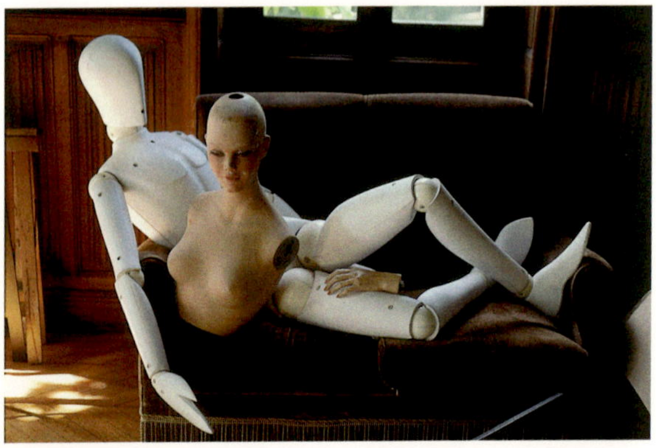

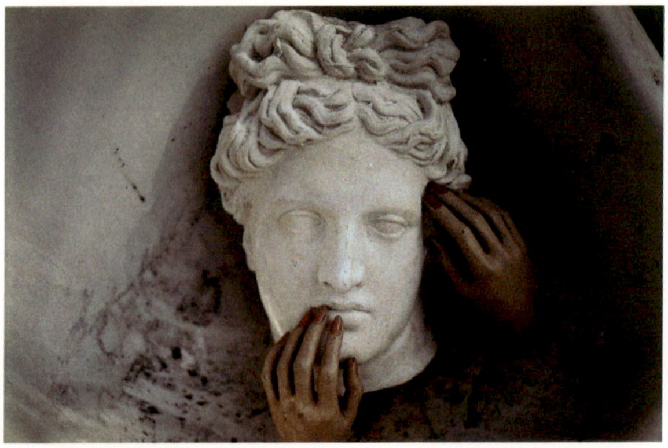

ABBILDUNGEN 154 & 155
Auch bei einer inszenierenden Photographie wird letztlich der Standpunkt über das Bild entscheiden und nicht die Verschiebung einzelner Elemente. Es findet also eine echte Transformation statt, dieser Begriff scheint für die Photographie angemessener.

8.2.3 Bildformat

Wir haben es in der Photographie mit zwei Ausgangsformaten zu tun, dem Quadrat und dem Rechteck. Das Rechteck wird als Hoch- oder Querformat benutzt. Die Formate werden durch die Konstruktion des Bildformates der Kamera bestimmt und können im Negativ-Positivprozess verändert werden. Während das Quadrat durch seine gleiche Seitenlänge ein ausgewogenes Verhältnis darstellt, enthalten Hoch- und Querformat durch ihre Längsseiten eine gewisse Richtungstendenz. Innerbildliche Elemente können, wenn sie als Schwerpunktakzente ausgewählt werden, diese Formate betonen oder zu ihnen ein Spannungsverhältnis aufbauen. → [156, 157&158]

ABBILDUNG 156
Das Quadrat hat durch seine gleiche Seitenlänge ein ausgewogenes Verhältnis.

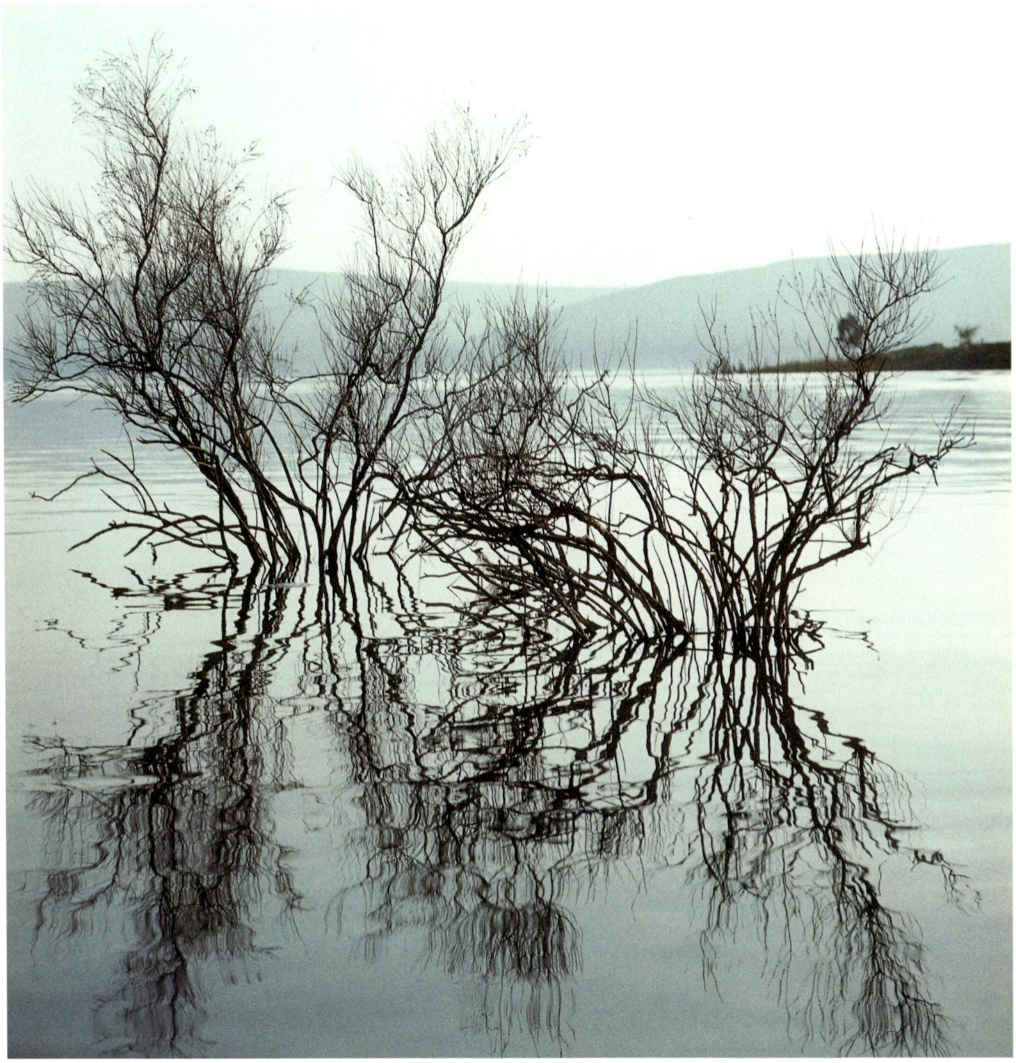

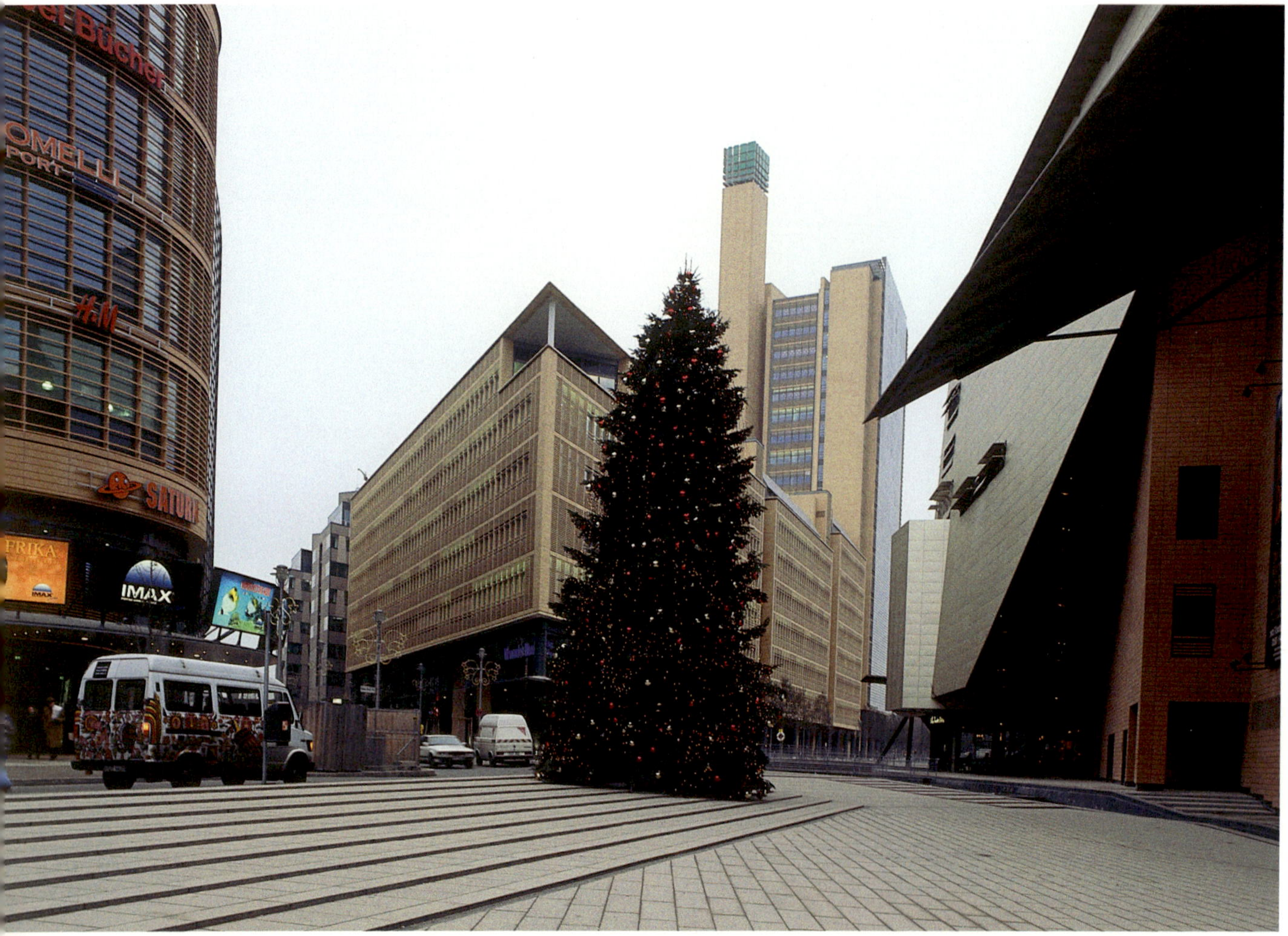

ABBILDUNG 157 & 158
Das Rechteck gibt mit Quer- und Hochformat eine gewisse Richtungstendenz an.

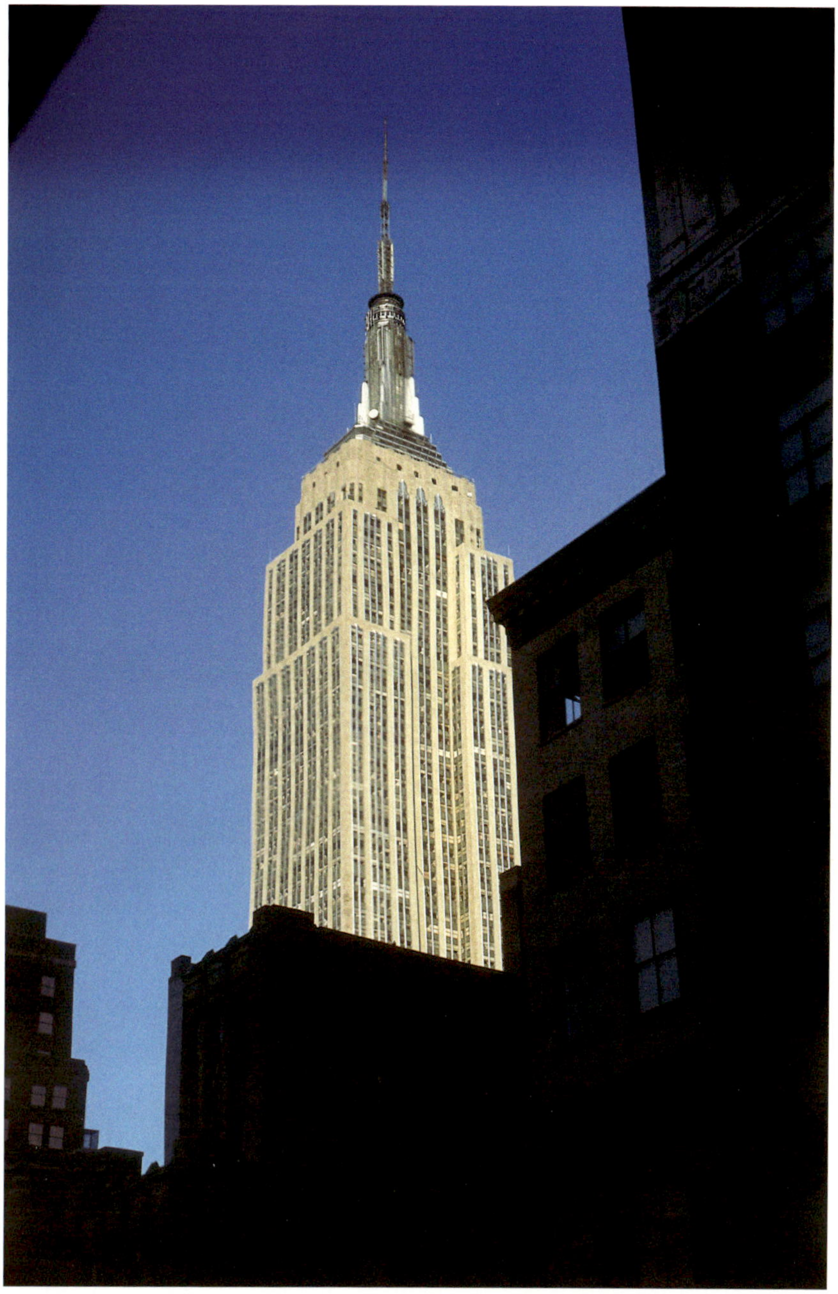

ABBILDUNG 158

8.2.4 Fläche

Die photographische Fläche ist eine Projektionsebene, auf der die optischen Daten aufgezeichnet werden. Hier wird nun ein deutlicher Unterschied zur Malerei sichtbar, in der die Farbe, aus Farbpigmenten und Lösungsmitteln bestehend, additiv gemischt in ihrer konkreten Materialität auf die Fläche gebracht wird, wo sie bis zu reliefartigen Strukturen geschichtet werden kann, deren Pinselduktus noch erkennbar ist. Auf der photographischen Fläche, deren Oberfläche glatt ist, werden partielle Lichterscheinungen oder bei Farbaufnahmen subtraktiv gefilterte Farberscheinungen sichtbar, die die charakteristische Eigenschaft der Unfassbarkeit aufweisen. Auf dieser Fläche können sich durch Schrägen und Perspektiven räumliche Eindrücke entfalten. Die Fläche kann aber auch durch Anschnitte, die in der vordersten Ebene mit der Bildebene identisch sind, als Fläche stabilisiert und thematisiert werden. → [159]

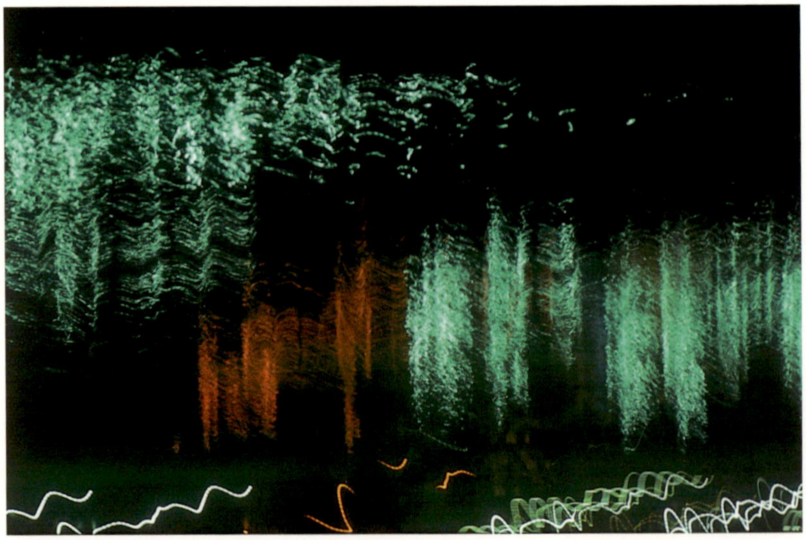

ABBILDUNG 159
Hier haben wir beides, leichte Andeutungen von Schrägen und einen Flächen betonenden Verlauf.

8.2.5 Innerbildliche Elemente

Wir haben bisher immer von innerbildlichen Elementen gesprochen und sie bewusst nicht Punkt oder Linie genannt. In der Photographie, im Gegensatz zur Zeichnung oder Malerei, gibt es keine Linien oder Punkte als Darstellungsmittel. Die Kontur der Formen bildet sich aus Flächenkontrasten, die sich aus unterschiedlichen Reflexionen und Modulationen des Lichtes konstituieren. Sie werden bei der Aufzeichnung nicht wie bei der menschlichen Wahrnehmung verstärkt, sondern mit Zwischentönen registriert. Wenn Formen in der Auswahl reduziert werden, können sie linienähnlichen Charakter annehmen und zu selbstständigen Elementen werden und als reduzierte Formen innerhalb der Transformation gewichtet werden. → [160]

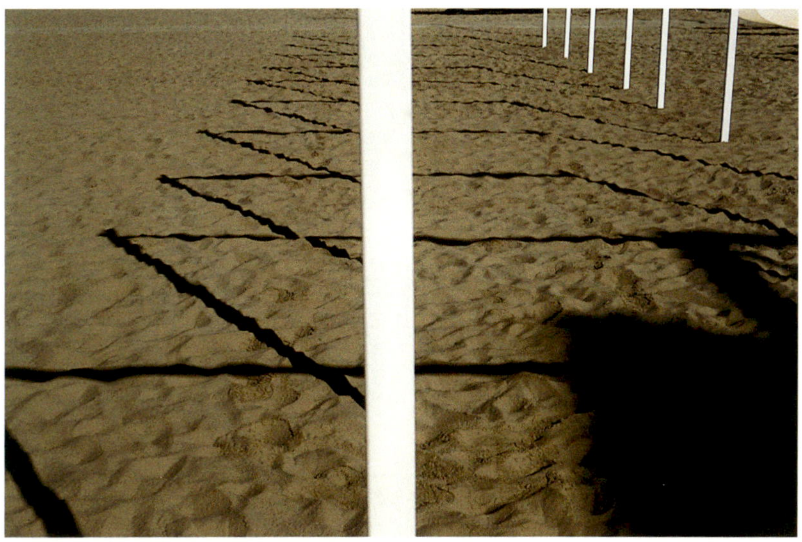

ABBILDUNG 160
Reduzierte Formen mit linienähnlichem Charakter können innerhalb der Transformation gewichtet werden.

8.2.6 Licht

Da das Licht ja die physikalische Voraussetzung für jede Sichtbarkeit und jede Photographie ist, hätte ihm vielleicht der erste Platz eingeräumt werden müssen. Es erzeugt die Hell-Dunkelkontraste, die Intensitätsabstufungen der Farbe und damit natürlich die Schwerpunktbestimmung. In der oben genannten Rahmenfunktion wird weitgehend die Beleuchtung des Kunstlichtes *(Lampen und Blitzlicht)* verwendet, während für die Ausschnittfunktion das natürliche Umgebungslicht *(z. B. Sonne)* eine Rolle spielt. Das Licht kann für die Modulation, die Akzentuierung oder aber für die Flächigkeit und Negierung der Entitäten vor der Kamera verwendet werden. Das Umgebungslicht, zum Beispiel Sonne oder bedeckter Himmel, Gegenlicht, Oberlicht, Seitenlicht oder Rückenlicht, kann zu unterschiedlichen Tageszeiten ganz verschiedene Form- und Farbwirkungen erzeugen und inhaltliche Akzente setzen.

»Das Licht alleine hat keine gestaltende Bedeutung. Erforderlich ist die Fähigkeit des Fotografen, mit ihm zu arbeiten und es einzusetzen.«
[WALTHER, 1981] → [161, 162 & 163]

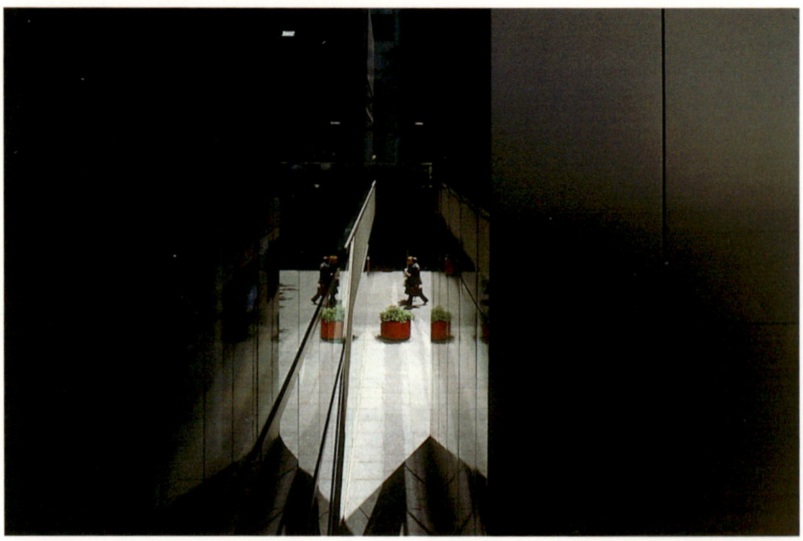

ABBILDUNG 161
Licht kann ganz verschiedene Form- und Farbwirkungen erzeugen und inhaltliche Akzente setzen.

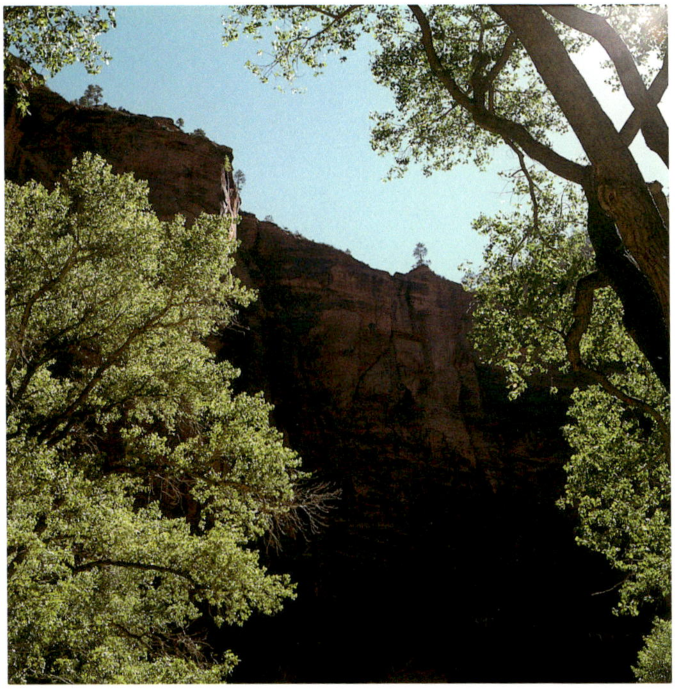

ABBILDUNG 162
Licht erzeugt Hell-Dunkelkontraste und die Intensitätsabstufungen der Farbe.

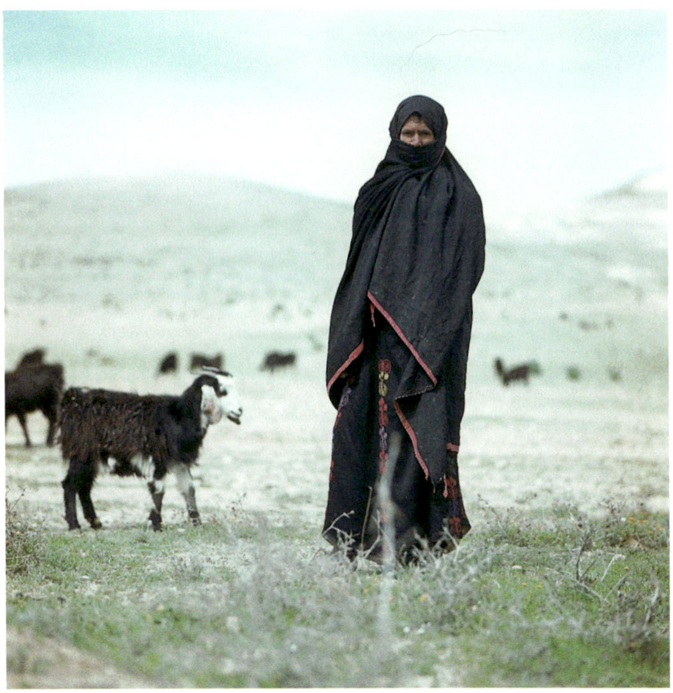

ABBILDUNG 163
Als Umgebungslicht bei bedecktem Himmel hat Licht eine neutrale Funktion.

8.3 Manipulation und Veränderung

8.3.1 Veränderung

Die Entwicklung der Photographie geht neue Wege. Seit einigen Jahren gibt es eine lebhafte Diskussion um analog und digital und es zeichnet sich ab, dass die digitalen Kameras auf dem Vormarsch sind. Die Druckvorstufen sind schon weitgehend darauf eingestellt und die Arbeit mit digitalen Kameras, die unmittelbar an die Computer anzuschließen sind, haben ihre Vorteile. Es ist auch nicht zu übersehen, dass neue Probleme auftauchen, die teilweise so neu nicht sind, die wir aber erneut reflektieren müssen. Das Urheberrecht und auch die veränderte Bildgestaltung stehen da im Mittelpunkt, wobei wir uns hier hauptsächlich mit dem zweiten Punkt beschäftigen werden.

Die gegenwärtige Diskussion beschäftigt sich natürlich auch mit den hohen Kosten der Kameras und der entsprechenden Qualität, zum Beispiel der Auflösung der Pixel. Aber das ist wirklich nur eine Frage der Zeit, die Ergebnisse verbessern sich mit beachtlicher Geschwindigkeit.

8.3.2 Schnittstelle für Manipulation

Statt des Films ist nun ein CCD-Chip der Datenträger, der das optische Bild in einzelne Pixel oder auch Bildpunkte zerlegt. Das Objektiv nimmt weiterhin analoge Signale auf, die in digitale Signale verwandelt und in ein Bild transferiert werden. Wenn man will, können diese Daten direkt in einen Computer übertragen werden. Die Wege vom Text oder Bild zum Druck werden kürzer, das heißt direkt vom Computer zur Druckplatte *(computer to plate)* oder zur Druckmaschine *(computer to press)*. Und genau an der Schnittstelle der Übertragung in die Computer scheiden sich die Geister. Der Computer bietet die Möglichkeit der Manipulation, das heißt der Veränderung des Bildes, die man nicht mehr bemerken kann. Entsprechende Programme können mehr als nur retuschieren, wir kennen die Diskussionen um die »Verfälschung« der Bilder. Aber diese Diskussion konnte nur entstehen, weil die Authentizität, also die Glaubwürdigkeit, der Photographie immer noch an oberster Stelle steht. Diese großen Ansprüche werden nun auch auf die neuen Medien übertragen und als Maßstäbe gehandelt.

Wir haben bereits versucht, diese Sicherheit in Bezug auf die authentische Abbildung in Frage zu stellen. Es ist bekannt, dass die Manipulation schon seit der Erfindung der Photographie an der Tagesordnung war und auch mit großem Talent betrieben worden ist. Wen hat es eigentlich bisher gestört, wenn Titelstars mit ewiger Jugendlichkeit ausgestattet wurden, oder die Retusche in der Druckvorstufe von Werbeaufnahmen meisterlich betrieben wurde?

Wir haben in einer Übersicht gezeigt, dass visuelle Wahrnehmung und analoge Photographie unterschiedlich arbeiten. Wenn man sich noch einmal vergegenwärtigt, dass wir in unseren Köpfen keine von den Augen projizierten Bilder haben, sondern Neuronen, die auf entsprechende Reize reagieren, in bestimmten Konstellationen feuern und unser Weltbild, oder besser unser Bild von der Welt, evozieren, dann müssen wir uns doch immer wieder wundern, dass wir überhaupt sehen!

Im Gegensatz zu unserer Wahrnehmung werden photographische Bilder fixiert, das heißt, der Apparat zeichnet Korn für Korn *(analog)* das auf, worauf seine Linse gerichtet wird. Das haben wir ja schon verschiedentlich betont und das macht ja auch den besonderen Reiz der Photographie aus. Bei der Transformation der analogen Daten in digitale auf den Chip können wir den Verarbeitungsprozess nicht mehr materiell verfolgen, es existiert kein Negativ oder Positiv mehr, sondern ein errechnetes Bild auf dem Bildschirm, was, wie schon erwähnt, mit entsprechenden Programmen verändert werden kann.

8.3.3 Neue Gestaltungskriterien

Wenn die Bilder ihren Weg in die Computer finden, wird nicht nur ihre physikalische Substanz verändert, sondern, wie wir schon wissen, kann man einzelne Bildelemente rauswerfen und durch andere ersetzen, es können Farbe und Form verändert und störende Bildschäden ausgebessert werden oder man kann verzerren und montieren etc. Bei all diesen Eingriffen muss man sich bewusst werden, dass die oben beschriebene Transformation nicht mehr greift. Mit der Veränderung einzelner Bildelemente zum Beispiel befinden wir uns im traditionellen Kompositionsbereich und die meisten Resultate lassen leider eine Überlegung dieser Art nicht erkennen. Ich kann mich mit der »Verbesserung« oder Veränderung vorhandener analoger Bilder befassen oder neue Sinnzusammenhänge durch Montagen schaffen. Es gibt in der gegenwärtigen Photographie viele Beispiele dafür. Wenn ich ein Bildelement aus einem Zusammenhang entferne, verliert dieser sein ursprüngliches Gefüge. Wenn nun etwas hinzugefügt wird, kann das nicht willkürlich geschehen, sondern muss im Hinblick auf das Gesamtbild komponiert werden. Das fordert für die Bildgestaltung neue Kriterien und es lohnt sich in diesem Zusammenhang wieder, das Nachbarmedium der Malerei zu studieren. Ganz besondere Kriterien entstehen bei der Generierung von Bildern, also Bilder, für die es keine Vorlage aus der Realität gibt, sondern die sich aus mathematischen Formeln konstituieren. Autos sind da besonders beliebte Motive, weil die elektronischen Daten bis in die Einzelheiten aus der Produktion vorhanden sind und man nur noch den geeigneten Kontext herstellen muss.

Aber auch andere Motive, wie zum Beispiel Bühnenbilder oder Architekturentwürfe, sind machbar, wenn man alle Merkmale der Objekte im Kontext berücksichtigt. Die Gestaltung hat die gleichen Voraussetzungen wie die Komposition. Sie gehen wie Malerei von der leeren Fläche aus, in die einzelne Elemente zu einem bildlichen Kontext zusammengefügt werden. → [164 & 165]

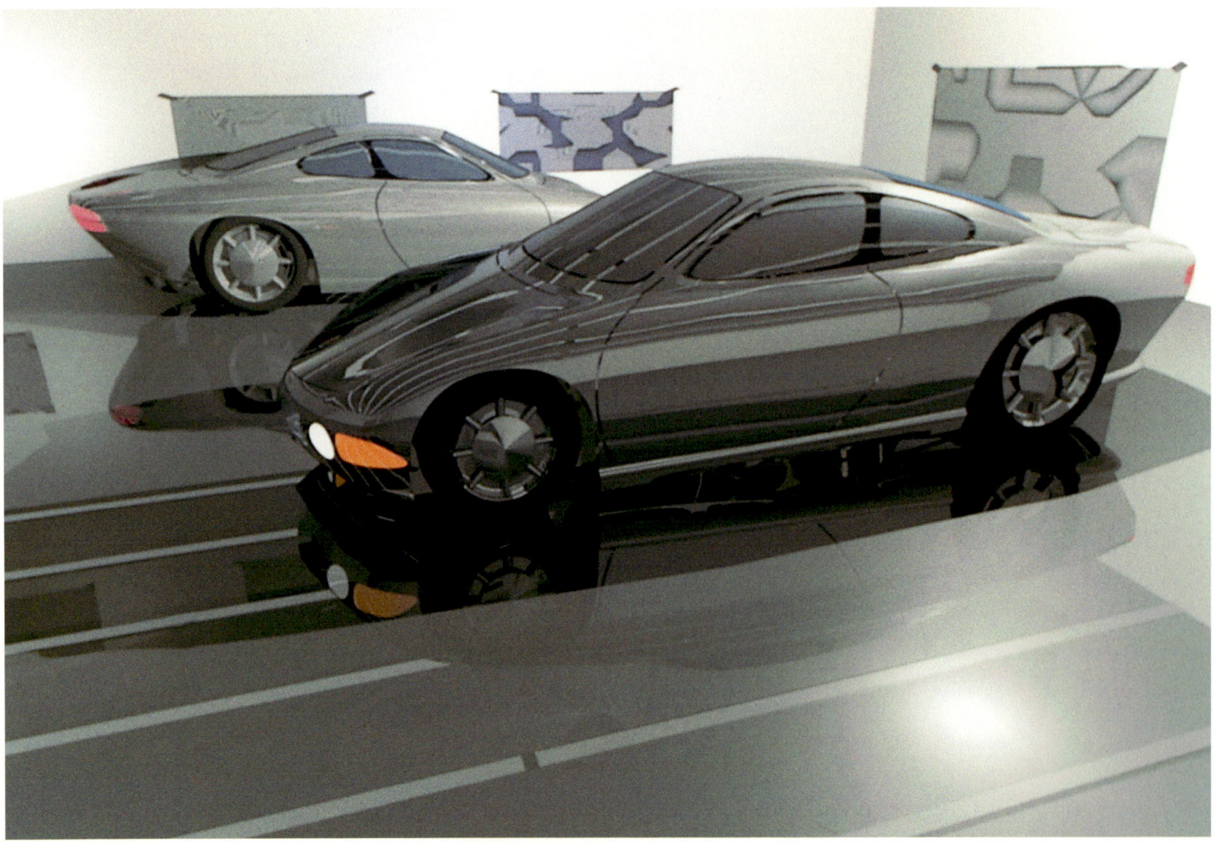

ABBILDUNG 164
Generiertes Bild von zwei Autos. *Mit freundlicher Genehmigung von »mental images« Berlin, 1992.*

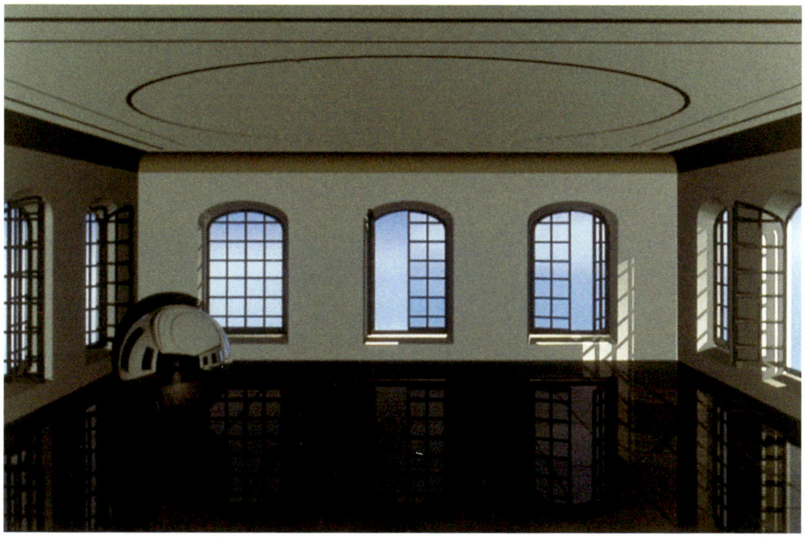

ABBILDUNG 165
Auch die Generierung von einem Bühnenbild ist möglich mit Licht, Schatten und Spiegelungen. *Mit freundlicher Genehmigung von »mental images« Berlin, 1992.*

8.3.4 Photographie und digitale Bilder

Es wird eine Debatte geführt, wie weit die Photographie gehen darf oder wie weit sie überhaupt noch als Photographie bezeichnet werden kann. Zunächst ist das natürlich eine Begriffsdefinition. Ist das noch »Schreiben mit Licht«? War es das noch, als die Deutschen sich entschlossen, das »Ph« gegen ein »F« einzutauschen? Ist das Licht aus dem digitalen Bilderprozess verschwunden und wie verhält es sich mit dem »Schreiben«? Sind die digitalen oder generierten Bilder noch Photographien und dürfen sie noch so heißen? Verliert das Medium Photographie durch Manipulationen, die in der digitalen Bearbeitung nicht mehr zu erkennen sind oder bewusst eingesetzt werden, seinen Ruf als authentisches Bildmittel? Die Entwicklung fordert dazu heraus, ein berühmtes Zitat abzuwandeln: Photographie oder nicht Photographie, das ist hier die Frage! Wie Hamlet werden auch wir keine endgültige oder eindeutige Antwort finden, aber wir werden diese Frage nicht einfach ignorieren können, weil sie die Gemüter bewegt und Dunkelkammer kontra Computer steht.

→ [166] ★

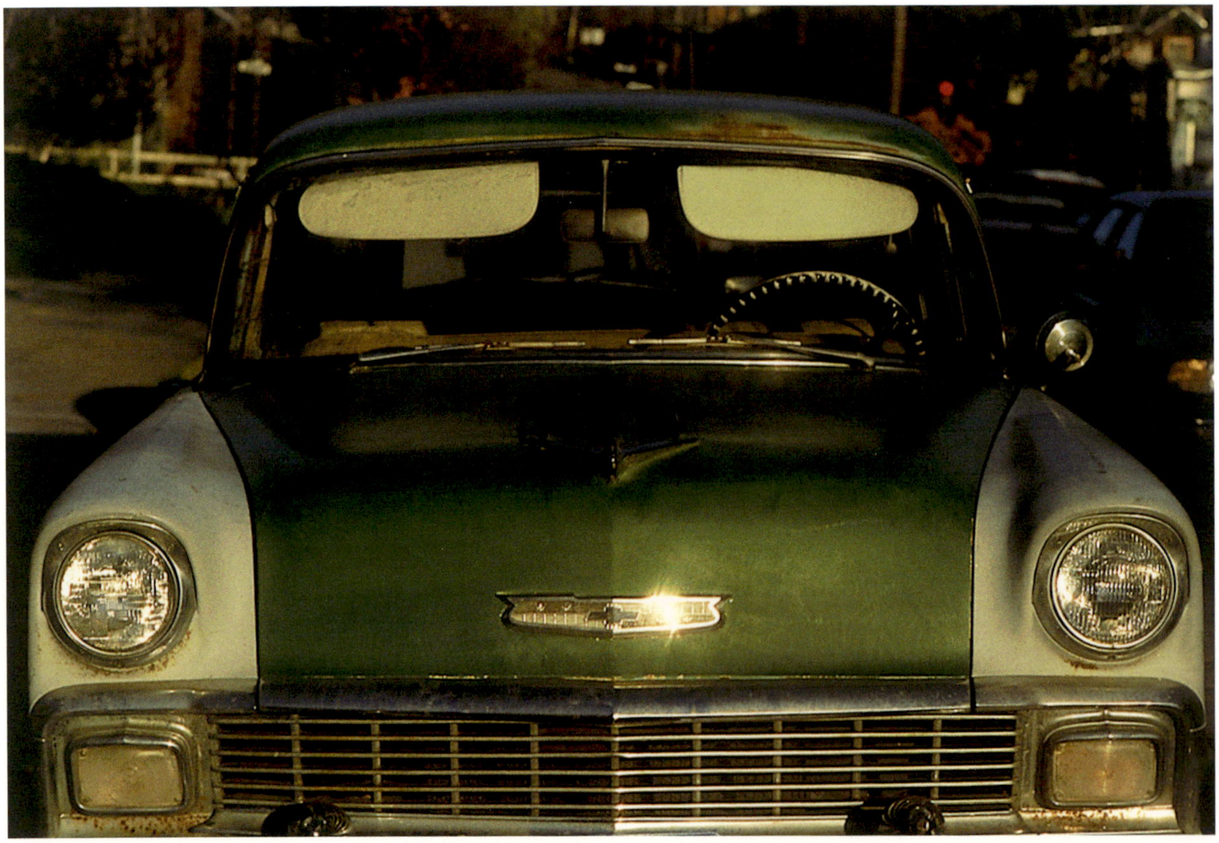

ABBILDUNG 166
Analog oder digital, was ist hier die Frage?

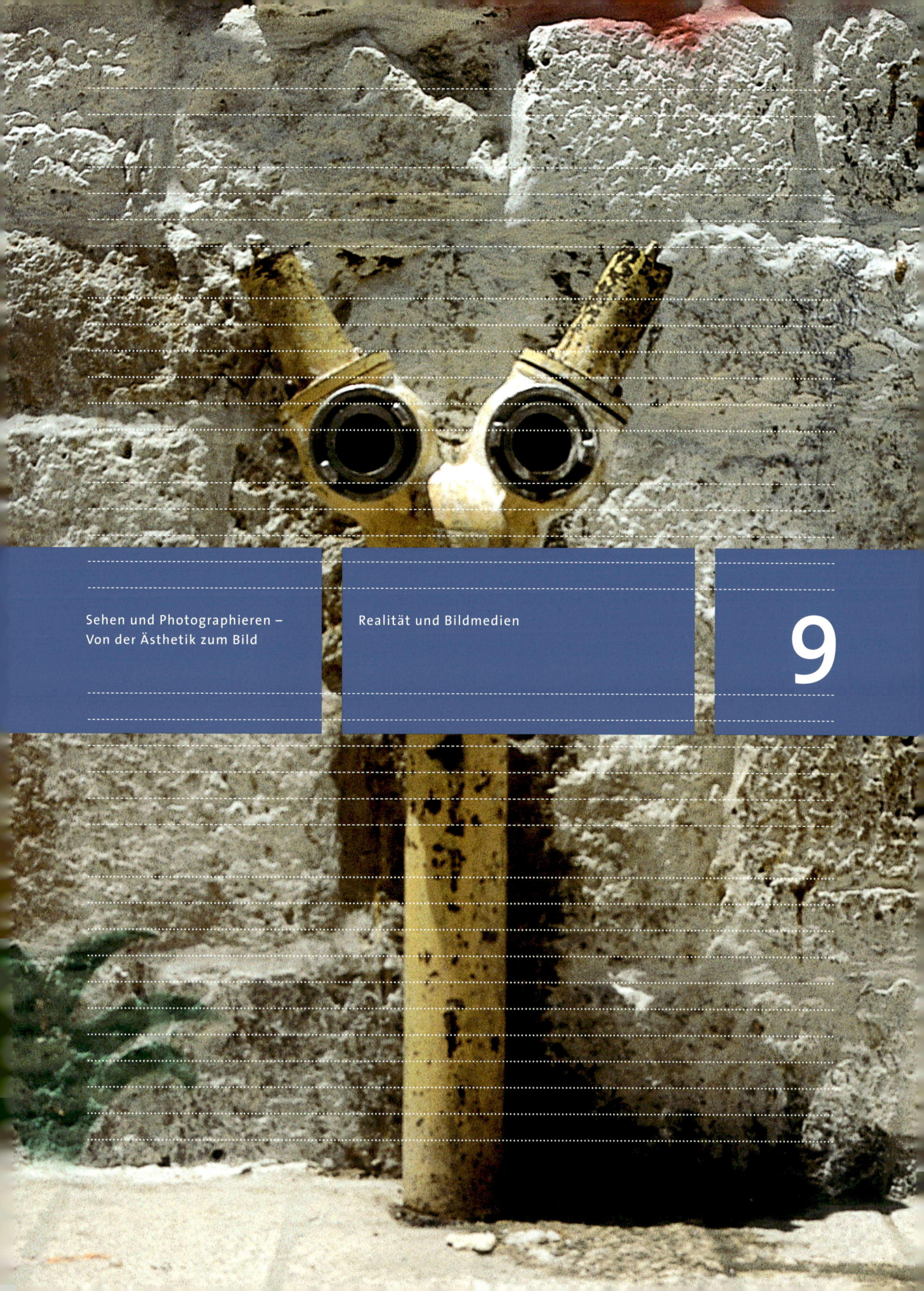

9 Realität und Bildmedien

9.1 Realität – Photographie – Wirklichkeit

9.1.1 Realität

Die Forschungsergebnisse der neuronalen Wissenschaften setzen neue Maßstäbe für das Denken und die Erkenntnis. Frühere Aussagen, die sich mit dem Sehen, dem Erkennen und unseren intellektuellen Fähigkeiten beschäftigt haben, stellen sich heute als Spekulation heraus. Andere Hypothesen bestätigen sich.

Bei der Beschäftigung mit apparativen Bildern stellen sich fast automatisch die Fragen nach Realität und Wirklichkeit und nach dem Verhältnis von Photographie zu diesen Begriffen. Der Begriff Realität kommt vom lateinischen realitas und bedeutet die Dinglichkeit. Man könnte es auch als das Vorhandensein der Außenwelt bezeichnen. Und damit sind wir mitten in der philosophischen Diskussion. Wir wollen sie allerdings nur so weit heranziehen, als sie uns zum Verständnis dienlich sein kann. Sieht man von den Objekten als Erscheinung in Beziehung zum Subjekt ab, also unabhängig von unserer Erkenntnis, so hat man das berühmte »Ding an sich«, wie Kant es bezeichnet hat, oder das Sein der Dinge. In diesem Zusammenhang liegt der Begriff der Objektivität nicht mehr fern, der den Sachverhalt oder das Wesen der Dinge erklärt und nach Möglichkeit das Subjekt ausschließt.

Im 19. und 20. Jahrhundert hat sich der Begriff der Realität gewandelt, man versteht jetzt darunter die Wirklichkeit der Gegenstände außerhalb unseres Bewusstseins. Die »objektive Realität« wird dann auch hauptsächlich für die Naturwissenschaften reserviert, obwohl sie auch hier nicht eindeutig ist.

9.1.2 Wirklichkeit

Der Begriff der Wirklichkeit wird dagegen von wirken abgeleitet und man sieht hier sofort den Unterschied, denn wirken kann ja etwas nur in Bezug auf etwas hin, und Kant betont in diesem Zusammenhang: »Was mit den materialen Bedingungen der Erfahrung *(der Empfindung)* zusammenhängt, ist wirklich.« Und dazu gehört Wahrnehmung, die sich auf Erfahrung gründet. Das wahrnehmende Subjekt kommt ins Spiel, das mit seinen Sinnen und dem Gehirn seine Welt und seine Weltsicht konstruiert. Die Wirklichkeit beschäftigt sich also mit der Erscheinung der Dinge, ihrer Veränderung oder dem Werden, das heißt dem Fluss unseres Lebens. Diese Ansichten sind von Heraklit bis Bergson vertreten worden. Der »Radikale Konstruktivismus« des 20. Jahrhunderts lehnt den Begriff des objektiven Realismus ab und betont, dass das Wissen um objektive Sachverhalte unwesentlich ist, denn das erkennende Subjekt und die Funktion seiner Wahrnehmung wird von der überlebensfördernden Verhaltenssteuerung geprägt. → [167, 168 & 169]

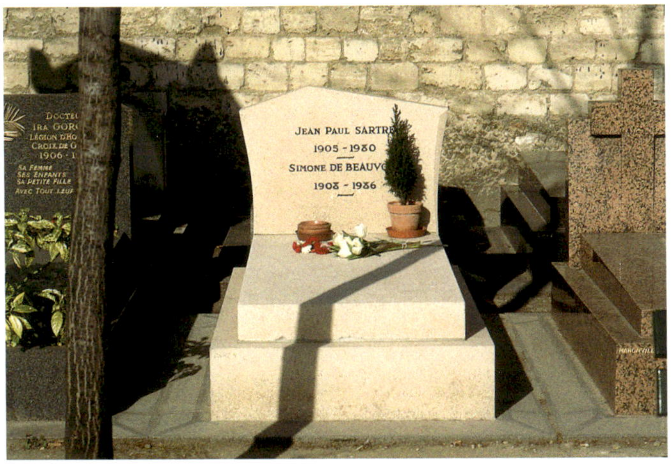

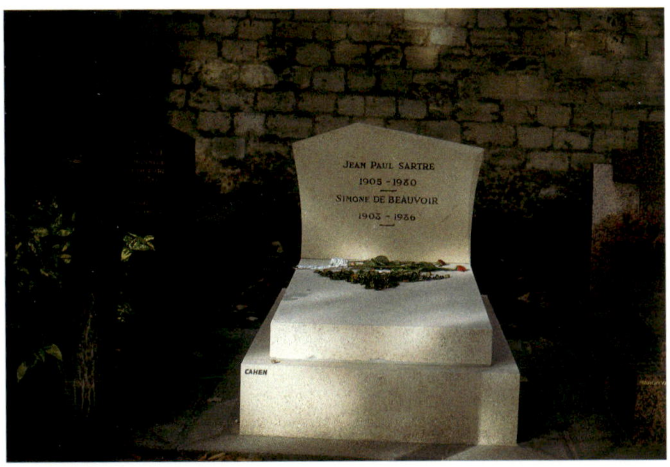

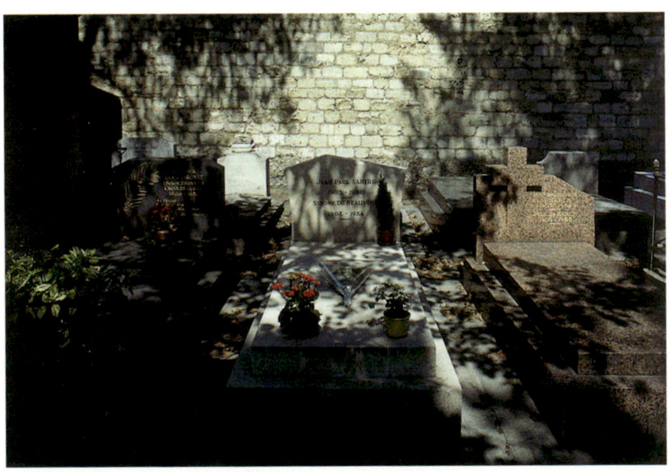

ABBILDUNGEN 167, 168 & 169
Dasselbe Objekt führt zu unterschiedlichen Bildresultaten. Sein und Erscheinung stehen zur Disposition. Realität oder Wirklichkeit?

9.1.3 Photographie zwischen Realität und Wirklichkeit

Die Diskussion um Photographie, Realität und Wirklichkeit stützt sich auf immer wiederkehrende Argumente. Was vor der Kamera existiert hat, wird hinter dem Objektiv aufgezeichnet. Der mechanische Apparat verbürgt die Garantie für die Objektivität und Dokumentation. Wenn man diese einfache Begründung akzeptiert, dann könnte der Apparat die objektive Realität aufzeichnen, und die Photographie wird als Kopie und Abdruck verstanden.

Eine andere Beschreibung spricht von der Photographie als Bildmedium, das nicht von einem selbsttätigen Apparat dirigiert wird, sondern erst von der Hand und dem Konzept des Photographen bestimmt wird, der sich diesen Apparat in einer bestimmten Weise gefügig macht. Die Bildproduktion mit Photographie steht dabei im Vordergrund, wobei die Mittel des Apparates und des Prozesses variierbar sind. In diesem Fall würde die Photographie sich mit der Wirklichkeit beschäftigen und der Unterschied zur visuellen Wahrnehmung müsste in diesen Prozess einfließen.

Wenn diese Frage vorher nicht geklärt wird, wird man immer aneinander vorbeireden und über die Photographie ganz allgemeine Aussagen machen.
Es ist in dieser Hinsicht viel Verwirrung entstanden, weil man sich nicht bemüht hat, die Prämissen zu benennen, über die der theoretische Diskurs stattfinden kann.

9.1.4 Gehirn und Wirklichkeit

Der philosophische Diskurs zu den Fragen nach Realität und Wirklichkeit wird heute von den Neuro- und Verhaltensbiologen und Physiologen geführt. Die Untersuchungen der letzten hundert Jahre haben so viel neue Erkenntnisse über unser Gehirn erbracht, dass ganz neue Einsichten die Richtung der Diskussion verändert haben.

Der Neuro- und Verhaltensbiologe Gerhard Roth hat auch die Themen »Realität und Wirklichkeit« ausführlich behandelt. Er unterscheidet zunächst drei Bereiche, aus denen die Welt unserer Empfindungen besteht: die Außenwelt, die Welt unseres Körpers und die Welt unserer geistigen und emotionalen Zustände. Dabei sind die letzten beiden schwieriger zu trennen, weil sie beide in unserem Körper stattfinden. Er geht davon aus, dass alles, was ich wahrnehme, nur eine Welt bildet. Er nennt diese Welt »Wirklichkeit«. Die Beziehungen zwischen mir und meinem Körper, zwischen mir und der Außenwelt, zwischen meinem Körper und der Außenwelt laufen innerhalb der Wirklichkeit ab. → [170 ⊖ 171]

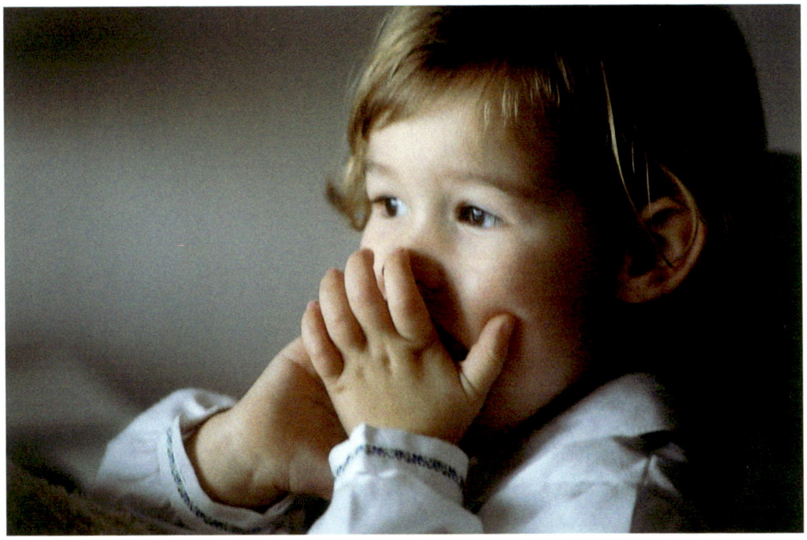

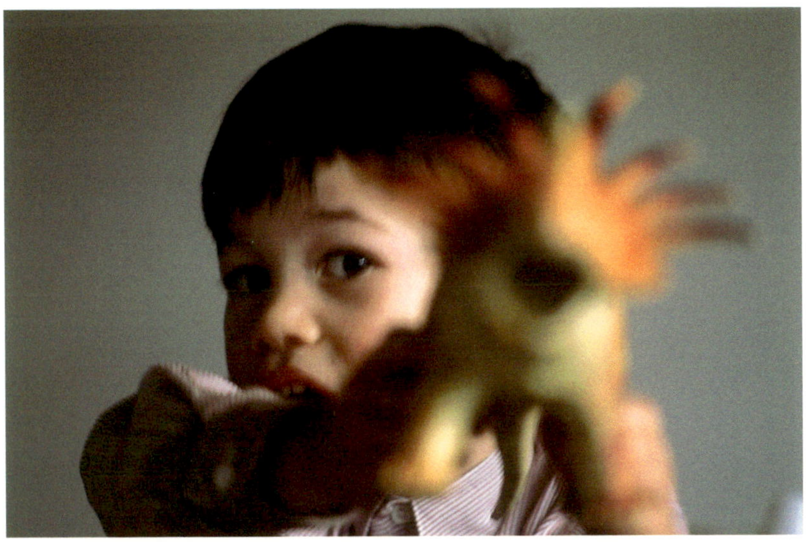

ABBILDUNGEN 170 & 171
Es ist ein Unterschied, ob man eigene Körperempfindungen spürt oder ob man Sinnesdaten der Außenwelt verarbeitet.

ABBILDUNG 172
Wirklichkeitskriterien nach Roth:
Syntaktisch: Objekte werden als tatsächlich angenommen, je heller sie gegenüber ihrer Umgebung sind, je kontrastreicher sie sich abheben, je schärfere Konturen sie aufweisen.

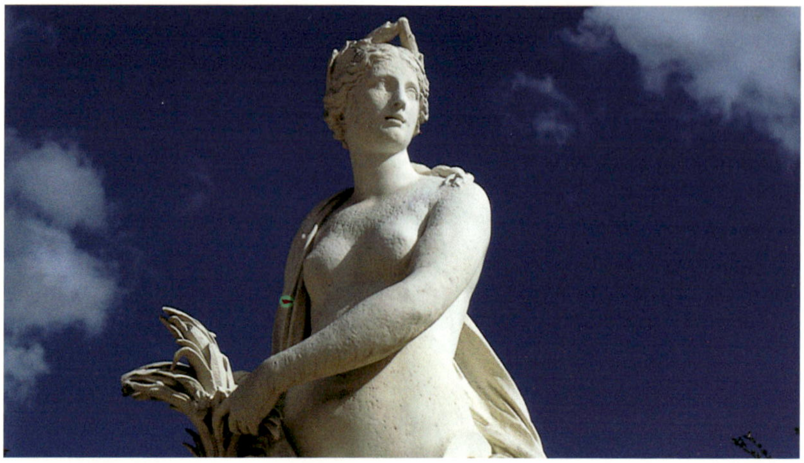

ABBILDUNG 173
Semantisch: Wenn man Objekte und Geschehnisse unmittelbar erkennen und ihnen Bedeutung zuordnen kann und sie zusätzlich noch attraktiv sind, werden sie für real gehalten.

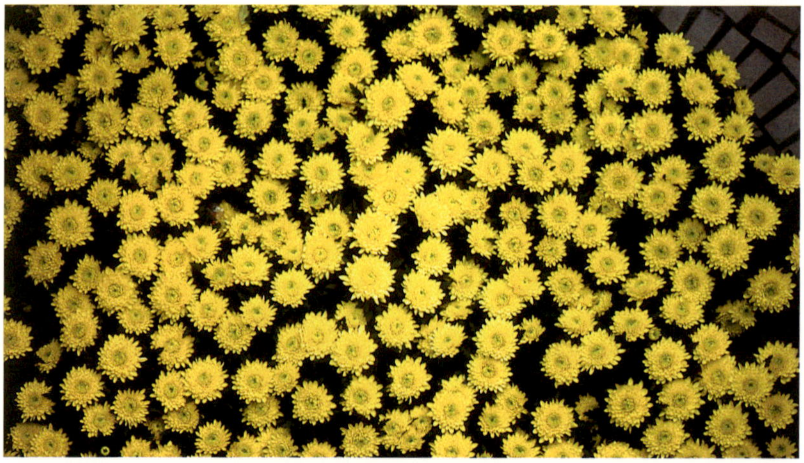

ABBILDUNG 174
Pragmatisch: Wenn wir auf Objekte einwirken oder sie anfassen können, wirken sie auf uns tatsächlich. Wir machen diese Erfahrung im Säuglingsalter oder wenn wir intersubjektive Bestätigung erhalten.

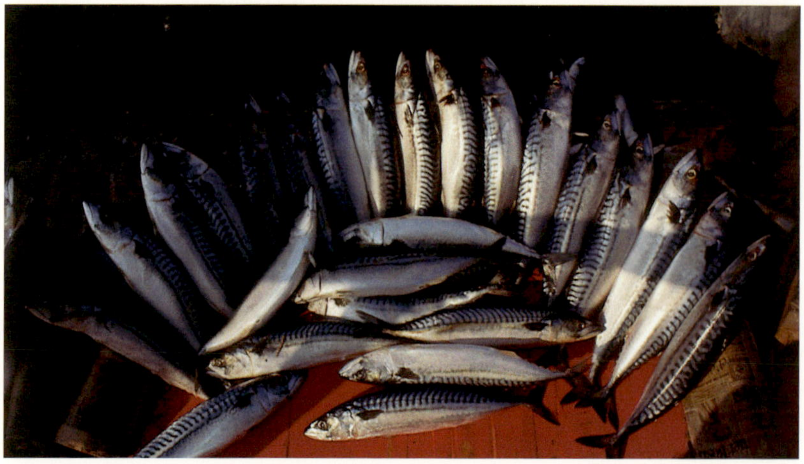

Für Roth scheint sich jedoch die eigene Körpererfahrung von den Ereignissen in der Außenwelt zu unterscheiden. Es ist nicht dasselbe, ob ich eigene Körperempfindungen, wie zum Beispiel Schmerz, Angst oder Lust fühle, oder ob ich Sinnesdaten der Außenwelt in meinem Gehirn verarbeite:

»Diese Überprüfung der internen Repräsentation des Körpers und der Außenwelt durch Aktionen dient dem Gehirn während der Individualentwicklung (und auch später) dazu, verläßliche Vermutungen über die Verbindungen zwischen Außenwelt, Sinnesorganen und deren Sinneszentren im Gehirn herzustellen.« [ROTH, 1998]

Wir haben bei den optischen Täuschungen gesehen, dass Wahrnehmen von tatsächlich Vorhandenem nicht immer verlässlich ist, und müssen uns fragen, wann halten wir die Dinge für wirklich? Dazu hat Roth drei Wirklichkeitskriterien benannt: syntaktische, semantische, pragmatische.

Syntaktisch: Objekte werden als tatsächlich angenommen, je heller sie gegenüber ihrer Umgebung sind, je kontrastreicher sie sich abheben, je schärfere Konturen sie aufweisen und wenn ihre Oberfläche in Bezug auf Farbe und Gestalt reichhaltig strukturiert ist. Wenn wir ein Objekt sehen und hören, also mehrere Sinne angesprochen werden, und es dreidimensional ist, halten wir es für wirklicher. → [172]

Semantisch: Wenn man Objekte und Geschehnisse unmittelbar erkennen und ihnen Bedeutung zuordnen kann und sie zusätzlich noch attraktiv sind, werden sie für real gehalten. → [173]

Pragmatisch: Wenn wir auf Objekte einwirken oder sie anfassen können, wirken sie auf uns tatsächlich. Wir machen diese Erfahrung im Säuglingsalter oder wenn wir intersubjektive Bestätigung erhalten. → [174]

Roth kommt zu dem entscheidenden Schluss:

»Wenn ich aber annehme, daß die Wirklichkeit ein Konstrukt des Gehirns ist, so bin gleichzeitig gezwungen, eine Welt anzunehmen, in der dieses Gehirn, der Konstrukteur existiert.« [ROTH, 1998]

Man kann unschwer erkennen, dass hier ein anderes Verständnis unserer Welt entwickelt wird als in der rein philosophischen Diskussion. Es ist der logische Schluss, dass das Gehirn real existieren muss, und diese Welt, in der es existiert und die in der Regel als objektiv, bewusstseinsunabhängig oder transphänomenal bezeichnet wird, nennt er der Einfachheit halber: Realität. Aber er betont dazu:

»Die Wirklichkeit wird in der Realität durch das reale Gehirn hervorgebracht.« [ROTH, 1998]

»Diese Aussage wird innerhalb der Wirklichkeit getroffen und darf nicht als Aussage über die tatsächliche Beschaffenheit der Realität missverstanden werden. Mit seiner Entscheidung von Realität und Wirklichkeit glaubt er, lassen sich viele Dinge innerhalb der Wirklichkeit einfacher erklären. Die Dinge draußen werden vom Gehirn »dem Bereich ›Außenwelt‹ zugeordnet.« [ROTH, 1998]

»Das Ich als anderer Teil der Wirklichkeit empfindet dann die Dinge als außerhalb, aber dieses ›außerhalb‹ existiert nur innerhalb der Wirklichkeit. Ich sehe wirkliche, nicht reale Gegenstände. Wenn ich nach etwas greife, so bewege ich meine wirkliche Hand, die nach einem wirklichen, nicht nach einem realen Gegenstand greift.« [ROTH, 1998]→ [175]

Es ist nicht leicht, sich ein Gehirn vorzustellen, das seine wirkliche Welt konstruiert, aber in der Realität existiert, und die Frage drängt sich auf, ob das Gehirn seine individuelle Wirklichkeit konstruiert und ob die menschlichen Gehirne verschieden sind und agieren. Der Grundaufbau und die Lokalisation der verschiedenen Funktionen sind in jedem menschlichen Gehirn, sofern es normal ist, ähnlich. Da spielen genetische Bedingungen eine Rolle, aber auch die Reize und Erlebnisse, die ein Kleinkind beeinflussen. Sie bilden die Bedingungen für die spätere Verarbeitung von Erfahrungen. Die Anlage für die neuronalen Netzwerke ist vorhanden, aber verschiedene Stimulationen können unterschiedliche Verbindungen anlegen. Wenn wir davon ausgehen, dass die Sprache der Neuronen die Sinneseindrücke vermitteln, kann man sich vorstellen, dass das individuelle Gehirn auch seine eigenen Wege findet, daraus Bedeutungen zu konstruieren.

Wir haben in den Abschnitten, 4.2.1 »Sehen und Benennen« und 4.2.5 »Bild und Sprache« bereits gesehen, welche Schwierigkeiten bei der Kommunikation auftauchen können. Die Sprache ist ein überzeugendes Beispiel für die individuelle Verarbeitung und Konstruktion im Gehirn. Da sie eine Konvention und nicht eindeutig ist und sehr oft nur allgemeine Bezeichnungen für eine Fülle von visuellen Daten findet, kann sie eine Quelle für Missverständnisse sein. Zwar gewährt die Intersubjektivität ein Verstehen auf genereller Ebene, man kann leicht auf die Bitte, die Zuckerdose herüberzureichen, reagieren, aber zum Beispiel schwerer, ein Beziehungsproblem unter Partnern verständlich für beide zu machen.

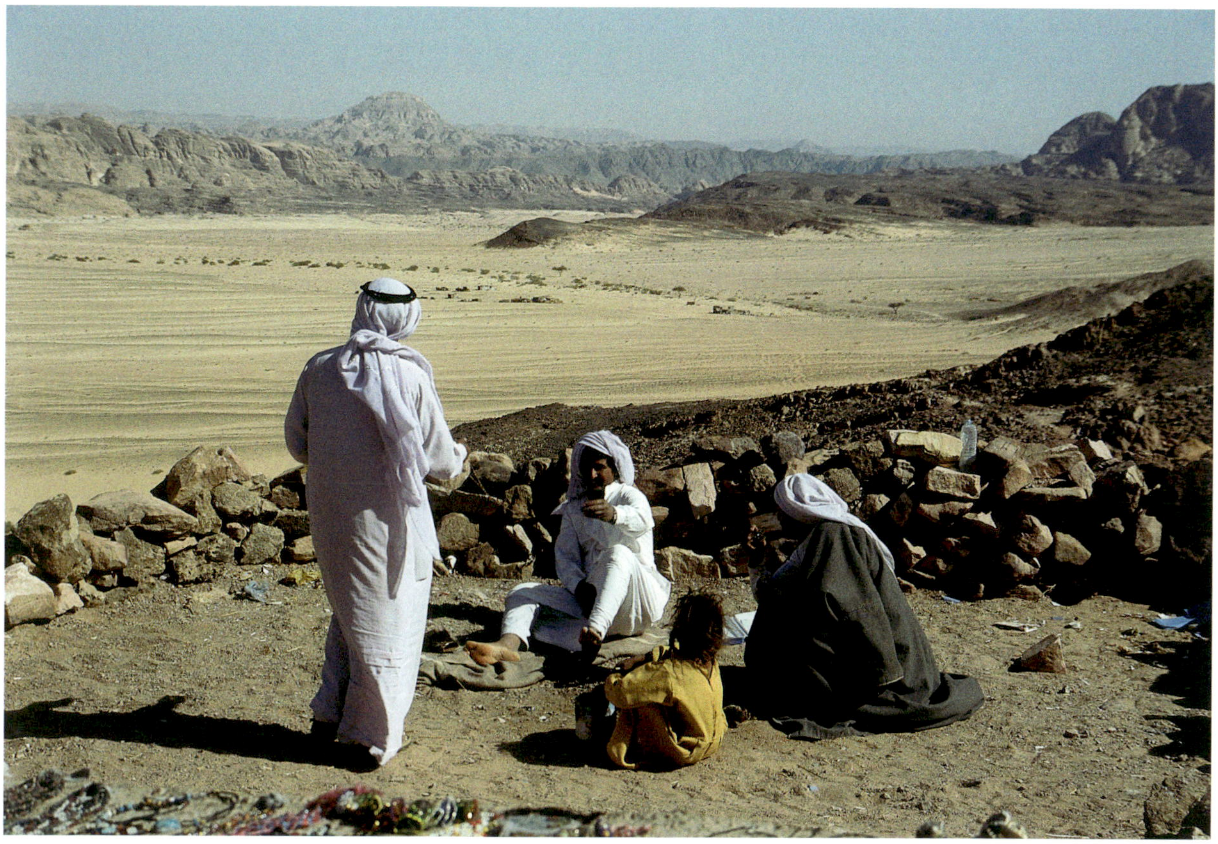

ABBILDUNG 175
»Ich sehe wirkliche, nicht reale Gegenstände. Wenn ich nach etwas greife, so bewege ich meine wirkliche Hand, die nach einem wirklichen, nicht nach einem realen Gegenstand greift.«

9.1.5 Bild und Beschreibung

Aber kehren wir zurück zu visuellen Aktivitäten. Wenn wir einen visuellen Zusammenhang beschreiben müssen, geraten wir in ein ähnliches Dilemma wie bei der sprachlichen Kommunikation. Wir gehen davon aus, unsere Intention und Aufmerksamkeitshaltung ist auf ein Bild gerichtet, und wir nehmen uns die Zeit, es genau anzusehen, und kommen der Aufforderung nach, zu beschreiben, was wir sehen. Studenten in Seminaren müssen zunächst eine Scheu überwinden, um diese Aufforderung umzusetzen. Es ist immer wieder erstaunlich, wie und wo mit der Beschreibung begonnen wird. In der Mehrzahl werden zuerst die Ausdrucksebenen angesprochen, die von individuellen Vorstellungen begleitet werden, die im Bild unmittelbar gar nicht zu sehen sind. Es fällt offenbar schwer, zu beschreiben, was man sieht, denn die Sprache stellt sich oft als unzulänglich heraus. Es gibt so viel mehr visuelle Daten als sprachliche Bezeichnungen. Ein Bild zu beschreiben, ist eine Übersetzungsarbeit und eine Annäherung an das Bild und kann niemals das Bild ersetzen. → [176]

ABBILDUNG 176
Ein Bild zu beschreiben, ist eine Übersetzungsarbeit. Für optische Farbverläufe fehlen einem nach wenigen Bezeichnungen die Worte.

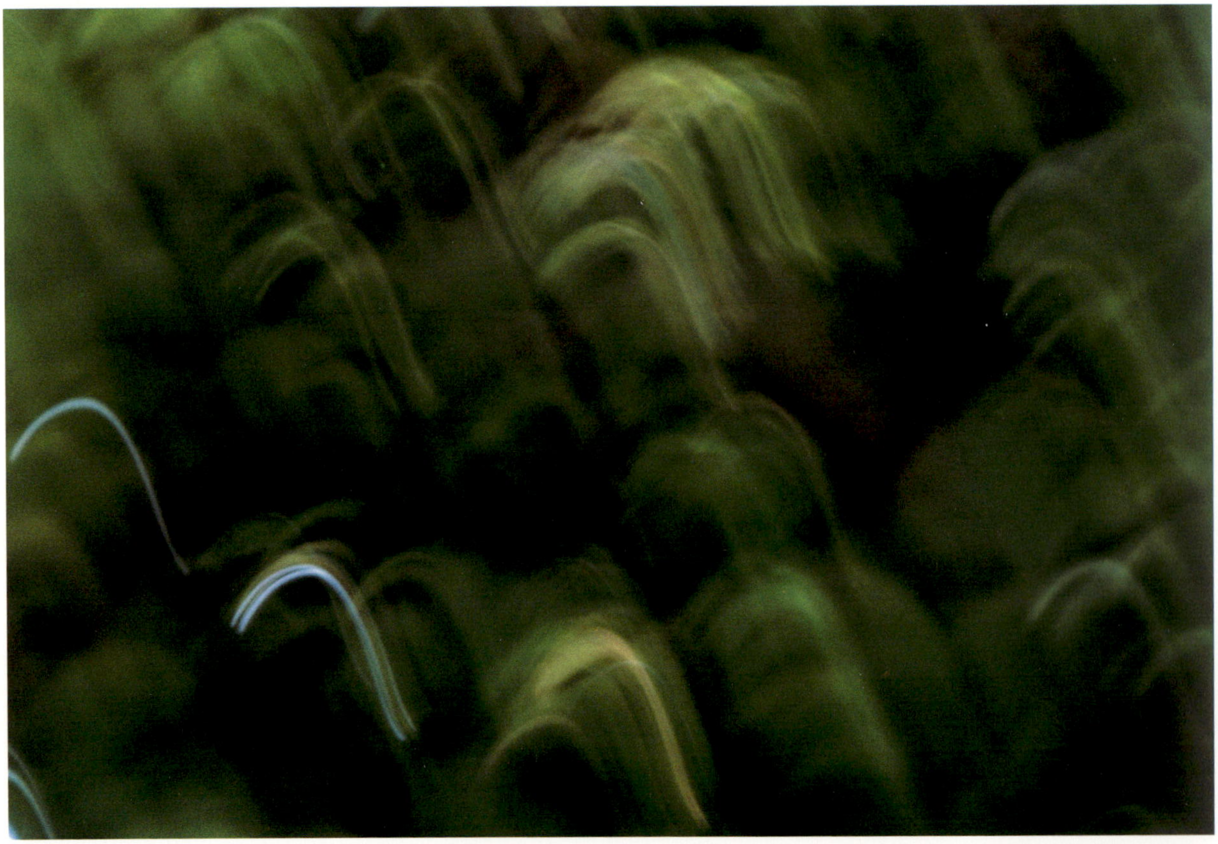

Am deutlichsten zeigen sich die Schwierigkeiten der Beschreibung an Farbverläufen oder Farbvariationen, für die sich in der Sprache keine Begriffe finden lassen.

9.1.6 Abstraktion und Wahrnehmung

Das Problem ist aus der Kunstgeschichte bekannt. Die Historiker haben oft ihre Beschreibungen auf die Künstlerviten und die historischen Daten beschränkt, was ja auch wertvolle Informationen vermitteln kann. Daneben ist es sinnvoll, die Allegorien, die mythologischen oder christlichen Inhalte oder Symbole alter Bilder zu vermitteln, weil sie heute in den meisten Fällen nicht mehr geläufig sind. In seltenen Fällen widmet man sich unmittelbar den Phänomenen, nämlich den Bildern.

Die Malerei des 20. Jahrhunderts war mit der Abstraktion und der Konkretion beschäftigt und hat die Mittel des Mediums, Fläche, Farbe und Form, zur Diskussion gestellt. Das hat der Malerei zur Autonomie verholfen. Hier tat sich die Interpretation besonders schwer, denn es gab keine Ikonographie und keine außerbildliche Wirklichkeit, auf die man sich berufen konnte. Außerdem lief die Abstraktion den menschlichen Wahrnehmungsmechanismen entgegen. Man konnte keine optischen Anordnungen erkennen und strukturieren und damit nichts identifizieren. Viele Menschen fühlen sich vor abstrakten und konkreten Bildern auch heute noch hilflos. Andererseits sind die Mittel der Malerei thematisiert worden. Fläche, Form und Farbe wurden bewusster analysiert und man hat mit diesem erweiterten Bewusstsein auch gegenständliche Bilder wahrgenommen. Das hat auch den Blick auf die traditionelle Kunst intensiviert und man hat entdeckt, dass auch sie schon die Mittel ganz bewusst eingesetzt hat.

9.1.7 Photographische Nachlese

Die Photographie ist jahrzehntelang von dieser Entwicklung unberührt geblieben. Wenn die Maler behaupteten, dass man keine menschlichen Figuren mehr ins Bild setzen könne, und jahrzehntelang ist die Figur ja auch aus der malerischen Produktion verbannt worden, so hat für die Photographie dieser Diskurs nicht existiert. Es wäre interessant, dieses Problem ausführlicher zu erörtern, warum die Photographie sich an der wesentlichen Frage der Kunstdiskussion im 20. Jahrhundert nicht beteiligt hat. Sehr verspätet hat sie die Abstraktion, die Verwendung der Mittel thematisiert und hat oft Darstellungsweisen zitiert, die in der Malerei abgehandelt worden sind. Die theoretische Diskussion über die Photographie hat nie Zweifel an der Figur geäußert, die Produktion hat sich ungebrochen, unendlich vermehrt. War man zufrieden mit der Zuweisung der Mimesis? → [177]

ABBILDUNG 177
Gottfried Jäger: »Drunter und drüber«. Fotopapierarbeit XVII 1984. 35×32 cm, Wandinstallation. Nur wenige Künstler haben in der Photographie die Mittel des Prozesses thematisiert und radikal vertreten. *Mit freundlicher Genehmigung des Künstlers.*

9.1.8 Positivisten contra Phantasie

Wir kennen die Diskussion aus der Malerei. Mit der Erfindung der Photographen war die Mimesisdebatte keineswegs beendet. Es gab da die so genannten Realisten, wie zum Beispiel Courbet [1819–1877] und als Gegenpol Delacroix [1798–1863], den die Impressionisten als Urvater betrachten, weil er ihnen einen theoretischen Diskurs über die Farbe vermacht hat. Kein geringerer als Charles Beaudelaire [1821–1867] stellt den Künstlern, die nur malen, was sie sehen, den Realisten oder Positivisten, wie er sie nennt, die Künstler entgegen, die malen, was sie träumen, die imaginativen Künstler.

In seiner Salonkritik *(1859)* sieht er allerdings eine Gefahr durch die Photographie heraufziehen, und zwar die Gefahr, die den »letzten Rest an göttlicher Inspiration im französischen Geist« beseitigt. Er sieht in der Malerei und Photographie eine Bundesgenossenschaft, die beide das Abbild der Natur vertreten. Er fürchtet, dass das Publikum dieses Credo, nämlich die Wiedergabe der Natur, als Rückwirkung auf die Künstler wünschen könnte. Nach seiner Meinung verliert die Kunst an Selbstachtung und unterwirft sich der äußeren Realität. Er teilt die Künstler in zwei Klassen ein:

[1] Die Positivisten, die sagen: »Ich will die Dinge so wiedergeben, wie sie sind, oder besser, wie sie wären, wenn ich nicht da wäre«: das Universum ohne den Menschen.

[2] Die Gruppe der Phantasiereichen, die sagt: »Ich möchte die Dinge durch meinen Geist erleuchten und ihren Widerschein auf die anderen Geister abstrahlen.«

Es ist leicht zu erraten, welcher Gruppe seine Sympathie gilt. Interessant wäre es gewesen, welche Einstellung er zu den Impressionisten gehabt hätte. Beaudelaire ist sieben Jahre vor ihrer ersten Ausstellung gestorben. Nun, das ist eine Diskussion des 19. Jahrhunderts, was unschwer an der Sprache zu erkennen ist, an der aber gut zu sehen ist, dass die Probleme dieselben geblieben sind. Sein oder Erscheinung, das war und ist die Frage. → [178 ↩ 179]

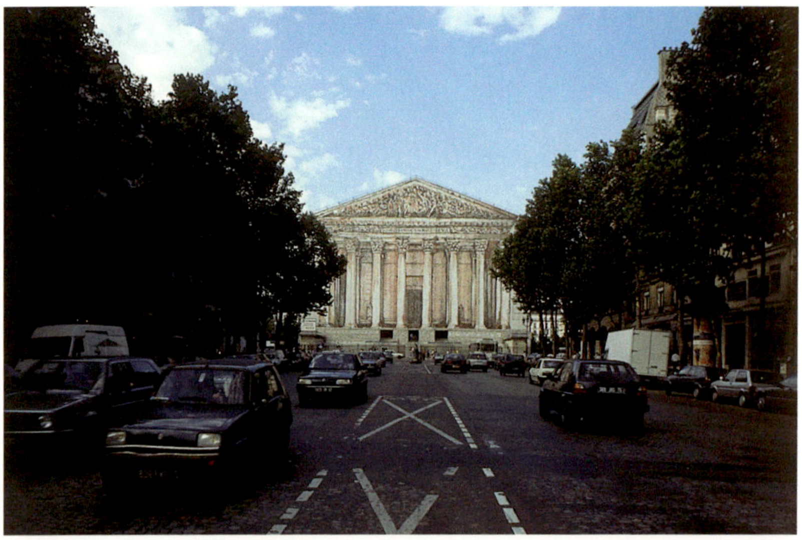

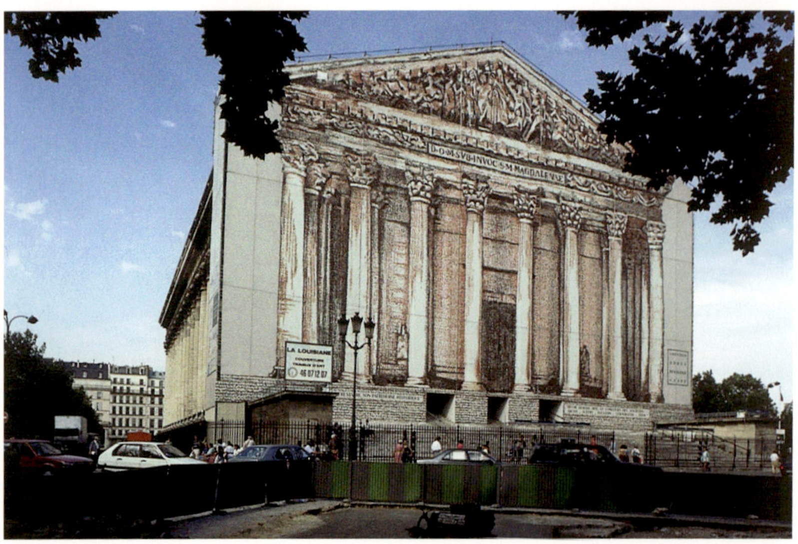

ABBILDUNGEN 178 & 179
Auch Paris spielt mit der Erscheinung. Während der Renovierung wurde die Fassade der Madeleine verkleidet.

9.1.9 Aufzeichnung – Bearbeitung – Rezeption

Aber gerade weil Kunstwerke zeigen, dass sie Phänomene sehr komplexer Natur mit mehreren Sinnebenen sind, müssen wir die Mechanismen der Wahrnehmung, die in uns ablaufen, kennen, weil wir sonst die Möglichkeiten, die über diese Mechanismen hinausgehen, nicht erfahren können und Abwehrmechanismen gegen eine gewisse Unsicherheit in der Rezeption erzeugen.

Wenn wir zu unserem Ausgangspunkt zurückkehren, zu Photographie, Realität und Wirklichkeit, lohnt es sich, darüber nachzudenken, was sich wie in dieser Dreierbeziehung verhält. Es scheint mir sinnvoll, drei Funktionen zu unterscheiden: 1. den Aufzeichnungsprozess, 2. den Be- und Verarbeitungsprozess und 3. den Rezeptionsprozess.

[1] Die Kamera, die auf die Außenwelt *(Realität)* gerichtet ist, nimmt aus Zeit und Raum Ausschnitte, die sie in kurzen Momenten aufzeichnet.

[2] Der Mensch, der eine Kamera auf etwas richtet, das Bildmittel einsetzt und bearbeitet, handelt in der Wirklichkeit, weil seine Wahrnehmungsprozesse an dem Akt beteiligt sind.

[3] Der Rezeptionsprozess, der sich auf die jeweiligen Resultate, die Bilder, richtet, befindet sich in der Wirklichkeit, wobei seine Assoziationen und Erfahrungen einen Teil seiner Rezeption ausmachen. Da sich der Apparat nicht selbstständig auf die Außenwelt richtet, fällt die erste Position zwangsläufig unter die zweite. Der Apparat steht zwar zwischen Außenwelt und meiner Wahrnehmung, aber er wird als Bildmittel genutzt und fällt damit unter die zweite Position. Der Anteil der Realität, im Sinne von Roth, fällt in der ersten Position nicht ins Gewicht. → [180] ★

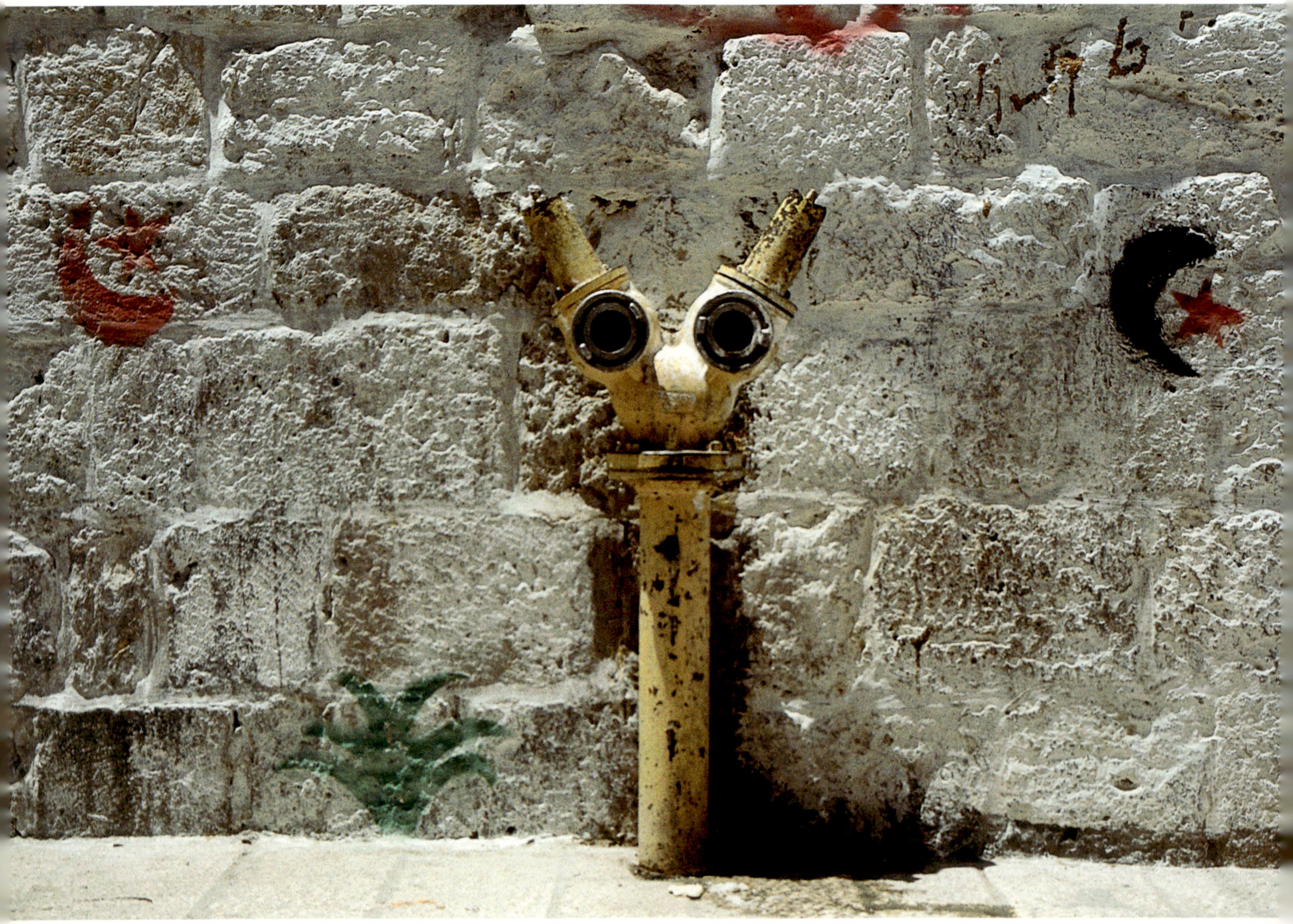

ABBILDUNG 180
Gibt es »objektive« Anteile der Realität in der Photographie und woran wollen wir sie festmachen?

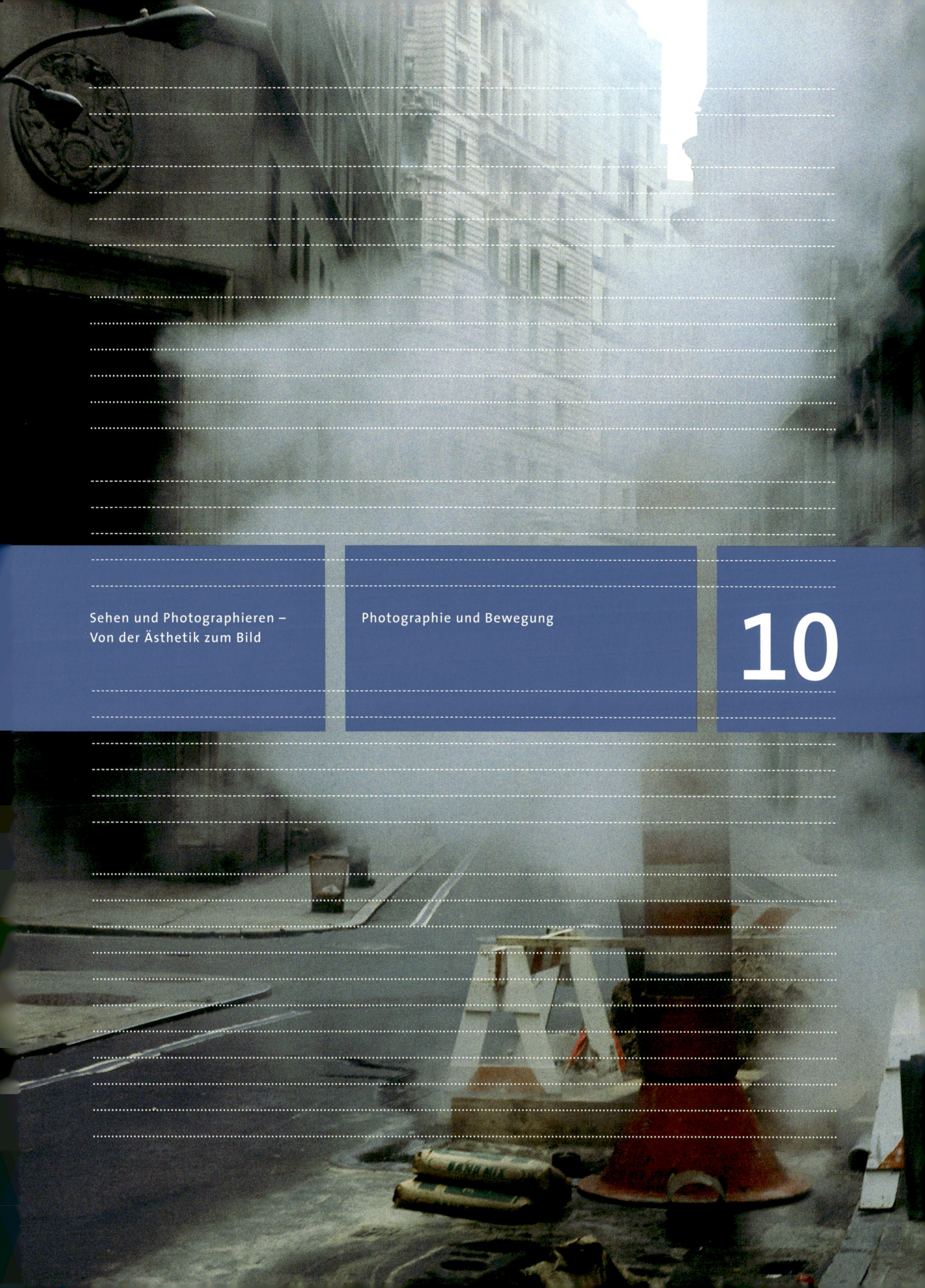

Photographie und Bewegung

10

ABBILDUNGEN 181, 182 & 183
Das Licht strukturiert die Oberflächen und die optischen Anordnungen. Seine permanente Veränderung und auch unsere Eigenbewegung entwerfen ständig neue Bilder.

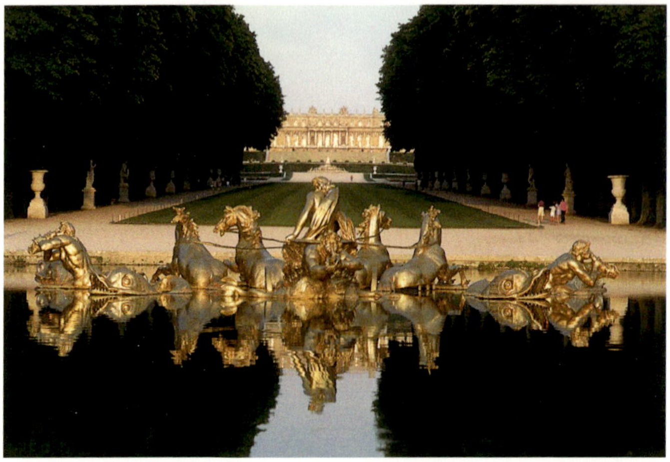

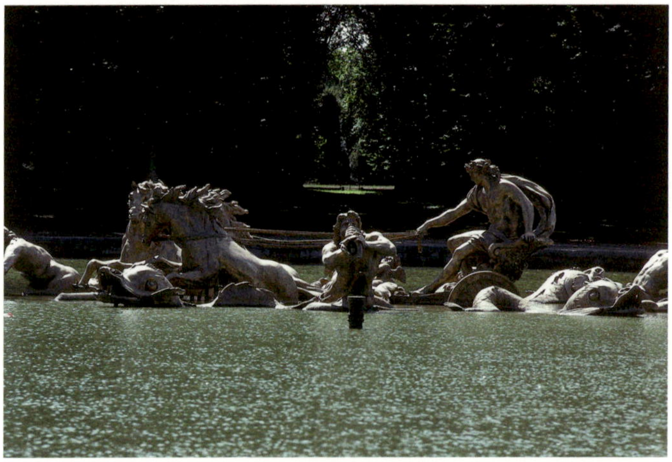

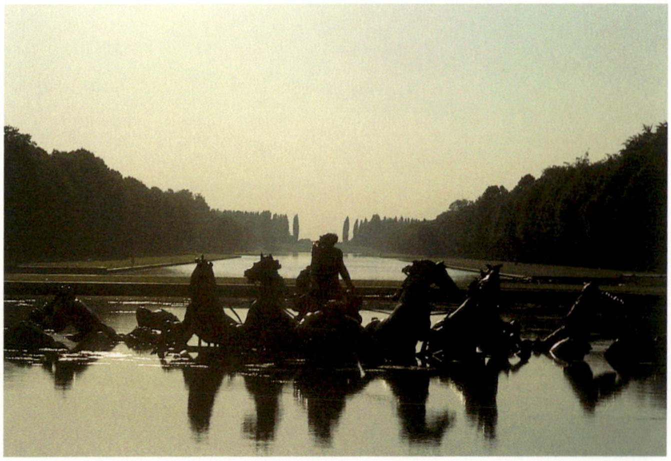

10.1 Auf der Suche nach der Definition

10.1.1 Bewegung als komplexes Problem

Photographie und Bewegung – das klingt nach Paradox. In der Photographie haben wir es ja mit den so genannten »Stillen Bildern« zu tun, früher nannte man sie Tafelbilder, und physikalisch ist an ihnen in der Regel keine Bewegung zu bemerken. Aber diese physikalischen Eigenschaften charakterisieren ja nur einen sehr kleinen Aspekt der Bilder, der in Bezug auf ein Kunstwerk kaum ins Gewicht fällt. Bewegung ist von Dynamik und Kraft gesteuert, die von Personen erzeugt werden oder auf die Dinge und Ereignisse einwirken. Bewegung hat seit langer Zeit das Interesse der Menschen geweckt. Man beobachtete den Himmel und die Planeten. Sonne, Mond und Sterne wanderten geheimnisvoll auf ihren Bahnen, bis man entdeckte, dass es der eigene Planet, die Erde war, die sich bewegte. Später fand man heraus, dass die Bewegung eine grundsätzliche Eigenschaft der Natur ist, auch wenn die dynamischen Energiefelder für das Auge unsichtbar bleiben.

Auch die Struktur des Menschen befindet sich in ständiger Veränderung. Die optischen Signale, die unsere Retina tangieren und zum Gehirn geleitet werden, sind ständiger Veränderung unterworfen. Das Licht strukturiert die Oberflächen und die optischen Anordnungen, seine permanente Veränderung und auch unsere Eigenbewegung entwerfen ständig neue Bilder.
→ [181, 182 ⊖ 183]

Unsere Stabilitätstendenz, von der wir schon gesprochen haben, konstruiert daraus ein festes Weltbild und verhindert das visuelle Chaos. Die Bewegung von Objekten in dieser Konstellation wird überschaubar, weil wir die Erfahrung eigener Körperbewegung haben und gesehene Bewegung in ein Bezugssystem setzen können, in dem sie sich abspielt.

10.1.2 Ortsveränderung in der Zeit

Augustinus, der sich der ausgiebig mit der Untersuchung der Zeit befasst hat, fragt in den Confessiones: »Was ist also Zeit? Wenn mich niemand danach fragt, weiß ich es; will ich einem Fragenden es erklären, weiß ich es nicht.« Dieses »Bekenntnis« könnten wir, aus eigener Erfahrung, auf unser Verständnis von Bewegung übertragen. Wir wissen was Bewegung ist. Wir erfahren und sehen sie, und doch fällt es uns schwer, sie zu erklären. Nach der Trennung der Disziplinen ist das Problem der Bewegung nicht mehr einheitlich betrachtet worden, wie noch zu Zeiten Aristoteles. Man konzentrierte sich auf die Einzelformen, wie sie sich in den philosophischen, physikalischen oder biologischen Wissenschaften repräsentieren. Die Philosophen und Naturwissenschaftler bemühten sich um Erkenntnis und die Künstler waren fasziniert, neue Ausdrucksformen der Darstellung zu finden.

Man hat keine eindeutige Begriffsbestimmung gefunden, an die wir uns zum Beispiel anlehnen könnten. Im Wörterbuch der philosophischen Begriffe wird die Bewegung zum Beispiel so beschrieben:

»...in naturwissenschaftlichem Sinn die in der Zeit verlaufende Ortsveränderung eines Körpers oder das Übergehen eines materiellen Punktes aus einer räumlichen Lage in die andere, wobei ein als ruhend betrachteter Körper oder eine als ruhend betrachtete Substanz Vertreter und Träger des ›Bezugssystems‹ sein muß.« [DAS WÖRTERBUCH DER PHILOSOPHISCHEN BEGRIFFE, 1955]

Bewegung hat aus dieser Sicht etwas mit Raum und Zeit zu tun, zwei Formen der »reinen Anschauung a priori« (*vor aller Erfahrung*), wie Kant das genannt hat, in denen sich ein Körper bewegt. Hier wird etwas über die Bewegung als Ortsveränderung in der Zeit zu einem ruhenden Bezugssystem ausgesagt, also auch die Messbarkeit der Bewegung. Die physikalischen Definitionen beschränken sich auf einen Aspekt der Bewegung. → [184, 185 & 186]

ABBILDUNGEN 184, 185 & 186
In dieser Sequenz kann man die Bewegung in Raum und Zeit gut nachvollziehen.

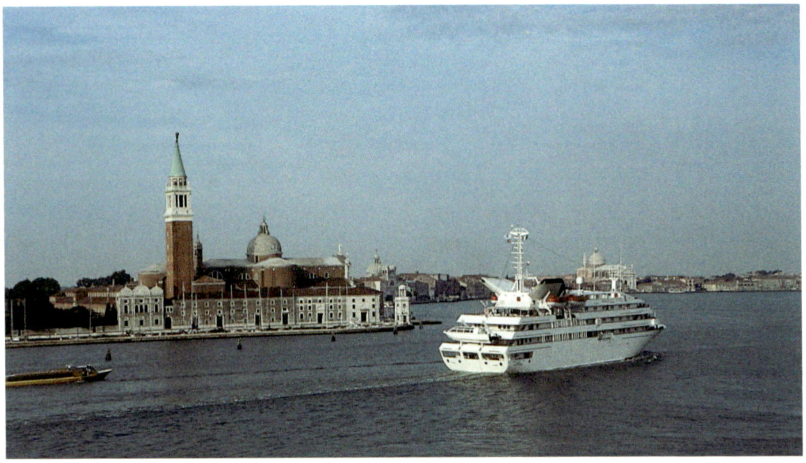

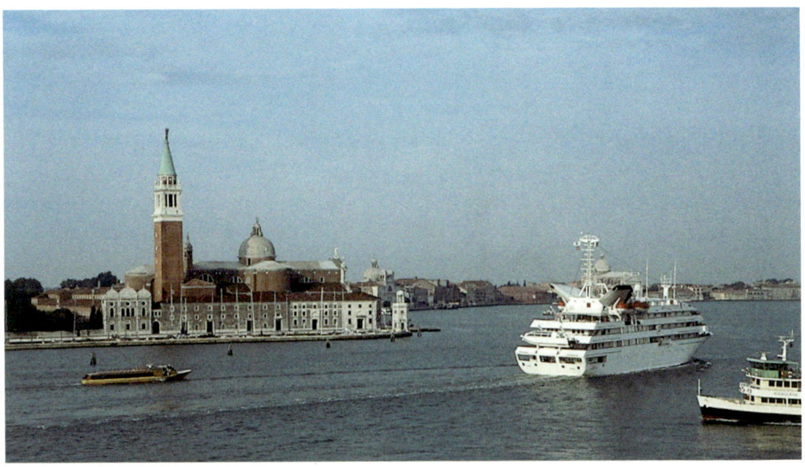

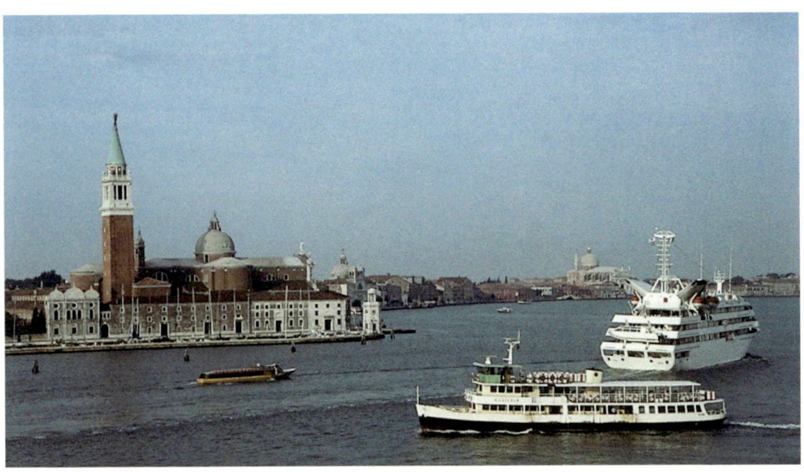

10.1.3 Bewegung und Kontinuum

Ein anderer Aspekt der Bewegung ist der verlaufende Übergang. Für Heraklit aus Ephesos *(um 500 v. Chr.)* war sie ein unteilbares Kontinuum und hat sich in der Behauptung konzentriert, »alles fließt«:

»Wer in denselben Fluß steigt, dem fließt anderes und wieder anderes Wasser zu.«
[CAPELLE, 1935]

Heraklits Aussage kann man bei der Beobachtung von Strömungen und Wellengang gut verstehen, auch wenn er sie metaphorisch gemeint hat. Das Kontinuum der Bewegung hat keinen Anfang und kein Ende, keine Vergangenheit, Gegenwart oder Zukunft, es ist nicht in Abschnitte einzuteilen, diese Kategorien greifen hier nicht. Die Bewegung ist unteilbar. Die Übergänge fließen ineinander, werden zum Fluss der Dauer, wie der Philosoph Bergson es im neunzehnten Jahrhundert genannt hat. Für ihn ist das Leben ein Kontinuum des Werdens und Vergehens und ununterbrochener Veränderung. → [187]

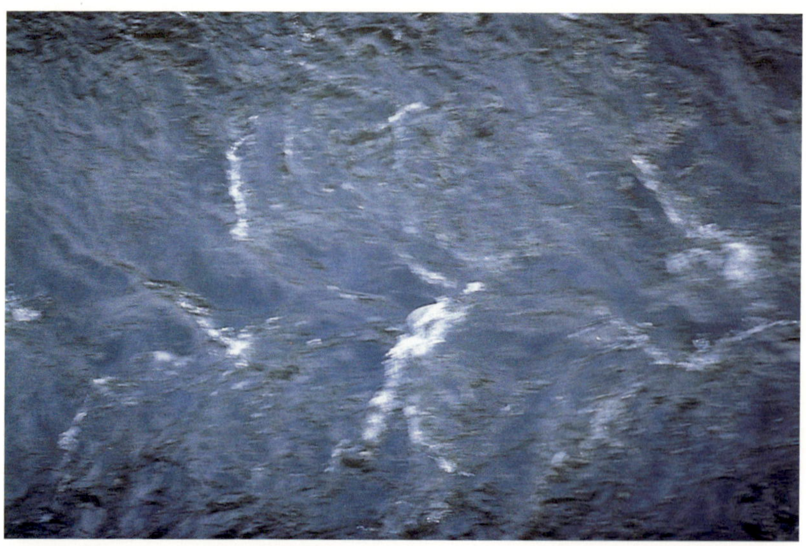

ABBILDUNG 187
Das Kontinuum der Bewegung hat kein Anfang und kein Ende.

10.1.4 Wahrnehmung und Umwelt

Das Bewegungsproblem ist komplizierter als die Beschreibung der Gegensätze zwischen Auge und Kamera, weil es komplexer und nicht nur auf physiologische oder optische Daten reduzierbar ist. Und damit ist die Bewegung nicht nur aus den Grundlagen visueller Wahrnehmung zu erklären. Der Psychologe James J. Gibson hat nach neuen Erklärungen gesucht, um sich von der Physik und ihren Nachbardisziplinen abzusetzen. Er macht die Beziehung von Lebewesen und Umwelt zum Gegenstand seiner Untersuchungen. Das Lebewesen ist eben nicht ein hoch organisierter Teil der physikalischen Welt, sondern:

»...ein die Welt wahrnehmendes und ein sich in der Umwelt verhaltendes Wesen. Was aber nicht heißt, daß es die Welt der Physik wahrnimmt und sich im Raum und Zeit der Physik verhält.« [GIBSON, 1982]

Statt der physikalischen Begriffe von Raum und Zeit bezieht er die Flächenanordnung der Umwelt auf Beständigkeit und Wechsel oder auch Invarianz und Varianz. Lebewesen sind zwar mobil und verändern ihren Beobachtungsstandpunkt und die Ansicht der optischen Anordnungen. Aber sie werden nicht vollständig verändert, sie bleiben als invariante Merkmale und als Bezugssystem zur Veränderung der Fortbewegung erhalten. → [188]

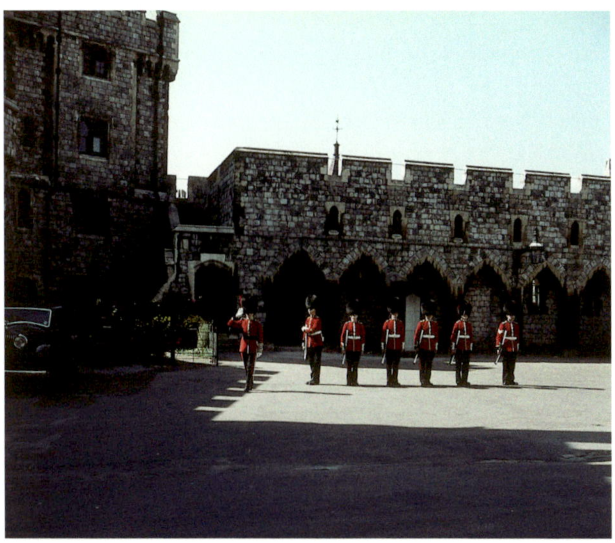

ABBILDUNG 188
Lebewesen bleiben trotz ihrer Mobilität als invariante Bezugssysteme erhalten.

10.1.5 Stabilität der optischen Struktur

Man könnte meinen, dass die Bewegungen ein Chaos an optischen Informationen erzeugen müssten, aber die Ansichten dieser Welt verhüllen und enthüllen sich entsprechend unserer Kopfbewegung. Was an der einen Seite dem Blickfeld entschwindet, taucht auf der anderen Seite wieder auf und dieses erlernte Wissen vermittelt uns eine Stabilität der optischen Struktur.

Wenn ein Kind zu laufen beginnt, strebt es zum Beispiel einen entfernten Punkt an, der in Verbindung zum Boden steht und auf den es sich zu bewegt. All diese Fortbewegungen unterliegen der visuellen Kontrolle, um zum Beispiel gefährlichen Hindernissen auszuweichen oder anzuhalten, um das Fließmuster zur Ruhe zu bringen.

Wir unterscheiden die eigene Körperbewegung vom Wahrnehmen von bewegten Objekten. Grundsätzlich besteht eine Beziehung zwischen beiden, denn das Sehen von Bewegung ist an die Bewegungen von Augen, Kopf und Körper gekoppelt und vermittelt auch gleichzeitig etwas von der Erfahrung der Eigenbewegung.

10.2 Eigen- und Objektbewegung

10.2.1 Eigenbewegung

Unsere Empfindung und unser Verständnis von Bewegung basieren auf zwei Erfahrungen. Wir unterscheiden die eigene Körperbewegung und das Wahrnehmen von bewegten Objekten. Aus dem Zusammenhang von Außenwelt- und Selbstwahrnehmung haben wir schon als Kinder gelernt, dass sich mit der Bewegung der Augen, des Kopfes oder des ganzen Körpers das Blickfeld jeweils verändert. Wir haben also mit den eigenen Körperbewegungen kinästhetische Erfahrungen gemacht und unsere eigenen Bewegungen zugleich gesehen.

Ein Kleinkind versucht zunächst seine Handbewegungen zu koordinieren. Drehen, Ausstrecken und Tasten der Hände geben Aufschluss über die Veränderung der Form, Größe und Perspektive im Verhältnis zum Körper. Das Ausstrecken und Anziehen von Armen und Beinen ist ein Lehrstück, um Entfernungen einzuschätzen und gleichzeitig Veränderungen von Überlagerungen zu entdecken. Das Kind hat die Erfahrung der Eigenbewegung gemacht, bevor es die Bewegung anderer Personen oder eines Gegenstandes wahrnehmend erfasst und sich seine Wirklichkeit oder sein Weltbild baut. → [189]

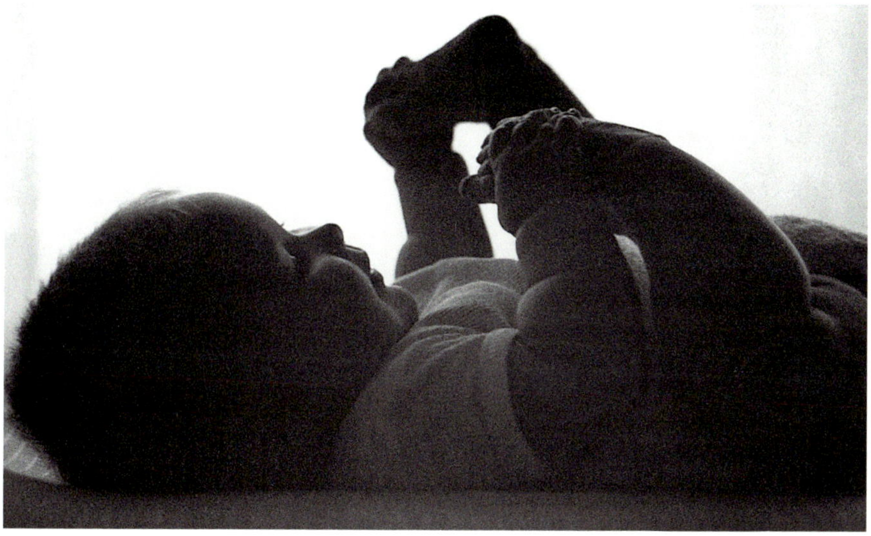

ABBILDUNG 189
Durch Ausstrecken und Anziehen von Armen und Beinen lernt ein Kleinkind, Entfernungen einzuschätzen und gleichzeitig Veränderungen von Überlagerungen zu entdecken.

Beim Wahrnehmen der Umwelt ist es interessant, dass die eigene Körperwahrnehmung nur bemerkt wird, wenn man auf sie aufmerksam macht. Denn in der Regel wird ein Teil der Nase mit gesehen und in vielen Fällen verdecken Hände, Arme und Beine Teile des Vordergrundes. Von Beginn an erfahren wir das Verhältnis unseres eigenen Körpers zur Umwelt. Ähnlich verhält es sich mit der Bewegung. Wir folgen mit unseren Augen einem bewegten oder sich bewegenden Gegenstand. Wird unsere Aufmerksamkeit am Rande des Blickfeldes erregt, drehen wir unseren Kopf, um die Information in das Zentrum zu rücken. Wir bewegen unseren Kopf aber auch in andere Richtungen, wir neigen oder heben ihn, um etwas zu verfolgen. Oben und unten werden zum Beispiel durch den Bezugspunkt unseres eigenen Körpers bzw. als größere Einheit durch Himmel und Erde definiert. Aus der Erfahrung der eigenen Bewegung können wir gesehene Bewegungen anderer Menschen nachvollziehen, die wir selbst noch nicht erprobt haben. → [190]

Das ist besonders bei der Beobachtung von bei sportlichen Ereignissen der Fall. Die Bewegung, die mit Höchstleistung verbunden ist, ist wenigen Leistungssportlern vorbehalten, sie erfordert Übung und Präzision. → [GRAPHIK]

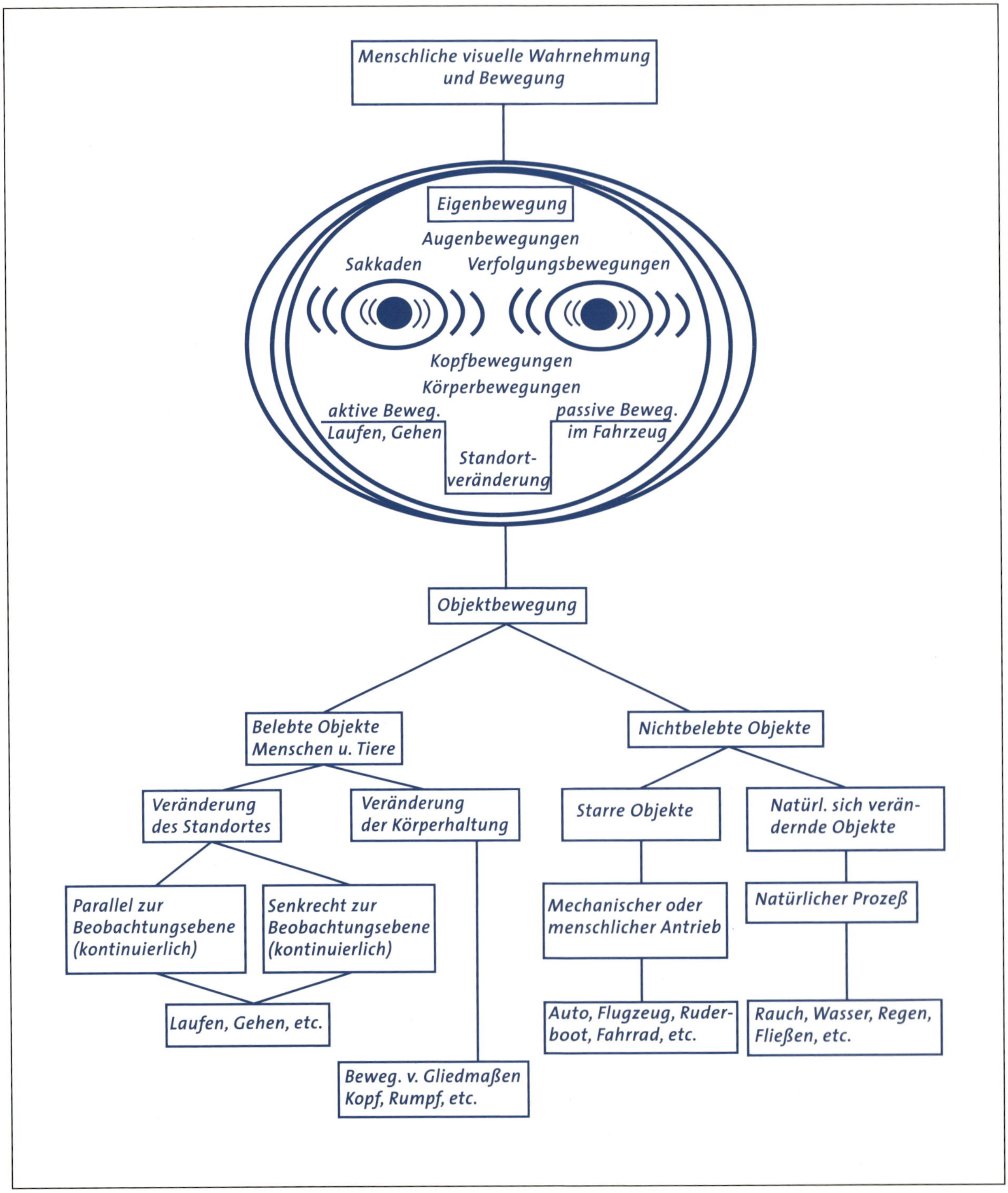

GRAPHIK
Menschliche Visuelle Wahrnehmung und Bewegung.

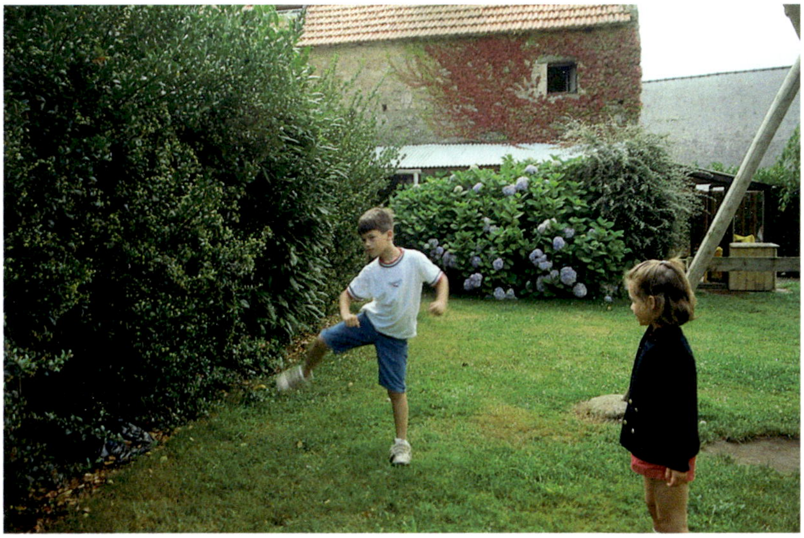

ABBILDUNG 190
Man kann eine gesehene Bewegung eines Menschen nachvollziehen, auch wenn man sie selbst noch nicht erprobt hat.

10.2.2 Objektbewegung

Wie haben oben schon erwähnt, dass wir die Objektbewegung nicht unabhängig von der Erfahrung unserer eigenen Körperbewegung wahrnehmen. Aber die Bewegung von Objekten der so genannten Außenwelt, zum Beispiel von Tieren, kennen wir nur aus der Erfahrung gesehener Bewegung.

Bei der Objektbewegung unterscheiden wir, wie aus der Übersicht zu entnehmen ist, zwischen belebten und unbelebten Objekten. Wir könnten weiterhin sagen, dass wir Bewegung als Störung innerhalb der optischen Struktur der Invarianz sehen. Eine Veränderung oder Verlagerung des Standortes von belebten und unbelebten Objekten wird durch die zeitweilige Verdeckung, bzw. Aufdeckung einer optischen Anordnung gekennzeichnet, die die oben erwähnte Störung hervorruft.

10.2.2.1 Belebte Objekte

Der Körper eines Lebewesens kann sich bewegen, ohne seinen Standort zu verändern, es sind in erster Linie Veränderungen seiner Binnenformen, zum Beispiel die Muskeln oder das Drehen eines Kopfes. Dabei werden kaum Verdeckungen und Enthüllungen zu beobachten sein. → [191]

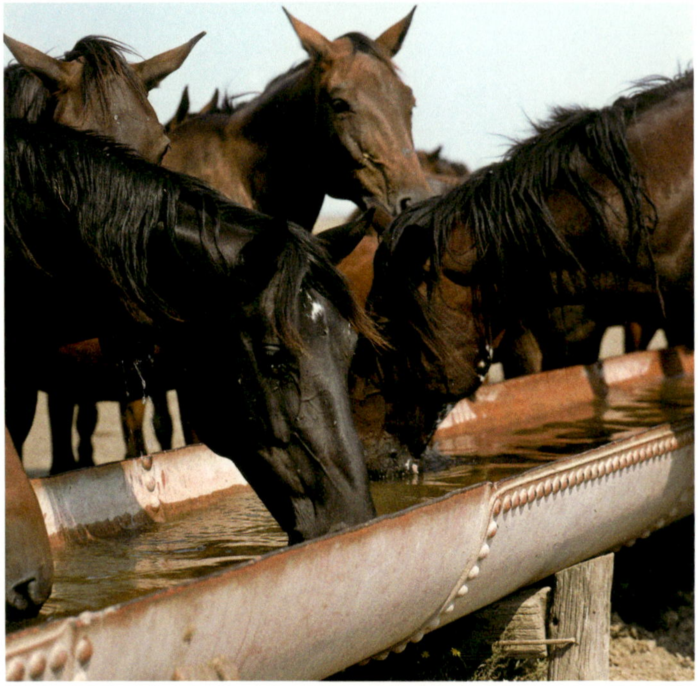

ABBILDUNG 191
Der Körper eines Lebewesens kann sich bewegen, ohne seinen Standort zu verändern.

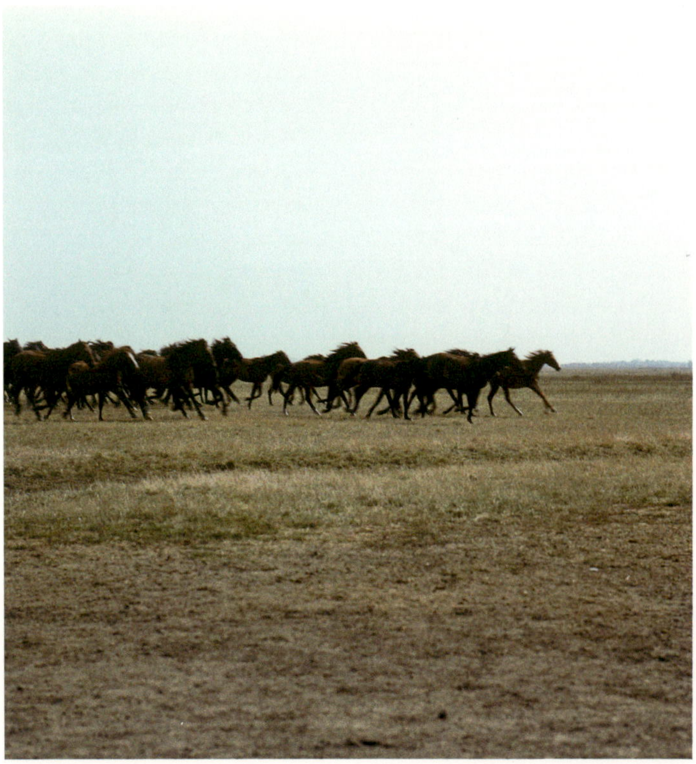

ABBILDUNG 192
Aus großem Abstand behalten die Objekte ihre gleiche Größe, wenn sie sich parallel zur Bildebene bewegen.

Bei einer Veränderung parallel zur Beobachtungsebene werden Objekte bei großem Abstand von der Seite gesehen ihre gleiche Größe behalten. In der Bewegung werden sie Bereiche ihrer Umgebung verdecken und sie an der anderen Seiten wieder freigeben. Wir kennen das aus unserer Erfahrung, deshalb können wir auch eine Bewegungssituation relativ stabil einordnen. Die Kamera verändert Form und Größe bei geringem Abstand, weil sie die perspektivische Verzeichnung aus der Nähe registriert. → [192]

Kommen »Objekte« auf den Betrachter zu oder entfernen sich von ihm, werden sie sich vergrößern oder verkleinern und im Verhältnis mehr von der optischen Anordnung verdecken oder aufdecken. In allen Fällen wird ein kontinuierlicher Verlauf einer Bewegung wahrgenommen. → [193]

In vielen Fällen hat es der Beobachter mit sehr komplizierten Angeboten von Bewegung zu tun, die ja auch oft mit der eigenen Bewegung zusammenfallen. Wir wissen von den Konstanzphänomenen, dass er sieht, was er weiß, das heißt, dass er die Erscheinungsformen kompensieren und die Veränderungen im Zusammenhang wahrnimmt.

»Der Wahrnehmende extrahiert die Strukturinvarianten aus dem Fluß der Reizung, deren Fließen er weiterhin wahrnimmt. Insbesondere für das visuelle System gilt, daß er sich auf die invariante Struktur der optischen Umgebungsanordnung einstellt, die der sich ändernden perspektivischen Struktur, hervorgerufen durch eine Bewegung, zugrunde liegt.« [GIBSON, 1982]

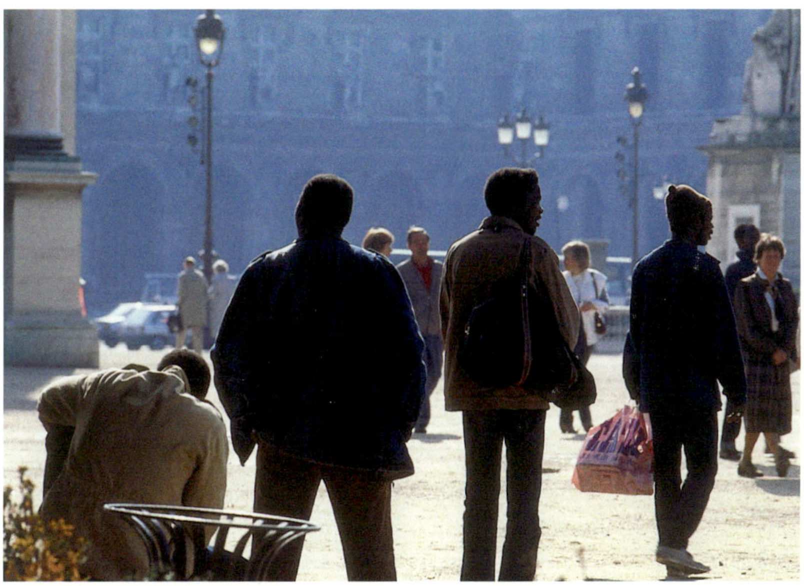

ABBILDUNG 193
Bewegen sich »Objekte« zum Beispiel auf den Betrachter zu oder entfernen sich von ihm, werden sie größer oder kleiner erscheinen, das heißt, sie verdecken mehr oder weniger von der Umgebung.

10.2.2.2 Nicht belebte Objekte und Elemente

Für die nicht belebten Objekte gelten ähnliche Wahrnehmungsbedingungen. Die äußere Form bleibt jedoch bei der Bewegung erhalten, wenn es sich um ein Auto, Flugzeug, Schiff oder Ähnliches handelt. Wenige Einzelteile können eine spezielle Bewegung »innerhalb« des Objektes signalisieren. So zum Beispiel die Räder beim Auto oder Wagen, die Propeller von kleinen Flugzeugen etc. Offener und veränderlicher werden die Formen in den menschlich angetriebenen Objekten, wie Fahrrad oder Ruderboot, wahrgenommen.

Wir können besondere Erfahrungen machen, wenn wir uns in einem dieser nicht belebten Objekte befinden und bewegen. Die passive Bewegung im Auto ist vielen bekannt. Die Bedienung der Fahrzeuge, die sich sehr viel schneller als wir selbst bewegen, müssen ja auch erlernt werden. Wir brauchen einen Führerschein. Das bezieht sich aber nicht nur auf das Funktionieren des Autos, sondern wir müssen die Einschätzung des Verkehrs und der Straßen einüben. Dazu orientieren wir uns nicht an Details, weil sie viel zu schnell vorbeifließen, sondern versuchen, die Gesamtsituation zu erfassen. Wir haben den Fall der Tiefgaragenausfahrt schon beschrieben. Aber auch auf einer geraden Strecke schätzt der Fahrer den vor ihm liegenden Horizont ein und orientiert sich an den Fließmustern, die seitlich an ihm vorüberziehen und hinten wieder zusammenlaufen. → [194 & 195]

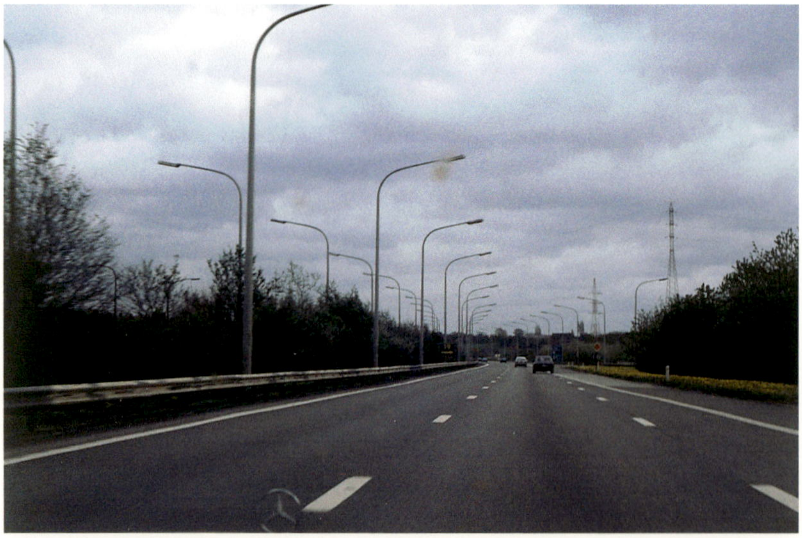

ABBILDUNG 194

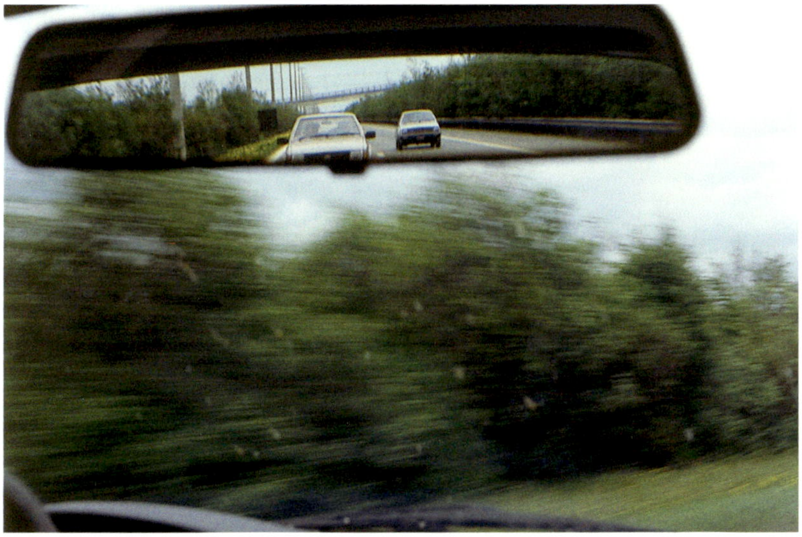

ABBILDUNGEN 194 & 195
Bei der passiven Bewegung im Auto konzentriert sich der Fahrer auf eine Gesamteinschätzung der Strecke, auf den vor ihm liegenden Horizont und an den vorbeiziehenden Fließmustern.

Eine besondere Rolle spielt das Wasser. Wasser ist geradezu ein Synonym für Bewegung. Die Wellen des Meeres, das Fließen eines Flusses oder die gezielte Bewegung in Leitungen und Schläuchen oder Brausen. Dieses Element hat neben seiner nützlichen und Leben spendenden Funktion schon immer eine große Faszination ausgeübt. Es hat schon die Römer angeregt, große Wasserleitungen zu konstruieren, um damit aufwendige Bäder und Brunnen zu unterhalten.

Brunnen waren und sind schon immer ein beliebter Akzent für Plätze oder Parks. → [196 & 197]

Besondere Varianten der Kunst kann man heute noch in Versailles bewundern, das an bestimmten Tagen mit seinen Wasserspielen Hunderte von Besuchern anlockt. → [198]

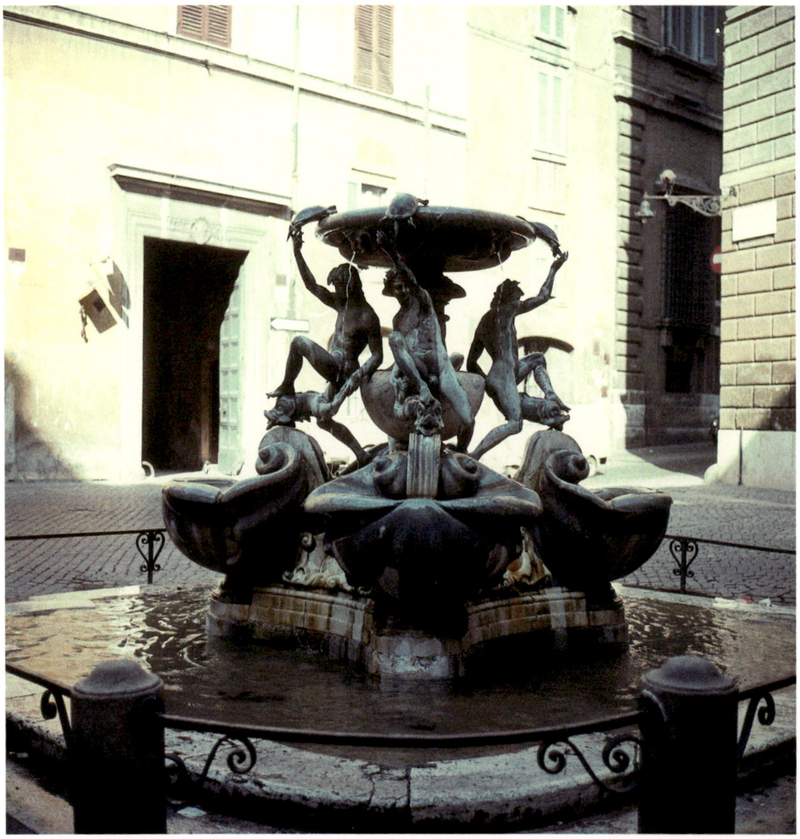

ABBILDUNGEN 196 & 197
Brunnen sind ein beliebter Akzent für Plätze. Manchmal rinnt es leise, wie an dem so genannten Schildkrötenbrunnen in der Altstadt von Rom, manchmal sprüht es mit vehementer Kraft, wie auf dem Place de la Concorde in Paris.

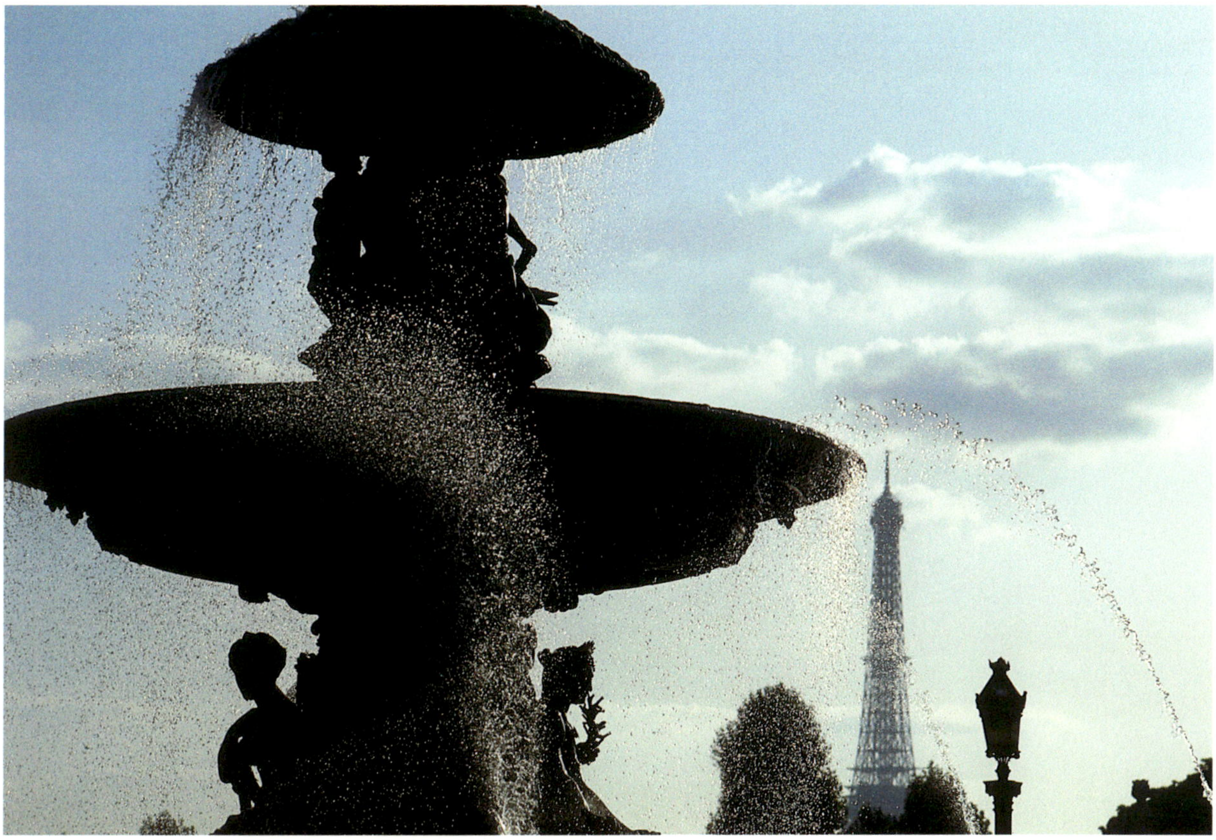

ABBILDUNG 197

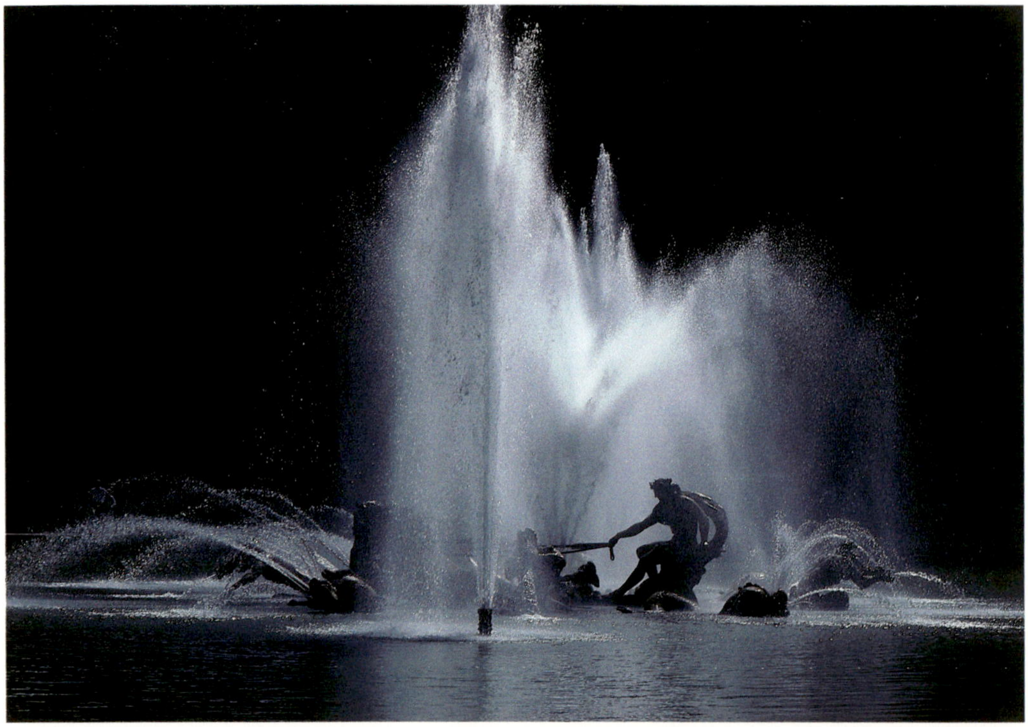

ABBILDUNG 198
Auch heute noch sind die Wasserspiele von Versailles eine große Attraktion für die Besucher.

Das Meer ist in allen Variationen beliebtes Ferienziel. Nicht nur der Badespass macht Freude, auch die Beobachtung des bewegten Wassers fasziniert. Es ist schwierig, die Bewegung der Meereswellen zu verfolgen. → [199] Sie ist unendlich, weil dem Verlauf einer Welle der ruhende Bezugspunkt fehlt. Nur am Strand findet die Bewegung ihren Auslauf, die immer wieder neue Formationen produziert und mit einem gewissen Rhythmus ans Ufer rollt. → [200]

Bei einem Fluss wird uns das Fließen am Ufer besonders deutlich, aber innerhalb des Wassers kommt die Veränderung nicht zu einem Abschluss. Wir können zwar die Richtung der Strömung erkennen, die sich in keilförmigen Wassermassierungen anzeigt, um aber das Fließen zu sehen, müssen wir den Blick fixieren. → [201]

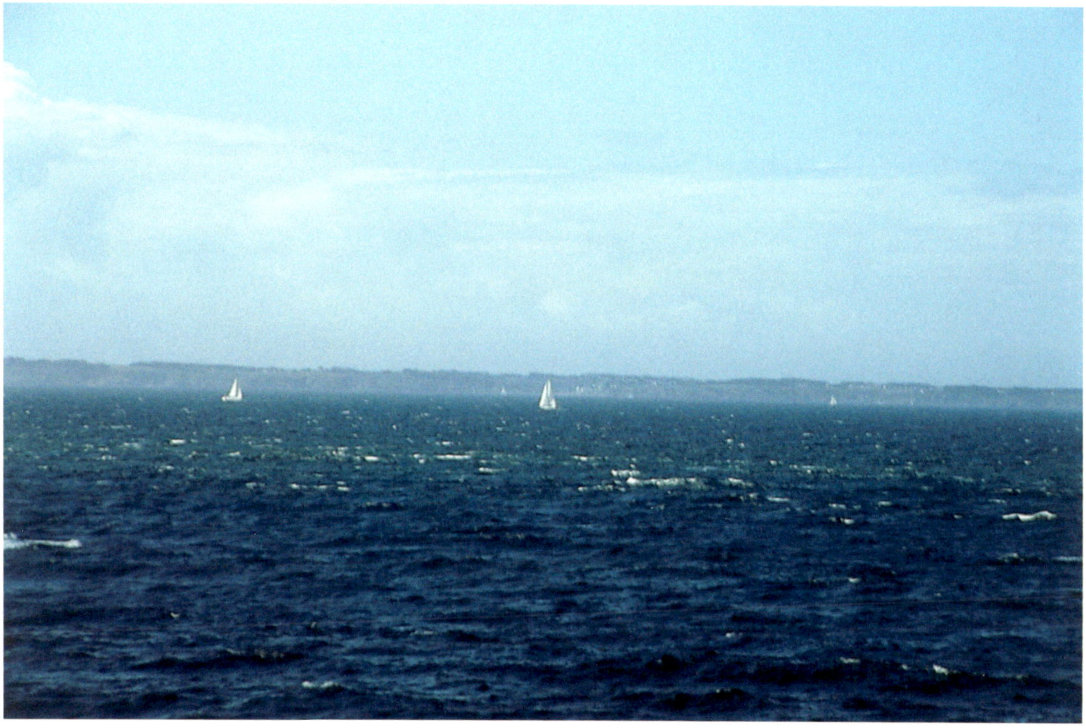

ABBILDUNG 199
Es ist schwierig, der Bewegung der Meereswellen zu folgen, weil ihr Ablauf keinen ruhenden Bezugspunkt hat.

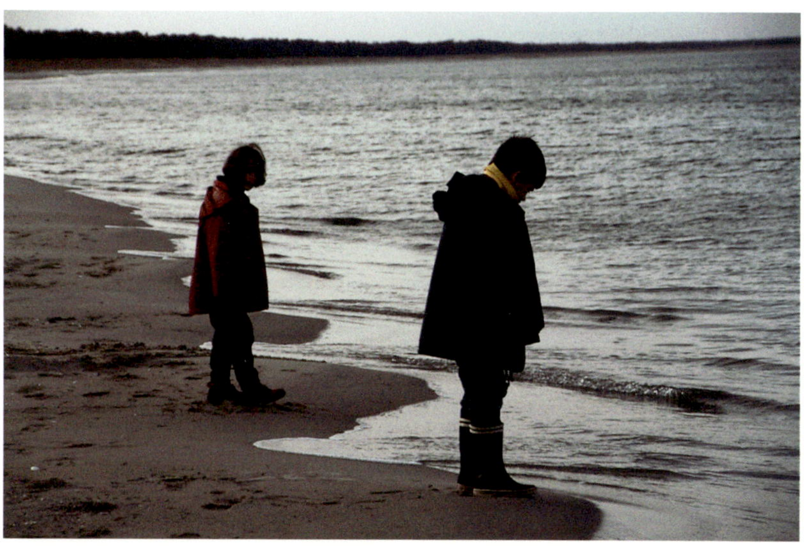

ABBILDUNG 200
Nicht nur für Kinder ist das Auslaufen der Wellen interessant, weil man ihre Bewegung nicht »fassen« kann.

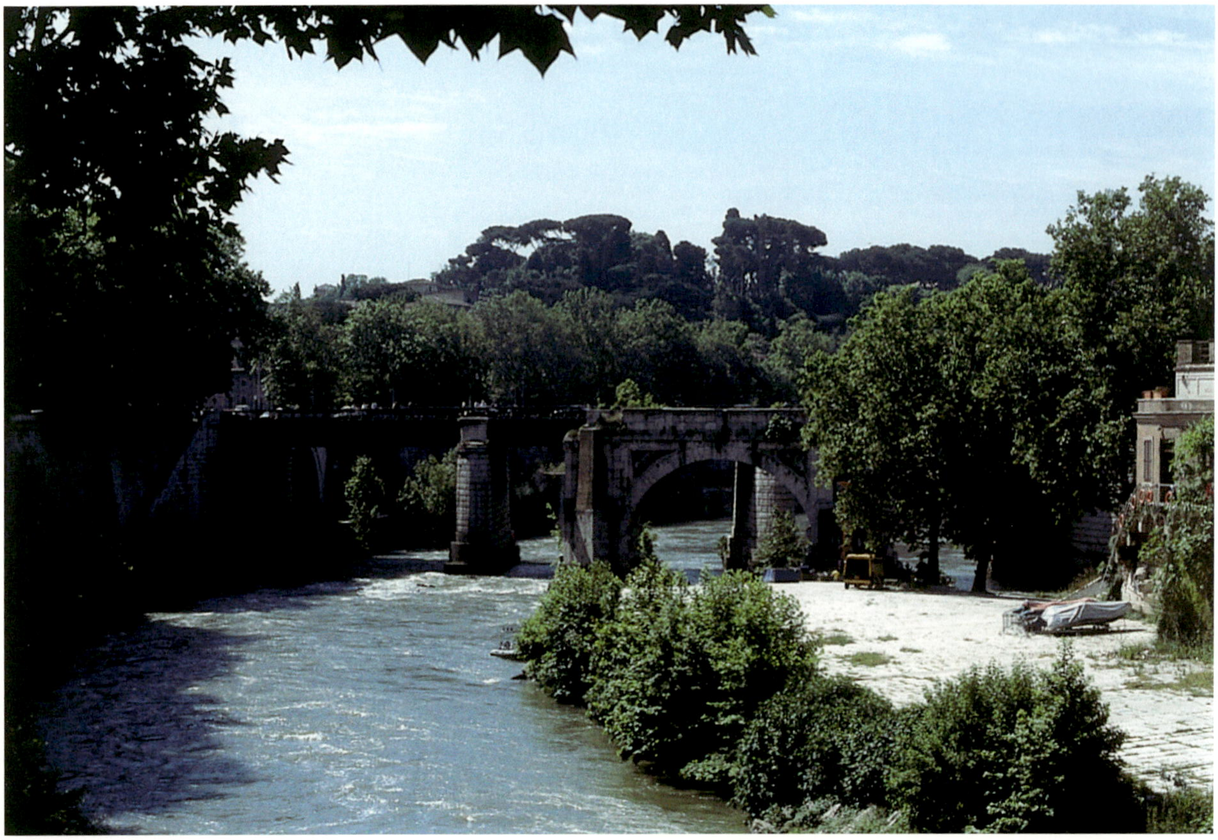

ABBILDUNG 201
An einem Fluss zeigt die Bewegung am Ufer ihre Richtung an, aber sie kann nicht durch den Wechsel von verdecken und enthüllen eingelöst werden.

Gerade am bewegten Wasser wird besonders deutlich, dass die Bewegung ohne ruhenden Bezugsrahmen zwar wahrgenommen, aber nicht durch den Wechsel von Verdecktem und Unverdecktem entschlüsselt werden kann. Wenn das Wasser durch einen Widerstand in seinem eigentlichen Verlauf behindert wird und neue Wege sucht, kann man die Bewegung in den neuen Richtungen recht gut verfolgen. → [202]

Feuer, Rauch und Dampf verändern sich ständig und sind an keine Form gebunden. Bei ihrem Ausstoß werden sie sichtbar und wirken dicht und kräftig, um sich zu ihren Rändern hin in der Luft aufzulösen und zu verschwinden. Gerade dieses Wechselspiel der Formen macht es für das Auge interessant, obwohl wir wissen, dass auch der unsichtbare Teil gefährliche Spuren hinterlassen kann. Im Falle des 11. September 2001 signalisierten diese Erscheinungen in New York eine Katastrophe, die sich weltweit eingeprägt hat. → [203 & 204]

ABBILDUNG 202
Im Verlauf des Wassers wird die Bewegung an einem Widerstand besonders deutlich.

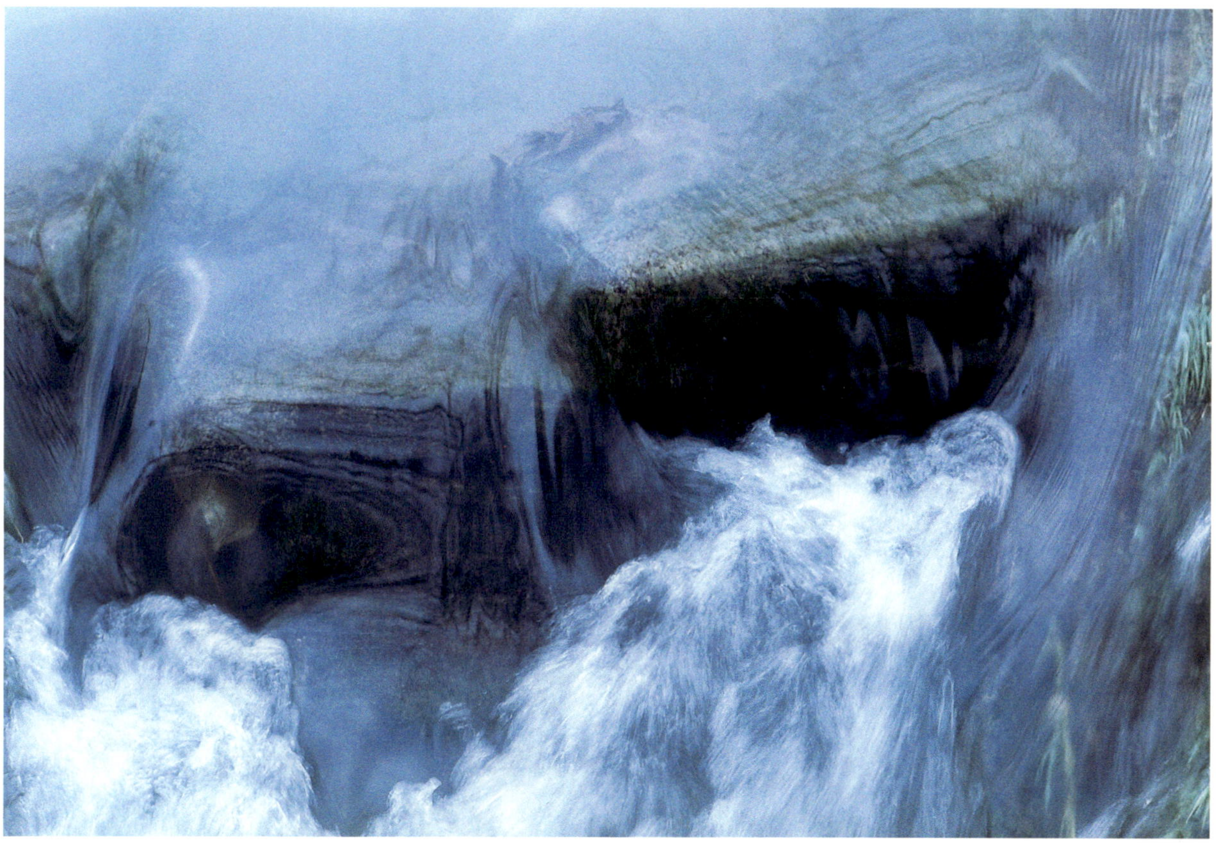

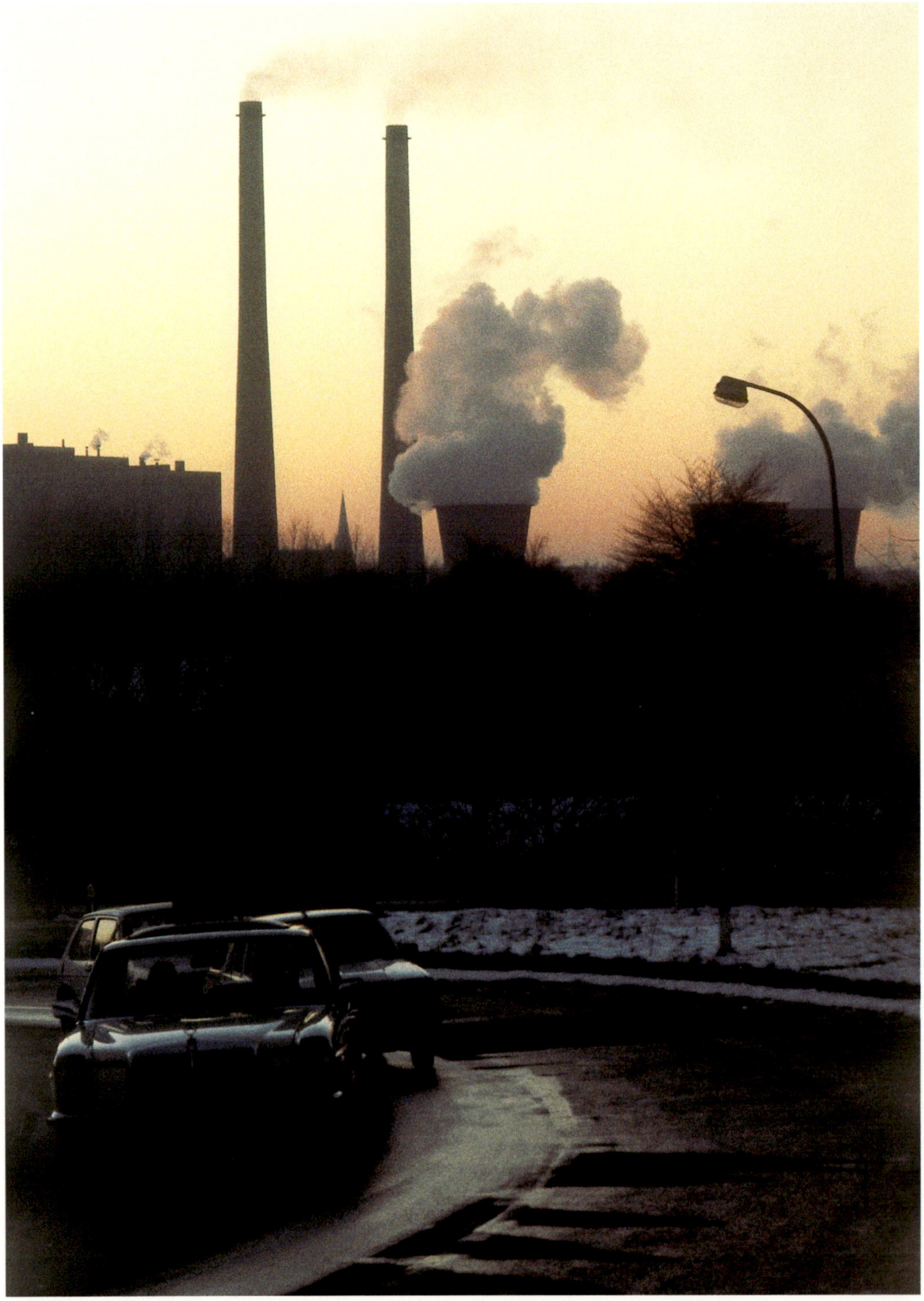

ABBILDUNGEN 203 & 204
Rauch und Dampf verändern sich ständig und sind in ihrer Ausdehnung nicht vorherzusehen.

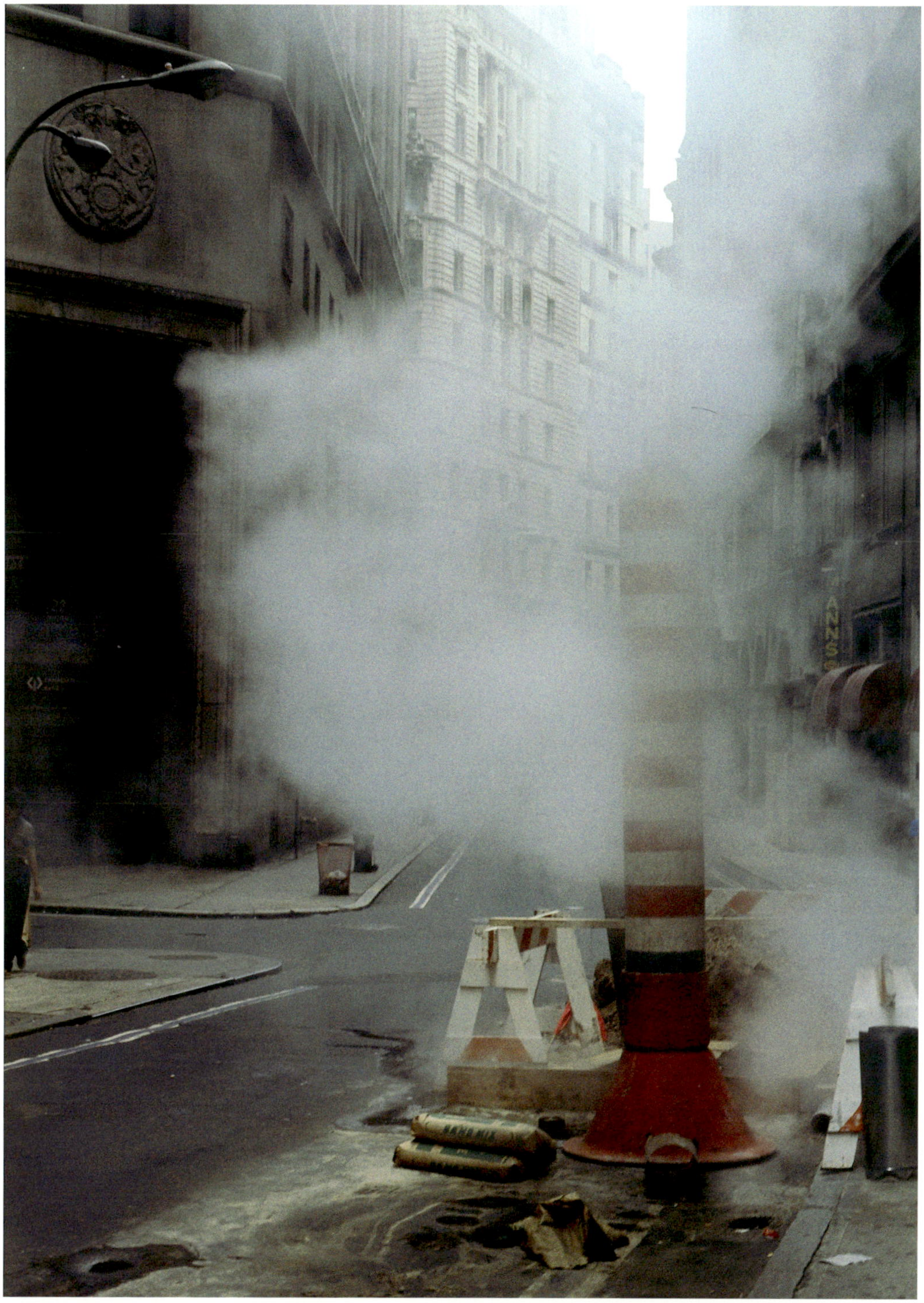

ABBILDUNG 204

10.3 Darstellung und Bewegung

10.3.1 Spannung von Ruhe und Bewegung

Interessanterweise ist die Darstellung der Bewegung schon immer für die Künstler im »Stillen Bild« von außerordentlichem Reiz gewesen und hat bis heute angehalten. Seit der Antike hat man daran gewirkt, einen Spannungszustand von Ruhe und Bewegung in einem statischen Medium zu gestalten, und in den folgenden Epochen wurden Skulptur, Malerei und auch Architektur die Ausdrucksträger der dynamischen Anschauung.→ [205]

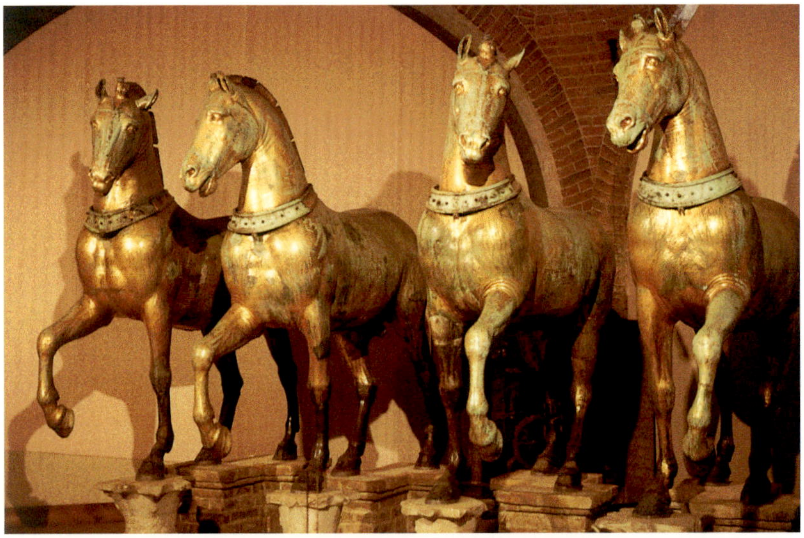

ABBILDUNG 205
Die Kunst hat in der Skulptur, Malerei und auch Architektur die Dynamik zur Anschauung gebracht. Hier sind es die Bronzerosse von San Marco in Venedig, die wahrscheinlich aus römischer Zeit stammen und seit 1270 über dem Hauptportal stehen. Es ist bemerkenswert, wie natürlich die momentane Bewegung in dieser Zeit dargestellt wurde.

Die Photographie konnte also an eine Tradition der Bewegungsdarstellung anknüpfen und die Kamera für ganz eigene Darstellungsweisen einsetzen. Photographie und Bewegung – mit diesem Paradox haben wir uns bereits in Abschnitt 10.1.1 »Bewegung als komplexes Problem« beschäftigt. Dieser Widerspruch hat die Theoretiker herausgefordert, für die Darstellung der Bewegung angemessene Beschreibungen zu finden. Rudolf Arnheim spricht von »Dynamik« und Kandinsky von »Spannung«, wenn es sich um Bewegungsdarstellung im Bild handelt. Arnheim betont die »Anschauungsdynamik« oder »gerichtete Spannung« und widerspricht der Ansicht, dass der Rezipient sich den Eindruck von Bewegung auf der statischen Fläche bloß vorstellt oder einbildet. Die Anschauungsdynamik ist für ihn:

»... eine Eigenschaft, die Formen, Farben und Bewegung innewohnt, und nicht etwas, das durch die Vorstellungskraft eines Betrachters, der sich auf sein Gedächtnis verläßt, dem Wahrnehmungsbild hinzugefügt wird.«

[ARNHEIM, 1978]

Das heißt, Bewegung ist im Bild existent, sie kann vom Rezipienten anschaulich erfahren werden. Bewegung kann sich nur an innerbildlich statischen Elementen oder an den Bildgrenzen artikulieren. Durch die Gegensätzlichkeit entwickelt sich ein Spannungszustand von Ruhe und Bewegung. Es gibt mehrere Möglichkeiten, Kennzeichen für Bewegung oder eine Anschauungsdynamik im Bild zu realisieren. Zum Beispiel, die Erscheinung des Gegenstandes wird durch Farbe und Form dynamisch gestaltet, indem sie über die Bildgrenzen hinausdrängt, oder es wird auf der Fläche ein Spannungszustand hergestellt, der sich aus der Beziehung zur Bildgrenze bzw. zum Ausschnitt entwickelt und damit das Bildgeschehen als Nachvollzug einer kinästhetischen Erfahrung bewusst werden lässt. → [206]

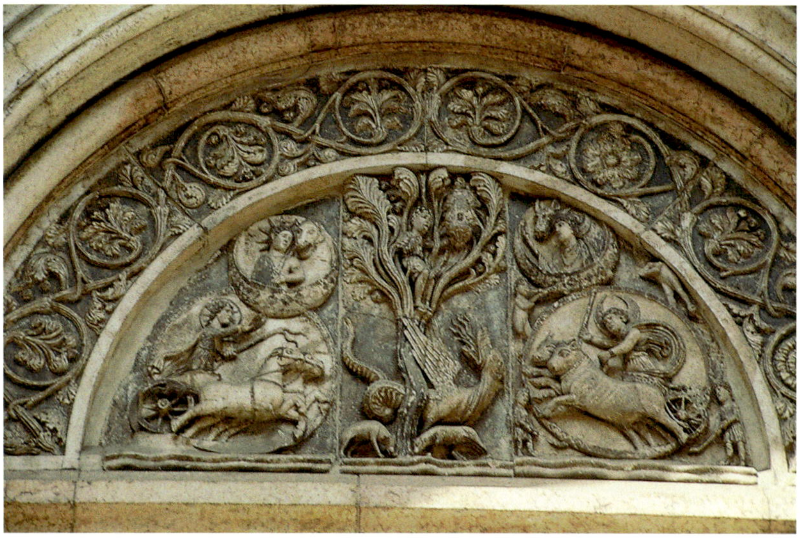

ABBILDUNG 206
Anfang des 13. Jahrhunderts hat Benedetto Antelami am Südportal des Baptisteriums von Parma diese Lünette als Relief geschaffen. Apollo und Diana *(als Symbol für Sonne und Mond)* drängen dem Lebensbaum entgegen. Das Konzept ist hier weniger auf die natürliche Darstellung ausgerichtet als auf die Dynamik der Geschwindigkeit, die die Lünette zu sprengen scheint.

10.3.2 »Bewegung« im Bild?

Für die Bewegungsdarstellung in der Photographie sind in erster Linie die Möglichkeiten der Kamera relevant. So ist es dem Photographen auf den ersten Blick nicht möglich, den berühmten »fruchtbaren Augenblick« in einem einzigen Moment einzufangen, denn seine kurzen Belichtungszeiten werden in den meisten Fällen eine bewusste Auswahl eines Augenblickes gar nicht zulassen. → [207]

ABBILDUNG 207
Die kurzen Belichtungszeiten der Photographie, die dem menschlichen Wahrnehmungsvermögen unzugängliche Momente sichtbar machen, implizieren per se ein Hinzudenken der gesehenen Erfahrung, um eine Bewegung überhaupt akzeptieren zu können. Wir würden die Bewegung der Figuren im Vordergrund nicht in dieser Position sehen, sondern das Treppensteigen insgesamt wahrnehmen.

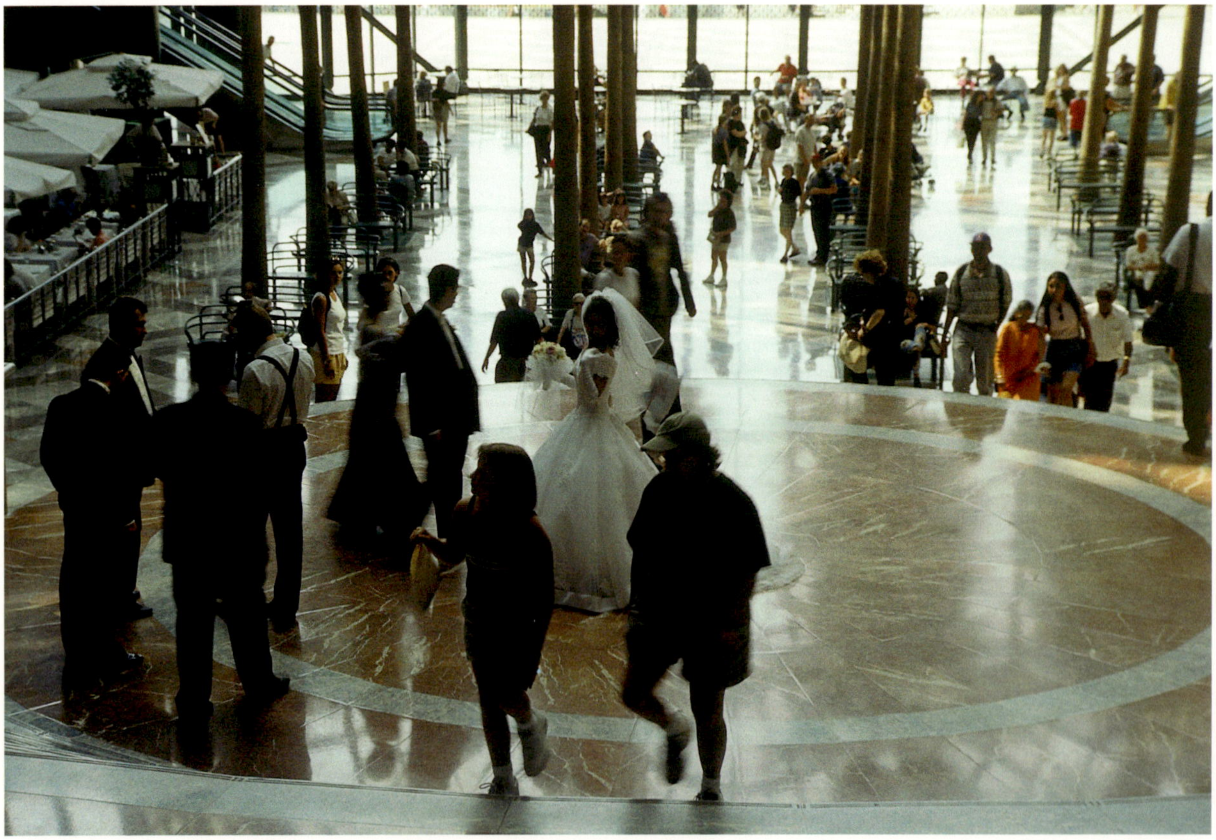

Er kann sie allenfalls bei der Auswahl seiner Negative treffen. Lessing hätte in seinem Laokoon der Photographie im Vergleich zur Literatur wahrscheinlich noch stärkere Begrenzungen vorgeworfen als der Malerei:

»Kann schon der Künstler von der immer veränderlichen Natur nie mehr als einen einzigen Augenblick, und der Maler insbesondere diesen einzigen Augenblick auch nur aus einem einzigen Gesichtspunkte brauchen; sind aber ihre Werke gemacht, nicht bloß erblickt, sondern betrachtet zu werden, lange und wiederhohltermaßen betrachtet zu werden: so ist gewiß, daß jener einzige Augenblick und einzige Gesichtspunkt dieses einzigen Augenblicks nicht fruchtbar genug gewählt werden kann.« [LESSING, 1890]

Die ersten Vorwürfe des »einzigen Augenblicks« und »der einzigen Ansicht«, die nach Lessings Aussagen die Grenzen der Malerei darstellen, klingen dem Photographen vertraut, da sie ihm häufig genug von Interpreten der Malerei vorgehalten werden. Die »Fruchtbarkeit des Augenblicks«, die Lessing fordert, ist das, *»...was der Einbildungskraft freien Lauf läßt. Je mehr wir sehen, desto mehr müssen wir hinzudenken können. Je mehr wir dazu denken, desto mehr müssen wir zu sehen glauben.«* [LESSING, 1890]

Für die Photographie könnte dieser Gedanke auf den zweiten Blick »fruchtbar« werden. Die kurzen Belichtungszeiten der Photographie, die dem menschlichen Wahrnehmungsvermögen unzugängliche Momente sichtbar machen, implizieren per se ein Hinzudenken der gesehenen Erfahrung, um eine Bewegung überhaupt akzeptieren zu können. Wir werden bei der Momentaufnahme noch näher darauf eingehen. → [208]

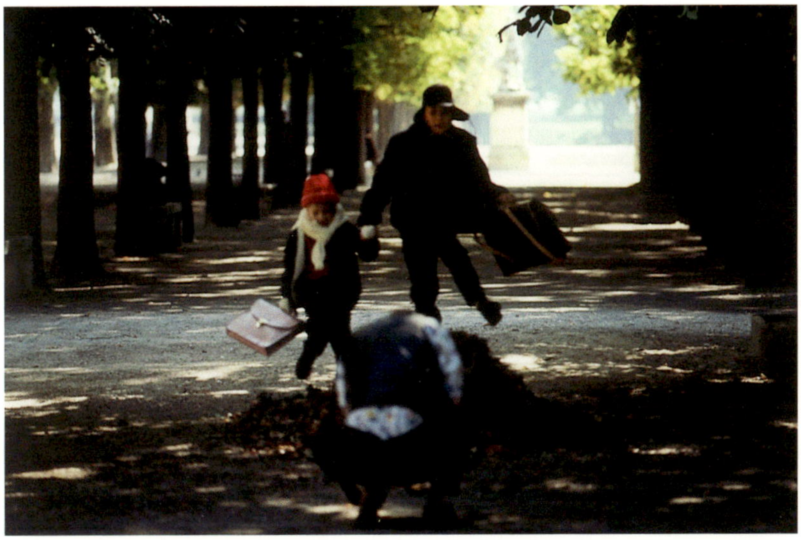

ABBILDUNG 208
Ein Moment aus der Zeit, wie wir ihn in der Wirklichkeit nicht wahrnehmen können. Man weiß aus gesehener Erfahrung, dass die Kinder vor Bruchteilen von Sekunden noch eine andere Position hatten und in den nächsten eine neue einnehmen werden.

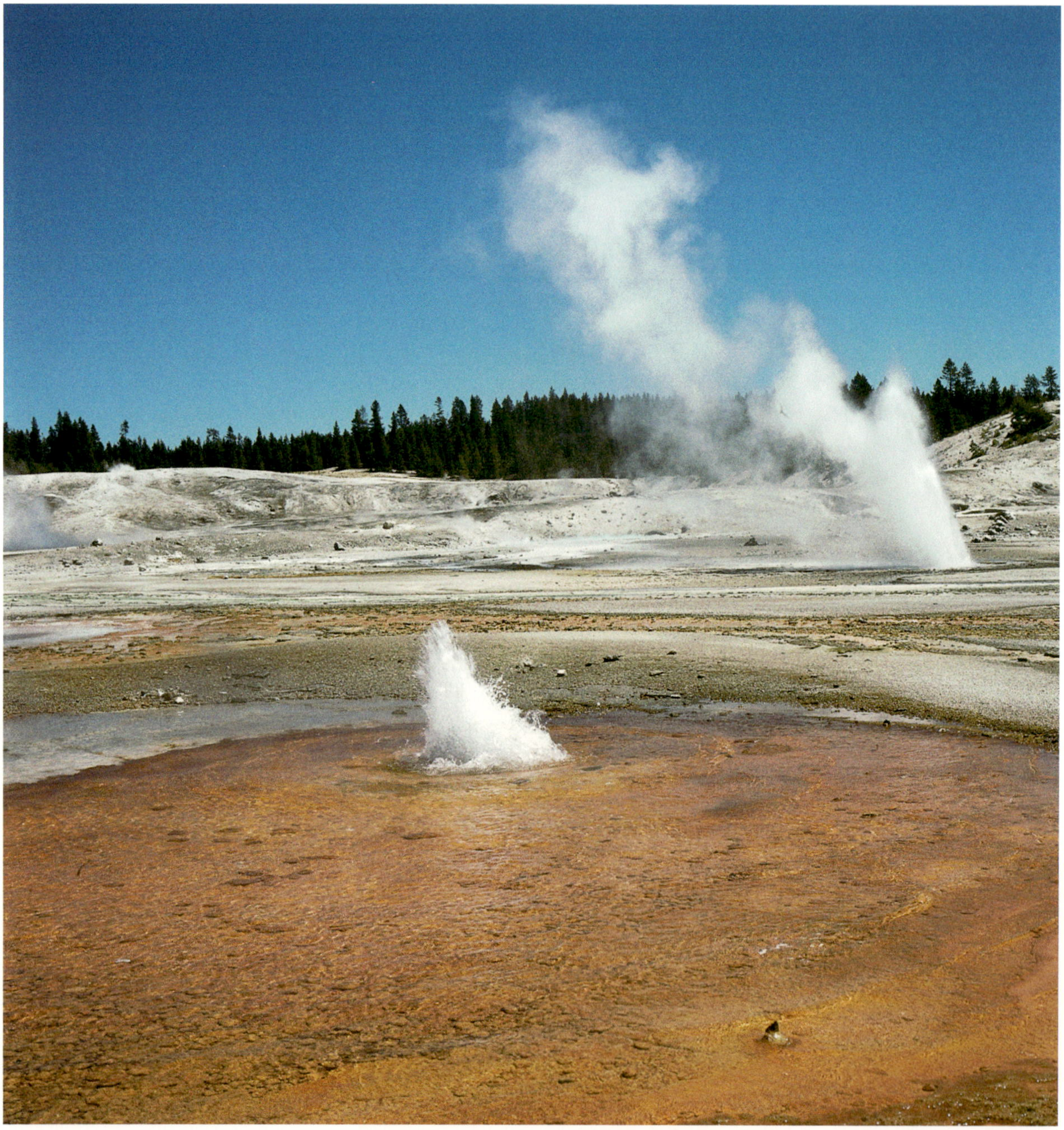

ABBILDUNGEN 209 & 210
Die Bewegungsdarstellung ist prädestiniert, Störungen der optischen Anordnung im Bild zu evozieren.

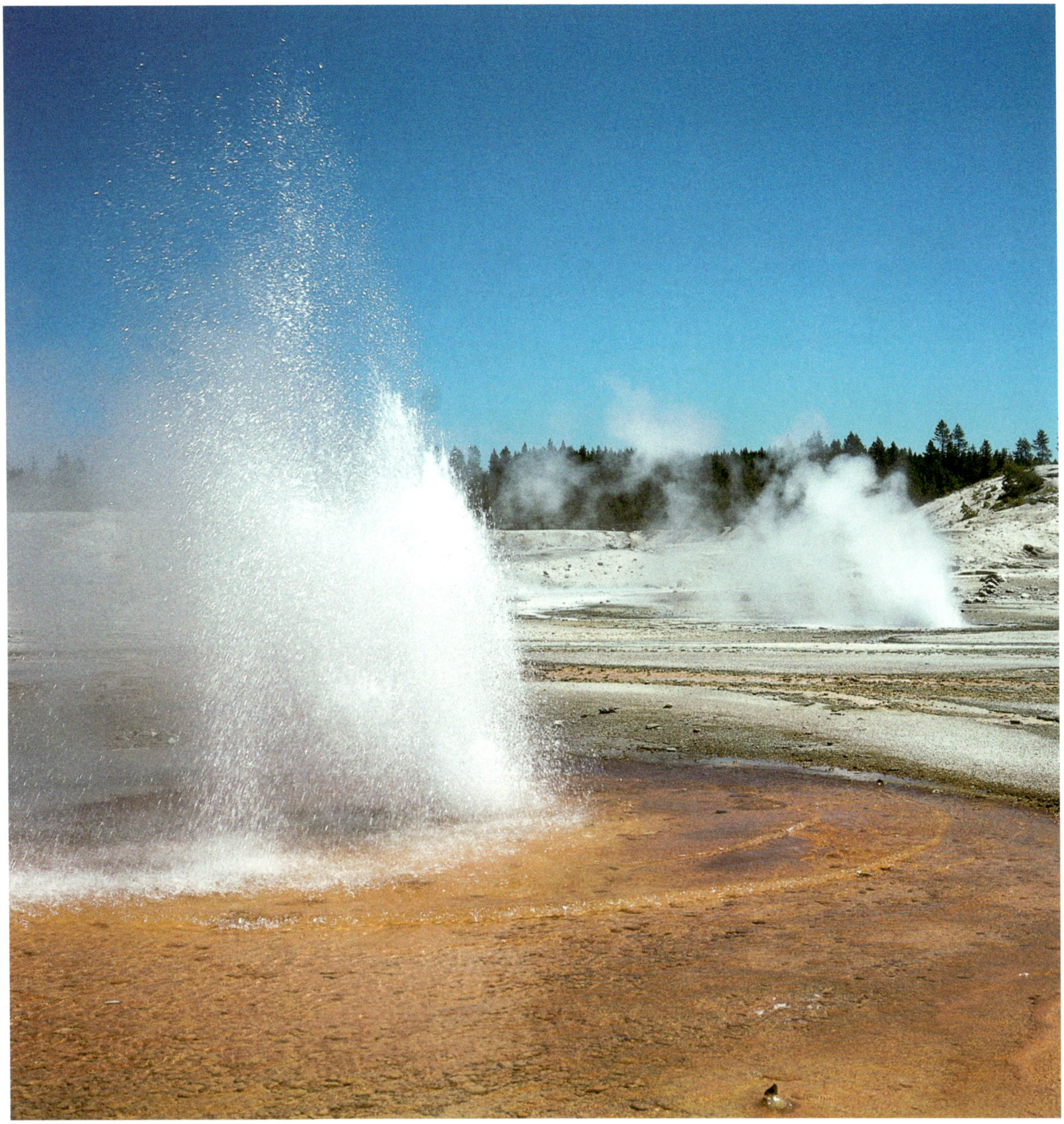

ABBILDUNG 210

10.3.3 Wahrnehmung und Darstellung

Die Probleme der Bewegungsdarstellung unterscheiden sich in wesentlichen Faktoren von denen der Wahrnehmung in der Umwelt.

»Die Art, wie man Bilder sieht, ist nicht leichter, sondern schwieriger zu verstehen als das Sehen im natürlichen umgebenden Licht.« [GIBSON, 1982]

Wir sind geneigt, in gleicher Weise Umweltangebote und Bilder zu betrachten, aber das Angebot unterscheidet sich wesentlich. Ein Bild ist begrenzt, es hat eine Oberfläche, und die Kennzeichen von Malerei, Zeichnung und Photographie sind nicht zu übersehen. Die bildschaffenden Künstler können dem Rezipienten kein umweltähnliches Angebot machen. Wir sind in Kapitel 7 auf Bild und Täuschung eingegangen und haben die Mittel der Photographie in Kapitel 8 erläutert. Ein Bildangebot enthält per se Störungen und Irritationen vielfältiger Art, weil es ein unnatürliches Anhalten aus dem Fluss der Zeit ist und von einem Standpunkt aus eine Bildorganisation entwirft. Unter Umständen werden aber auch ganz gezielte Störungen eingebaut, um den Unterschied zur Wahrnehmungsweise der Wirklichkeit zu thematisieren. Es können damit Anstöße für neue kognitive Prozesse freigelegt werden, die außerhalb der Kunst nicht zu gewinnen sind.

»Man kann sagen, dass der Künstler ein von ihm ersonnenes Strukturthema der Wahrnehmungsorganisation auferlegt.« [ARNHEIM, 1979]

Die Bewegungsdarstellung ist prädestiniert, eine solche Störung zu provozieren. Für den Rezipienten bedeutet das in jedem Fall eine abgeschwächte Wahrnehmung der Invarianzen. → [209 & 210] ABBILDUNGEN SEITE 198 UND 199

Die Stabilisierungstendenz der Wahrnehmung in der umgebenden Welt kann durch Bilder in Bewegung geraten und Veränderung erfahren. Das Bild müsste, im Falle der Bewegungsdarstellung, gerade nicht zu einem fixierten Objekt erstarren, da es versucht, Kennzeichen der Bewegung zu thematisieren und für den Rezipienten anschaulich erfahrbar zu machen. Den Bildmedien stehen dabei verschiedene Möglichkeiten zur Verfügung.
→ [211, 212 & 213]

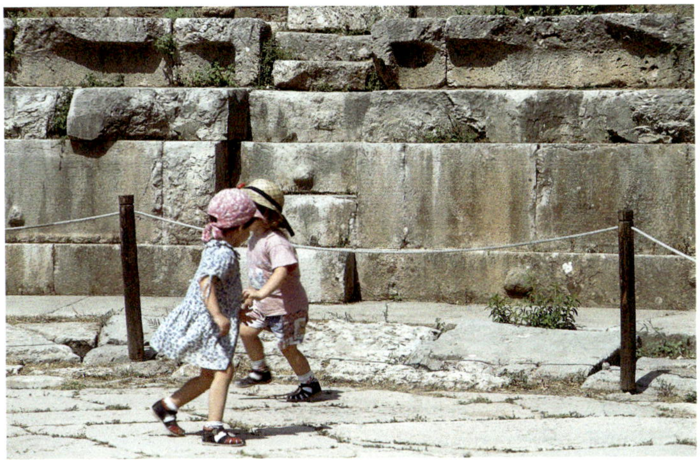

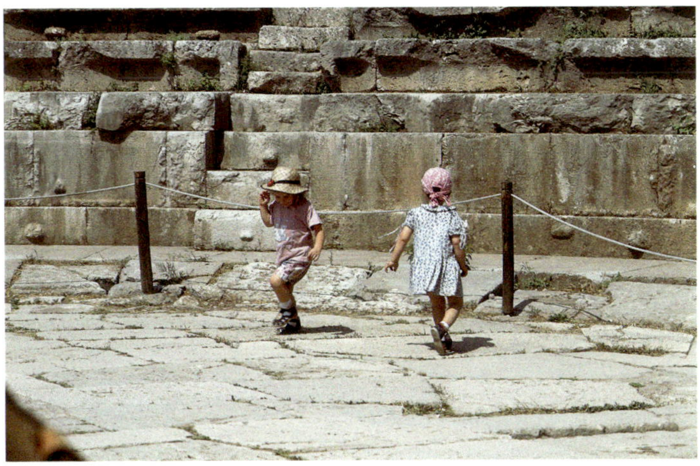

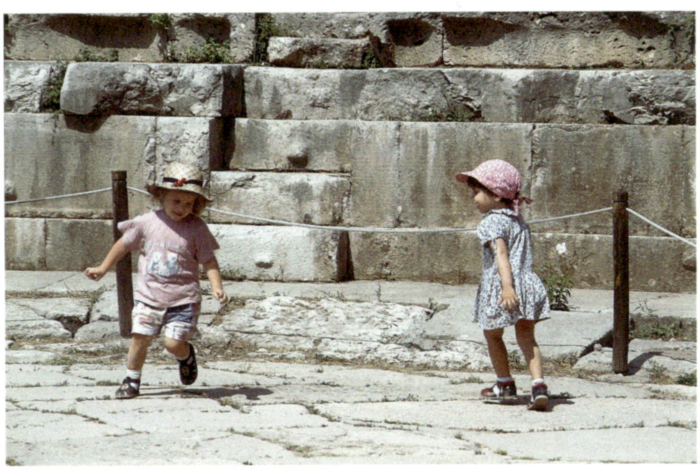

ABBILDUNGEN 211, 212 & 213
In der Momentaufnahme ist die Arretierung der Bewegung gut zu beobachten. Wir würden diese Positionen so nicht wahrnehmen. Die Folge zeigt die Pausen, die vom Betrachter gefüllt werden müssen.

In der Photographie kann die Momentaufnahme durch ihre kurzen Belichtungszeiten den Fluss einer Bewegung anhalten und damit den Zufall einer Bewegungssituation festhalten, die das Auge in der Wirklichkeit nicht sehen kann. Serie, Sequenz und Reihung können über das Einzelbild hinaus eine Folge von Bewegungen anzeigen, die Pausen einlegt und dadurch das Kontinuum in sukzessive Phasen zerlegt, die die Wahrnehmung ergänzen muss. Die Farbe kann im optischen Verlauf Objektgrenzen aufheben oder durch das Bewegen der Kamera Lichtquellen in eine farbige Linienfolge überführen.
→ [214 & 215]

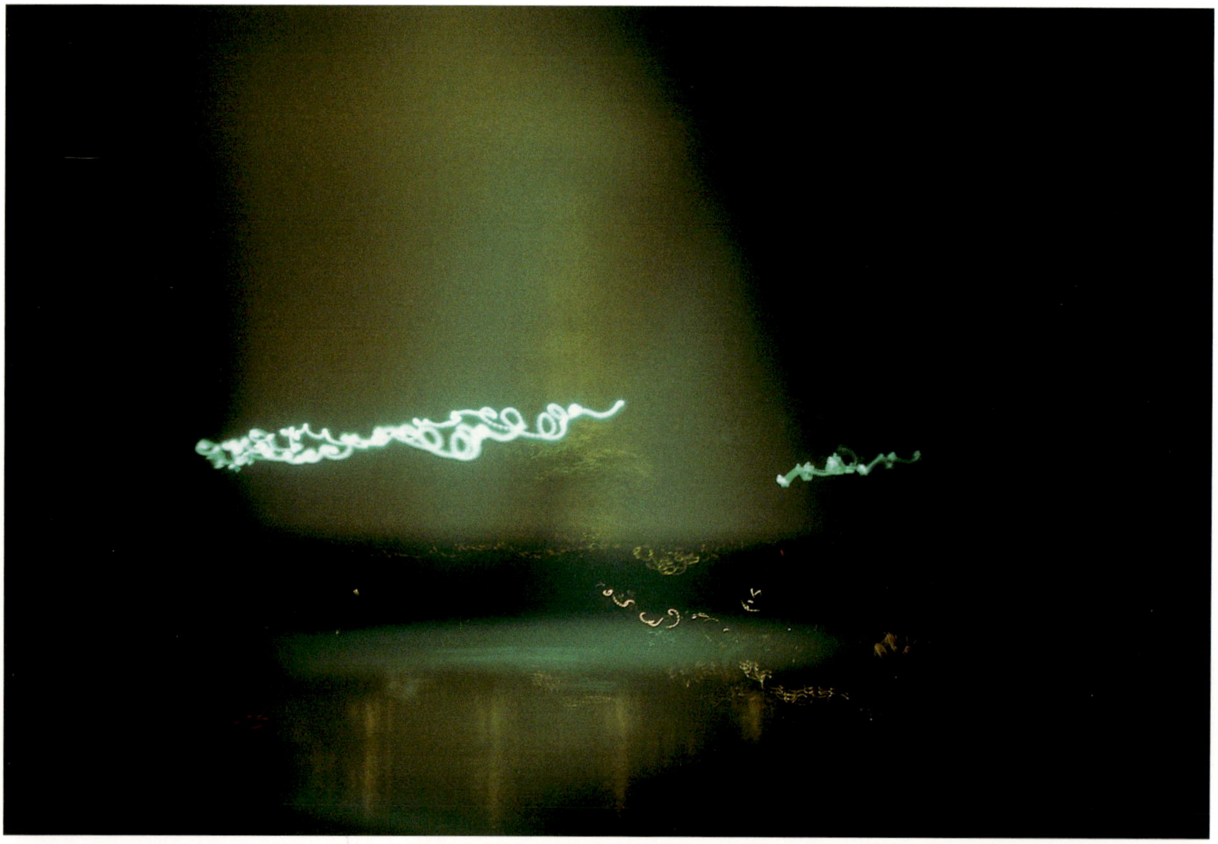

ABBILDUNGEN 214 & 215
Durch das Bewegen der Kamera, in diesem Fall wurde aus einem Auto photographiert, können sich Lichtquellen und Objekte in farbig verlaufende Flächen und Linien verwandeln.

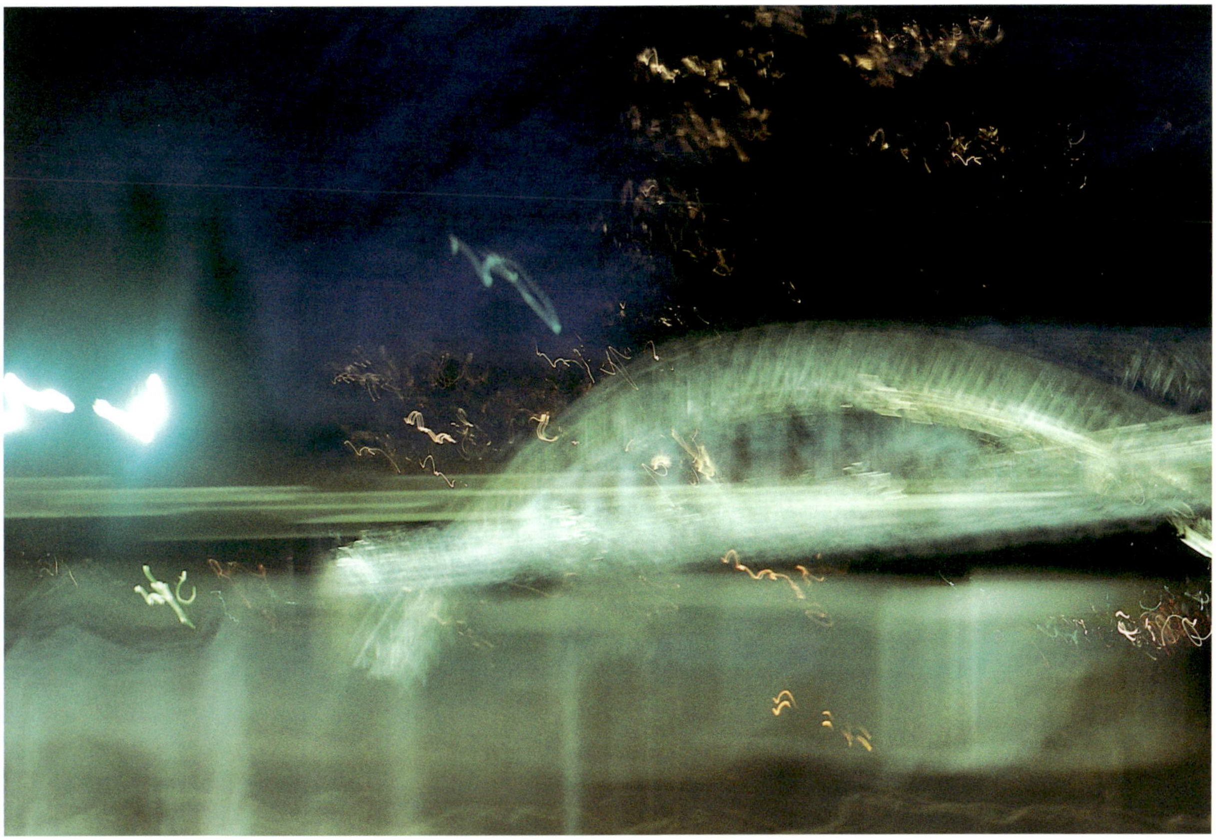

ABBILDUNG 215

In der Photographie spielt die Unschärfe eine entscheidende Rolle, weil sie Verläufe und Verwischungen erst möglich macht. Diese Kennzeichen spielen sich innerhalb der Bildgrenzen ab, die im Gegensatz zum realen Raum als Bezugssystem fungieren. → [216 ⊕ 217]

In der Darstellung stellt sich immer wieder die Frage, mit welchen Mitteln eine Intention zum Ausdruck gebracht wird. Auf den ersten Blick scheint ja in der Photographie alles automatisch zu funktionieren. Wir wissen mittlerweile, dass dieser prima vista täuscht. Um sich die Mittel des Mediums gefügig zu machen, bedarf es der Konzeption. Wir haben mehrfach darauf hingewiesen, dass die menschliche Wahrnehmung in ständiger Bewegung ist und trotzdem eine extrem starke Konstanz enthält. Die Darstellung der kontinuierlichen Bewegung wirkt dieser Konstanz entgegen, weil ihr Nachvollzug sich nicht auf fest umrissene Konturen konzentrieren kann, sondern der Auflösung von Form und Farbe folgen muss und Anfang und Ende der Bewegung nicht auszumachen sind. → [218]

Wie schon erwähnt, unserem Lebensrhythmus ist das eigentlich nicht fremd. Diese Verläufe sind unserem Empfinden von Zeit und Raum vertraut. Mit der Veränderung nehmen wir ein Grundprinzip des Lebens an, denn nur die unvollendete Wirklichkeit bietet die Chance für die Beweglichkeit des Geistes, der Anschauung und auch der Darstellung.

Es ist erstaunlich, dass trotz der zu überwindenden technischen Schwierigkeiten, die grundsätzlichen Bildpotentiale der photographischen Bewegungsdarstellung bereits im 19. oder am Anfang des 20. Jahrhunderts realisiert worden sind.

ABBILDUNG 216
Innerhalb der Bildgrenzen artikuliert sich die flächenparallele Bewegung, also die Querbewegung, sehr gut. In diesem Fall treffen belebte und unbelebte Objektbewegungen zusammen.

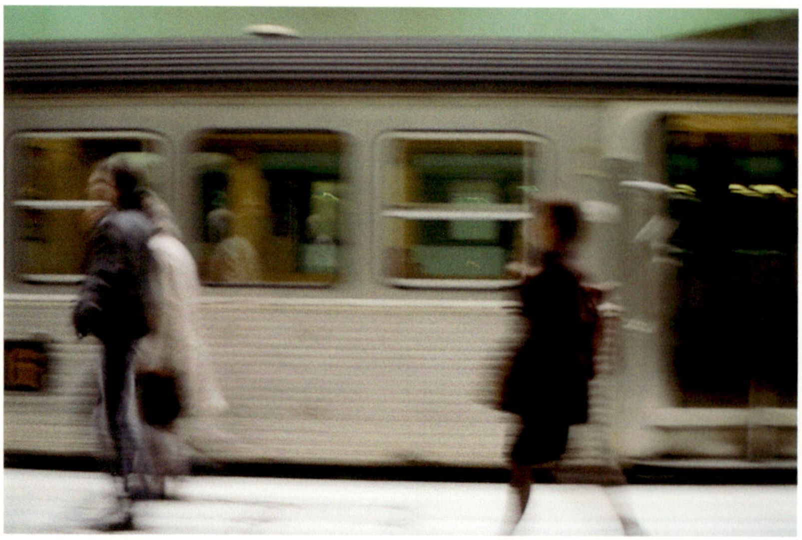

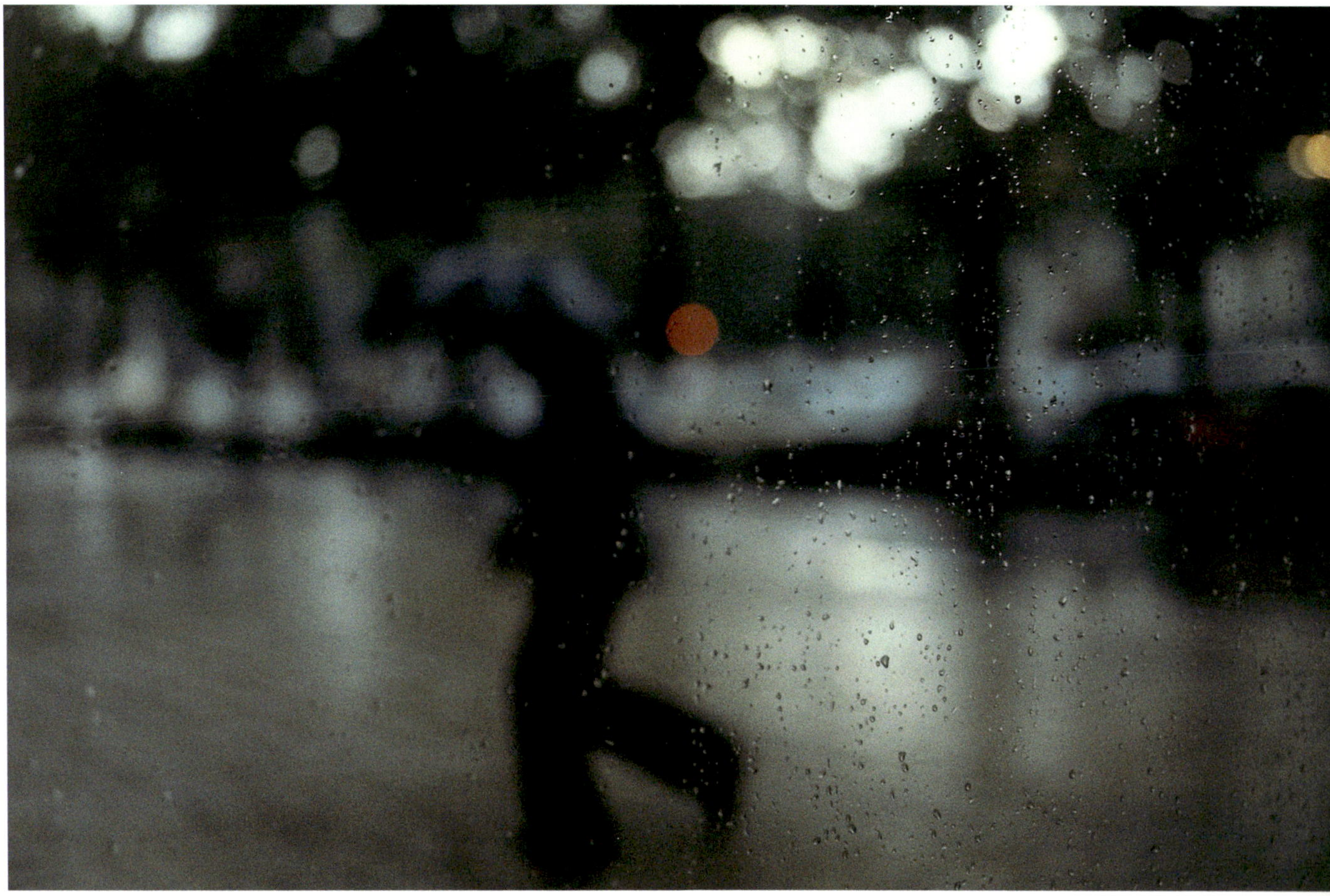

ABBILDUNG 217
Die Unschärfe verstärkt in der Regel den Bewegungsduktus, obwohl der Personen- und Umgebungsbezug noch erkennbar ist.

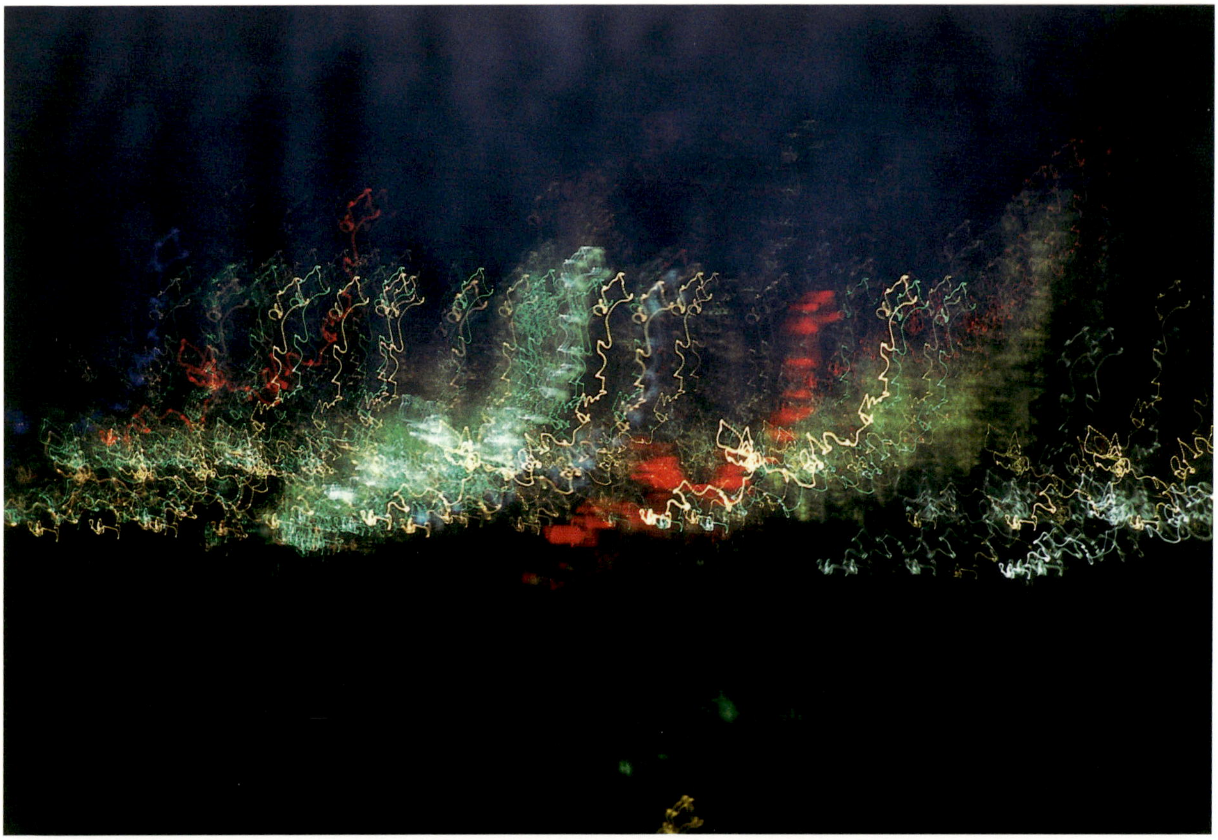

ABBILDUNG 218
Bewegung kann selbstständiges Ausdrucksmittel werden, wenn keine außerbildlichen Bezüge mehr erkennbar sind. Die Photographie bietet da mehrere Möglichkeiten und die Resultate unterscheiden sich deutlich von der Malerei.

10.4 Momentaufnahme und Sequenz im 19. Jahrhundert

10.4.1 Erste Verwischungen

Wir wollen hier nur kurz auf die interessante Entwicklung der Bildpotentiale durch die Bewegungsdarstellung im 19. Jahrhundert eingehen, weil das von mir an anderer Stelle sehr ausführlich behandelt worden ist.

In der Geschichte der Photographie gibt es eine Anzahl von Pionieren, die unter abenteuerlichen Umständen Bewegung im Bild festhielten, eigene Darstellungsformen fanden und Bildpotentiale entdeckten, die auch die Malerei nachhaltig beeinflusst haben. Zunächst hatten die zu langen Belichtungszeiten die bewegten Objekte nicht aufgezeichnet, die Aufnahmen waren deshalb menschenleer. Dann wurden durch die bessere Lichtempfindlichkeit der Emulsionen die bewegten Objekte als Verwischungen aufgezeichnet. Aaron Scharf hat daraus den Schluss gezogen, dass gerade diese Verwischungen und Unschärfen die impressionistischen Maler angeregt haben, ihre Konturen aufzulösen. Die Photographen der Zeit sahen darin schlicht einen Fehler, weil das Verständnis ihres Mediums noch ganz auf die scharfe und detaillierte Realitätsabbildung konzentriert war. Die Maler dagegen, und hier besonders die Impressionisten, entdeckten darin ein neues und interessantes Darstellungsmittel.

10.4.2 Momentaufnahme

Als die technischen Voraussetzungen für eine kurze Belichtungszeit erreicht wurden, konnte man den bewegten Moment scharf auf die Platte bannen. Die größte Erfindung war Anfang der fünfziger Jahre des 19. Jahrhunderts die Entdeckung des nassen Kollodiumverfahrens für die Photographie. Die Herstellung war umständlich und kompliziert. Die gegossene, noch nasse Platte musste gleich nach der Belichtung entwickelt werden. Die Dunkelkammer musste also zur Stelle sein, aber diese Emulsion brachte die Empfindlichkeit, die für kurze Belichtungszeiten nötig war.

Der Begriff »Momentaufnahme« *(Instantaneous image)* hat sich in der Literatur etabliert, wenn auch der Schnappschuss unserer Tage wenig damit zu tun hat. Mit den Kameras, die auf Stative angewiesen waren, und der oben geschilderten umständlichen Prozedur der Plattenherstellung und Entwicklung haben die Photographen jener Tage in den Straßenszenen trotzdem eine ganz neue Kategorie von Aufnahmen vorgestellt. Die Vertikalen und Horizontalen der Architekturelemente wurden sorgfältig parallel zu den Bildgrenzen ausgerichtet. Von einem erhöhten Aufnahmestandpunkt, der die Perspektive leicht zurücknimmt, aber gleichzeitig die Überschneidungen reduziert, wurden die Aufnahmen aus einer großen Gegenstandsweite aufgenommen, um die Bildschärfe zu garantieren. Zu diesen Vorbereitungen trat nun im Moment der Auslösung die Zufälligkeit *(Kontingenz)* der gestoppten Bewegung hinzu. → [219]

ABBILDUNG 219
Wir haben uns heute an die merkwürdigen Ansichten von Fuß- und Beinbewegungen gewöhnt. Für die damalige Zeit waren sie eine Sensation.

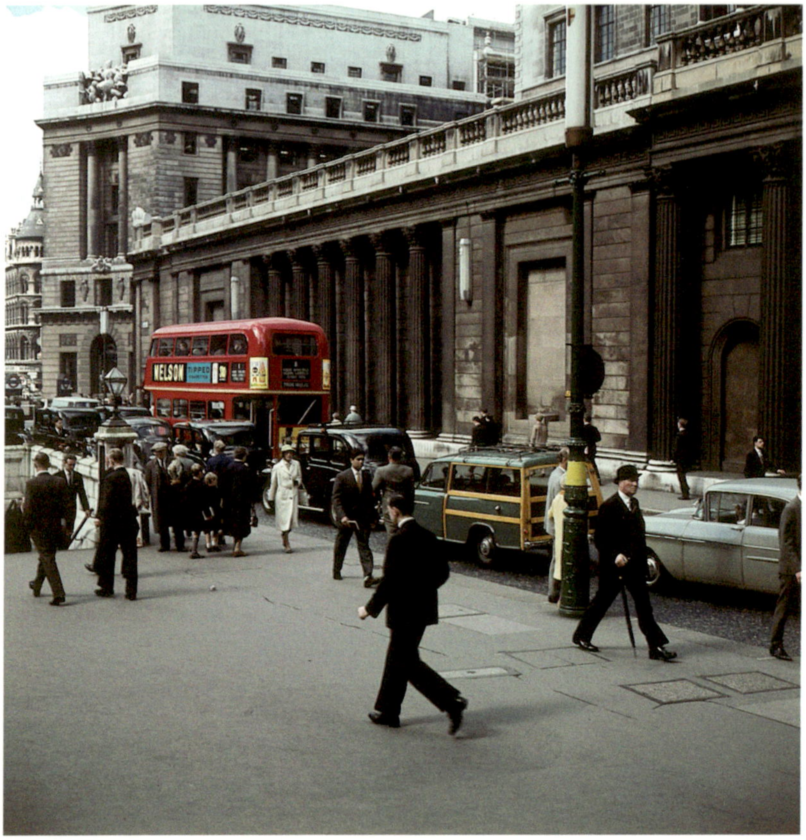

Das Überraschende dieser neuen Bilder für den Rezipienten war aber nicht so sehr die Spannung zwischen diesen beiden Bildebenen und die Nichtkomposition der Bewegungselemente, sondern die Kamera enthüllte im festgehaltenen Moment Ansichten, die zwischen den Augenblicken lagen, die dem menschlichen Auge so nicht wahrnehmbar sind. Eine neue Art des Sehens oder besser des Sichtbarmachens hatte damit begonnen. Die technische Apparatur der Kamera entdeckt:

»Eine andere Natur«, sie entdeckt »neue Strukturbedingungen von Materie.«
[BENJAMIN, 1979]

10.5 Analyse und Synthese der Bewegung

10.5.1 Sequenzen und Montagen von Eadweard Muybridge

Der englische Photograph Eadweard Muybridge [1839–1904] ging nach Amerika und hat 1872 in Zusammenarbeit mit dem kalifornischen Gouverneur und Pferdezüchter, Leland Stanford, der Bewegungsphotographie entscheidende Impulse gegeben. → [220 & 221]

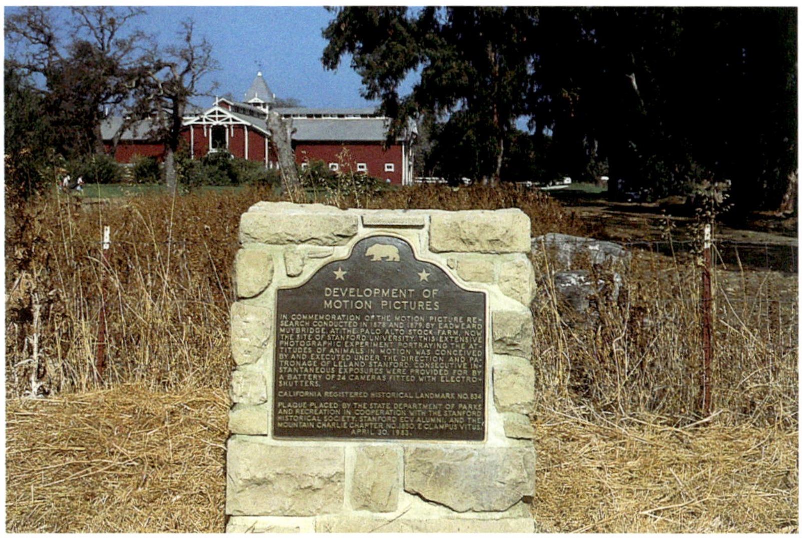

ABBILDUNG 220
Eine Tafel erinnert in Palo Alto an Eadweard Muybridge als dem Erfinder der Motion Pictures. Im Hintergrund ist einer der alten Ställe zu erkennen.

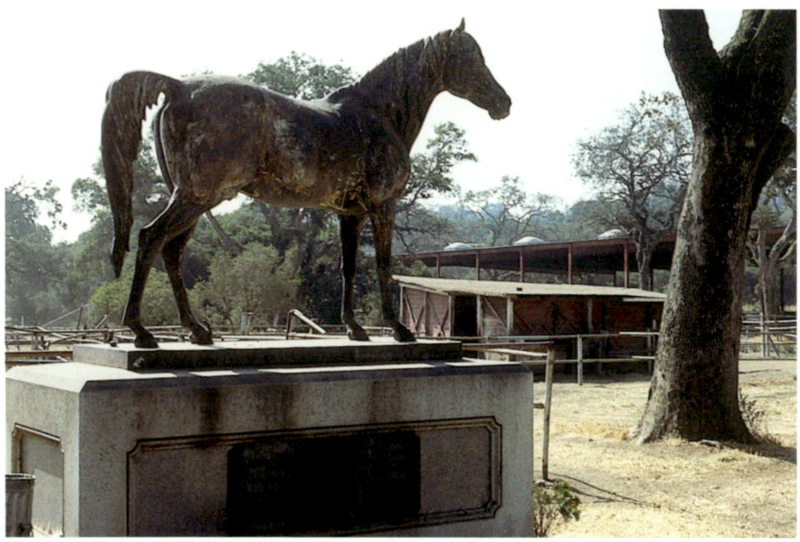

ABBILDUNG 221
Auch Abe Edgington hat man ein Denkmal gesetzt. Er gehörte zu den erfolgreichsten Rennpferden der Zucht von Leland Stanford.

In Palo Alto war es ihm gelungen, ein Pferd während einer schnellen Bewegung photographisch auf einer nassen Kollodiumplatte festzuhalten.→ [222] 1878 wurden in einem Freilichtstudio Sequenzen von kurz aufeinander folgenden Momenten von trabenden und galoppierenden Pferden gemacht.→ [223]

In einem Bruchteil von Sekunden wurde eine latente Wirklichkeit auf einer photographischen Platte festgehalten und in bildliche Sichtbarkeit überführt. Muybridge hat diese Sequenzen zusätzlich zu hochinteressanten Montagen verarbeitet. Bei unserem Überangebot an technischen Raffinessen fällt es uns heute schwer, die überwältigende Resonanz nachzuvollziehen, die diese Aufnahmen in der ganzen Welt auslösten. Muybridge war die Analyse der Bewegung in einzelne Phasen gelungen und als er die Bilder auf Vorschlag von Marey im Zoopraxiscope zum Laufen brachte, kam die Sensation der Synthese zu einem illusionistischen Bewegungsablauf hinzu. [VERGL. DAZU: SCHNELLE-SCHNEYDER, 1990, S. 63 FF.]→ [224]

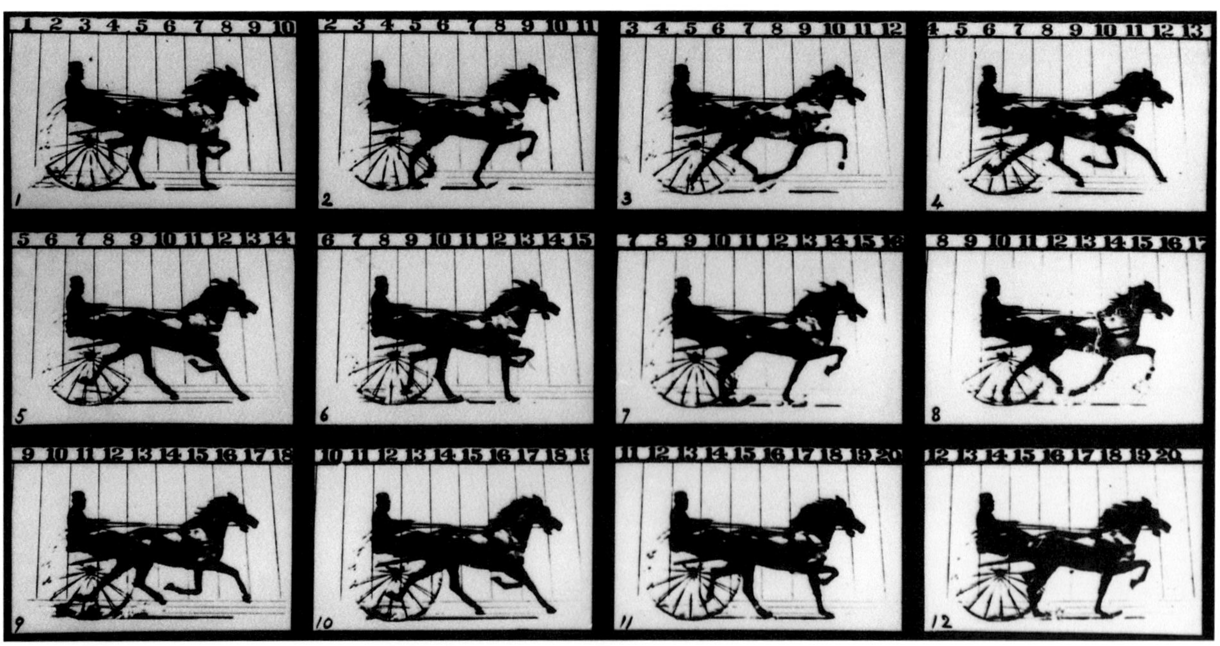

ABBILDUNG 222
Eadweard Muybridge 1878, Palo Alto: Abe Edgington im Trab in einer der ersten Zwölfer-Sequenzen. Die Montage zeigt die Bewegung jedes Einzelbildes und die Veränderung der Bewegung in der Sequenz. Diese Bilder sind noch mit dem nassen Kollodiumverfahren gemacht worden.

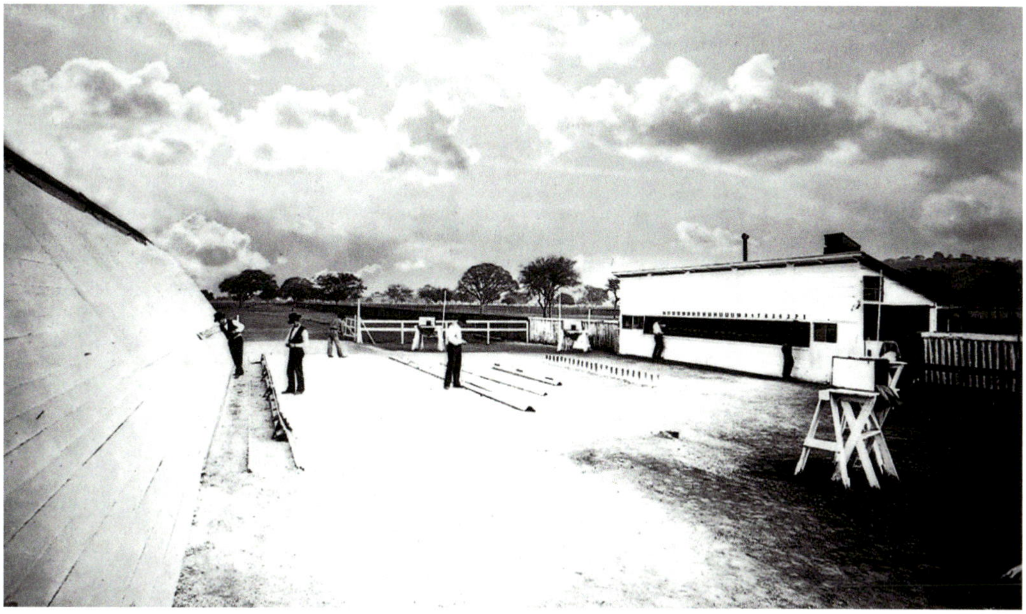

ABBILDUNG 223
12 Scoville-Kameras aus New York und entsprechende stereoskopische Linsen von Dallmeyer in London waren die erste Ausrüstung, später wurden sie auf 24 erweitert, die in einem Verschlag nebeneinander installiert wurden. Parallel dazu wurde ein weißer Holzhintergrund mit einer Neigung von 30° installiert, vor dem sich die Pferde gut abheben konnten. Mit den Ingenieuren der Central Pacific Railroad Company wurden Schnellverschlüsse entwickelt, die nacheinander ausgelöst werden konnten, wenn der Sulky mit dem Fahrer über gespannte Drähte rollte.

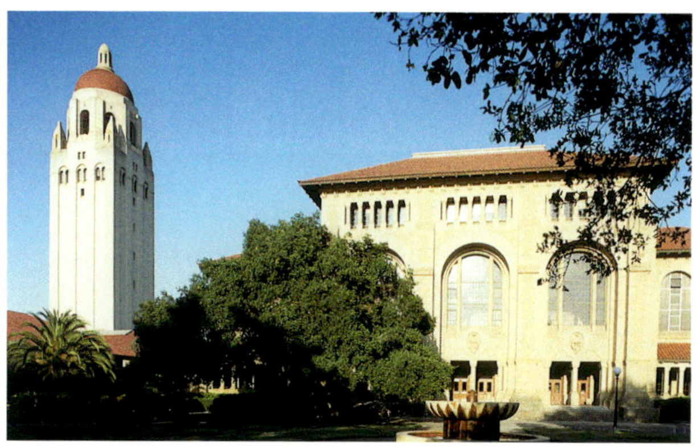

ABBILDUNG 224
Heute steht in Palo Alto eine der fünf berühmten Privatuniversitäten der USA: Die Stanford University.

Das war die Geburtsstunde der Kinematographie. Dieses Ereignis stand im Vordergrund, obwohl die bewussten Montagen aus den Einzelaufnahmen eine neue Art der Bewegungsbeziehung zeigten, die weit über die Wirkung eines Einzelbildes hinausgingen. Zusätzlich wurden die ersten Experimente zur Mehransichtigkeit eines Momentes mit drei bzw. fünf Kameras gestartet, die dann 1885–1887 an der Pennsylvania University, in Philadelphia, auf Sequenzen ausgedehnt wurden. Sie haben einen nachhaltigen Einfluss auf die Künstler ausgeübt. → [225]

Hier wurde zum ersten Mal eine Allansichtigkeit, die Sukzession und die Simultaneität der Gesamtmontage zu einer Bildwirkung verdichtet, wie es aus keinem anderen bilddarstellenden Medium bis dahin bekannt war.

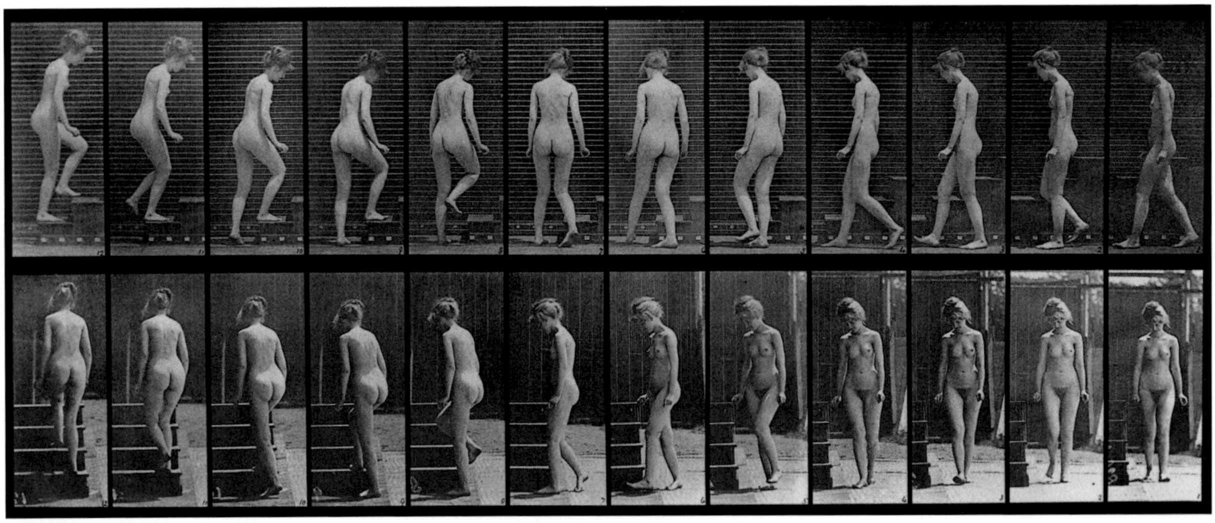

ABBILDUNG 225
In den späteren Sequenzen von Philadelphia *(1885–1887)* wird die Vielansichtigkeit mit Kameras aus zwei und drei verschiedenen Standpunkten praktiziert. Die Bilder sind nicht nur horizontal im Bewegungsablauf zu sehen, sondern auch vertikal als mehrseitiger Vergleich im selben Moment sichtbar.

10.5.2 Wissenschaft und Kunst: Etienne Jules Marey

Der französische Mediziner Etienne Jules Marey war an den Experimenten von Muybridge sehr interessiert. Er entwickelte eine Kamera mit einem Verschluss, der im Prinzip auch heute noch gilt. Er wollte im Gegensatz zu Muybridge den Bewegungsablauf aus einem Standpunkt auf eine Platte bannen. Auf Einladung Mareys und des Malers Meissonier zeigte Muybridge seine Vorführungen 1882 in Paris und löste bei Künstlern und Wissenschaftlern große Begeisterung aus. [VERGL. DAZU: SCHNELLE-SCHNEYDER, 1990, S. 112 FF.]

Marey gehörte zu den Wissenschaftlern, die mit der Photographie als anschauliche Darstellung seine Experimente belegte. → [226]

Nach Experimenten mit dem »Photographischen Gewehr«, entwickelte er eine feststehende Kamera mit einer Platte, die er später mit einem beweglichen Film ausstattete, um eine Folge der Bewegung auf einem fortlaufenden Film festzuhalten. → [227]

Marey ließ weiß gekleidete Figuren vor schwarzem Grund gehen. Ab 1885 wurden diese Aufnahmen unter dem Namen Chronophotographien bekannt. Aber er war mit den Ergebnissen nicht zufrieden, weil es für seine medizinischen Analysen der Bewegung zu viele Überschneidungen gab.

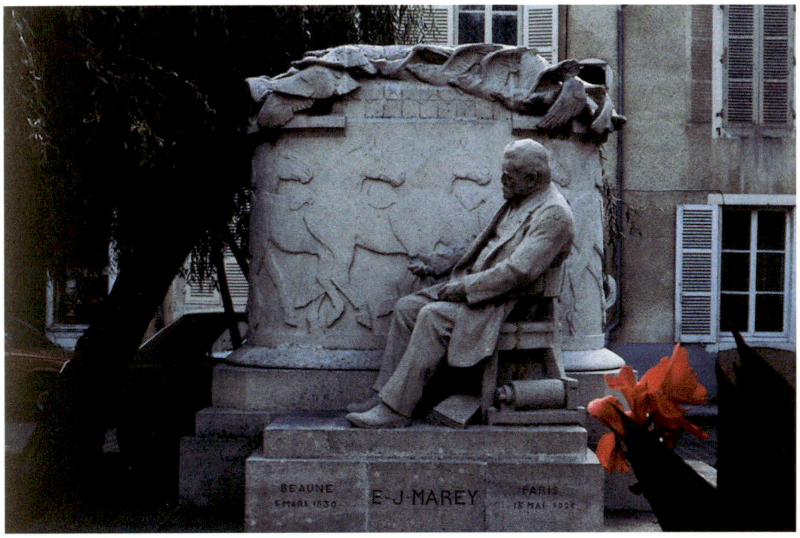

ABBILDUNG 226
Die Stadt Beaune in Frankreich hat ihrem berühmten »Sohn«, Etienne Jules Marey, ein Denkmal gesetzt, auf dem erstaunlicherweise im Hintergrund ein Pferderelief zu erkennen ist, obwohl Marey nur sehr selten Bilder von ihnen gemacht hat.

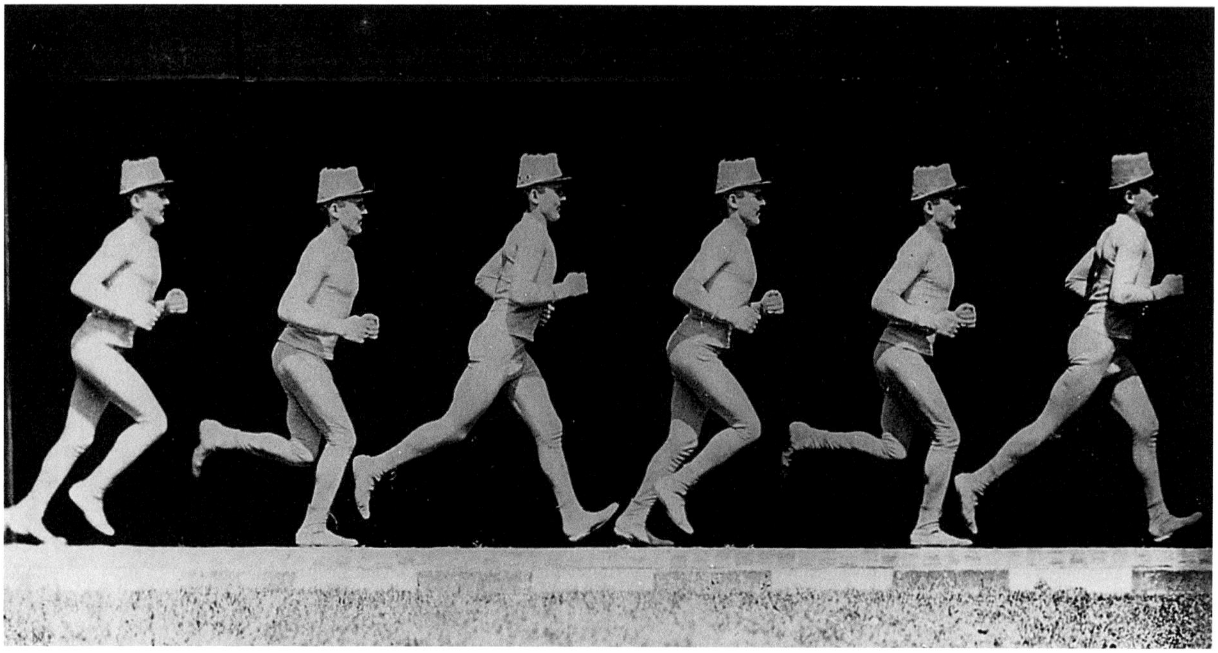

ABBILDUNG 227
Eine Chronophotographie von 1882: Laufender Mann.

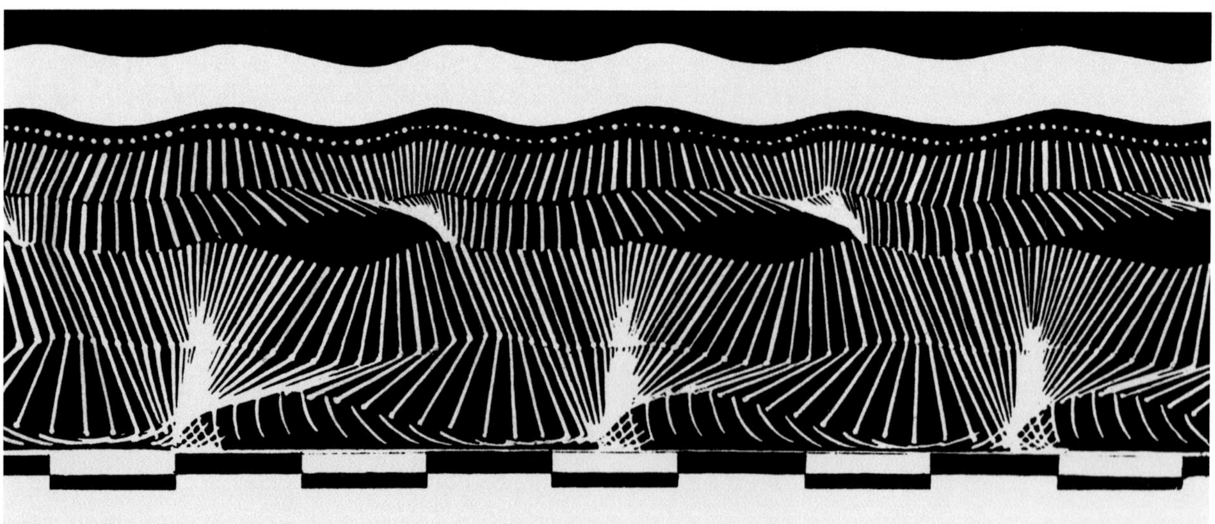

ABBILDUNG 228
Marey präsentierte seine erste partielle oder geometrische Chronophotographie am 25. Juni 1883 vor der Akademie. Sie zeigt den Laufschritt eines Mannes, der durch Linien repräsentiert wird. Mit 60 Bildern pro Sekunde, deren Phasen klar voneinander unterschieden waren, konnte Marey nun auch die Unterschiede beim Aufsetzen und Abheben eines Fußes auf den Boden aufzeigen.

10.5.2.1 Partielle oder geometrische Chronophotographie

Um die Überschneidungen zu verringern, nutzte Marey die Eigenschaften der Photographie. Einem Mann, bekleidet mit einem schwarzen Samtkostüm und Mütze, wurden auf einer Seite seines Kopfes, seiner Arme und Beine reflektierende Metallbänder angebracht, die an den Gelenken durch Punkte unterbrochen waren. Diese Bänder und Punkte, die das Licht reflektierten, wurden während der Bewegung auf der Platte registriert, während sein dunkles Kostüm vor dunklem Hintergrund nicht aufgezeichnet wurde. Marey hatte dadurch erreicht, dass er eine große Anzahl von Bewegungsphasen eng nebeneinander ohne Überschneidungen zeigen konnte. Er nannte diese Art der Aufnahmen geometrische oder partielle Chronophotographien. Über die ersten Chronophotographien gehen die geometrischen oder partiellen weit hinaus. Die auf Linien reduzierten körperlichen Volumina haben auf den ersten Blick die Eigenschaften einer Zeichnung, die aber von keinem Zeichner so erfunden worden sind. Der Abstraktionsgrad dieser Lineamente überforderte die Betrachter und Kritiker des neunzehnten Jahrhunderts. Bewegung präsentiert sich hier als eine rhythmische Folge, die eine anschauliche eigene Dynamik in der Fläche entwickelt.→ [228]

Losgelöst vom Gegenstand, ohne bezeichnende Funktionen verweist sie nur sehr vage auf ihr auslösendes Motiv. Diese Bewegungsdarstellungen haben eine Rezeption erfahren, die über die Wirkung wissenschaftlicher Untersuchungen weit hinausging. Ihre Reize und Bildpotentiale sind, wenn auch mit etwa drei Jahrzehnten verspätet, von Künstlern entdeckt worden. Marcel Duchamp und die Futuristen haben die Brisanz dieser photographischen Phänomene von Bewegung auf der Fläche entdeckt und verarbeitet.

10.6 Photodynamismus

10.6.1 Verwischungen

Es hat Jahrzehnte gedauert, bis die Verwischung in der Photographie bewusst eingesetzt worden ist. Die italienischen Brüder Bragaglia hatten eine neue Darstellungsmethode, den Photodynamismus, entwickelt. Anton Giulio Bragaglia zeichnete die Bewegung mit verwischten Lichtspuren auf und entwickelte ein theoretisches Konzept. Er selbst hat immer wieder betont, dass die Anschaulichkeit der Bewegung im Bild ein Kontinuum deutlich machen sollte. Ein grundsätzlich anderes Prinzip also als bei Muybridge oder Marey. Zur gleichen Zeit hatten die Futuristen die Parole der Bewegung auf ihre Fahnen geschrieben und die Bragaglias arbeiteten zeitweilig mit ihnen zusammen. Sie standen mit der Bewegungsdarstellung in harter Konkurrenz zu den Futuristen und sie haben dabei nicht schlecht abgeschnitten.

Heute ist diese Methode der Verwischungen fast schon zur Konvention geworden. Man weiß oft nicht, dass sie schon ganz bewusst 1911 eingesetzt worden ist und nicht mehr als technischer Fehler der Photographie empfunden wurde, sondern bis in unsere Tage als Darstellungsmittel weiterwirkt. → [229]

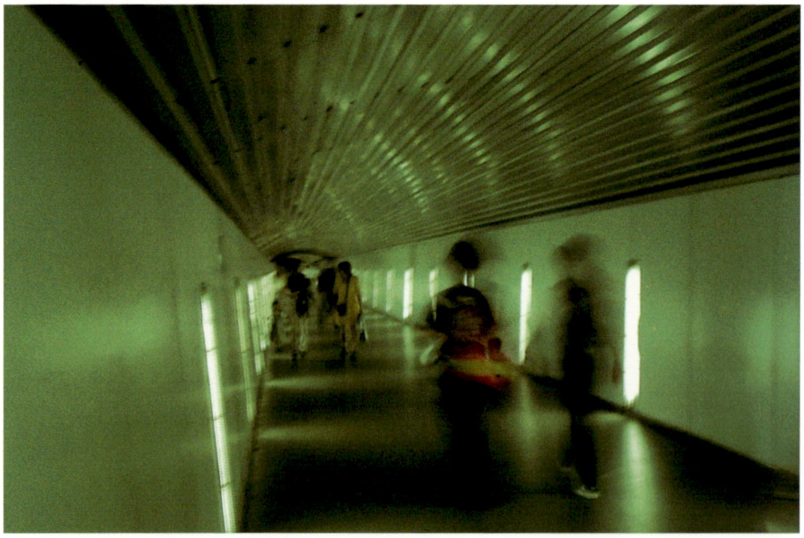

ABBILDUNG 229
Man weiß oft nicht, dass die Verwischungsspuren schon 1911 von Bragaglia bewusst eingesetzt worden sind.

10.7 Augenschein und Erfahrung

10.7.1 Photographie im Wandel

Wir haben schon einige Male auf den Unterschied zwischen Sein und Erscheinung hingewiesen und jeder, der sich mit Bildern befasst und versucht, ihre Mehrschichtigkeit zu entdecken, stößt früher oder später auf diese Fragen. Die lang diskutierte Realitätsfrage der Photographie und auch die Diskussion um Abbildung und Dokumentation hängen an diesen Definitionen. Die technischen Entwicklungen der Photographie befinden sich im Wandel. Dieser Wandel stellt neue Fragen. Seit die Silberkörner und Pixel sich in ihrem Erscheinungsbild angenähert haben, sind die ersten Aufregungen um analog und digital eher einer gelassenen Stimmung gewichen. Sie beschäftigen die Industrie, während auf Seiten der Künstler eher die Bildresultate im Mittelpunkt stehen. Die Bewegungsdarstellung konnte deutlich zeigen, dass ein stilles Bild kein Wirklichkeitsträger sein muss, selbst wenn eine Anzahl von Zeichen darauf hinweisen. → [230]

ABBILDUNG 230
In der Bewegungsdarstellung zeigt sich deutlich, dass ein stilles Bild kein Wirklichkeitsträger sein muss, selbst wenn Zeichen darauf hinweisen.

10.7.2 Stillstand in der Höhle

Die Schattenbilder von Platons Höhlengleichnis sind oft in Verbindung mit der Photographie zitiert worden. Genau so oft wird vergessen, dass es sich auch dort schon um bewegte Bilder handelte! Platon hat deutlich Sein und Erscheinung getrennt. Eine Lichtquelle hinter laufenden Figuren »projizierte« Schattenbilder auf eine gegenüberliegende Wand. Dazwischen die gefesselten Betrachter, denen nur die Blickrichtung auf diese Wand möglich war. → [231]

Sie sahen und kannten nichts anderes als »Bilder«, die auf Umrisse reduziert waren. Auch der Ausbrecher aus der Höhle konnte den Zurückgebliebenen bei seiner Wiederkehr die Existenz der Sonne und das Sein der Dinge nicht vermitteln. Er hatte nicht damit gerechnet, dass sich in ihren Köpfen die »Wirklichkeit« ihrer Erfahrung festgesetzt hatte und dass sie diese nicht preisgeben wollten. → [232] Die Bewegung ist geblieben. Die Umrisse unserer Höhlenbilder haben sich gefüllt und Farben bereichern das Spektrum unserer Erfahrung. → [233 & 234]

ABBILDUNG 231
Sehen wir nichts anderes als »Bilder«, die auf Umrisse reduziert sind?

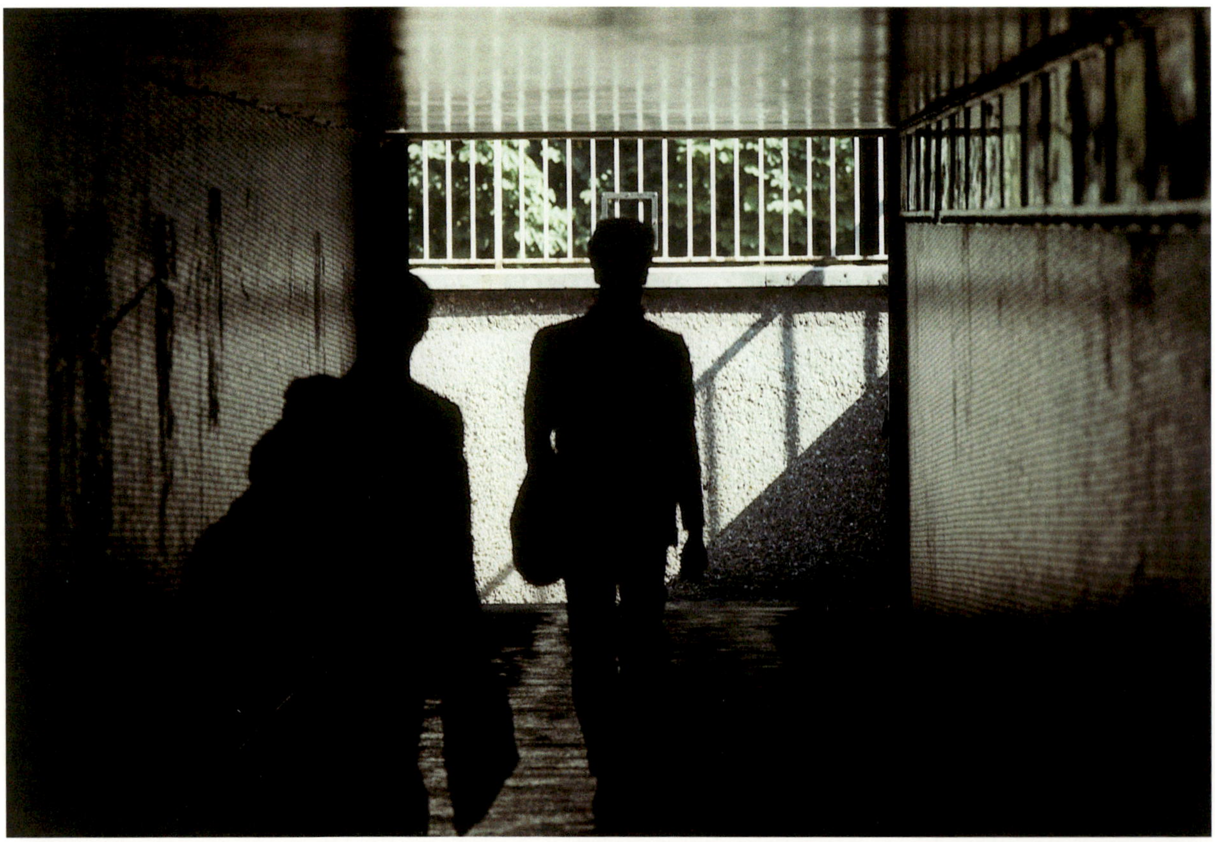

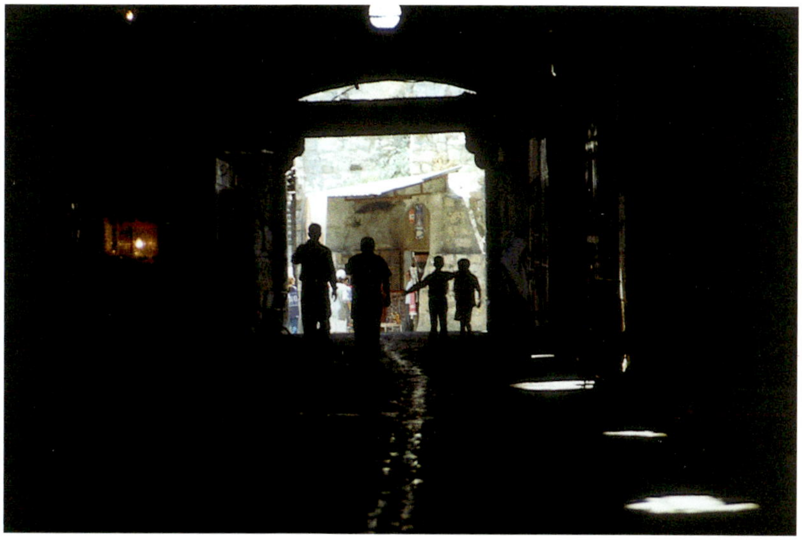

ABBILDUNG 232
Sind das die Schattenbilder aus Platons Höhlengleichnis? Hat sich die Vorstellung der Wirklichkeit in unseren Köpfen festgesetzt oder haben uns Sonne und Licht gelehrt, eine vielfältige Welt zu erkennen?

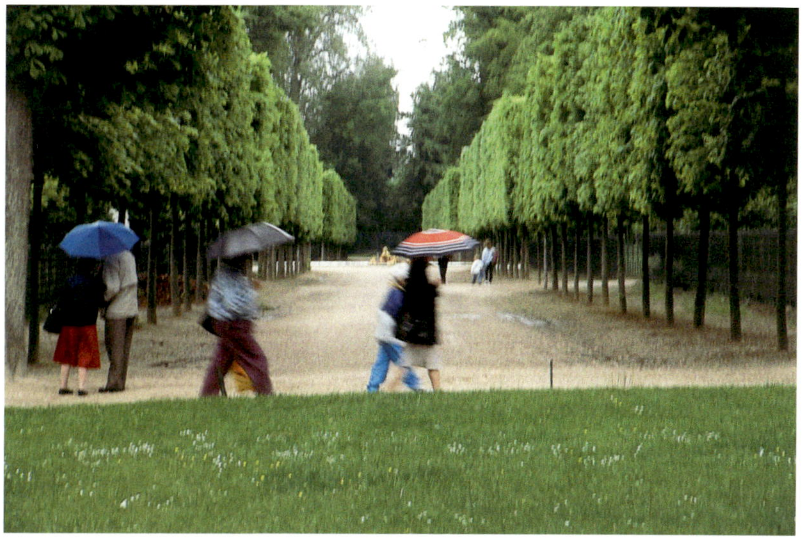

ABBILDUNG 233
Die Bewegung ist geblieben. Die Umrisse unserer »Höhlenbilder« haben sich gefüllt und Farben bereichern das Spektrum unserer Erfahrung.

ABBILDUNG 234
Wir sind noch immer gefangen in der handlungsorientierten Wirklichkeit und wollen die Welt identifizieren.

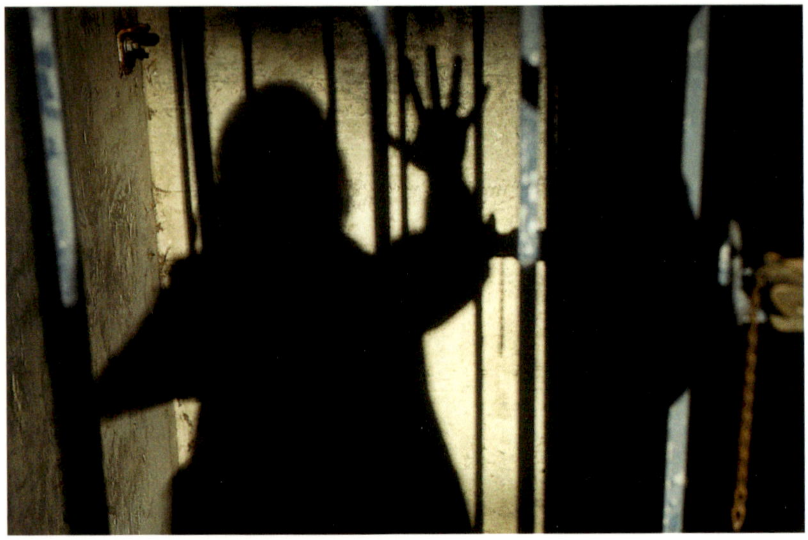

Unsere Fesseln sind locker an die Sessel der verschiedenen Wohnräume gekettet und unsere Bilderfahrung wird weitgehend aus einem relativ kleinen Kasten genährt. Zum Glück sind die Bilder flüchtig, gerade erschienen, werden sie schon vom nächsten abgelöst und vermitteln uns in einer Folge von 24 Bildern pro Sekunde den Eindruck der Bewegung, wie wir ihn aus der Erfahrung kennen. Dazu lässt das Fernsehen die Punkte rasen.

Nehmen wir die Blickwinkel, die Ausschnitte, die Über- und Einsichten bildlich überhaupt wahr? Und was noch spannender ist, für wie wahr halten wir diese Bilder? In diesem Zusammenhang wird Bewegung zur Tautologie oder anders, sie wird als solche gar nicht wahrgenommen. Was bleibt von diesen Bildern? In der Regel eine vage, ungenaue Erinnerung oder auch schlichtes Vergessen. → [235]

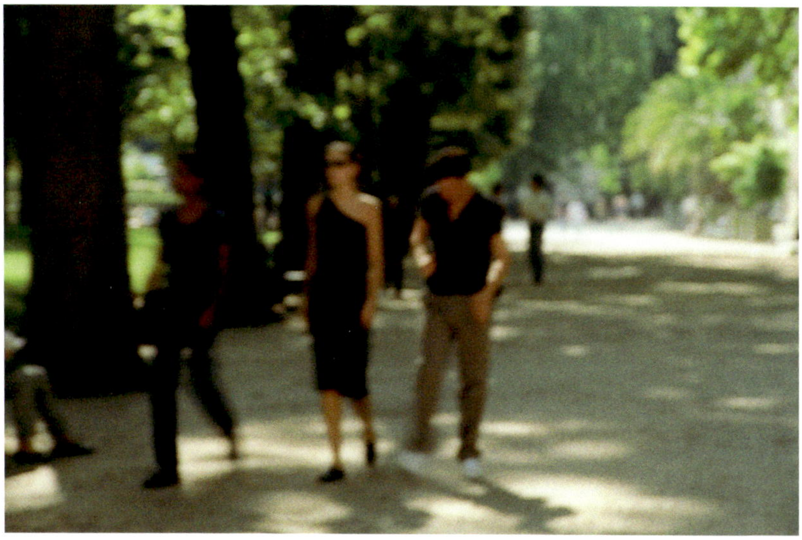

ABBILDUNG 235
Was bleibt von diesen Bildern? In der Regel eine vage ungenaue Erinnerung oder schlichtes Vergessen.

Wie wir wissen, haben wir bei der Speicherung ein Wörtchen mitzureden. Unsere Aufmerksamkeit und Motivation selektieren zu unserem Glück aus der Überfülle des Angebots und nutzen den zwar flexiblen, aber begrenzten Platz der Speicherung zu unseren Gunsten. Man kann es nicht glauben, aber auch hier lässt sich ein Urteil des alten Platon im Zehnten Buch der Politeia zitieren:

»Diese Nachbildnerei bildet uns doch handelnde Menschen nach, in freiwilligen oder erzwungenen Handlungen, und welche durch diese Handlungen glauben, sich Gutes oder Schlimmes erhandelt zu haben, und in dem allen betrübt sind oder erfreut. Tut sie wohl noch sonst etwas außer diesem? – Nichts.«
[PLATON, POLITEIA]

Diesen Worten über die Nachbildnerei ist eigentlich nichts hinzuzufügen.

10.7.3 Warten der »Stillen Bilder«

Das so genannte »Stille Bild« grenzt sich prinzipiell von den laufenden Bildern ab. Die Einzelbilder sind fixiert und bereit, immer wieder angeschaut zu werden. Man erkennt gegenwärtig auch wieder eine Wertschätzung bei Photographien, sie sind durch ein Passepartout oder Rahmen von ihrer Umgebung getrennt. Das ist nicht nur ein Modetrend, der die Bilder nobilitieren will, sondern ein Rahmen hat auch immer eine Funktion. Ich spreche hier nicht von mit Bildern gefüllten Schuhkartons, sondern von denen, die bewusst als Bilder behandelt werden.→ [236]

Im Zeitalter der elektronischen Medien klingt es altmodisch und überholt, aber das Bild lebt von der Kommunikation mit seinem Betrachter, der sich ihm aktiv zuwenden muss, denn es besitzt keine Aufmerksamkeitsauslöser, die unmittelbar die Sinne aktivieren. Die Sprache und die Musik haben Mittel, auch ungefragt gehört zu werden, aber die »Stillen Bilder« bedürfen der Zuwendung und sie müssen ganz unzeitgemäß geduldig auf ihre Betrachter warten. Gerade darin liegt ihre Chance! Einmal entdeckt, können sie mit dem ausgeprägten Bedürfnis nach Fixierung und Beständigkeit der Eindrücke der Betrachter rechnen, das nur ganz wenige Medien erfüllen können. Die stillen Bildmedien können diesen Reiz ausspielen, denn er ist ihr Kapital. Und wenn wir in den Bildern die Erscheinung der Dinge, was bei der Abstraktion ja sowieso wegfällt, zu sehen bereit sind und eine eigene Bildwirklichkeit akzeptieren können, haben wir das Problem zwischen Augenschein und Erfahrung zu einem Teil bereits gelöst.→ [237]

Die vielleicht vertrauten Zeichen im Bild meinen mehr als das Bezeichnete. Ein Bild kann seine eigene Dynamik, seine eigene Wirklichkeit, ja, ein eigenes Pathos entfalten. Dazu fordert es die Zeit der Rezeption, der Augenschein enthüllt sich nicht dem Augenblick.

10.7.4 Jahrzehnt des Gehirns

Die neunziger Jahre des 20. Jahrhunderts hat man zum Dezennium des Gehirns ausgerufen. Es ist zu Ende gegangen und ein neues Jahrhundert hat begonnen, was nicht bedeutet, dass man am Ende der Forschung angekommen ist. Die Gehirne haben intensiv über die Gehirne nachgedacht, man hat entscheidende Fortschritte gemacht und doch wird man das Gefühl nicht los, erst am Anfang zu sein. Viele Fragen stehen im Raum. Einige sind von Spekulationen zu neuen Erkenntnissen geworden. Dieses Jahrzehnt hat die Neugierde auf die Zusammenhänge und das Erstaunen über die Komplexität des Gehirns gesteigert. Aus wenigen Ergebnissen lassen sich erste Schlüsse ziehen und man versucht, die lebendigen Grundlagen zu entschlüsseln.

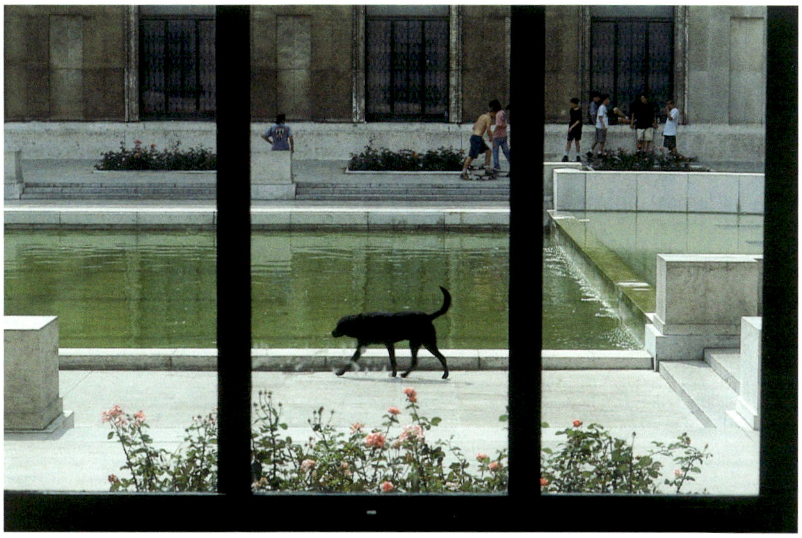

ABBILDUNG 236
Ein innerbildlicher Rahmen, der die Funktion der Bildgrenzen betont.

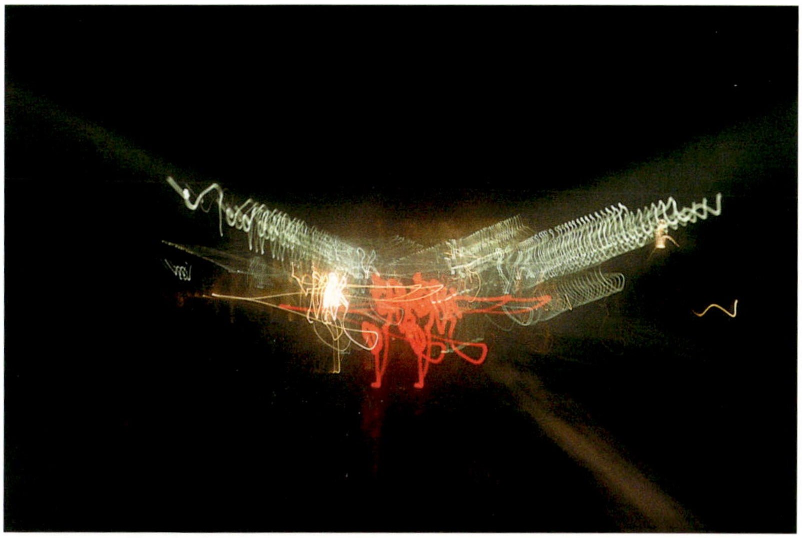

ABBILDUNG 237
Ein Bild kann seine eigene Dynamik, seine eigene Wirklichkeit, ja, ein eigenes Pathos entfalten. Dazu ist Zeit erforderlich, der Augenschein enthüllt sich nicht dem Augenblick.

Das findet auf physiologischen, psychologischen, chemischen und physikalischen Ebenen statt, wobei man weit davon entfernt ist, erklären zu können, warum die Menschen so sind, wie sie sind. Warum sie Kriege führen, sich physisch und psychisch verwunden oder warum zum Beispiel das Immunsystem sich feindlich verändern kann. → [238]

Das besondere Interesse gilt den Neuronen und den Netzwerken, die bei bestimmten Handlungen aktiviert werden. So hat eine Forschergruppe unter der Leitung von Professor Rizolatti an der Universität in Parma *(Italien)* die sensationelle Entdeckung gemacht, dass bei eigener Körperbewegung und gesehener Bewegung einer Handlung die gleichen Neuronen feuern.

Das Faszinierende an dieser Beobachtung bei Primaten ist die Bestätigung, dass wir eine gesehene Bewegung und Handlung aus der eigenen Erfahrung nachvollziehen können. Das könnte erklären, dass wir zum Beispiel einen unwillkürlichen Bezug zwischen der Erfahrung der eigenen Bewegung und der gesehenen Bewegung herstellen können.

Wie schon erwähnt, sind es erste Schritte, aber der Anfang eines neuen Jahrtausends bringt ja auch viel Optimismus ins Spiel und eigentlich ist das doch sehr tröstlich, zu wissen, dass unsere Gehirne so kompliziert sind und von Gehirnen nicht einfach so erklärt werden können. Das verspricht doch auch für das angebrochene Jahrtausend, dass weiter gedacht werden darf. ★

ABBILDUNG 238
Noch sind wir weit davon entfernt zu klären, warum die Menschen so sind, wie sie sind, und warum sie tun, was sie tun.

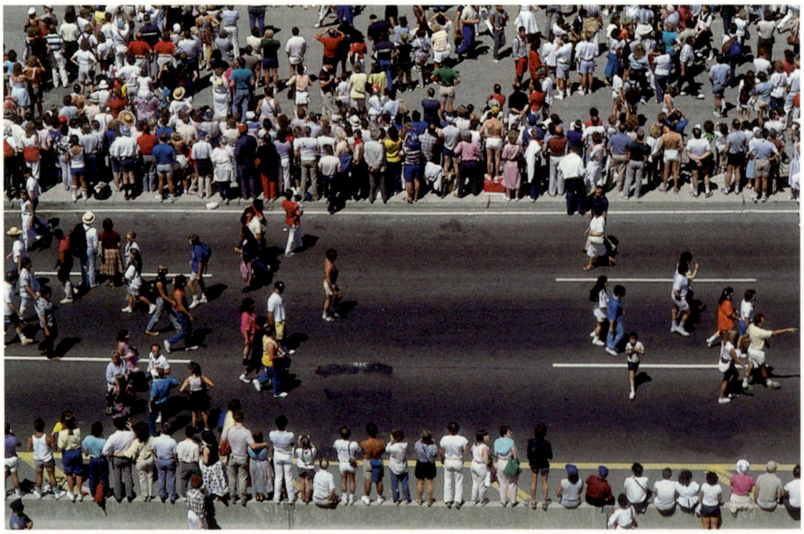

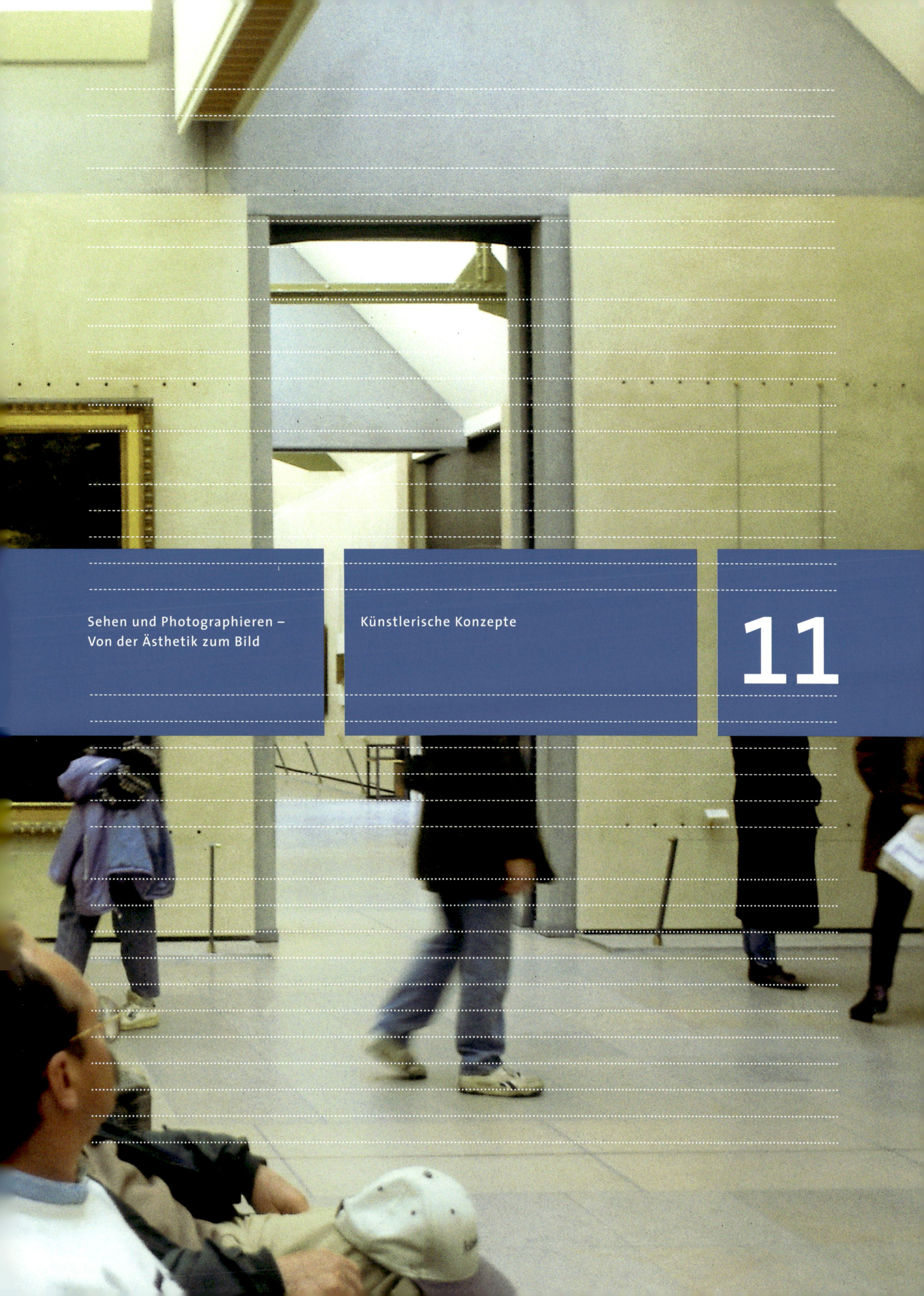

Sehen und Photographieren –
Von der Ästhetik zum Bild

Künstlerische Konzepte

11

11.1 Figur versus Abstraktion

11.1.1 Bildurteil

Eine künstlerische Produktion unterscheidet sich vom allgemeinen Bildermachen durch Konzepte und Kreativität. Diese Auffassung entspricht nicht dem gängigen Geniebegriff, der sich in erster Linie am 18. Jahrhundert orientiert, und entspricht noch weniger der beliebten Aussage innerlicher Befindlichkeiten und Emotionen des Künstlers. So interessant diese auch sein mögen, und ohne sie kommt die künstlerische Produktion nicht aus, so verbinden die Konzepte die Funktion des gewählten Mediums mit der Aussagekraft einer Idee, die die Auseinandersetzung mit beiden erkennen lässt. Ganz besonders die apparativen Medien, die ja in der Regel die »schöpferische Funktion der genialen Hand« *(auch das ist 18. Jahrhundert)* vermissen lassen, leben von neuen Bildpotentialen und Konzepten.

Wie können wir Bilder beurteilen? Wir können es uns an dieser Stelle leicht machen und die postmoderne Position vorschieben, die bekanntlich fast alles erlaubt. Wir sind uns ziemlich einig, dass wir keine verbindlichen Kriterien mehr zur Hand haben. Heißt das, dass wir Bilder nach Lust und Laune beurteilen oder nach Gefallen und Nichtgefallen? Die Antworten auf diese Fragen sind nicht leicht zu finden, weil man auf der anderen Seite eine verdächtige Sicherheit im negativen Urteil an den Tag legt. Man scheint genau zu wissen, was nicht geht oder nicht erlaubt ist! Mit diesem paradoxen Zustand werden viele Entscheidungen über Preise, Ausstellungen und Kritiken gefällt und die Gefahr, sich für den Trend zu entscheiden, ist ziemlich groß.

11.1.2 Posen und Größenwahn

Nur ganz selten findet man so deutliche Aussagen, wie sie der bekannte Philosoph Karl Popper ausspricht:

»Ich behaupte, dass die Theorie, die Kunst sei der Ausdruck der Persönlichkeit, trivial, verworren und nichtssagend ist – wenn auch nicht unbedingt schädlich, solange sie nicht ernst genommen wird. Wenn sie aber ernst genommen wird, so kann sie leicht zu egozentrischen Posen und zum Größenwahn führen.« [POPPER, 1994]

Popper kennt sich nicht nur in der Kunst aus, sondern hat auch in einer interdisziplinären Zusammenarbeit mit dem Gehirnphysiologen John C. Eccles die Beziehung zwischen Körper und Geist aus Prozessen im Gehirn und bewußtseinsmäßigen Anlagen zu erklären versucht [POPPER; ECCLES, 1977]. So deutliche Aussagen rufen natürlich auch Widerspruch hervor, denn sie werden selten ausgesprochen und machen die Beliebigkeit fragwürdig. Im Zeitalter der so genannten neuen Medien und der Zeitenwende hat sich eine Fülle von Schlagwörtern angehäuft, die griffig klingen, aber sich bei näherer Betrachtung als Wortspiele entlarven.

11.1.3 Kunstmarkt und Avantgarde

Der Kunstmarkt hat bestimmend in das Kunstgeschehen eingegriffen, indem er seine Vermittlung zwischen Künstlern, Kritikern und Sammlern dazu nutzt, um Richtungen zu unterstützen und umzusetzen. In der Photographie ist die Preisentwicklung auf dem Kunstmarkt in den letzten Jahren atemberaubend angestiegen. Die Klassiker versprechen eine sichere Kursentwicklung, aber gerade auch gewisse neuere »Schulen« lassen Börsenvergleiche zu. In der Malerei steht die »Avantgarde«, die keine mehr ist, hoch im Kurs, die alten Meister haben die Museen geschluckt. → [239, 240 & 241]

Wo genau die Auswahlkriterien für Bilder liegen, weiß keiner genau zu bestimmen. In diesem Zusammenhang kann man natürlich fragen, wie anfällig Künstler für diese Entwicklungen sind und wie stark sie sich vom Innovationsdruck treiben lassen. Popper hält auch in dieser Frage mit seiner Kritik nicht zurück:

»Die Theorie, daß die Kunst fortschreitet, mit den Künstlern als Vorhut oder Avantgarde, ist kein harmloser Mythos: Sie hat zur Bildung von Cliquen und Interessengruppen geführt, die mit ihren Propagandaapparaten beinahe an politische Parteien oder an religiöse Sekten erinnern.« [POPPER, 1994]

Warum sollte es in der Kunst anders zugehen als in den Medien, der Wirtschaft und anderen Bereichen? Vielleicht hängt das mit der Erwartungshaltung zusammen, die in Bezug auf die Kunst immer noch andere Maßstäbe ansetzt als die der Alltäglichkeit. Wenn man Kunst ernst nimmt, und wie ernst man sie nimmt, kann jeder bei sich abfragen, dann hat sie etwas mit Erkenntnis zu tun. Diese Erkenntnis ist nicht auf begrifflich philosophischem Wege einzulösen, was nicht heißt, dass sie nichts mit Denken zu tun hat.

ABBILDUNGEN 239, 240 & 241
Die Impressionisten sind bei den Rezipienten beliebt, und die alten Meister gehören zur Bildung. Eine Skulptur von Giacometti wird nicht gerade belagert, auch wenn sie sich zeitweise auf den Champs Elysées unters Volk mischt.

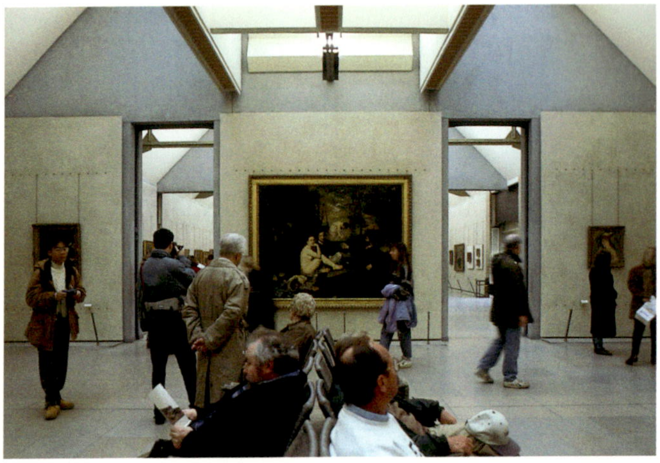

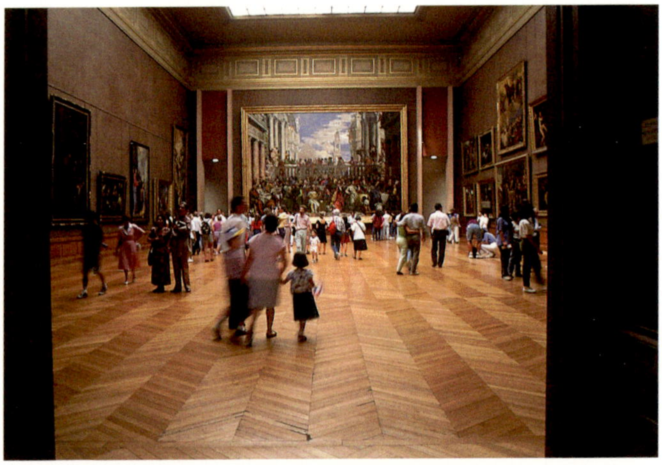

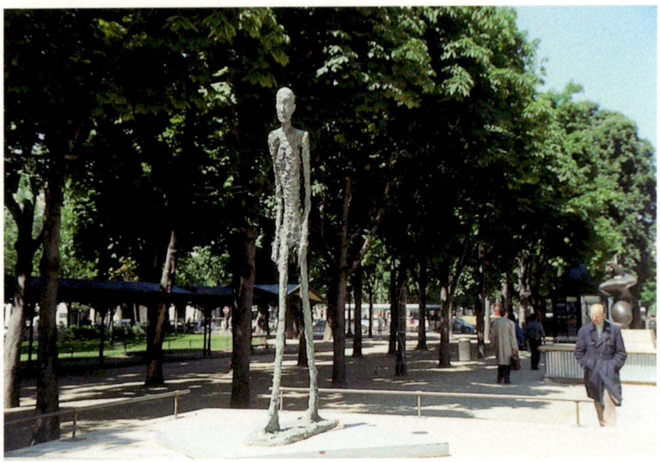

11.2 Beispiele photographischer Konzepte

Wir möchten hier drei Beispiele künstlerischer Konzepte vorstellen, die unterschiedliche Realisationen zeigen und für die Vielseitigkeit der Photographie stehen.

11.2.1 Karl Martin Holzhäuser

Wenn wir noch mal auf das Thema der Bewegung zurückkommen, so kann man feststellen, dass es wenige Künstler gibt, die sich durchgängig mit der Bewegungsdarstellung befasst haben. Karl Martin Holzhäuser und Gottfried Jäger haben in den siebziger Jahren des 20. Jahrhunderts die Generative Fotografie kreiert. Holzhäuser ist 1944 geboren und lehrt seit 1970 an der Fachhochschule Bielefeld als Professor *(1975)* für Photographie.

Die Arbeiten von Karl Martin Holzhäuser zeigen ein sehr interessantes und ausgefallenes Konzept. Er setzt seine Mittel dialektisch ein. Die Hand als verlängertes Auge, wie Konrad Fiedler es Ende des 19. Jahrhunderts genannt hat, ist in seinen Arbeiten wieder aktiv. Wie oben erwähnt, wurde sie damals als Grundlage künstlerischer Genialität verstanden. Die Hand Holzhäusers steigt aber nun in die Latenz des photographischen Prozesses hinab, in das Dunkel, das er für die photographische Bearbeitung braucht. Wie ein Prisma zerlegt er das weiße Licht in farbige Spuren, um es über Papier gleiten zu lassen. → [242]

Wir müssen uns klar machen, was da passiert. Eine farbempfindliche Emulsion reagiert auf die physikalisch-optische Berührung und evoziert Farbe! Holzhäusers Hände, Arme, vielleicht auch Körperbewegung waren im Spiel ohne taktilen Kontakt mit der Fläche. Das sensibilisierte Papier fängt diese Lichtspuren auf und setzt sie in Farberscheinungen um. Hier bleibt Holzhäuser ganz im Medium der Photographie. Die Oberfläche des Papiers zeigt keine materiellen Spuren, keinen so genannten Pinselduktus. Seine »Farbmalereien« artikulieren sich auf der Oberfläche als Raum-Zeit-Konstellation. Wir können sie nur als Formen, Farben und Gesten erkennen, die auf nichts anderes verweisen als auf ihre konkrete Existenz, Wirkung und Dynamik. → [243]

Hier drängt sich natürlich die Frage auf, ob diese Prozesse der Computer nicht viel leichter realisieren kann. Aber in Holzhäusers Arbeiten spielt die Kontingenz und Latenz des photographischen Prozesses eine entscheidende Rolle, die keine Korrekturen während des Produktionsprozesses erlauben. Das Ergebnis wird von dem Konzept bestimmt.

Der Künstler macht es uns nicht leicht, weil er eine Identifikation verweigert. Die Mechanismen unserer Wahrnehmung, mit denen wir gewöhnlich unsere Umgebung einlösen und unsere Ziele und Handlungen vollziehen, greifen hier nicht. Die Autonomie der Bildelemente und ihre Organisation auf der Fläche fordern eine andere Wahrnehmung, auf die wir uns einlassen müssen, um die Bildwirkung zu erfahren. Wir kennen die Schwierigkeiten, den Erkennungsmechanismus als Programm zu überlisten. Diese Partitur der Sichtbarkeit gestattet den Assoziationen einen freien Lauf, vorausgesetzt, man lässt sich auf die neuen Muster ein.

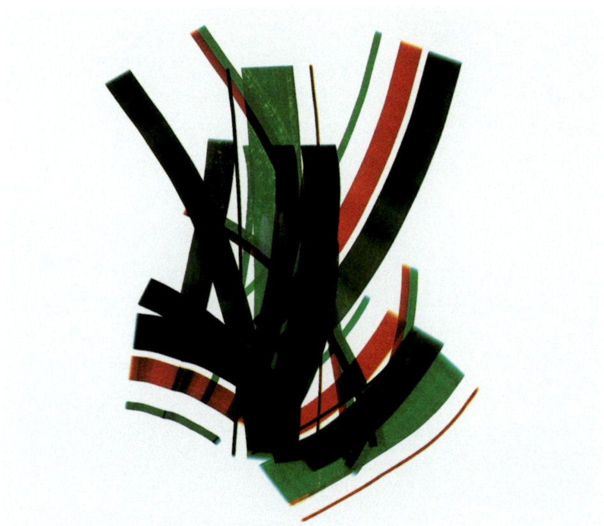

ABBILDUNG 242
Karl Martin Holzhäuser: Lichtmalerei. Aus: »Konkrete Gesten« 1991. *Mit freundlicher Genehmigung des Autors.*

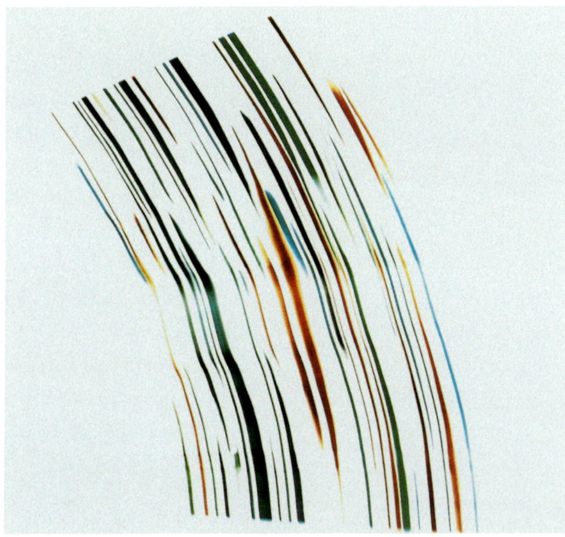

ABBILDUNG 243
Karl Martin Holzhäuser: Lichtmalerei. Aus: »Konkrete Gesten« 1991. *Mit freundlicher Genehmigung des Autors.*

11.2.2 Robert Häusser

Robert Häusser, 1924 geboren, gehört zu den großen Klassikern der deutschen Photographie. Er kann auf ein Werk von nachhaltiger Qualität zurückblicken. Seit 60 Jahren kann man die intensive Auseinandersetzung mit der Photographie verfolgen, die von sehr vielen Ausstellungen, Katalogen, Buchproduktionen und Publikationen begleitet wurde. Er ist mit Preisen ausgezeichnet worden, unter anderen so wichtigen, wie »Internationaler Preis für Fotografie 1995« der Erna und Victor Hasselblad-Foundation, Göteborg, Schweden und dem »Kulturpreis 2000« der Deutschen Gesellschaft für Photographie, Köln.

Er hat mit seinen Bildern die Betrachter verführt. Nicht mit vordergründigen Trends oder modischen Bildspektakeln, sondern mit einer sehr subtilen Irreführung. Auf den ersten Blick glaubt man, das gegenständliche Angebot, die Menschen, die Dinge, die Landschaften zu erkennen und in der Regel ist man mit dieser Wahrnehmung ja auch zufrieden. Man richtet sich für einen kurzen Augenblick in der vertrauten Identifikation der erkennbaren Zeichen ein, weil bekannt zu sein scheint, was zu sehen ist.

Doch schon nach wenigen Bildern beginnt die Irritation. Robert Häusser verwehrt uns den Identifikationsmechanismus, von der unsere visuelle Wahrnehmung im realen Leben bestimmt wird. Was ist da passiert? → [244]

Man bemerkt, dass Robert Häusser uns in die Interpretation seiner Anschauung zieht, die sicherlich nicht immer mit der unseren übereinstimmt. Er führt uns vor, das heißt, er führt uns Bilder vor: nicht mehr, aber auch nicht weniger! In diesen Bildern, das wird uns bewusst, ist eine neue, eigene Bildwirklichkeit entstanden, die sich nicht in der Abbildungstendenz erschöpfen will. Unser vermeintliches Erkennen, unser prima vista sozusagen, bleibt auf der Strecke. Dafür gewinnen wir einen neuen Ansatz des Sehens, des Sehens von Bildern, die uns eine andere Welt vorstellen, die Welt von Robert Häusser. Er gibt sie preis, er macht sie durch die Übersetzung in Bilder für uns sichtbar. Das ist sein eigentliches Angebot. Seine Vorstellungswelt, seine Gedanken misst er an visuellen Daten der realen Welt, die ihn anziehen. Sie werden durch die Kamera visualisiert, mit der er ihnen seine Form verleiht. Er leistet eine Übersetzungsarbeit, eine Transformation in Silberkörner, die sich zu einer Konstellation von Gegebenheiten auf der Fläche verdichten. → [245]

Seine besondere Leistung besteht in der Konzentration seiner Auswahl. Das beginnt mit der Entscheidung zu Schwarz-Weiß-Bildern, das heißt einer Reduktion unserer farbigen Umwelt auf eine Skala von Grauwerten. In dieser Skala peilt er in den meisten Bildern die Eckwerte an: hell und dunkel. Das Licht erhält dadurch einen bestimmten Stellenwert, das die Dinge und Menschen im Bild akzentuiert.

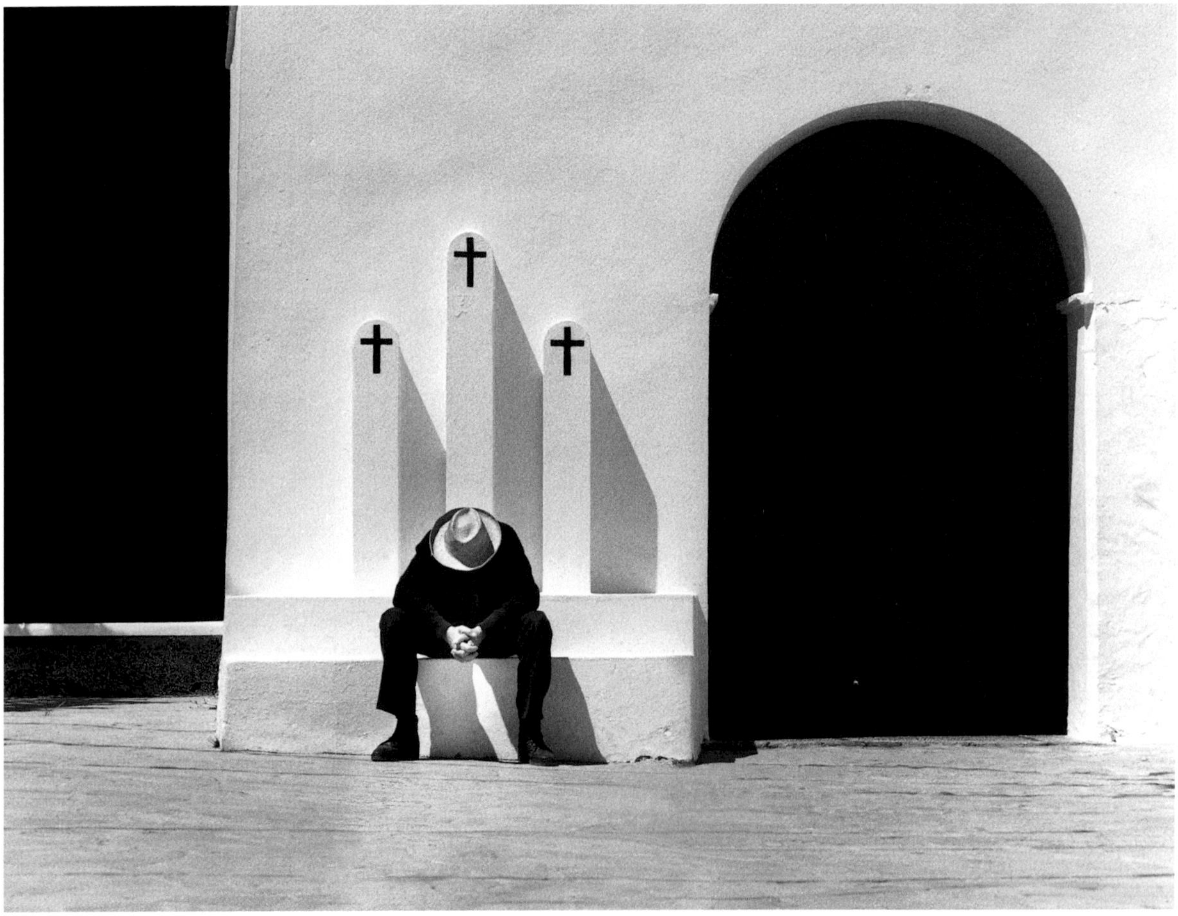

ABBILDUNG 244
Robert Häusser: San Juan, vor der Kirche 2000.
Mit freundlicher Genehmigung des Künstlers.

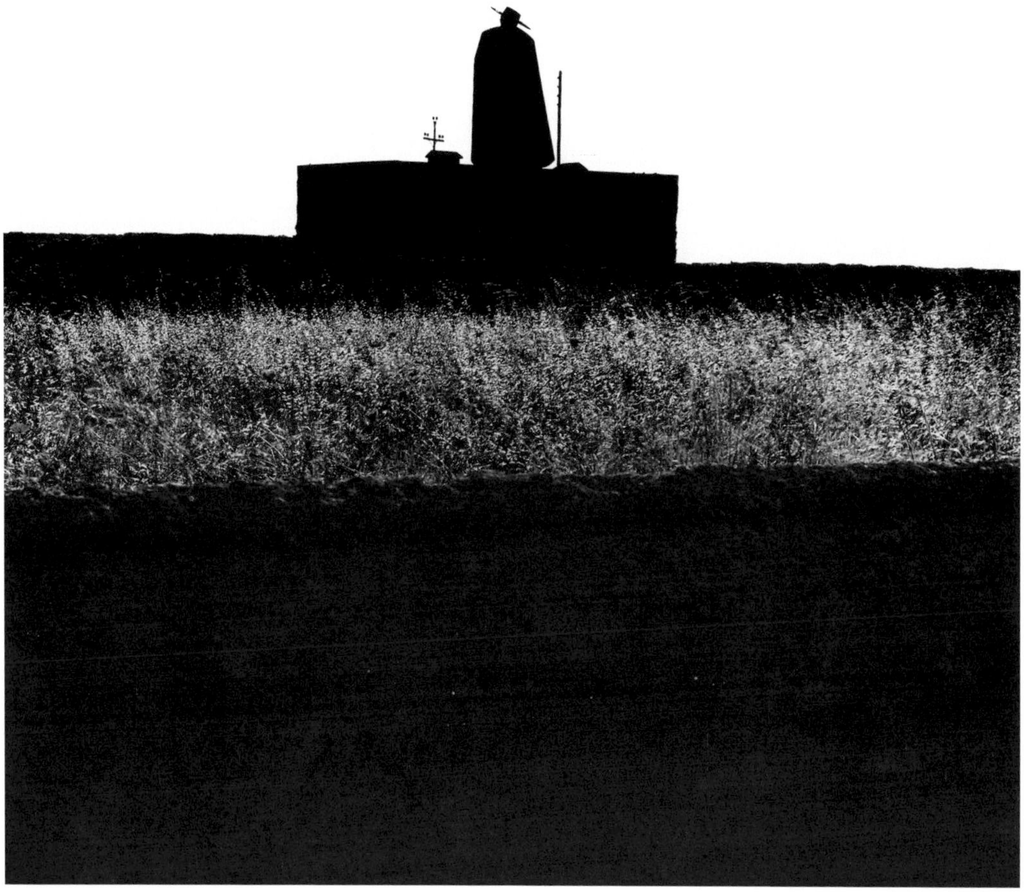

ABBILDUNG 245
Robert Häusser: Absurde Szene 1979.
Mit freundlicher Genehmigung des Künstlers.

Er ist ein Sucher, der die sichtbare Welt mit seinen Augen auf Bilder abtastet. Er lässt viele reizvolle Eindrücke an sich vorüberziehen, sie haben keine Chance, »Häusser-Bilder« zu werden. Nur Bilder haben die Eigenschaft, eine Mehrschichtigkeit von Sinnebenen zu evozieren. In der Photographie ist das eine ganz besondere Herausforderung, weil es gilt, die Eigenschaften der Kamera souverain einzusetzen oder sie gar zu überlisten, um eine bestimmte Bildorganisation zu erreichen.

Man hat eine Reihe seiner Bilder »magisch« und »mystisch« genannt, denn sie enthalten etwas nicht Vertrautes und Verlorenes. In unserer Welt, die ganz von der rationalen, naturwissenschaftlichen Weltanschauung geprägt ist, sind metaphysische oder mystische Aussagen suspekt, unpopulär oder einfach unrealistisch. Beides verdichtet Häusser in seinen Bildern zu Metaphern. Gefundenes oder Gesehenes wird von ihm in einer Weise inszeniert, wie es sonst nur im Arrangement möglich ist. Kontraste in Schwarz-Weiß verweisen eindeutig auf das Wesentliche und Gemeinte, sie lassen dem Betrachter wenig Spielraum, da sie zielorientiert in ihrer Wirkung kalkuliert sind. Er arbeitet mit Reihungen oder Reduktionen.→ [246]

Man hat Häusser oft die Affinität zum Thema des Todes *(was sich ganz vordergründig in den Friedhofsbildern bestätigen würde)* bescheinigt. Mir scheint, dass er das Leben thematisiert, das heißt die Spannung zwischen Geburt und Tod, aus der sich unsere Existenz definiert. Häusser erinnert in seinen Bildern daran, dass der Tod präsent ist, dass er Teil des Lebens ist und unwiderruflich dazugehört.

Häusser bietet dem Betrachter Besinnung an, und er tut das auf eine unspektakuläre Weise. Er gehört nicht zu den Photographen, die jedes Thema auf ihre Schmerzgrenze ausreizen, das heißt, eine Thematisierung in der Provokation verstehen und dem Betrachter möglichst noch die letzten Tabus um die Ohren schlagen. Er nimmt den Rezipienten so ernst und so verletzbar wie sich selber.

Pathos und Erhabenheit. Er beherrscht die Klaviatur von der leisen Reduktion bis zum Pathos. Er hat den Mut zum Pathos, das in unserer Zeit ja sehr schnell negativ besetzt wird, weil wir eine panische Angst davor haben, »Leiden und Leidenschaft, tiefe Gemütsbewegungen oder gar die Erhabenheit« auch nur zu artikulieren, geschweige denn zur Darstellung zu bringen. Wir alle kennen diese Gefühle und Erlebnisse, aber sie haben keine Konjunktur. Werden sie gezeigt, so signalisieren sie die Schwäche, nicht »erhaben« über das Erhabene zu sein. Sein Werk lässt sich nicht überzeugend in Schubladen ablegen. Es ist gegen den Strich gearbeitet und gibt Rezipienten und Interpreten Anstöße, die Dinge mit der Welt zu »verketten«, um das Erleben und die Erkenntnis in der Anschauung zu entdecken.→ [247]

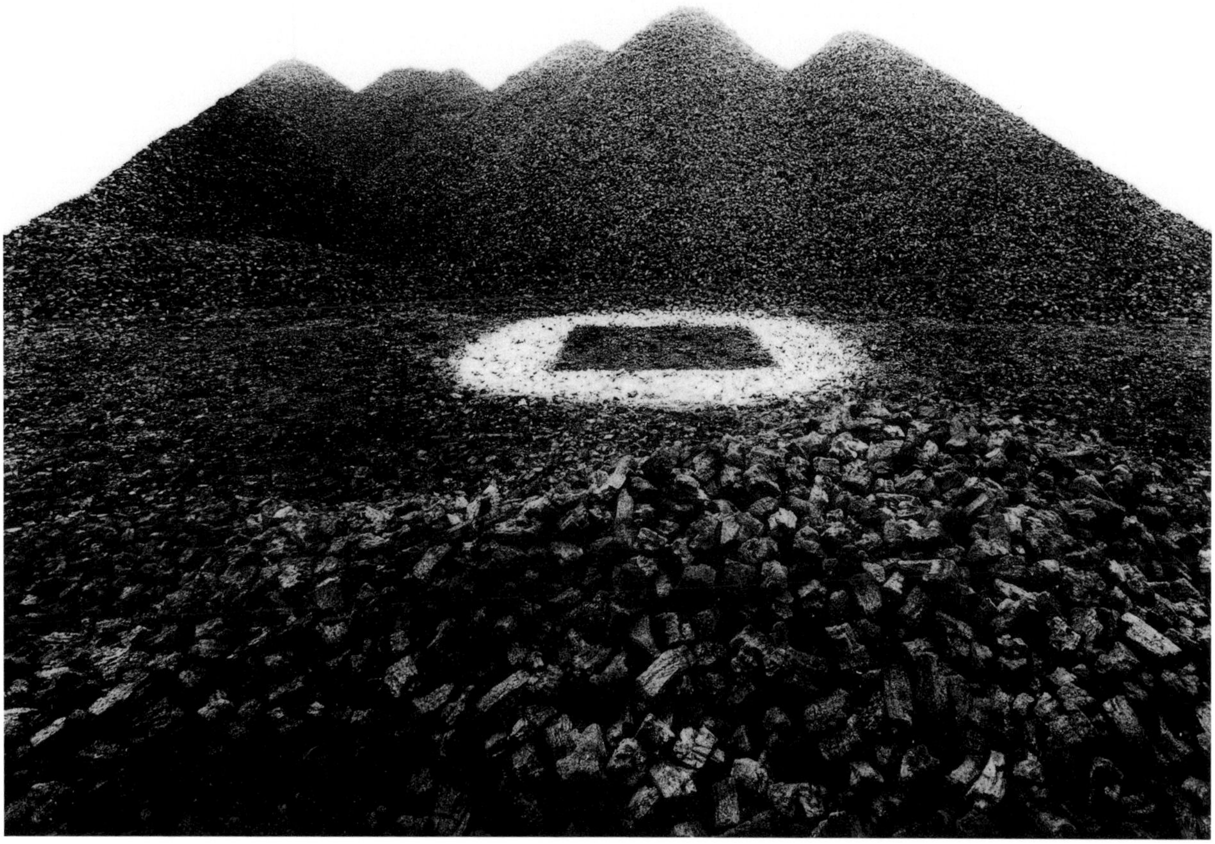

ABBILDUNG 246
Robert Häusser: Störung 1971.
Mit freundlicher Genehmigung des Künstlers.

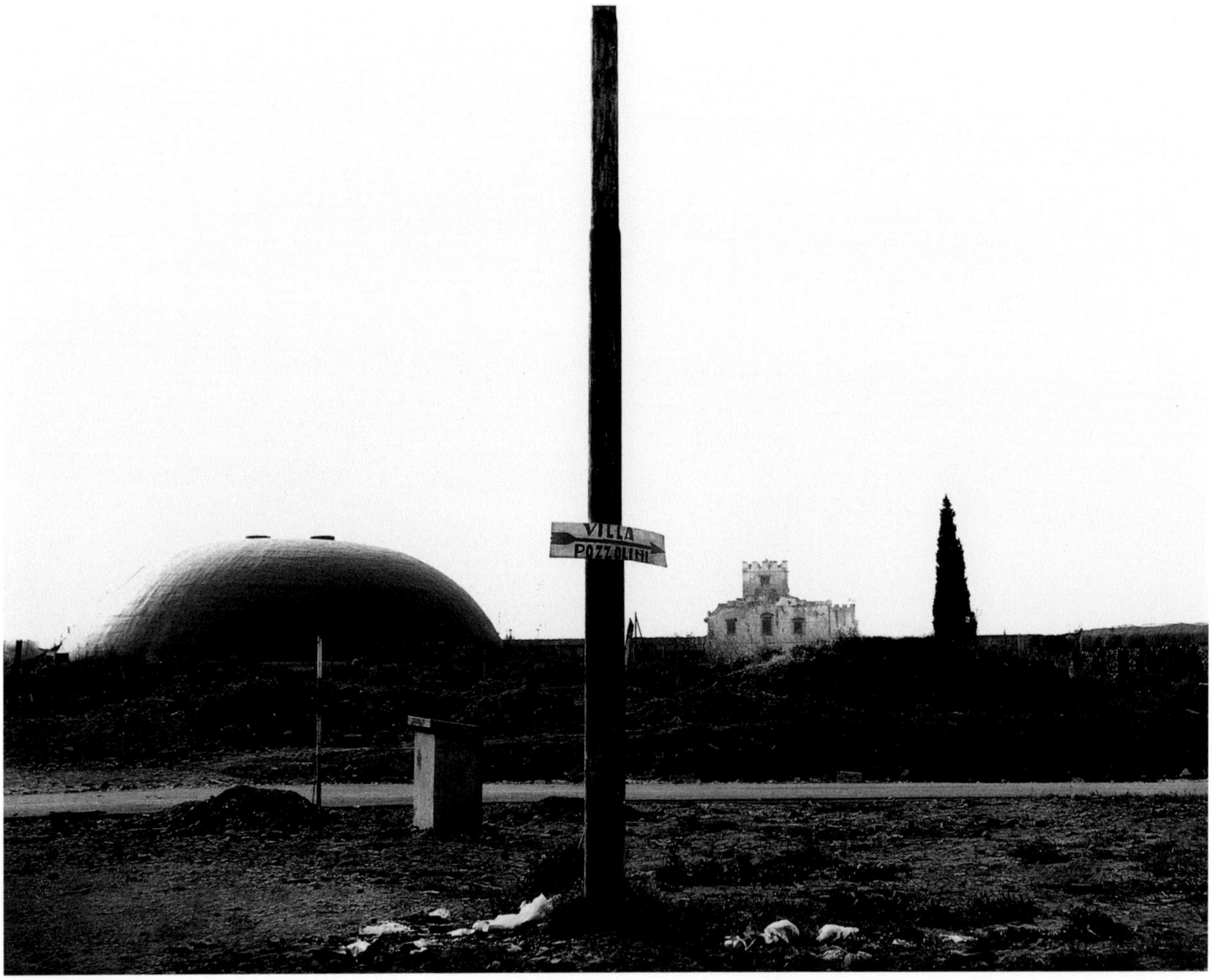

ABBILDUNG 247
Robert Häusser: Stadtrand Florenz 1981.
Mit freundlicher Genehmigung des Künstlers.

11.2.3 Sabine Korth

Die Montage wird heute spontan mit dem Computer assoziiert, aber sie hat in der Geschichte der Photographie eine lange Tradition. Sabine Korth photographiert auf ihren Reisen durch die Welt. Dann stört sie die Eindeutigkeit der Perspektive und des Kontextes durch ihre Montagen und potenziert die Aussagekraft der Darstellung durch neue Konstellationen.

Sabine Korth wurde 1958 geboren. Nach einer Diplomarbeit über ein italienisches Thema an der Fachhochschule Bielefeld bleibt sie in Florenz, wo sie frei arbeitet und Workshops veranstaltet. Wann immer sie Zeit und Geld hat, reist sie durch die Welt, wo die Aufnahmen entstehen. Ägypten, Mexiko, Venezuela, Kuba, die Elfenbeinküste, Ghana und Simbabwe sind ihre nicht alltäglichen Reiseziele. Zahlreiche Ausstellungen und Preise zeichnen ihre Arbeiten aus. In zwei Büchern sind ihre Arbeiten veröffentlicht. Sabine Korth hat mit ihren Montagen eine höchst eigenwillige Form der Darstellung gefunden. Montagen sind in der Photographie seit etwa 70 Jahren geläufig. Das »Neue Sehen« der zwanziger Jahre hat verschiedene Medien eingesetzt, um den Zusammenhang einer optischen Anordnung zu stören. Im Zeitalter des Computers wird die Montage mit solcher Perfektion betrieben, dass ihre Funktion sich im Täuschungsmanöver erschöpft und ihre Entstehungsmerkmale verschleiert.→ [248]

Sabine Korth will weder das eine noch das andere. Wenn man die Titel ihrer Arbeiten betrachtet: »Von Ägypten nach Kuba«, »Von der Elfenbeinküste nach Simbabwe«, »To Europe« oder »Nowhere Land«, könnte man auf den ersten Blick meinen, wir hätten es hier mit einer weit gereisten Reportagephotographin zu tun. Und in gewisser Weise ist das gar nicht so falsch, nur erzählt sie keine Geschichten in Bilderfolgen, sondern verdichtet ihre Montagen, in denen Gegebenheiten metaphorischen und symbolischen Charakter erhalten und über eine außerbildliche Wirklichkeit hinausweisen. Bemerkenswert ist, dass sie durchaus erkennbare Motive verwendet und nicht auf die Abstraktion ausweicht. Auf den ersten Blick verführt sie den Betrachter, sein erkennendes Wissen auf die Motive zu projizieren. Auf den zweiten Blick wird jegliche Erwartungshaltung in Bezug auf einzuordnende Kategorien irritiert.

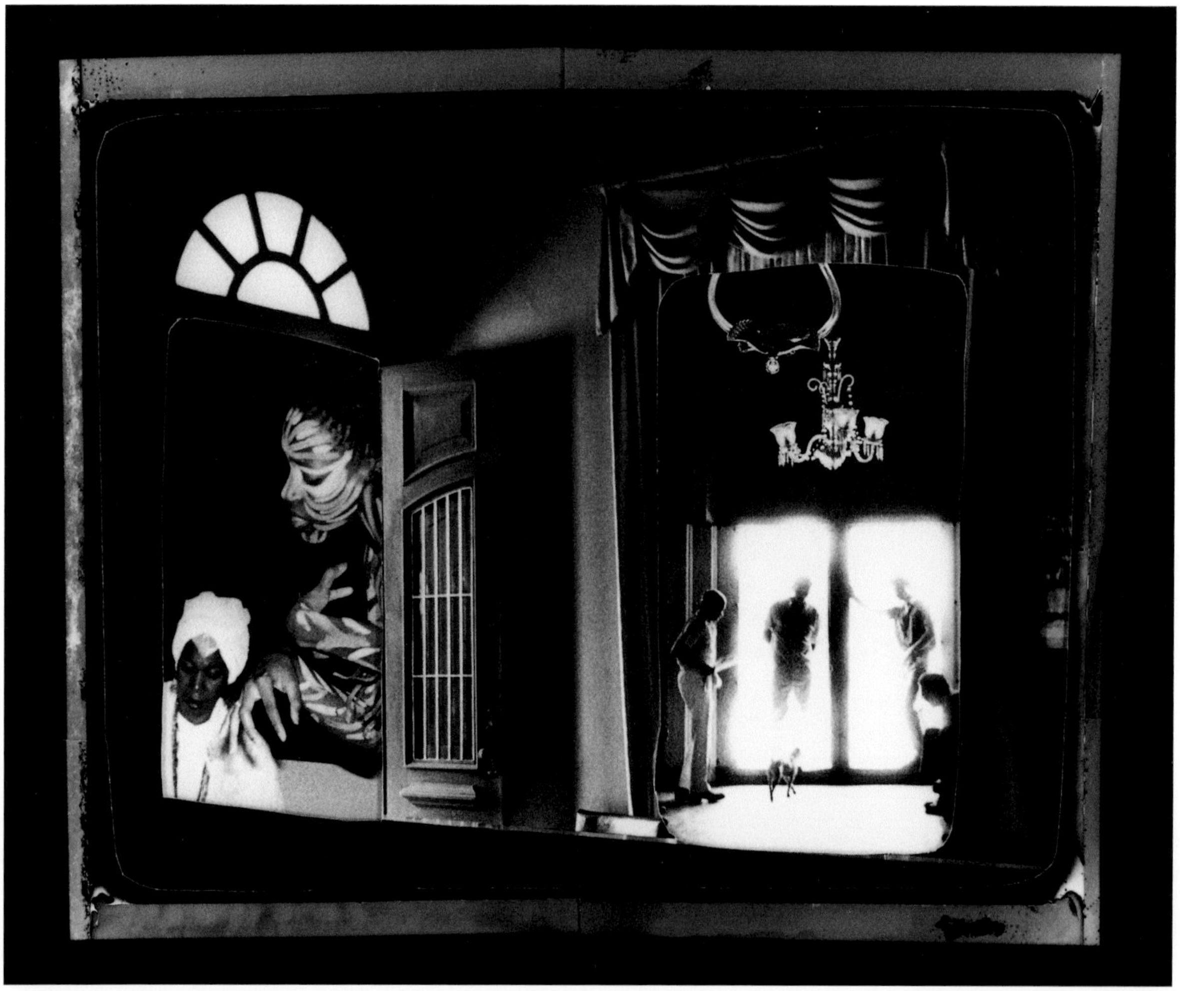

ABBILDUNG 248
Sabine Korth: Yoruba, Cuba 1993.
Mit freundlicher Genehmigung der Künstlerin.

Sie lichtet keine exotischen Welten um ihrer selbst willen ab, sondern sie dienen sozusagen als Vorwand, um den Betrachter in die Exotik der Anschaulichkeit zu entführen. Sabine Korth ist nicht naiv genug, zu glauben, dass sie der Fremdheit eine feste bildliche Form verleihen kann, deshalb wählt auch sie die Schwarz-Weiß-Photographie. Sie versucht, die Spuren zu deuten, und bleibt darin so konsequent, dass sie die festgehaltenen Augenblicke in visuelle Angebote umsetzt, die über die Aktualität hinausweisen, ohne die spezifischen Merkmale der jeweiligen Situation zu verlieren.→ [249]

Die Montagen von Sabine Korth heben die einheitliche Organisation der perspektivischen Anordnung auf. Zeit, Raum und Perspektive werden aus ihrem Gefüge gelöst und in einen neuen Kontext gesetzt. Isolierte Bildelemente korrespondieren mit Fragmenten, Bildkanten zerschneiden das geläufige Figur-Grund-System. Das feststehende Objektiv und die Einäugigkeit werden durch die Herausforderung verschiedener Standpunkte abgelöst. Das »fenestra aperta« schließt seine Läden und lässt die verschiedenen Bildebenen um die Fläche schwingen. Es ist auffallend, dass Sabine Korth den Fensterblick metaphorisch in ihren Montagen immer wieder verwendet, nur hat er seine Eindeutigkeit verloren. Es entsteht eine Wechselwirkung von Durchblick und Einblick, von Anblick und Ausblick. Der Blick des Rezipienten wird nicht auf eine Sicht der Photographin festgelegt, sondern im ständigen Fluss der Veränderung aufgefordert, Einsichten nachzuvollziehen.

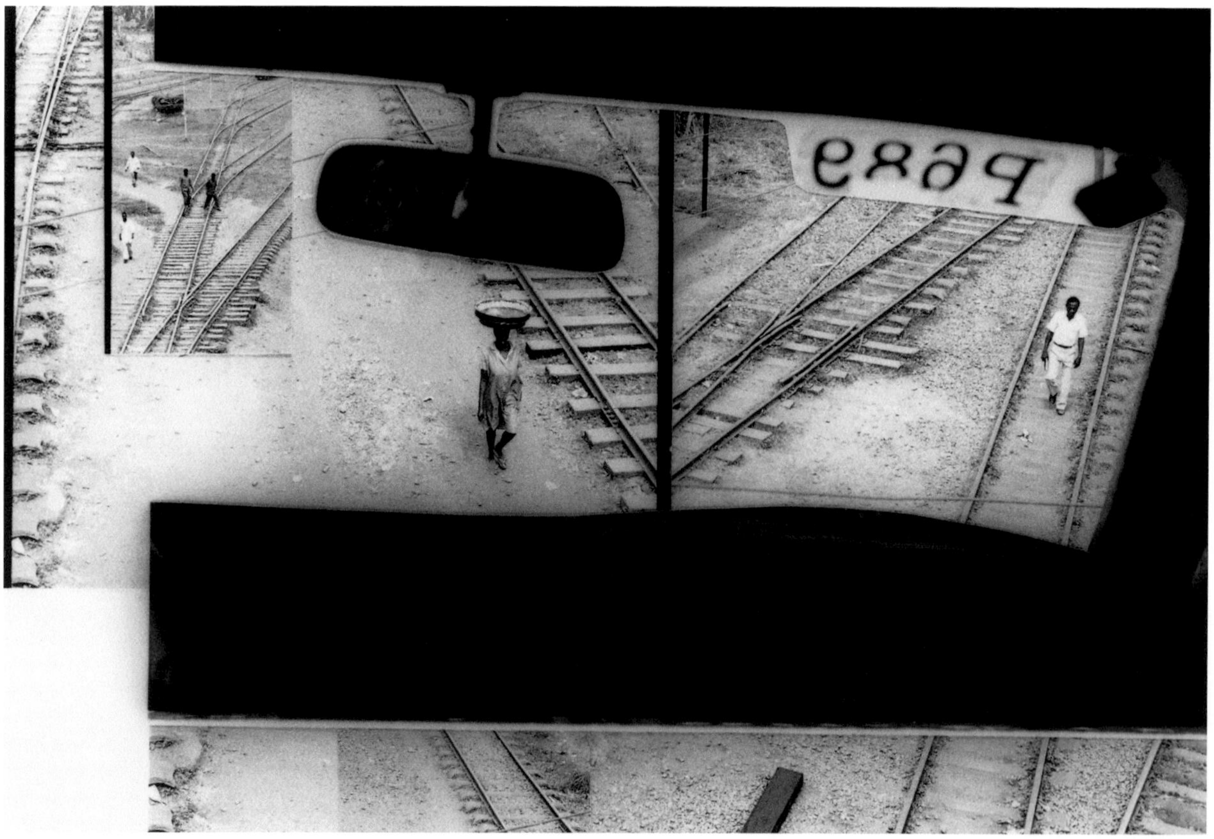

ABBILDUNG 249
Sabine Korth: Railway, Ghana 1995.
Mit freundlicher Genehmigung der Künstlerin.

11.2.4 Moderne und Figur

Seit fast einem Jahrhundert diskutieren wir über die abstrakte und konkrete Moderne der Malerei. Wir haben dieser Zeit eine ausgiebige Auseinandersetzung mit der Eigenenergie und Dynamik der Farbe zu verdanken. Obwohl die Moderne ihr erobertes Terrain für immer und ewig festschreiben möchte, kann man nicht übersehen, dass die junge Malerei versucht, aus diesem Muster auszubrechen. Die Figur, die jahrelang für die Darstellung tabu war, ist wieder zum Vorschein gekommen und wird von jungen Künstlern als neue Herausforderung betrachtet. → [250]

Die beiden Bildmedien Malerei und Photographie rücken näher zusammen. Beide stehen unter der Prophezeiung, an ihr Ende gekommen zu sein! Die Malerei ist an diese Behauptung gewöhnt und beweist schon seit einem Jahrhundert, dass ihre Phantasie dadurch eher aktiviert worden ist. Die Photographie ist erst seit ein paar Jahren von dieser Vorhersage betroffen. Aber auch sie hat sich auf ihre Mittel besonnen und ihre Qualitäten mit Selbstbewusstsein präsentiert.

Das klingt leichter und selbstverständlicher als es ist, weil die Rezeption eines Bildmediums an Konventionen gebunden ist, die man ungern in Frage stellt. Die menschliche Wahrnehmung ist nicht per se flexibel. Der Automatismus, der bei vielen Aktionen und Prozessen abläuft, ist nicht zu unterschätzen. Diese eingefahrenen Wege hindern uns oft, neue Angebote wahrzunehmen oder gar zu akzeptieren. ★

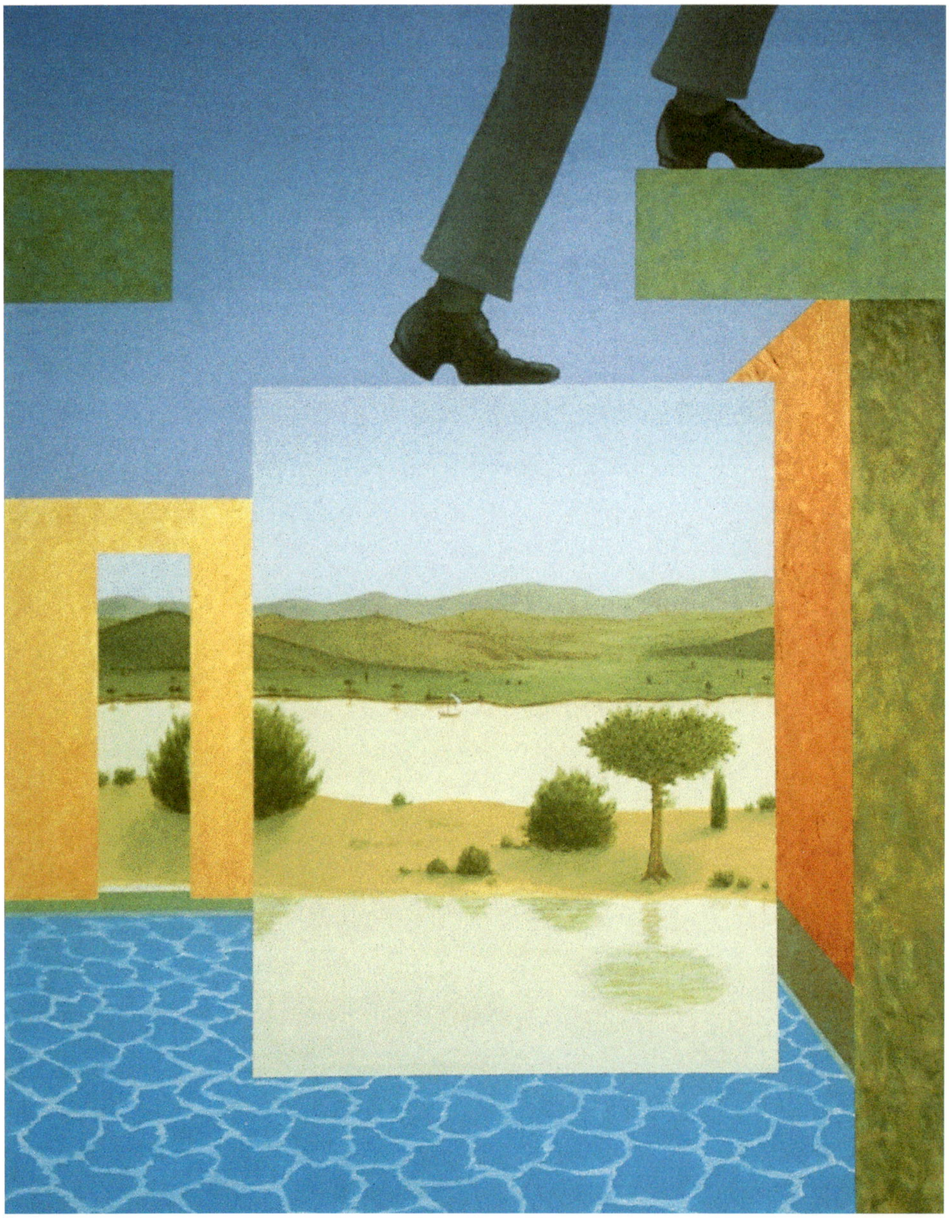

ABBILDUNG 250
Andreas Schnelle: »Peinture perdue« 2000. Acryl auf Leinwand.
Es sind nur Fragmente einer Figur zu erkennen und die tritt mit scheinbar festem Schritt aus dem Bild heraus. Doch der eine Fuß hält festen Kontakt zu dem Bild im Bild, das seine Position in den Farbflächen behauptet und nach vorne drängt. *Mit freundlicher Genehmigung des Künstlers.*

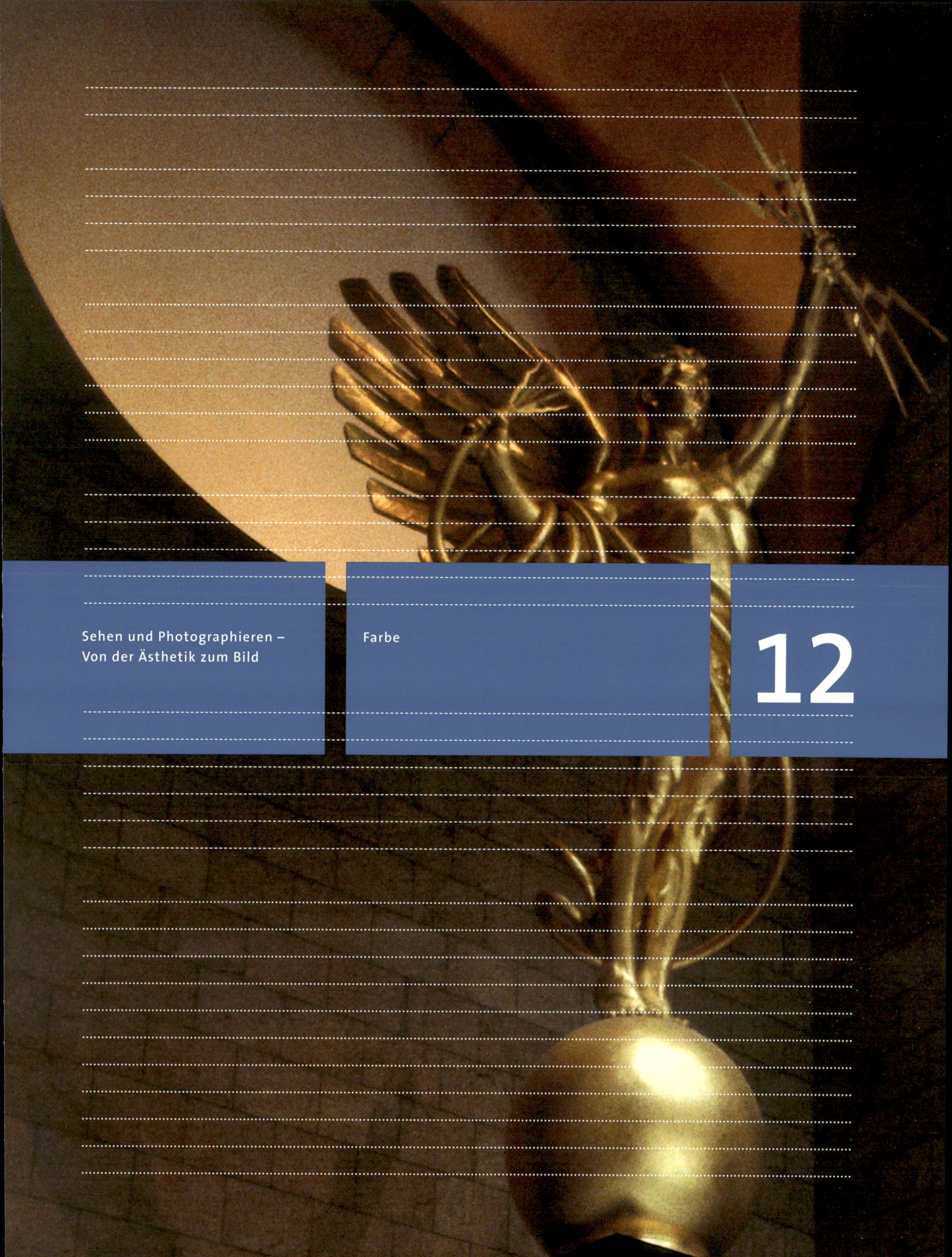

Farbe

12

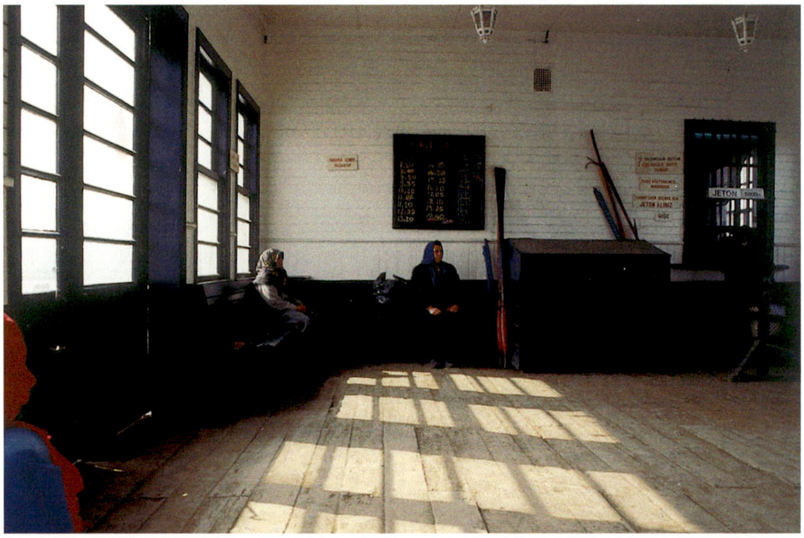

ABBILDUNG 251
Die Zusammensetzung des Lichtes kann über Farbtöne entscheiden: Das Licht teilt den beleuchteten Fußboden in zwei unterschiedliche Farbtöne, die wir aber nicht als solche bezeichnen würden, weil die Farbe für uns im Beleuchtungslicht stabil bleibt.

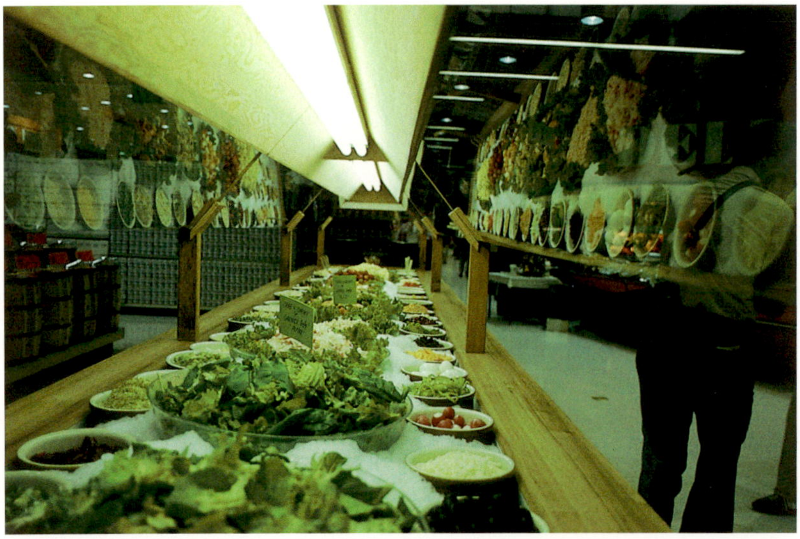

ABBILDUNG 252
Das Neonlicht lässt die Farben »kühler« erscheinen und vermittelt für die Lebensmittel Frische.

12.1 Aktivierung der Sinne

12.1.1 Licht und Farbe

Auf das Licht ist schon in Kapitel 8 als ein Mittel der Photographie kurz eingegangen worden. Im Zusammenhang mit der Farbe gewinnt es neue Bedeutung. Die Zusammensetzung des Lichtes kann über Farbtöne entscheiden. Die Morgensonne, das Mittagslicht, das Abendlicht, der bedeckte Himmel, die Dämmerung oder das Kunstlicht, als Kerzenlicht, Glühbirnenlicht und Neonlicht, alle erzeugen unterschiedliche Erscheinungen ein und derselben Gegenstandsfarbe. Außerdem ist die Entfernung von der Lichtquelle für die Farbintensität relevant. Die Filmindustrie hat versucht, einem »objektiven« Eindruck entgegenzukommen, indem sie Kunst- und Tageslichtfilme für die verschiedenen Farbtemperaturen produziert hat. Das heißt aber nicht, dass der entsprechende Film den jeweiligen Farbton exakt trifft. Farbstiche sind nicht immer zu vermeiden. → [251, 252, 253 & 254]

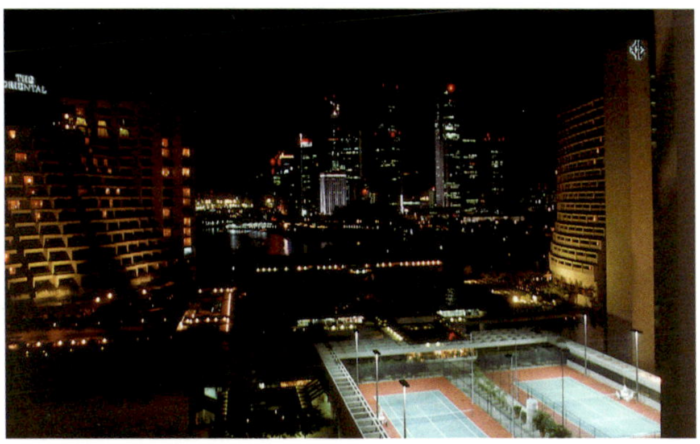

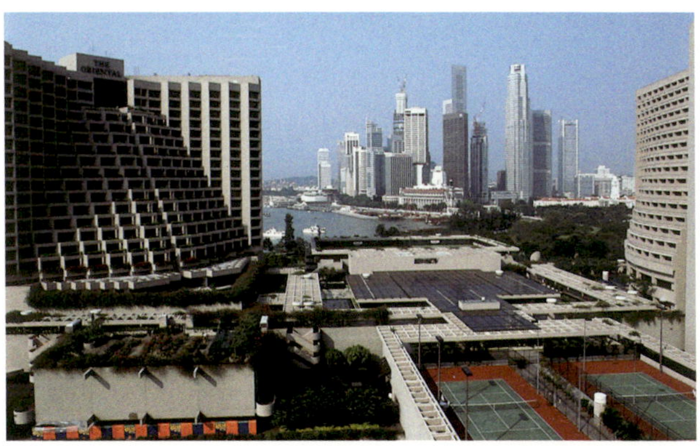

ABBILDUNGEN 253 & 254
Kunstlicht und Tageslicht erzeugen unterschiedliche Farberscheinungen ein und derselben Gegenstandsfarbe.

Die Veränderung der Farbtöne unter wechselnder Beleuchtung wird von unserer Wahrnehmung unterdrückt, in der Photographie werden jedoch alle Nuancen der Farberscheinungen festgehalten. Eine Veränderung der Beleuchtung spielt im Einzelbild keine Rolle, weil die Belichtung in der Regel zu kurz ist, um sie zu registrieren. In der Serie kann man dagegen sehr schön zeigen, was das Auge negiert. Licht hat in seiner Eigenschaft als Beleuchtung besondere Wirkungen. Es kann eine Farbe verstärken oder abschwächen, es hat Richtungstendenzen, es kann Verläufe oder Kontraste schaffen, was für die Flächenwirkung von Farbe entscheidend sein kann. Licht kann Farben isolieren und damit Akzente setzen oder in der Bildfläche verteilt Zusammenhänge stiften. Es kann dramatische oder pathetische Farbeffekte evozieren. In seiner Eigenschaft als Umgebungslicht gibt es sich neutraler. Kontraste werden gemildert, Glanzlichter und Schatten fallen weg, Farbflächen werden homogener und ausgeglichener. → [255, 256 ⊖ 257]

ABBILDUNG 255
Licht kann als Beleuchtungslicht Richtungstendenzen haben.

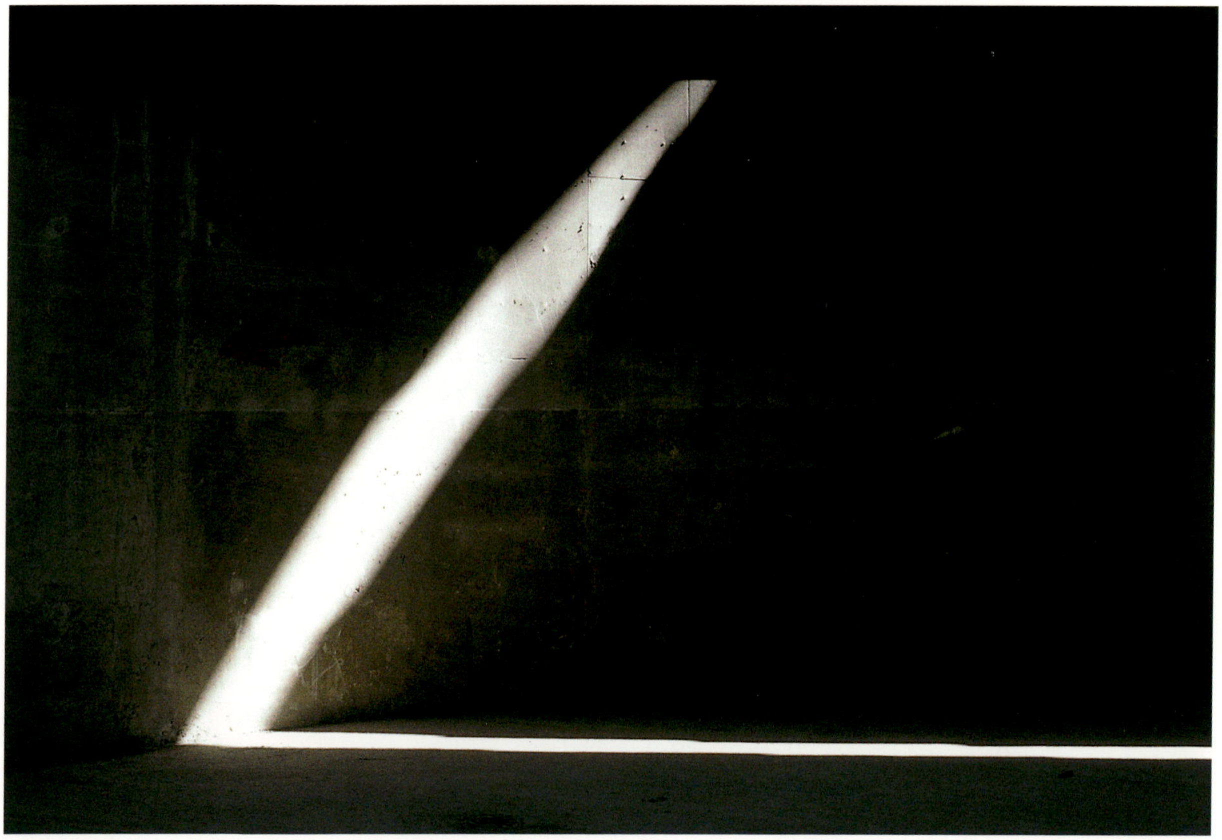

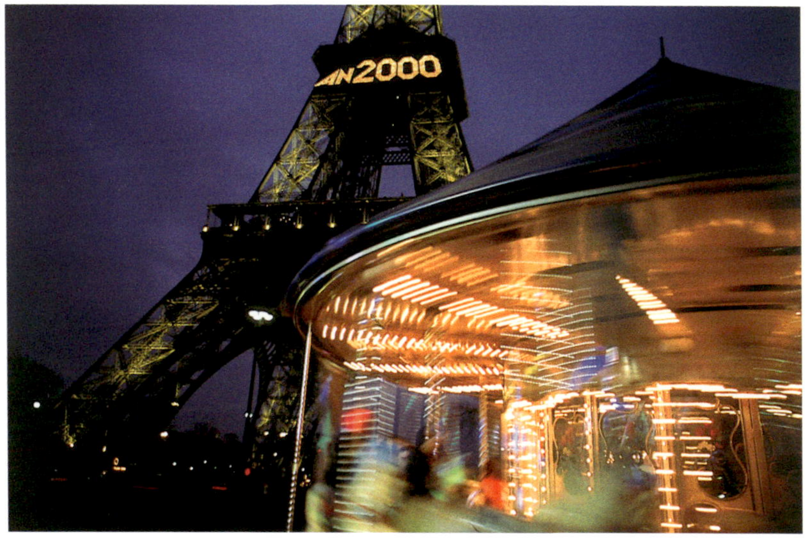

ABBILDUNG 256
Licht kann Kontraste oder Verläufe schaffen.

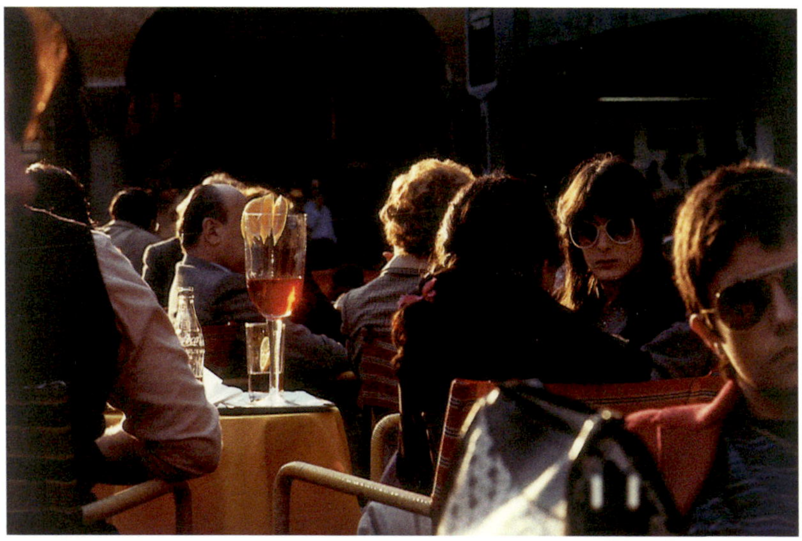

ABBILDUNG 257
Licht kann pathetische und dramatische Effekte erzielen.

12.1.2 Physikalische Eigenschaften

Wir werden in diesem Zusammenhang die physikalischen Eigenschaften von Licht und Farbe nur kurz erwähnen, weil es dazu ausführliche Beschreibungen gibt [GERRITSEN, 1975; BÖHRINGER ET AL., 2001]. Man hat sich seit Jahrhunderten mit den physikalischen Eigenschaften der Farbe beschäftigt. Dabei sind wichtige optische Erkenntnisse gewonnen worden. Farbe ist vom Licht abhängig und wenn man Licht als eine elektromagnetische Energie versteht, dann wird sein sichtbarer Teil des Spektrums in Wellenlängen gemessen *(400–700 Nanometer)*. Es wird in geraden Linien ausgestrahlt, bis es auf einen Widerstand, ein Objekt, stößt, absorbiert und reflektiert oder bei transparenten Materialien gefiltert wird. Newton [1642–1725] hatte schon 1700 herausgefunden, dass das Licht durch ein Prisma in seine Spektralfarben zerlegt werden kann, die verschiedenen Wellenlängen entsprechen. Sie aktivieren die entsprechenden Rezeptoren der Retina. Als Summe lässt sich daraus ziehen: Die Farbe einer Oberfläche wird nur von der physikalischen Realität bestimmt. Sie enthält in diesem Zusammenhang einen Kode und das Geheimnis dieses Kodes ist die Wellenlänge und die Prädominanz des Lichtes, das ein Objekt reflektiert. Alles, was das Gehirn zu tun hat, ist diese Botschaft zu dekodieren [SEMIR ZEKI, 1999].

Wie verarbeitet das Auge die Wellenlängen zu einer farbigen Welt, wie wählt es wichtige Dinge aus und unterdrückt andere und wie kann ein Farbeindruck vermittelt werden? Wie oben erwähnt, gehen wir gewöhnlich von der Reflexion aus, die als Farbreiz auf das Auge wirkt. De facto ist aber der Wellenbereich einer bestimmten Farbe weniger bestimmend für die Wahrnehmung als die Verarbeitung des Farbeindrucks im Gehirn.

12.1.3 Farbwahrnehmung im Gehirn

Die Farbwahrnehmung gab große Rätsel auf. Thomas Young [1773–1829] konzentrierte sich 1803 in den ersten Untersuchungen zunächst auf die Erregungsaktivitäten in der Retina des Auges und mit Newton zweifelte er daran, dass es so viel Farbrezeptoren in der Retina geben könne, wie es Farbtöne gibt. Also müsse im Auge eine Mischung stattfinden. Nach anfänglicher Ablehnung dieser Theorie nahm der deutsche Physiker und Physiologe Hermann von Helmholtz [1821–1894] diese Idee 1867 wieder auf und bestätigte sie in einzelnen Punkten, wobei er darlegte, dass es drei unterschiedliche Arten von Zapfen gibt, die auf Farbeindrücke reagieren.

Im 20. Jahrhundert gab Edwin Land *(Polaroid)* zu bedenken, dass bei der Farbwahrnehmung von komplexen Situationen oder Bildern das Gehirn eine beträchtliche Rolle in der Verarbeitung spiele, die nicht nur auf die Rezeption der Grundfarben zurückzuführen sei. Zum Beispiel sehen wir bei der Mischung zweier Wellenlängen nicht zwei Farben, sondern eine neue Farbe. Wellenlängen können die Farben berechnen, sagen aber wenig über die Art der Beleuchtung, unser Farbempfinden oder die Verarbeitung unserer farbigen Umwelt aus, die uns zum Beispiel auch stimmungsmäßig beeinflussen kann.

Das klingt sehr einleuchtend, wenn wir zum Beispiel an die Konstanzphänomene denken *(Kapitel 5)*. Wie können die Eigenschaften der physikalischen Objekte der Außenwelt und meine Eindrücke in Einklang gebracht werden? Würden sich für uns Farben in jeder Beleuchtung, das heißt unter jeder Veränderung ihrer Wellenlänge, präsentieren, dann würden wir die Objekte nicht mehr an ihren farbigen Merkmalen erkennen können, und die Farbe würde für uns an Bedeutung verlieren. Zeki betont, dass das Gehirn ein Wissen über permanente, essentielle und konstante Eigenschaften von Objekten und Oberflächen in einer ständig sich ändernden Welt braucht. Es ist Aufgabe des Gehirns, die Veränderungen zu verringern. Farbe sei in diesem Zusammenhang als Eigenschaft der Verarbeitung des Gehirns zu definieren und nicht als Eigenschaft der Objekte einer Außenwelt. [SEMIR ZEKI, 1999]

Die Farbe eines Objektes, z. B. einer roten Tomate, bleibt für mich gleich, ob ich sie nun im künstlichen Licht der Küche oder im natürlichen Sonnenlicht auf meinem Balkon betrachte. Die Netzhautreize, die in das primäre Sehzentrum geleitet werden, transportieren zwar die Farbkennzeichen, sie werden aber an weiteren Stellen des Gehirns eingelöst. Dabei hat man festgestellt, dass die Neuronen unabhängig von der Beleuchtung einer Farbe feuern, wenn das Auge eine gewisse Farbe sieht. Man weiß in etwa, wo das im Gehirn passiert, aber man weiß nicht, wie das Gehirn diese Prozesse der Stabilisierung meistert.

Wir identifizieren die Gegenstände, die wir täglich durch die zugehörige Farbe sehen. Ganz besonders Lebensmitteln wird ein bestimmter Farbton zugeordnet und sie werden auf ihren Zustand durch ihn geprüft. Brötchen dürfen zum Beispiel verschiedene Formen haben, aber es wird nur eine begrenzte Menge von Farbtönen akzeptiert. Wenn wir diese Objekte sehen, werden mehrere Bereiche des Gehirns aktiviert, denn wir brauchen dazu zum Beispiel das Gedächtnis, woran der Hippocampus beteiligt ist, um sie zu erkennen. → [258]

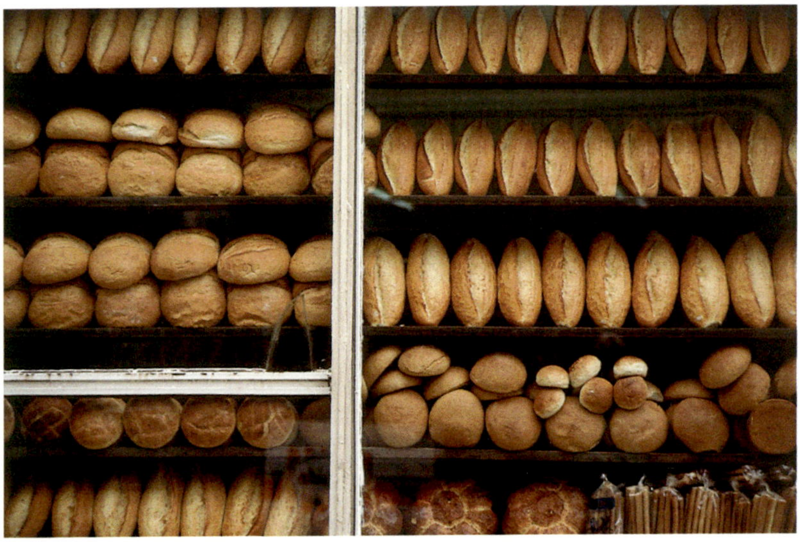

ABBILDUNG 258
Brötchen werden in verschiedener Form, aber nur in begrenztem Farbton akzeptiert. Blaue Brötchen würden sicher auf Ablehnung stoßen.

Man hat interessante Untersuchungen mit Bildern angestellt. Das 20. Jahrhundert war ja sehr von der abstrakten und konkreten Malerei geprägt. Bilder mit gegenständlichen Darstellungen und Bilder ohne gegenständliche Repräsentation aktivieren zunächst dieselben Bereiche zur Farberkennung im Gehirn. Dann aber werden bei den gegenständlichen Bildern weitere Bereiche angesprochen, auch der oben erwähnte Hippocampus wird aktiviert, weil wir Vergleiche in Bezug auf Farbe und Form anstellen und entscheiden, ob die Farbe richtig oder falsch ist. Das heißt, wir wollen verstehen, was wir sehen. Diese Fragen stellen sich bei der konkreten Kunst nicht, weil die Farbe keinem Gegenstand zugeordnet werden muss und kein Vergleich für die Richtigkeit stattfindet und deshalb nur die ersten visuellen Zentren aktiv werden. [SEMIR ZEKI, 1999]

In diesem Fall brauchen wir nicht zu verstehen, was wir sehen, und es fällt deshalb so schwer, zu beschreiben, was wir sehen. Der Künstler vergleicht beim Malen allenfalls die Farbe, die er wählt, mit seinen Vorstellungsbildern. Es ist verlockend, eine Unterscheidung zwischen »malen mit dem Auge« und »malen mit dem Gehirn« vorzunehmen, zumal die Impressionisten sich schon zu der ersten Version bekannt haben. Cézanne hat von sich behauptet, er male »wie ein Hund«, und hat von Monet gesagt »er sei nur ein Auge, aber was für eins«. Wir wissen bereits, dass das nur metaphorisch gemeint sein kann, weil das Auge allein gar nicht sehen kann.

In der Photographie können wir zwar durch Unschärfen und Verwischungen die Konturen eines Gegenstandes auflösen, aber es besteht ein grundlegender Unterschied zur Malerei. Es ist wichtig, uns zu erinnern, dass die Farben photographisch registriert werden, das heißt, wir müssen genau hinschauen, welche Farben ins Bild transformiert werden. Wir haben die Möglichkeit, durch Ausschnitt, Fokussierung und Blende eine Buntheit im Bild zu vermeiden. Die Rezeption von Bildern kann das zwar etwas ausgleichen, weil sie wieder mit den Wahrnehmungsmechanismen arbeitet, aber bei einem chaotischen Angebot hat auch die Wahrnehmung keine Chance. → [259, 260 & 261]

ABBILDUNG 259
In der Photographie können wir durch Unschärfen und Verwischungen die Konturen eines Gegenstandes auflösen.

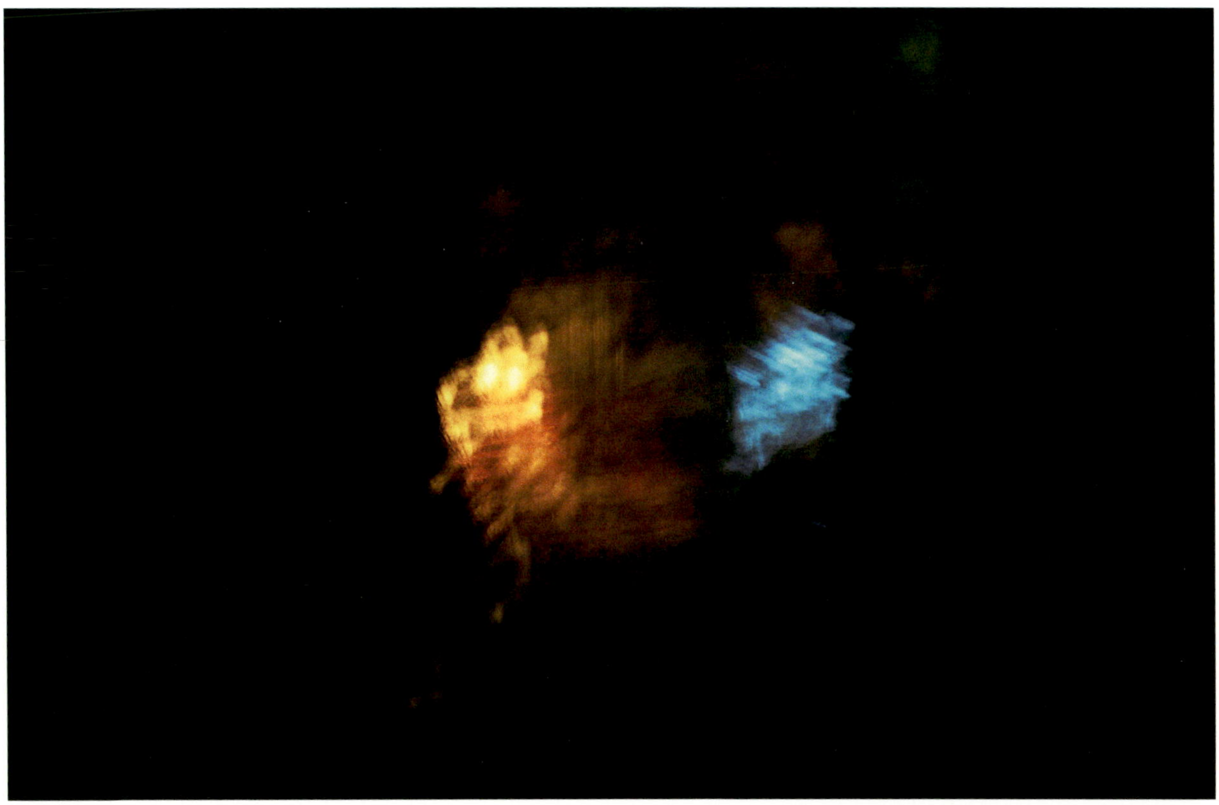

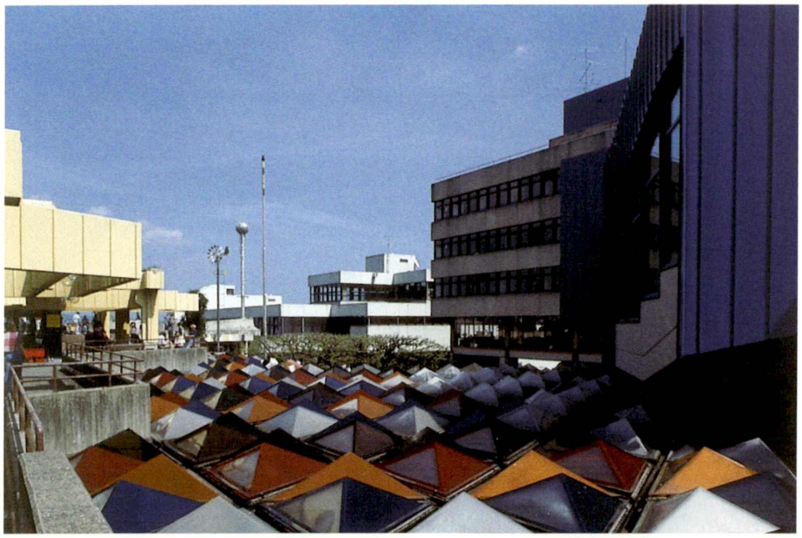

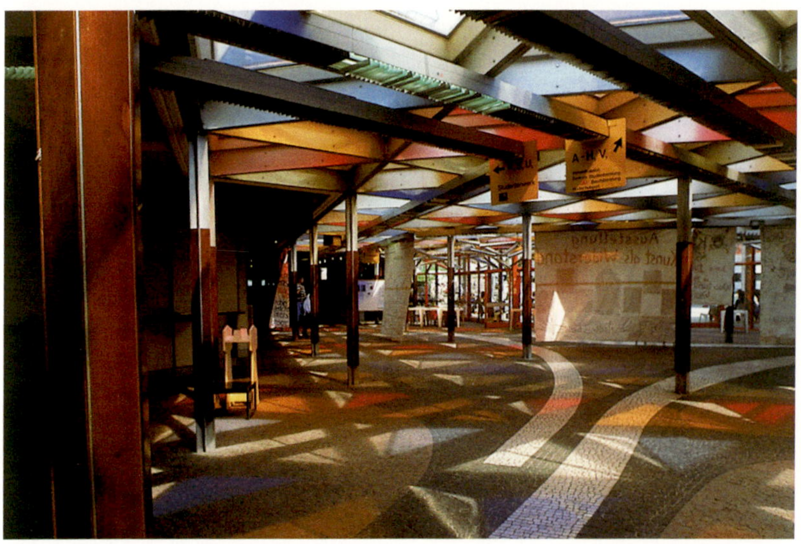

ABBILDUNGEN 260 & 261
Die Universität Konstanz hat sich da etwas ganz Besonderes einfallen lassen: Durch bunte Glaspyramiden fällt das Licht in den Vorraum der Mensa. Die Funktion dieser Verwirrung bleibt trotzdem im Dunkeln.

12.1.4 Malerische und optische Farben

In den Untersuchungen hat man sich mit den optischen Farben beschäftigt, die ja auch für die Photographie relevant sind. Abgesehen vom Unterschied zwischen malerischen und optischen Farben, haben uns die Maler die Beobachtung und Erfahrung der Farbwirkung voraus, die auf Jahrhunderte zurückgeht. Sie haben ihr Farbsehen sensibilisiert, das heißt, sie haben bewusst die Konstanz unterlaufen, die unser Sehen bestimmt. Man findet schon sehr frühe Zeugnisse der Beobachtung von Farbtönen, Helligkeit und Sättigung der Farben und ihrer Wirkung. Maler mischen Pigmente. Bei der Edelsteinzerreibung zur Farbgewinnung wurde im 15. Jahrhundert entdeckt, dass es drei malerische Grund- oder Primärfarben gibt, die selbst nicht durch Mischung herzustellen sind: Rot, Blau und Gelb. Aus ihnen lassen sich drei Hauptmischungen herstellen: Rot und Blau = Violett, Blau und Gelb = Grün sowie Rot und Gelb = Orange. → [262]

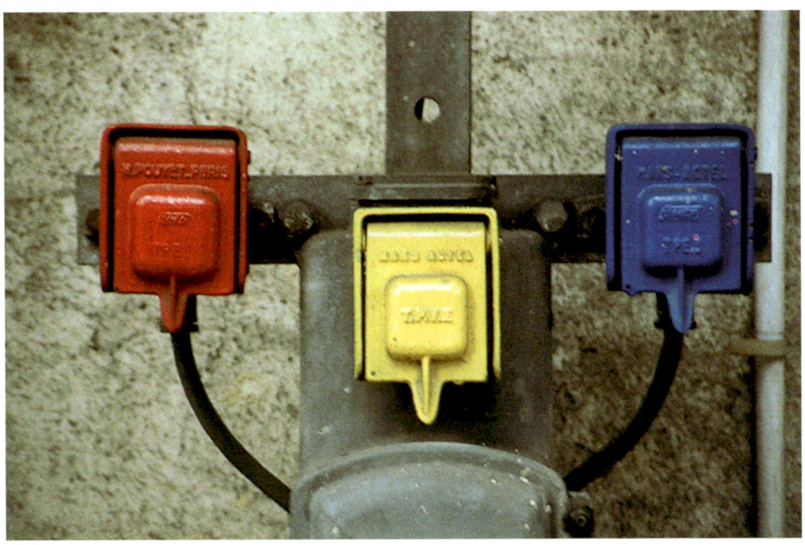

ABBILDUNG 262
Die malerischen Grundfarben: Rot, Blau und Gelb.

Man spricht in der Farbenlehre auch von Farben erster Ordnung. Aus den drei Grundfarben lassen sich aber auch viele Zwischentöne mischen. Nur Gelb lässt sich durch keine Mischung der Pigmente herstellen. Wer da nach interessanten Anweisungen sucht, kann sie schon in Leonardos Buch von der Malerei finden. Lange bevor man die Begriffe kannte, hat er die Wirkung der Komplementärfarben und Simultankontraste beschrieben, hat von Licht und Schatten, Beleuchtung, Reflexionen gesprochen. Selbst die »einfachen und zusammengesetzten Farben« waren ihm geläufig. In gewisser Weise konnten auch die Künstler der Op-Art *(Optical Art)* bei ihm abschreiben:

»Dies wird dem Auge offenbar, wenn Schwarz an Weiss anstösst, oder Weiss an Schwarz, dann sieht eine jede von diesen Farben an der Berührungsstelle mit ihrem Gegentheil gesteigerter aus als in ihrer Mitte.« [LEONARDO DA VINCI, 1882]

Farben- und Luftperspektive sind an Farbwirkungen gebunden. Leonardos berühmtes »sfumato« orientierte sich an der Beobachtung, dass Gegenstände in der Ferne durch die Luft bläulich und dunstig erscheinen. Bei dünnen übereinander getragenen Aquarellen oder Lasuren, die durch die Transparenz das Licht eindringen lassen und reflektieren, kann man ähnliche Phänomene wie bei den optischen Farben beobachten. Die Farbmischungen sind aus dem Kolorismus der Malerei bekannt, der auf diese Weise die Farben zu einem einzigartigen Leuchten brachte. Die Impressionisten haben versucht, gegen die Konstanzphänomene anzugehen und die Vielfalt der Farbtöne in einem Bild zu versammeln und die Farbigkeit der Schatten zu berücksichtigen. → [263 ⊕ 264]

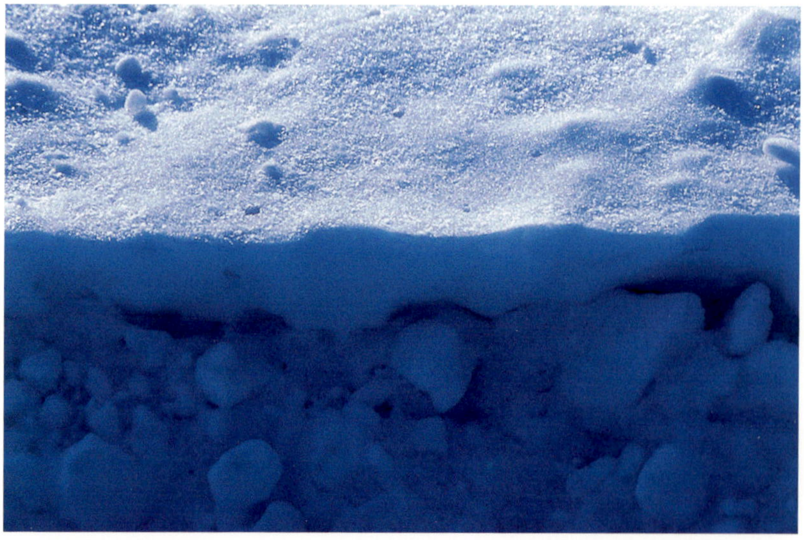

ABBILDUNG 263
Wir sind geneigt, Schnee als weiß zu bezeichnen, obwohl er die Farbe des Himmels reflektiert, die im Schatten noch deutlicher wirkt.

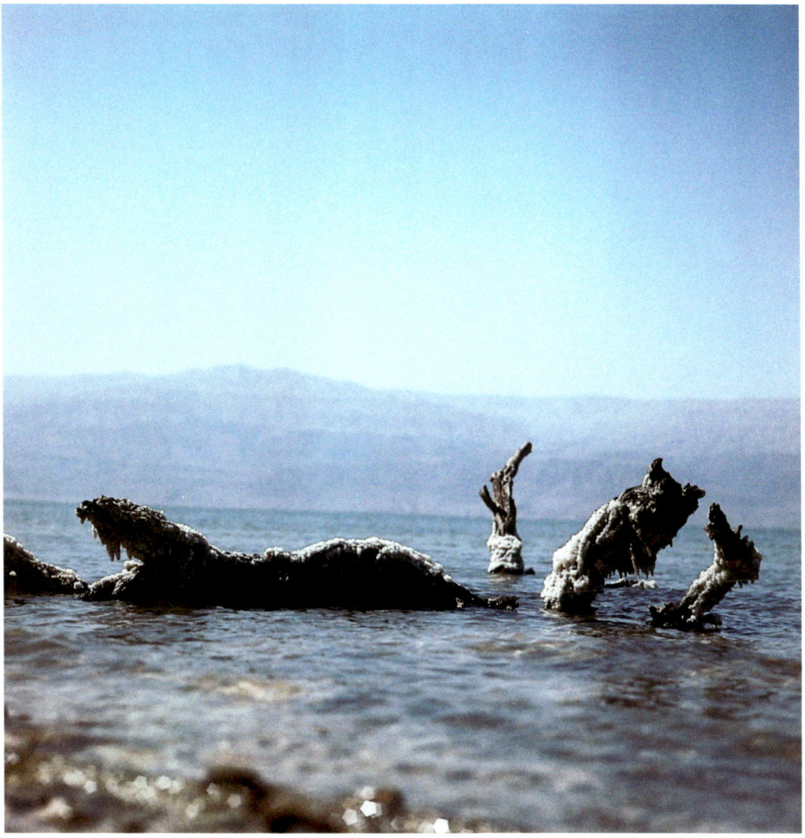

ABBILDUNG 264
Hier wirken gleich mehrere Faktoren zusammen: Es sind nur leichte Farbkontraste vorhanden. Durch die Fokussierung auf eine Bildebene fließen die anderen Farben ineinander und der dunstige Hintergrund wirkt bläulicher. Die Salzverdunstung im Toten Meer begünstigt diese Wirkung.

Da wir hier nicht auf die speziellen Ergebnisse der Farbenlehre eingehen wollen, werden wir uns darauf beschränken, die drei optischen Grundfarben als Rot, Grün und Blau zu bezeichnen. Optische Farben sind Lichtmischungen, zum Beispiel wird Gelb aus grünen und roten Strahlen erzeugt. Man kann an Modellversuchen die additiven und subtraktiven Farbmischungen nachvollziehen.→ [265] Mit der optischen Mischung der Farbe im Auge hat der Pointillismus gearbeitet. Seurat hat winzige kleine Punkte nebeneinander gesetzt, die sich durch die optische Mischung im Auge in einer bestimmten Entfernung zu einer neuen Farbe zusammenzogen.→ [266]

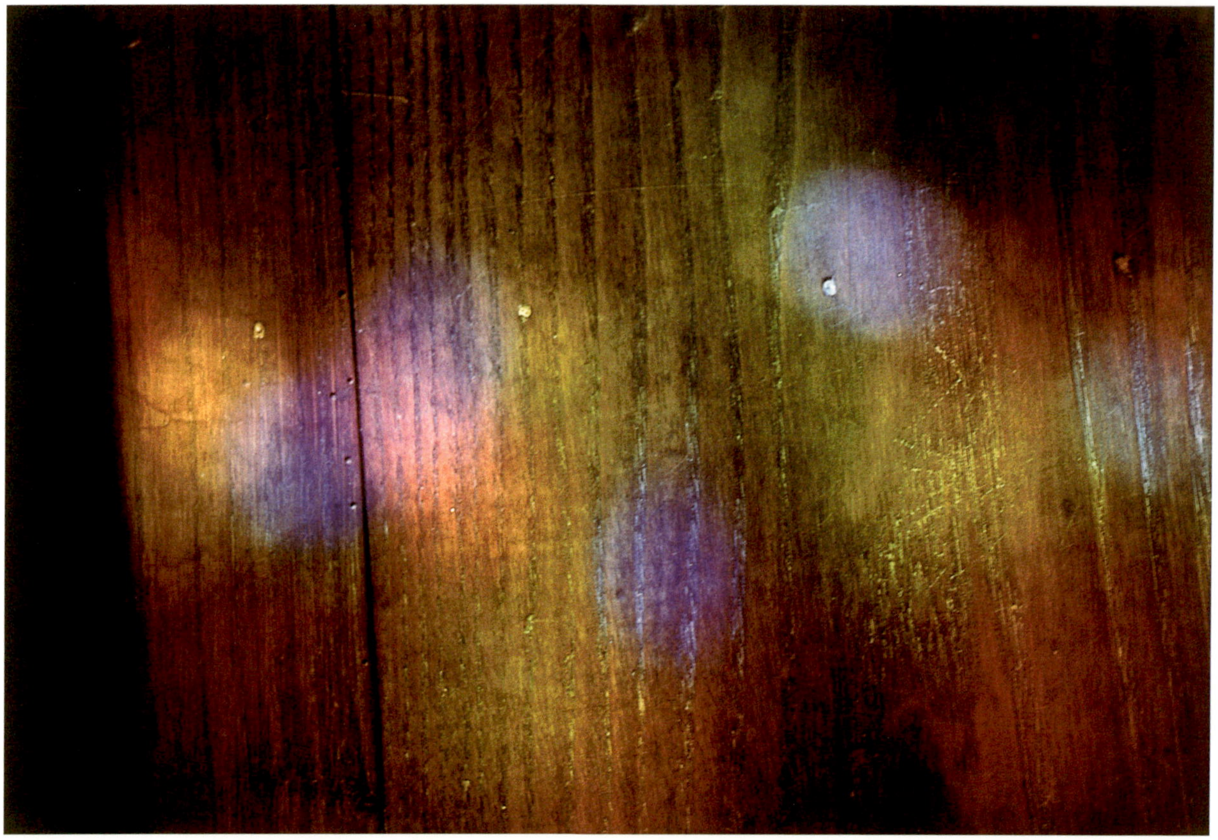

ABBILDUNG 265
Optische Farben sind Lichtmischungen, die durch farbige Glasfenster im Kirchenraum ihre Effekte setzen und auf einer Kirchbank ihre Spuren hinterlassen.

ABBILDUNG 266
Auf diese Wirkung hat man in New York auch noch in diesen gigantischen Ausmaßen vertraut. »La Grande Jatte« [1884–1886] von Seurat muss hier auch noch auf Ergänzungen hoffen und sich gegen Unterbrechungen von Fenstern und Mauern durchsetzen.

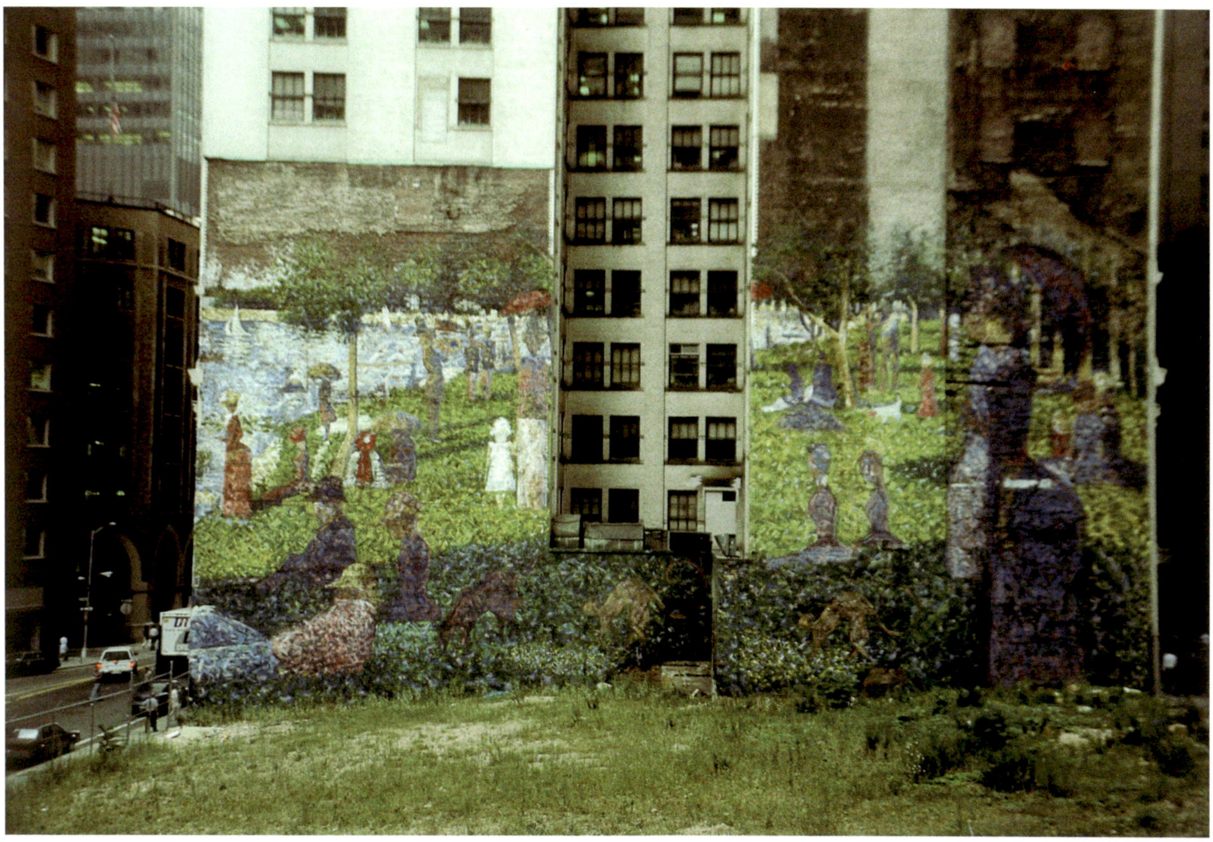

Optische Farben spielen in der Photographie schon bei der Filmproduktion eine Rolle. Die Tageslicht- und Kunstlichtfilme sind schon erwähnt worden, was nicht heißt, dass sie eine Garantie für eine »natürliche« Farbaufzeichnung liefern. Farbige Beleuchtung durch Scheinwerfer, z. B. Flutlicht, Architektur- oder Brunnenbeleuchtung, Bühnenbeleuchtung, sowie farbige Licht- und Farbkompositionen spielen bei der optischen Farbmischung eine Rolle. Das Kaleidoskop, farbige Fenster, Fernsehen, Spiegelungen basieren ebenfalls auf optischen Farbmischungen. Optische Farberscheinungen haben keine haptische Qualität. Sie sind ganz an die Lichtwirkung, Intensität und Farbreaktion gebunden. Für die Darstellung scheint es unabdingbar, die Farbwirkungen zu studieren und das »Auge« zu trainieren. Die physikalischen Farbkreise haben in erster Linie Modellcharakter und können uns die Entscheidung nicht abnehmen, wie sich die Farbe in der begrenzten Flächenorganisation eines Bildes entwickelt.

12.1.5 Farbe und Form

Farbe ist ein wichtiger und vielseitiger Bestandteil unseres Lebens und unserer visuellen Wahrnehmung. Mit ihr strukturieren und kategorisieren wir unsere Umwelt, trennen die Formen und verbinden die Zusammenhänge. An Licht und Form gebunden, kann Farbe Gegenstände bezeichnen und mit Worten ganze Gruppen unter Begriffen zusammenfassen und ihnen eine allgemeine Farbe zuordnen, die der Vielfalt der Farbtöne nicht entspricht: Wiesen und Bäume sind grün, Kornfelder gelb, Himmel und Wasser sind blau etc. → [267, 268 & 269]

Farbe und Formen werden in der Darstellung spezifisch festgelegt und sie spielen deshalb in diesem Kontext eine herausragende Rolle. Sie bezeichnen im Bild nicht nur die Gegenstände, sondern bestimmen den Rhythmus der Transformation oder Komposition. In der Malerei ist die Farbe seit dem frühen 14. Jahrhundert ganz bewusst als Organisationsprinzip der Bildfläche eingesetzt worden. Bei der Erfindung der Photographie wurde Farbe zunächst in Grauwerte umgesetzt, bevor sie mit der Erfindung des Farbfilms neue Akzente setzte.

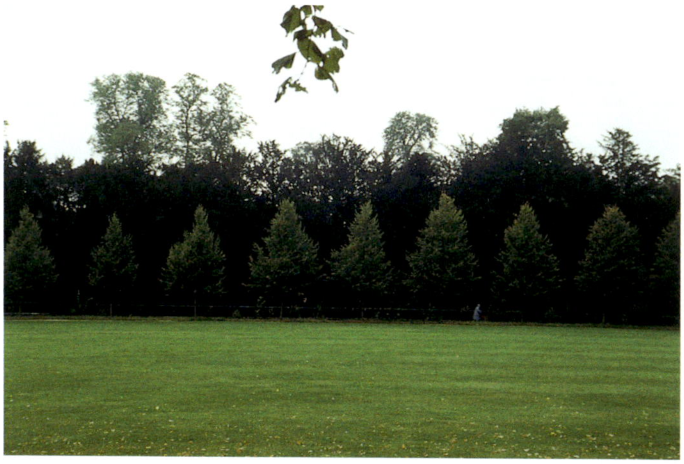

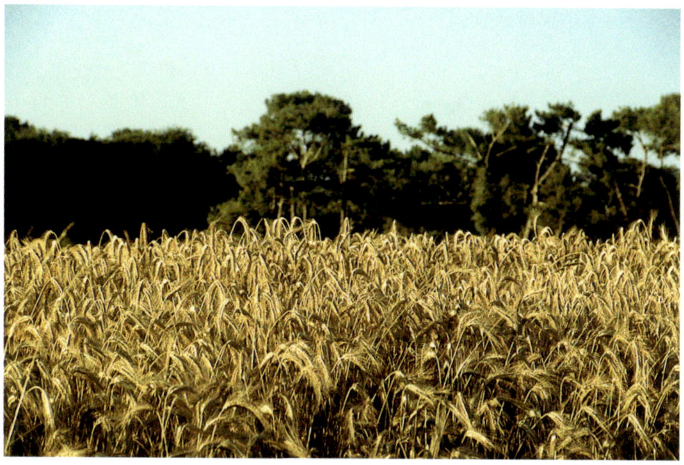

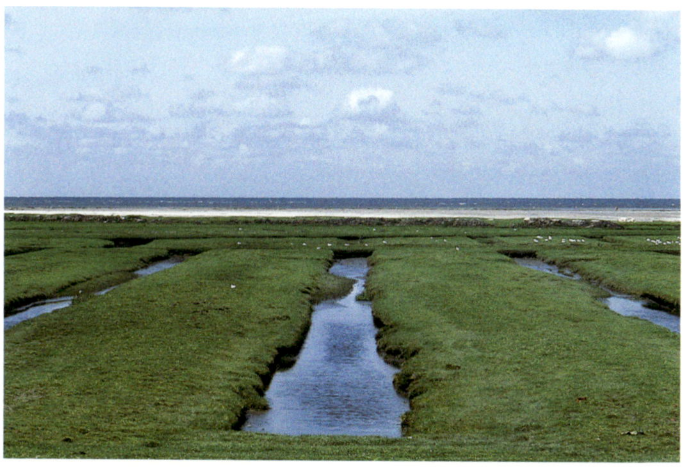

ABBILDUNGEN 267, 268 & 269
An Licht und Form gebunden, kann Farbe Gegenstände bezeichnen und ganze Gruppen unter einem Begriff zusammenfassen und ihnen eine allgemeine Farbe zuordnen: Wiesen und Bäume sind grün, Kornfelder gelb, Himmel und Wasser blau.

12.1.6 Farbe im Spannungsfeld der Komposition

Wir wenden uns einem Bild zu oder ein Bild zieht unsere Blicke an. Das heißt, wir verfolgen entweder eine gewisse Intention, ein Interesse, mit dem wir uns einem Bild zuwenden, oder ein Bild fällt uns durch Eigenschaften auf, die, wie Kant es genannt hat, unseren Blick affizieren, anziehen. Ein Bild wendet sich normalerweise an unsere visuelle Wahrnehmung, denn es ist in der Regel stumm. Aber das ist natürlich nur im wörtlichen Sinne zu verstehen, denn der Informationsgehalt eines Bildes kann sehr viel komplexer sein als die Dinge und ihre Umwelt, die wir in der Realität wahrnehmen. Die Farbe kann auf dem Bildträger eine mehrfache Funktion erfüllen. Innerhalb einer Bildorganisation kann sie Hierarchien setzen, kann Verbindungen herstellen, Rhythmus erzeugen oder Formen in Bewegung versetzen. Farbe kann auch Stimmungen erzeugen und beeinflussen. → [270] Sie hat eine eigene Dynamik und eigene Gesetze, auf die unsere visuelle Wahrnehmung reagiert. Sie kann das Gefühl von Harmonie oder auch das Gegenteil vermitteln, Symbolwerte transportieren oder auch als Auslöser großer Irritationen auftreten. → [271, 272 ⊖ 273]

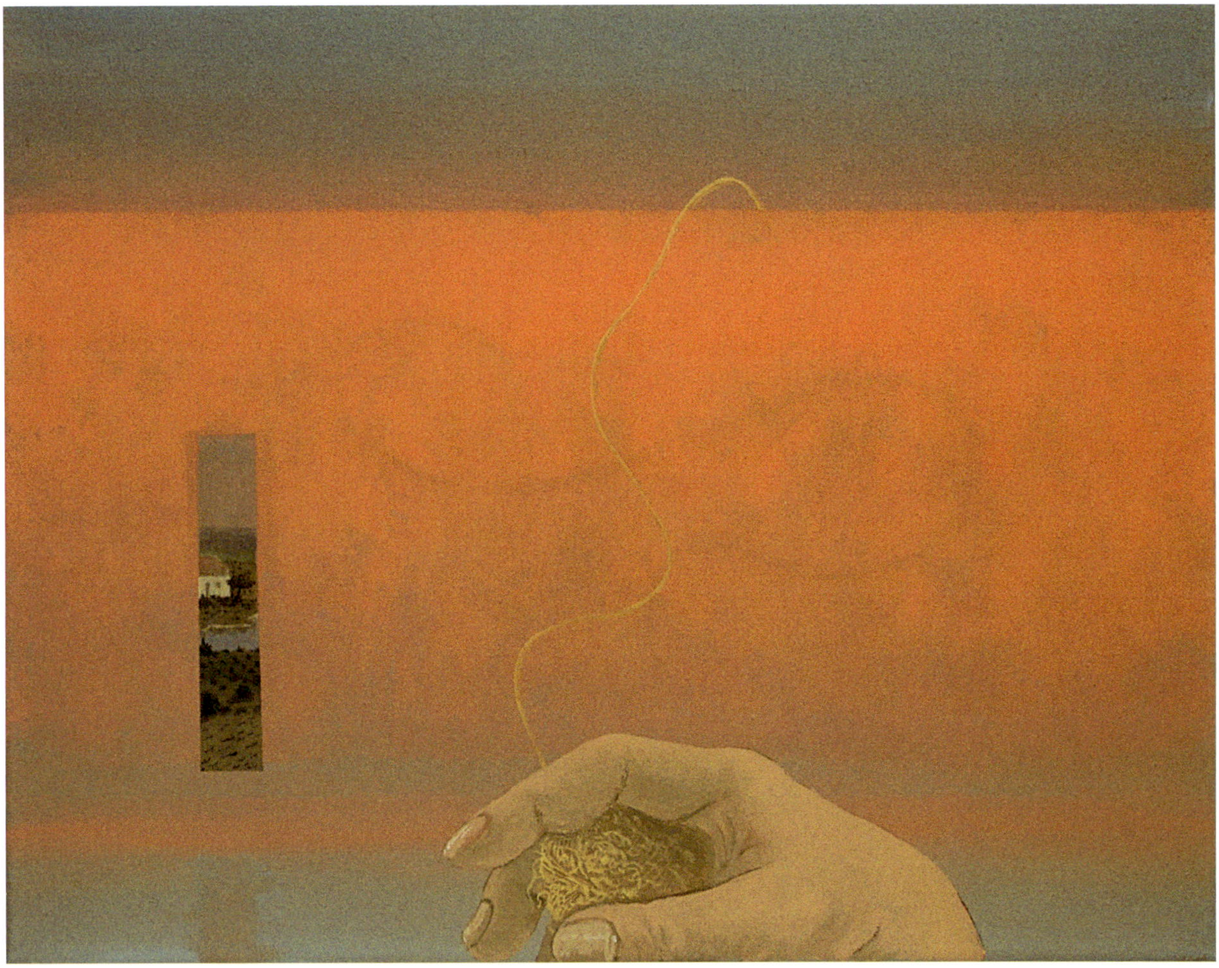

ABBILDUNG 270
Andreas Schnelle: »Am Ende des Fadens« 2002. 31×40 cm.
Acryl auf Leinwand.
Die orange Fläche strebt nach vorne, obwohl die Hand eindeutig davor liegt, weil sie am unteren Bildrand angeschnitten ist. Der kleine Landschaftsausschnitt als Durchblick stellt einen Zusammenhang mit der oberen blaugrauen Fläche her. Durch seine scharfen Grenzen hat er die Tendenz, sich als selbstständiges Bildelement wiederum vor die orange Fläche zu schieben. Der Faden spielt mit diesen Irritationen, schlängelt sich über die Fläche und verschwindet hinter dem Orange, das an seinen Rändern leicht ausläuft. *(Mit freundlicher Genehmigung des Künstlers)*

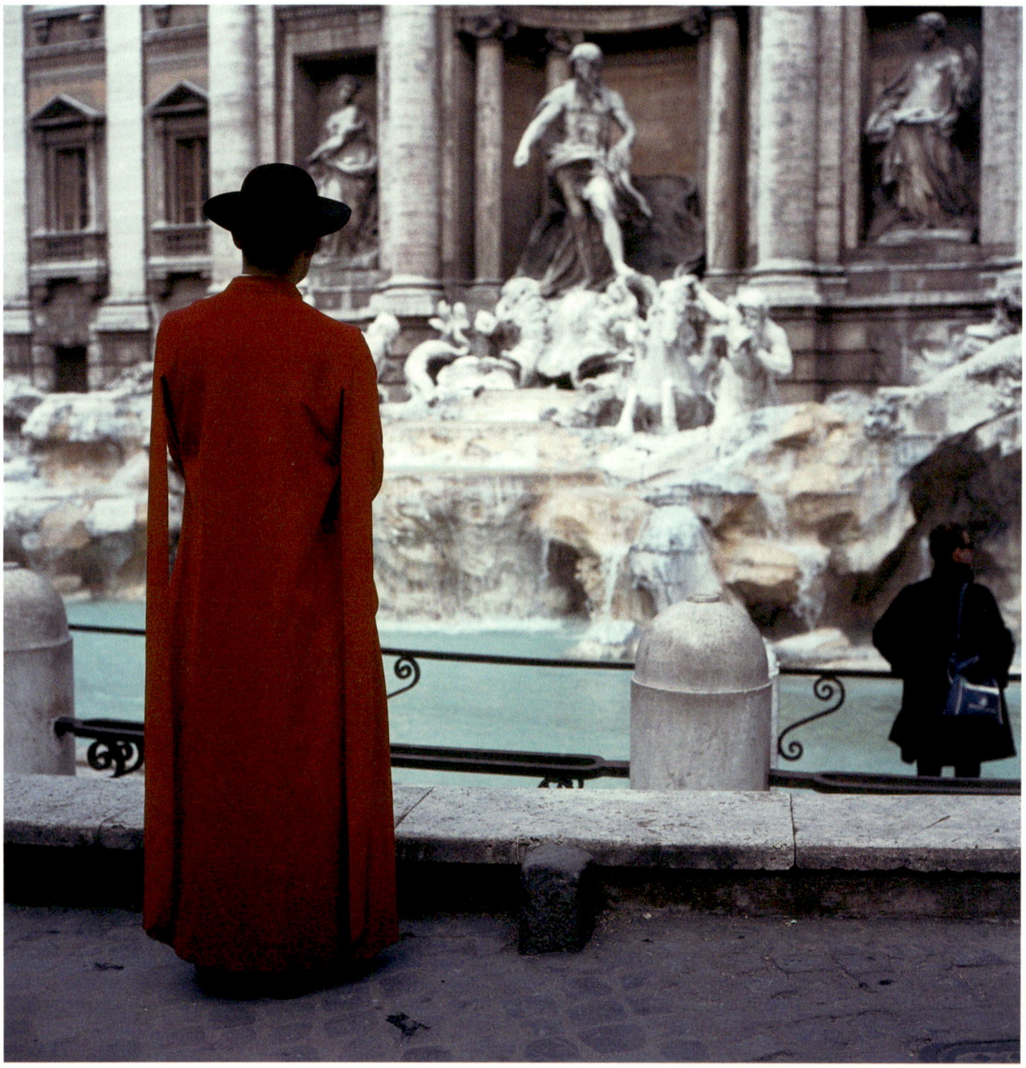

ABBILDUNG 271
Farbe kann innerhalb einer Bildorganisation Hierarchien setzen.

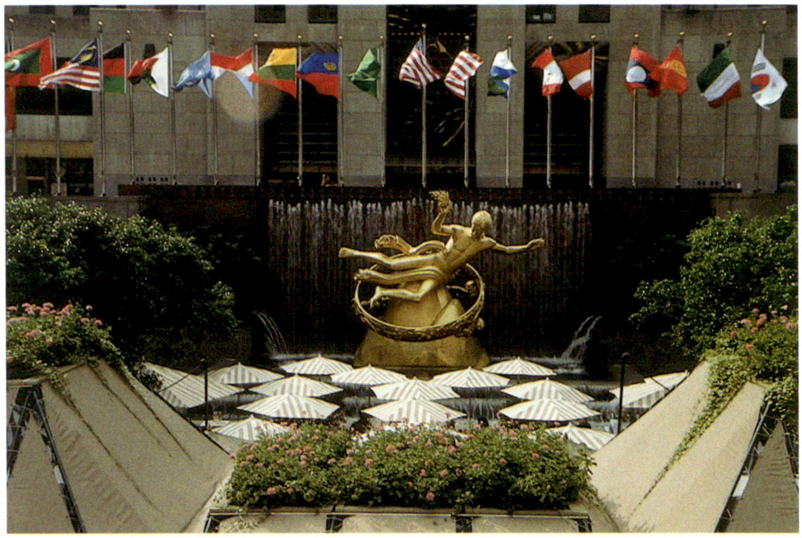

ABBILDUNG 272
Farbe kann Rhythmus erzeugen.

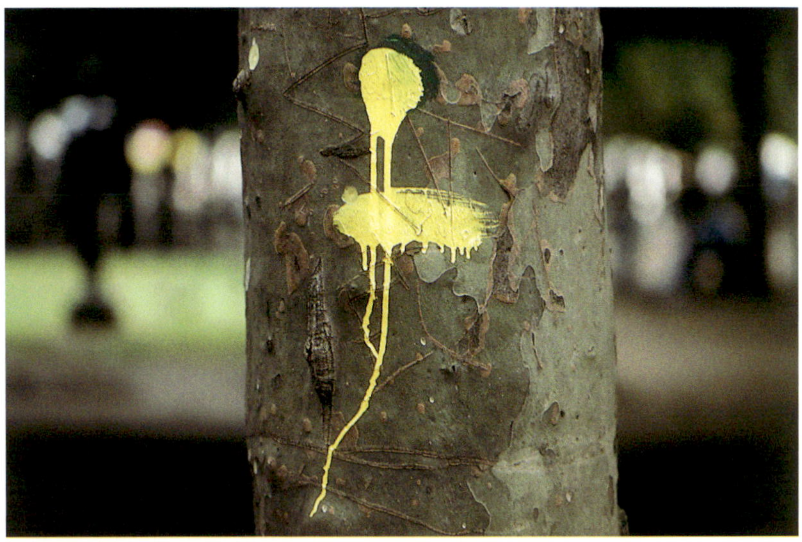

ABBILDUNG 273
Farbe kann als Symbol fungieren.

Auch homogene Farbflächen können durch ihre Nachbilder eine eigene Dynamik entwickeln. Im Farbzusammenhang können sich Farben in den Vordergrund drängen. Sie können über die Bildgrenze hinweg agieren und eine homogene Fläche zum Pulsieren bringen. Beim Komplementärkontrast oder Simultankontrast können sich Farbwirkungen gegenseitig potenzieren. Farbe kann in der Fläche aber auch eine Richtungstendenz entwickeln und damit eine Dynamik im Bild evozieren. Die Dominanz der Farbe Rot zum Beispiel ist unbestritten und wird in der Bildorganisation »ins Auge fallen«. Wie wir Beziehungen aus ähnlichen Formen herstellen, so stellen wir automatisch zwischen gleichen Farbtönen im Bild eine Beziehung her. Das alles muss berücksichtigt werden, wenn man Farbe im Bild bewusst einsetzt. → [274, 275 & 276]

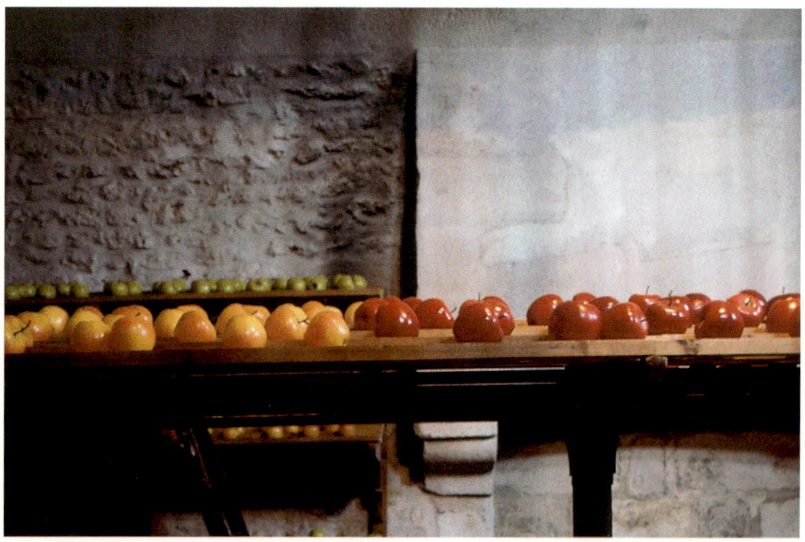

ABBILDUNG 274
In einer solchen Nachbarschaft haben es die grünen und gelben Äpfel schwer, sich gegen die rote Dominanz durchzusetzen.

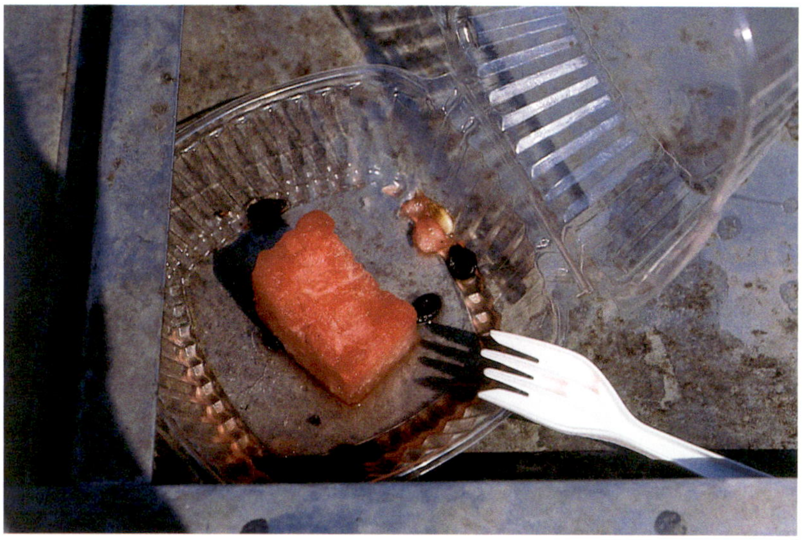

ABBILDUNG 275
Innerhalb einer relativ homogenen Fläche springt das Rot ins Auge.

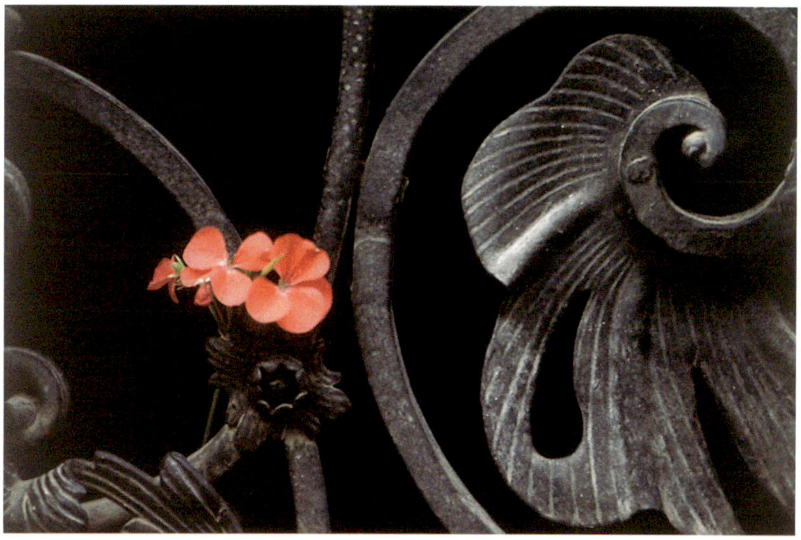

ABBILDUNG 276
Als isolierter »Farbtupfer« hat das Rot keine Konkurrenz und kann seiner Wirkung sicher sein.

12.1.7 Farbe contra Linie

Die Farbe hat in der Tradition der Darstellung nicht nur Begeisterung ausgelöst. Man hat sie als das »nur Sichtbare« abgetan, das über die Dinge selbst nichts aussage. Man hat ihr vorgeworfen, sie sei vom Licht abhängig, variabel und ihr fehle die Beständigkeit. Dagegen hat man die Linie gestellt, die eine Verkörperung der Idee sei. Sie wurde zuerst von der Florentiner Malerei im 15. Jahrhundert vertreten, wobei der Neuplatonismus eine große Rolle spielte. Wir können uns heute kaum mehr vorstellen, dass die theoretische Auseinandersetzung zwischen Linie und Farbe ganze Jahrhunderte beschäftigt hat, aber wir sollten daran denken, dass die Bedeutung der Farbe in der Darstellung nicht einfach vom Himmel gefallen ist oder auf reine Gegenstandsbezeichnung beschränkt ist. In der Photographie gibt es im Prinzip keine Linien, aber linienähnliche Elemente, die durch Licht und Schatten erzeugt werden. Andere Bilder werden hauptsächlich von der Farbe bestimmt. → [277]

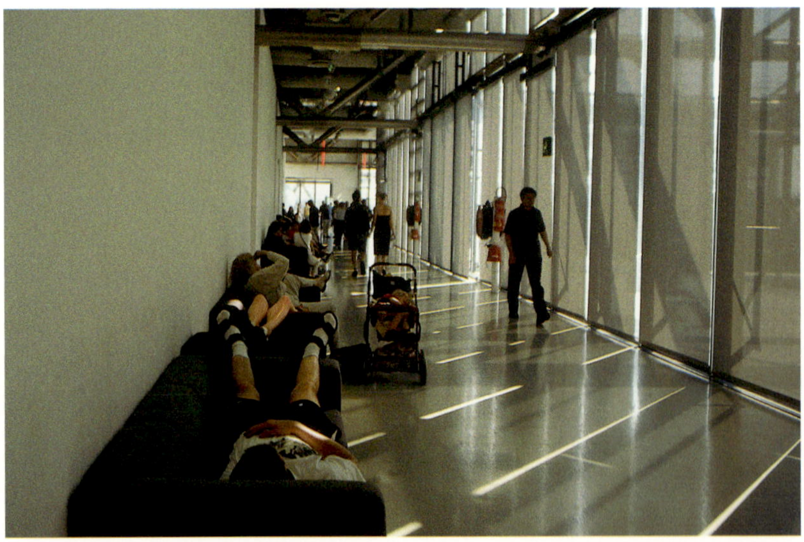

ABBILDUNG 277
In der Photographie kann es linienähnliche Elemente geben, die durch Licht oder Schatten erzeugt werden.

12.2 Farbwirkung

12.2.1 Materialität der Farbe

In der Regel haben wir es in der Photographie mit einer glatten und nicht fassbaren Oberfläche zu tun. Das heißt, Farbe definiert sich hier über ihre optische Erscheinung. Und doch können die Farbflächen opak oder transparent, scharf umrissen oder verlaufend, eindeutig oder gemischt erscheinen. → [278]

Der optische Apparat bietet Möglichkeiten, Konturen aufzulösen, Farbgrenzen verschmelzen zu lassen. Die Beleuchtung kann Strukturen modulieren, Licht und Schatten inszenieren oder Transparenzen und Spiegelungen wirken lassen. Die optische Erscheinung der Farbe kann ihre ganze Skala zur Anschauung bringen. Die Oberfläche kann mit einem raumlosen optischen Grund identisch werden, auf dem sich die Farbe entwickelt und ganz auf ihren Eigenwert konzentriert. Oder sie kann negiert werden zugunsten eines »fenestra aperta«, in dem sich eine Raumkonstellation durch Farbflächen- und grenzen definiert. → [279 & 280]

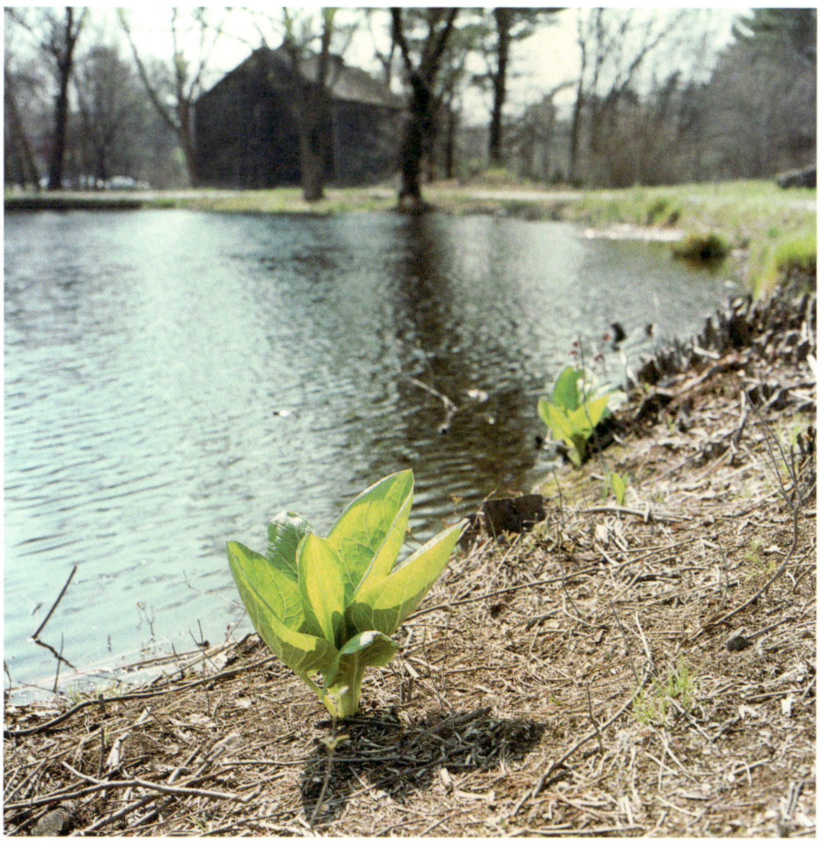

ABBILDUNG 278
Farbflächen können opak oder transparent erscheinen.

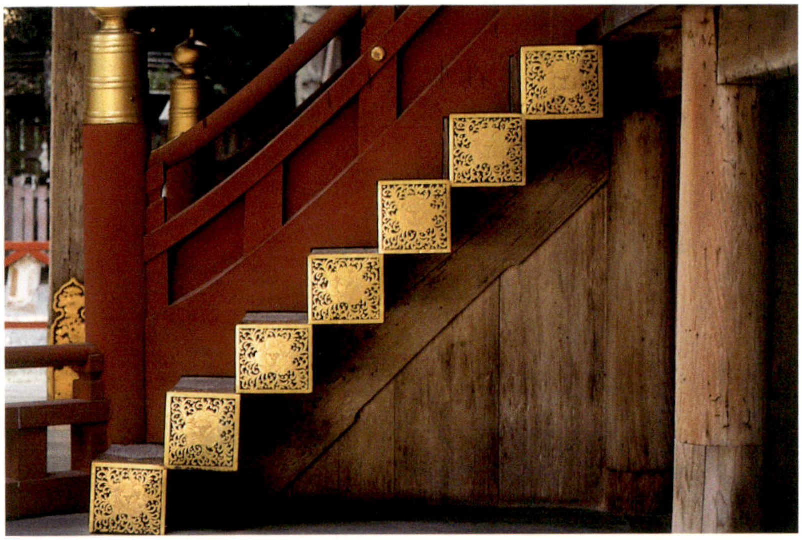

ABBILDUNGEN 279 & 280

Farbkontraste können sich scharf abgrenzen oder verlaufend ineinander fließen. Der optische Apparat bietet Möglichkeiten, Konturen aufzulösen, Farbgrenzen aufzuheben.

ABBILDUNG 280

12.2.2 Komplementär- und Simultankontrast

Bestimmte Farbphänomene wirken, ähnlich wie bei den optischen Täuschungen, auf unsere Augen und das Gehirn. Dazu gehört zum Beispiel der Komplementärkontrast. Jede Farbe hat eine komplementäre Gegenfarbe, und sie haben die Eigenschaft, sich in unmittelbarer Nachbarschaft zu ergänzen und zu intensivieren. Und auch in diesem Zusammenhang kann man auf Leonardo zurückgreifen:

» Unter gleich vollkommenen Farben wird sich die als die vorzüglichere zeigen, die in Gesellschaft ihres directen Gegentheiles gesehen wird. Directen Gegensatz bilden: Blass zu Rot, und Schwarz zu Weiss – obwohl weder eines noch das andere von diesen Farben ist - das Azurblau zu Goldgelb, Grün zu Rot.«
[LEONARDO DA VINCI, 1882]

Auch er hat schon beobachtet, was Delacroix in seiner Farbenlehre im 19. Jahrhundert bekräftigt, dass die Schatten im rötlichen Licht zum Beispiel grün erscheinen und nicht einfach dunkel dargestellt werden dürfen. → [281 & 282] Der Simultankontrast oder auch gleichzeitige Kontrast wirkt in ähnlicher Weise. Der Eindruck einer Farbe verändert sich in ihrem Farbton, wenn um sie herum zwei unterschiedliche Farben in ihrer unmittelbaren Umgebung angeordnet werden. Dabei spielt das Größenverhältnis eine wichtige Rolle. Die größere umgebende Farbfläche verändert das Erscheinungsbild der kleineren. Auch hier ist der Simultankontrast in Bezug auf Farbton, Helligkeit und Sättigung zu unterscheiden. Aber auch die Raumbeziehung kann durch den Simultankontrast beeinflusst werden.

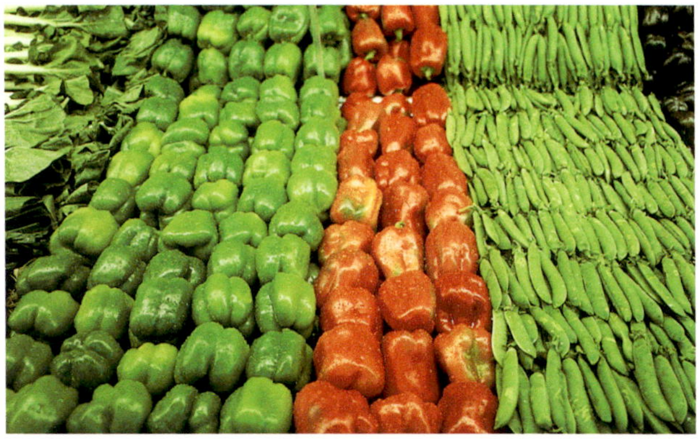

ABBILDUNG 281
Mit dem schon bekannten Komplementärkontrast kann die Farbwirkung potenziert und damit die Aufmerksamkeit aktiviert werden. Das weiß man schon im Gemüseaufbau des Supermarktes.

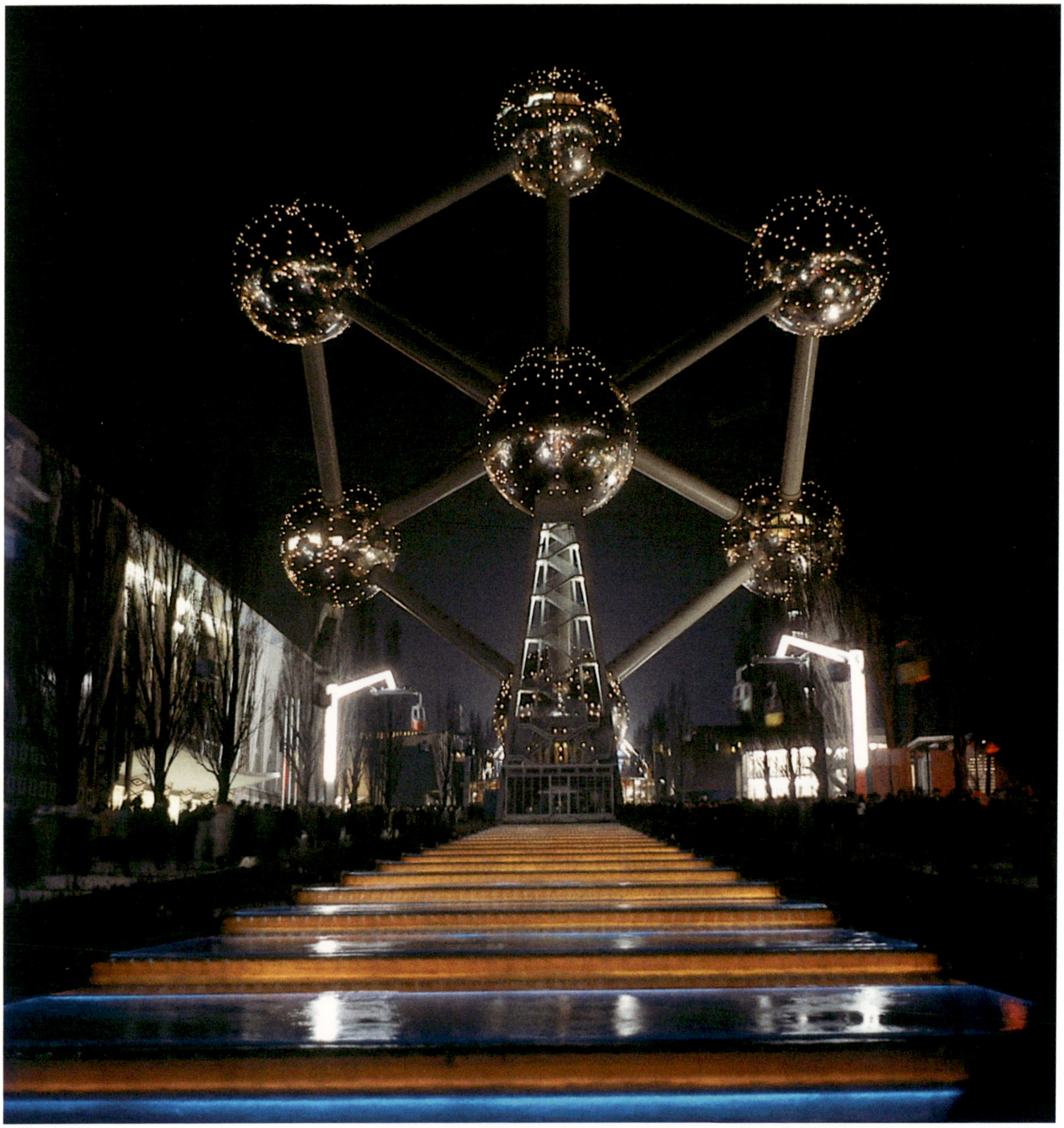

ABBILDUNG 282
Das Atomium in Brüssel wurde 1958 auf der Weltausstellung nachts durch ein komplementäres Farbspiel des Wassers ergänzt.

12.2.3 Nachbilder

Beide oben genannten Kontraste haben etwas mit den so genannten Nachbildern zu tun. Wenn wir eine oder zwei Farben konzentriert anschauen und dann auf eine helle Fläche sehen, können wir das so genannte »Nachbild« nach etwa 30 Sek. gleichmäßiger Reizung sehen. → [283]

Das Nachbild erscheint in der Komplementärfarbe oder dem Komplementärkontrast. Schaut man wieder auf die Ausgangsfläche zurück, intensiviert sich die ursprüngliche Farbe durch das Nachbild des Nachbildes und gerät in Bewegung, das heißt, sie pulsiert auf der Fläche. In der nichtgegenständlichen Kunst sind viele Experimente mit diesen Wirkungen gemacht worden.

Besonders der abstrakte Expressionismus in Amerika nach 1945 hat die Farbwirkung als eigenständiges, malerisches Mittel eingesetzt und die beschriebenen Wahrnehmungsmechanismen berücksichtigt. Die »Optical Art« hat diese Wirkungen ganz bewusst thematisiert. Aber wir können auch schon ganz frühe Beispiele in der Malerei beobachten, wo diese Kontraste mit Absicht eingesetzt worden sind, um das Hauptgeschehen im Bild zu verstärken.

ABBILDUNG 283
Wenn man intensiv ca. 30 Sekunden auf die blaue Fläche schaut und dann auf die weiße, kann man deutlich das Nachbild, in diesem Fall ein helles Gelb, sehen.

12.2.4 Farbe als Akzent

Die Farbe wurde in der Photographie als große Bereicherung empfunden. Aber als apparatives Bildmedium stand sie sehr stark unter dem Druck der »objektiven« Farbabbildung. Auftretende Lichtunterschiede, Reflexionen, farbige Schatten etc. wurden in diesem Zusammenhang kaum toleriert. Man erwartete die Farben als Bezeichnung und nicht als Erscheinung, ähnlich wie bei der Bildschärfe. Der Bildcharakter wurde in diesem Zusammenhang gar nicht berücksichtigt.

Es hat lange gedauert, bis die Farbe als autonomes Mittel der Photographie geschätzt wurde. Dabei gibt es viele Möglichkeiten der Farbdarstellung. Will man mit Farbe zum Beispiel in der gegenständlichen Darstellung arbeiten, so ist es sinnvoll, sie reduziert oder nur in einer Schärfenebene einzusetzen, weil sie mit der Gleichsetzung ihre eigenständige Wirkung einbüßt und nur eine beliebige Wirkung erzielt. Die Rolle der Farbe als Bildmittel wird dann erheblich unterschätzt.→ [284]

Dabei wissen wir, dass Farben uns begeistern oder erschrecken können. Dass sie unsere Sinne in einem erheblichen Maße aktivieren und Erinnerungen manifestieren können, die uns unter Umständen ein Leben lang begleiten. Bilder können in diesem Sinne einen maßgeblichen Anteil daran haben.

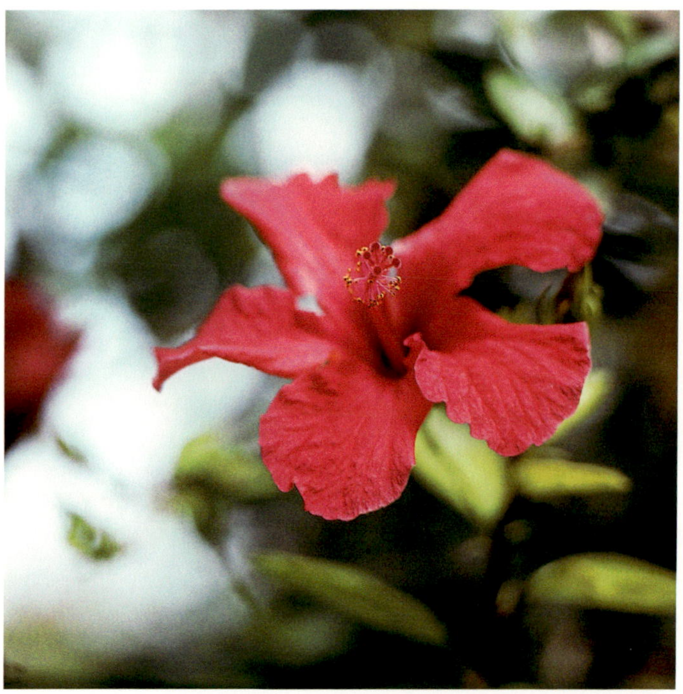

ABBILDUNG 284
Wenn man in der gegenständlichen Darstellung einen Farbakzent setzen will, so ist es sinnvoll, die Farbe nur in einer Schärfenebene einzusetzen.

12.3 Symbolwerte der Farbe

12.3.1 Farbe als Metapher

Farbe hat physikalische Eigenschaften, sie hat Substanzmerkmale und sie hat eine psychologische Wirkung. Die letzte Eigenschaft ist subjektiv und schwer zu präzisieren. Farben werden als kalt oder warm bezeichnet, als hart oder milde, das ganze Repertoire der Metaphern wird bemüht, um sie begrifflich zu kennzeichnen. Leonardo war die Farbe ein ganzes Buch wert, Goethe hat ihr eine Lehre gewidmet, unzählige Maler, Dichter und Kunsthistoriker haben in Diskursen um sie gestritten und ihr Anerkennung gezollt, und jeder von uns, wenn er sehen kann, ist von ihr gefangen.

12.3.2 Warm oder kalt

Ein Bild kann vorwiegend mit warmen Farben oder kalten Farben angelegt sein. Aber auch ein Spannungsverhältnis zwischen beiden Farbwirkungen ist denkbar, um den ikonographischen Ausdruck zu unterstützen. Darum muss genau überlegt werden, wie und ob der entsprechende Farbton für die Aussage eingesetzt werden soll. Wir wissen zwar, dass Farben nicht wirklich warm oder kalt sein können, aber wenn wir gewisse Wirkungen beschreiben wollen, spielen wir gerne mit diesen Metaphern. → [285 ⊕ 286]

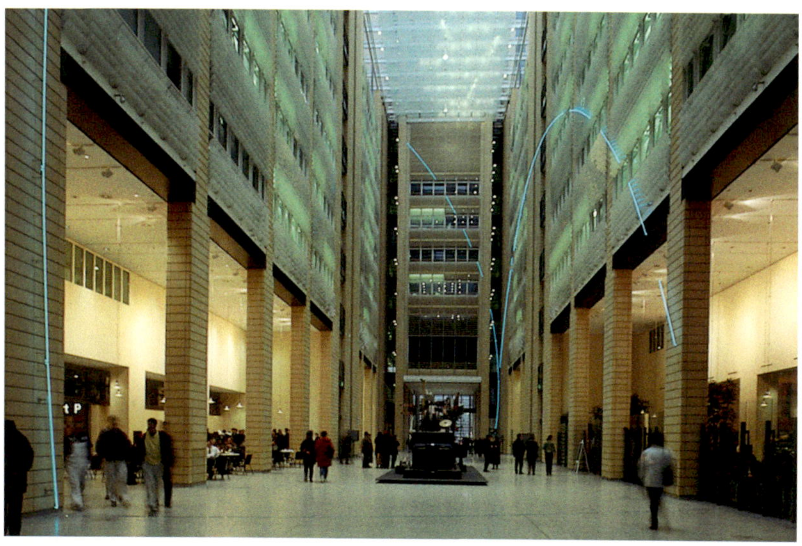

ABBILDUNG 285
Große Konzerne wollen auch durch ihre Architektur beeindrucken, obwohl der Farbeindruck bei DaimlerChrysler in Berlin eher kühl wirkt.

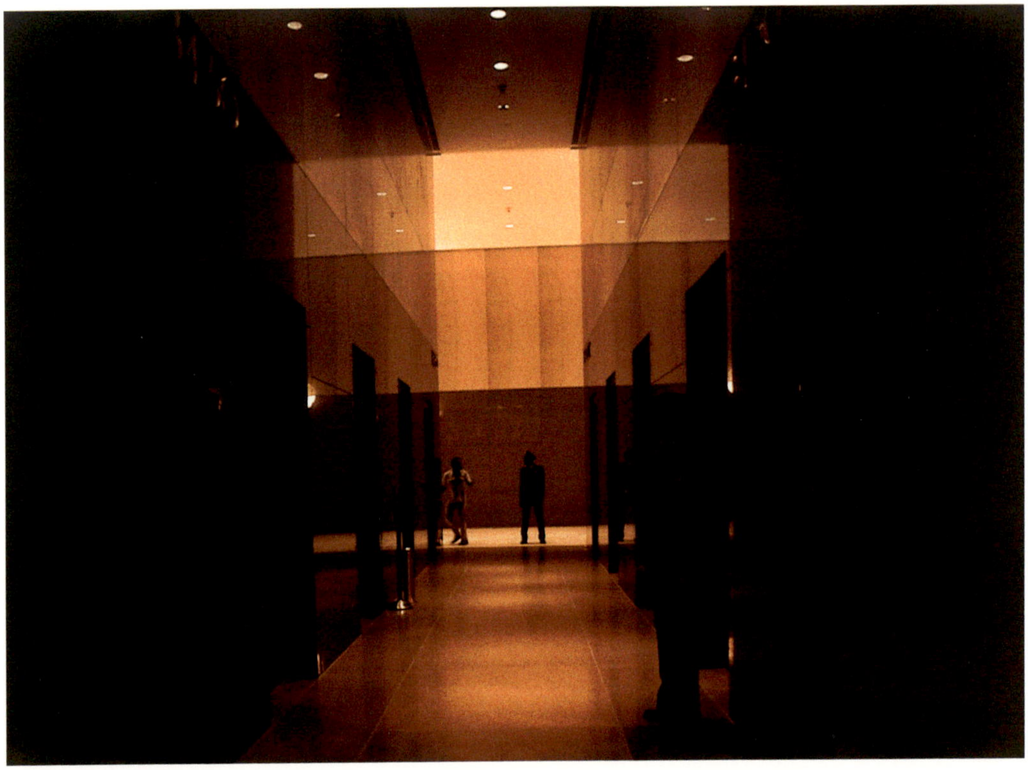

ABBILDUNG 286
Dagegen versucht man in New York schon vor den Aufzügen die Besucher auf warme Farben einzustimmen.

Das Spiel hat zu einer allgemeinen Übereinkunft geführt, gewisse Farben, Rot, Orange und Gelb, als warm und andere, Blaugrün, Grünblau, Blau und Violettblau als kalt zu bezeichnen. Bei diesen Eindrücken handelt es sich vorwiegend um Assoziationen, die sich auf unsere Erfahrung beziehen. Zum Beispiel wissen wir, dass Feuer und Flammen Hitze ausstrahlen und eine gelbrote Tönung haben. Das Blut in unseren Adern wärmt uns und wenn es an einer Wunde austritt hat es eine tiefrote Farbe. Gelb erinnert in seiner Leuchtkraft an die Sonne, die ebenfalls wärmende Eigenschaften hat. → [287]

Diese Wirkungen sind uns bestens vertraut und werden oft durch Naturerlebnisse aktiviert. Besonders Sonnenuntergänge werden als glühend empfunden, weil in ihnen die ganze Skala von Orange bis Rot zu finden ist. → [288]

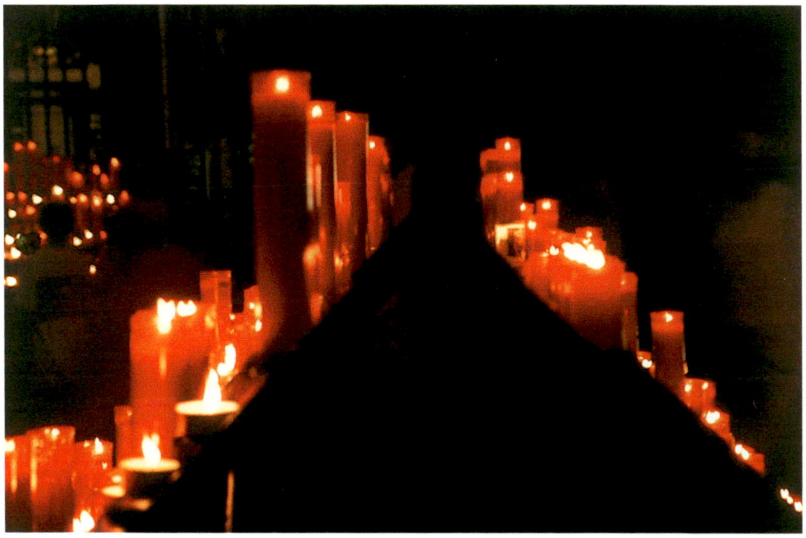

ABBILDUNG 287
Opferkerzen sind im religiösen Kontext sehr beliebt. Mit Rot und Gelb potenziert sich der Eindruck von Wärme und Nähe.

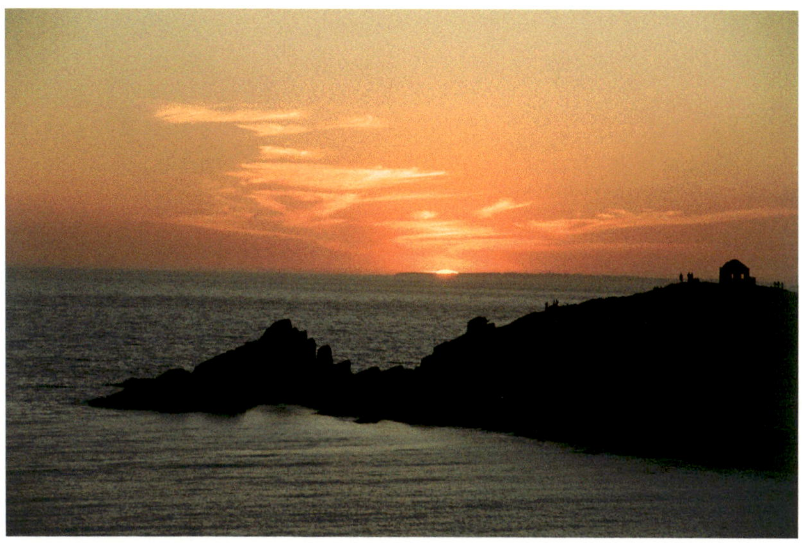

ABBILDUNG 288
Sonnenuntergänge sind in der Kunstszene tabu, obwohl sie bei Touristen ein beliebtes Motiv sind. In der Realität ist das Farbenschauspiel bei allen beliebt.

→ Das Blau des Himmels ist unendlich weit und strahlt Kälte und Ferne aus. In der Photographie ist die Lage gespalten. Es werden Millionen von Kameras in Urlaubsorten bemüht, um die oben genannten Stimmungen auf entsprechende Filme zu bannen. Abgesehen von der Werbung, die Wahrnehmungsphänomene sehr intensiv untersucht hat und sie gezielt einsetzt, wird auf der professionellen Seite peinlich vermieden, Emotionsauslöser ins Bild zu bringen, weil sie sich nicht mit dem gegenwärtigen Kunsttrend vertragen.

12.3.3 Farbe als Symbol

Interessanterweise haben die alten Ägypter für Farbe und Wesen das gleiche Wort gehabt. Aus der psychologischen Farbwirkung haben sich Konventionen der Darstellung entwickelt, die einen symbolischen Charakter haben. Diese Konventionen sind nicht für alle Zeiten festgeschrieben, sie können sich ändern, und darum ist der Symbolwert in einem bestimmten Kontext nicht immer geläufig. In der christlichen Ikonographie hat er sich am längsten gehalten. Da die christliche Lehre nicht mehr im Mittelpunkt des abendländischen Denkens steht, ist vieles von dem Wissen verloren gegangen. Schon die Anweisungen für den Bau der Stiftshütte (2. Buch Moses, 25–28) enthalten Farbvorschriften für die Vorhänge des Tempels und der Kleidung der Priester: Weiß (*weißes Linnen*), Purpur, Hyazynthblau und Karmesinrot. Nach Flavius Josephus, Philo von Alexandrien und Hieronymus gilt Weiß als Erde, Purpur als Wasser, Hyazinth als Luft, Karmesin als Feuer. Es handelt sich also um die vier Elemente. Thomas von Aquin, der Scholastiker, übernimmt diese Deutungen und verbindet sie mit moralischen Begriffen: Weiß = Reinheit, Purpur = Martyrium. Weiß wurde deshalb in der Malerei den Engeln und Christus bei der Verklärung zugestanden. Schwarz war dagegen die Farbe der Trauer, des Todes, des Teufels und der Sünde, in der Kleidung der Mönche war es allerdings Zeichen der Demut und Bescheidenheit. Purpur ist die Farbe Gottes, Christi und der Maria. Es ist aber auch immer die Farbe der Könige und des Reichtums gewesen, schon die Cäsaren im alten Rom trugen purpurne Gewänder. Rot als Farbe des Blutes, des Krieges, des Feuers und der Liebe hat in ihrer Auffälligkeit eine unübersehbare Signalwirkung und wird deshalb heute auch als Warnung gebraucht. Blau wird als Farbe des Himmels und der Unendlichkeit verstanden, als Farbe der Wahrheit und der Treue. → [289 ⟲ 290]

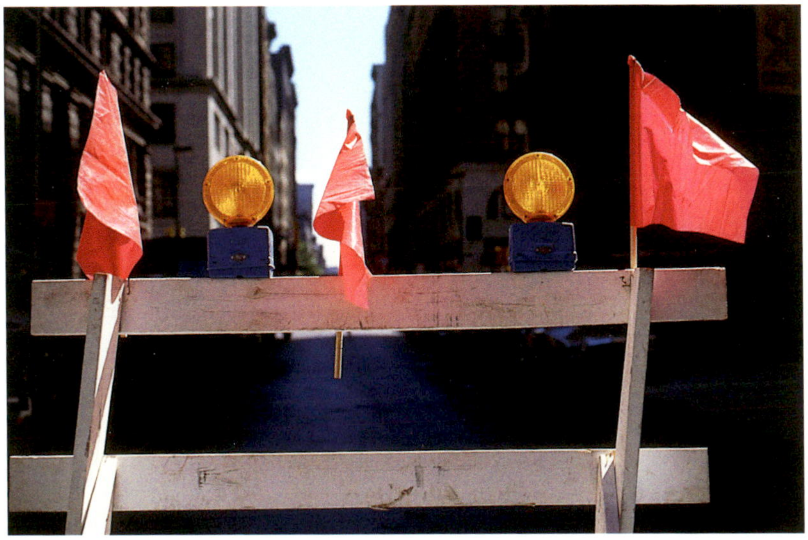

ABBILDUNG 289
Rot ist eine Signalfarbe und wird auch als solche eingesetzt. Aber auch Gelb-Blau ist in diesem Kontext nicht zu übersehen. Die Farben im Vordergrund setzen sich außerdem vom unscharfen dunklen Hintergrund ab.

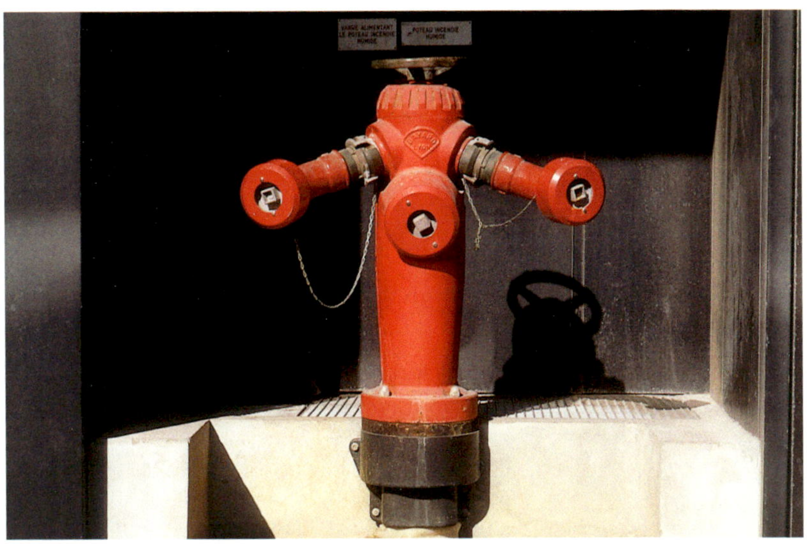

ABBILDUNG 290
Wasserquellen zum Löschen müssen in einer Großstadt auffallen. Rot wird sehr häufig als Farbe gewählt.

Grün ist die Farbe der Hoffnung und der Auserwählten *(z. B. Johannes)*. Gelb ist die Farbe der Verräter und Außenseiter und wird in der Malerei zum Beispiel dem Judas angehängt. Eine besondere Rolle spielt das Gold. Das wertvolle und zugleich teure Material war im weltlichen Bereich den Herrschern, in der christlichen Malerei den Heiligen und der Dreieinigkeit vorbehalten. → [291 292] Der Goldgrund der mittelalterlichen Malerei ist als Symbol der aus sich selbst leuchtenden Unendlichkeit und als Zeichen für die Transzendenz zu verstehen und wurde als feines Blattgold aufgetragen. Als Farbe des Eigenlichts, ohne Raum und Zeit war das Gold in fast allen Religionen beliebt, wenn auch in der Architektur Ersatzmaterialien die Wirkung erzielen mussten. Die Wertschätzung des Edelmetalls und die Leuchtkraft seiner Erscheinung aus sich selbst waren auch für den profanen Bereich interessant und wurden in der Architektur als Nobilitierung und Akzent eingesetzt. → [293 294]

Einige dieser Symbole haben sich bis heute in der Umgangssprache erhalten: Grün ist die Hoffnung, Rot ist die Liebe, Weiß ist die Unschuld. In der neueren Entwicklung wird Grün auch mit Naturschutz in Verbindung gebracht. In der Kunstdarstellung gibt es keinen festgeschriebenen Kanon. Seit dem 14. Jahrhundert *(Giotto)* ist der Eigenwert der Farbe zunehmend betont worden und gleichzeitig wurde die Farbe als Gegenstandsbezeichnung relevant. Dadurch stellte man die einheitliche Farbsymbolik in Frage.

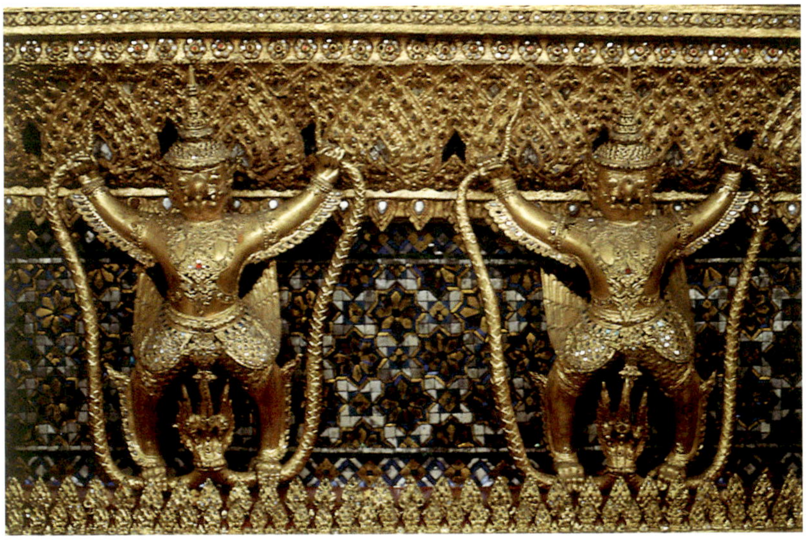

ABBILDUNG 291
Gold wird in den verschiedenen Religionen als Farbe der Wertschätzung und der Unendlichkeit eingesetzt.

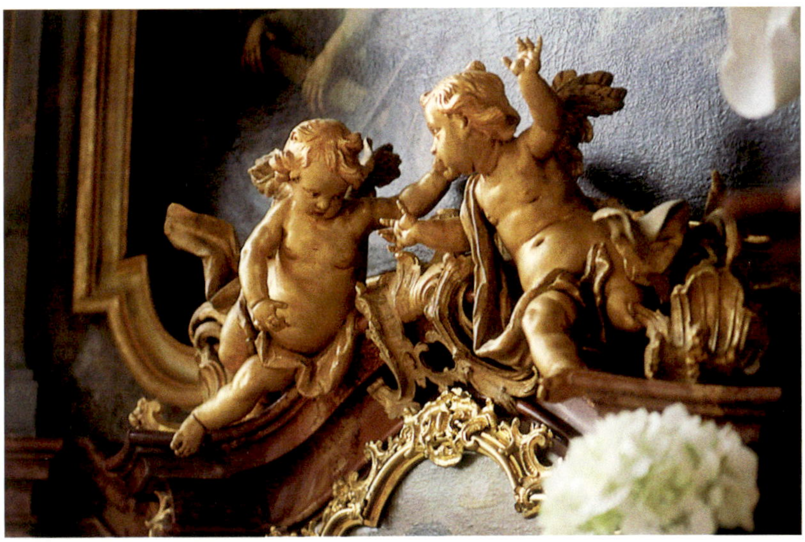

ABBILDUNG 292

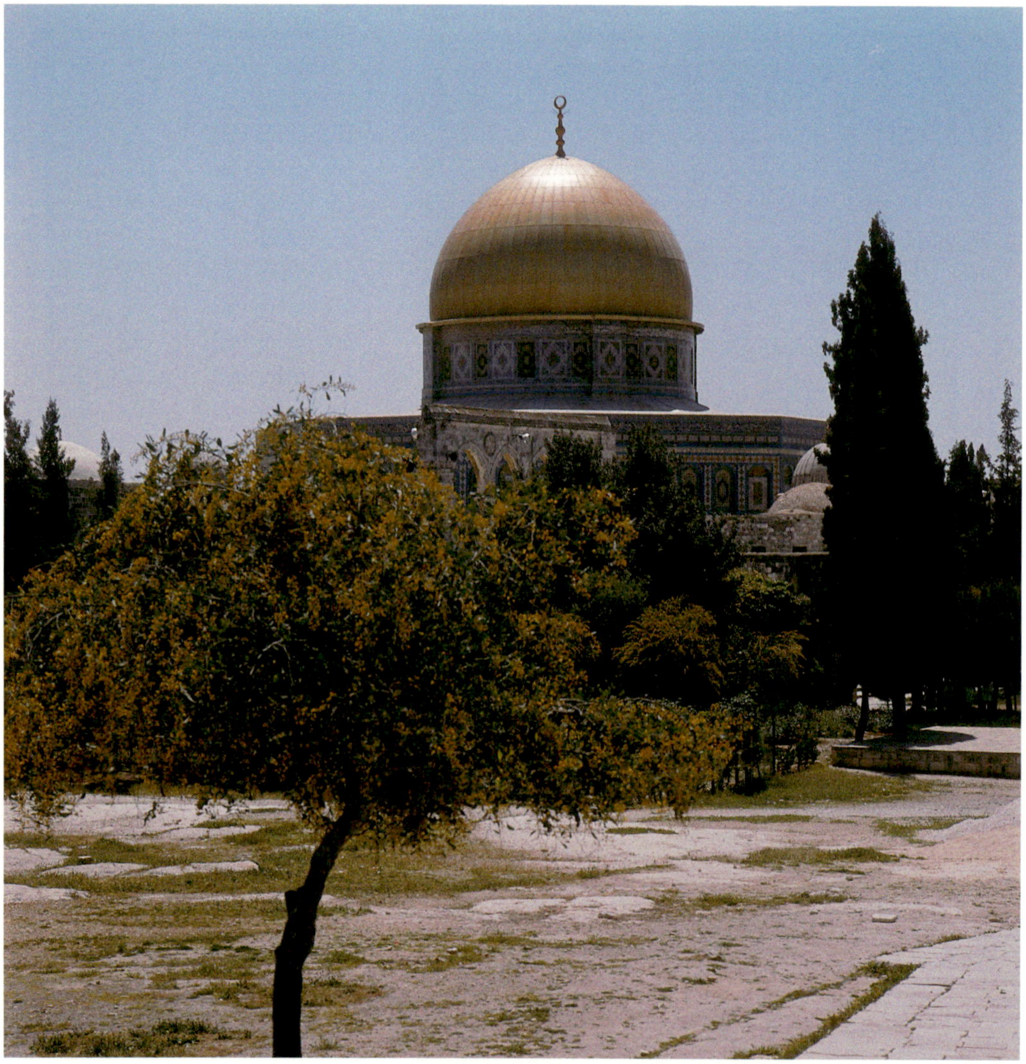

ABBILDUNG 293
Auch in der Architektur schlägt sich das nieder. »Goldene« Kuppeln sind bei religiösen Bauten sehr beliebt.

ABBILDUNG 294 → (SEITE 281)
Gold wird auch im profanen Bereich als Nobilitierung eingesetzt. Das Kommunikationssymbol von AT+T wird zum goldenen Engel in New York.

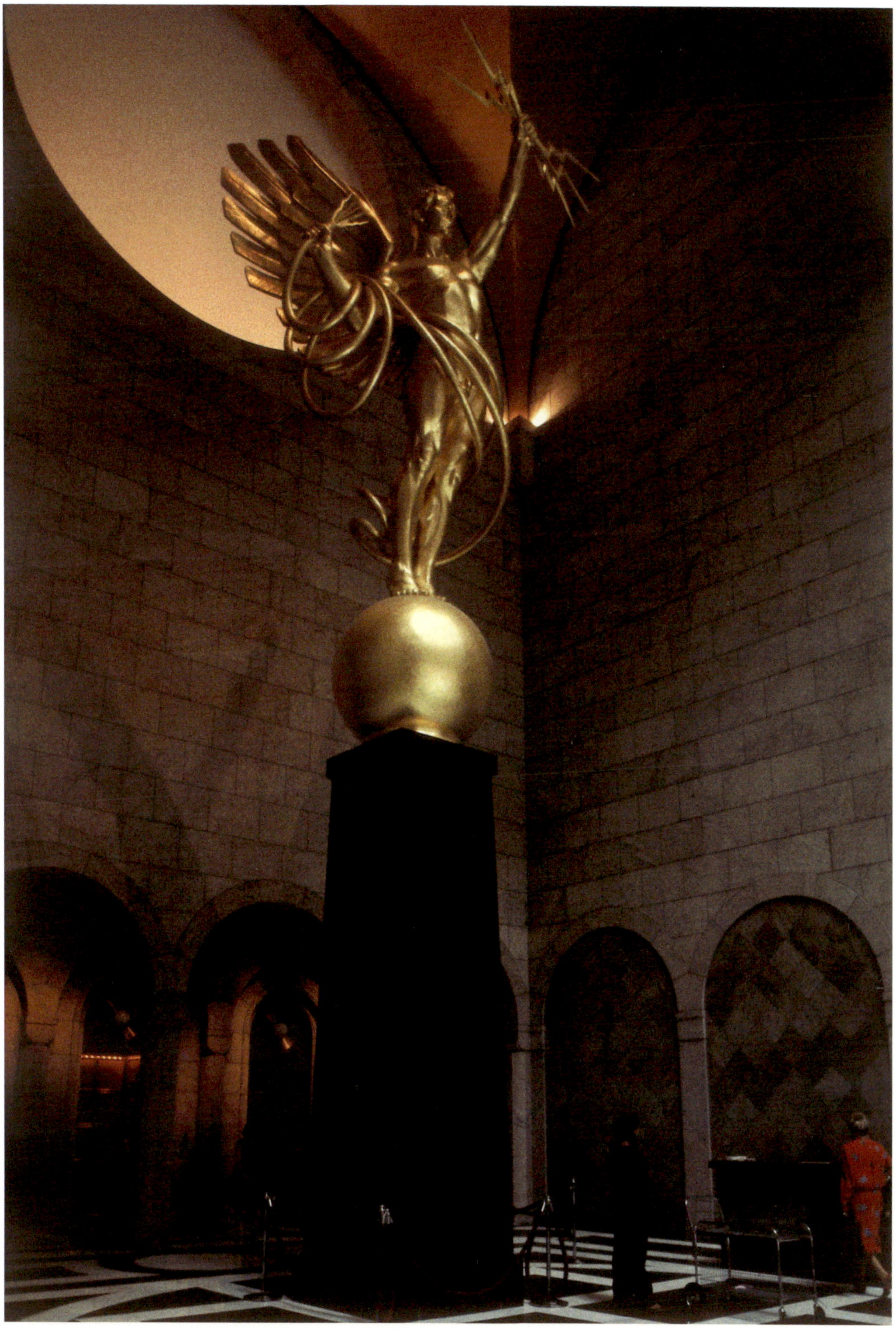

12.3.4 Eigenwert und Darstellungswert der Farbe

Wenn man den Eigen- und Darstellungswert der Farbe unterscheidet, so darf nicht vergessen werden, dass eine wahrgenommene Farbe gewöhnlich in Verbindung mit einem Objekt gesehen wird, zum Beispiel als Bezeichnung eines Gegenstandes. Wenn man vom Eigenwert der Farbe spricht, so wird sie abgelöst vom Farbträger gesehen. Oft wird in der Darstellung eine Hauptfarbe zum Gestaltungsmittel und die anderen Farben werden darauf abgestimmt. Auf diesem Weg werden aus bunten Bildern farbige Bilder.→ [295]

In der Photographie ist das gar nicht so einfach, weil wir vom Gesamtbild ausgehen und nur durch die Transformation die Farben positionieren können, deshalb sollte man sie sorgfältig auswählen und begrenzen.

Die Maler Venedigs waren die ersten, die mit der Farbe den Bildaufbau bestimmten und die Farbe als Mittel der Bildkomposition einsetzten. Der venezianische Kolorismus entdeckte die Dynamik der Farbe, die Energie ihrer Eigenwirkung und die Fläche, die wieder eine eigene Bedeutung erhielt. Neben den beschriebenen Entwicklungen der Farbmalerei diskutierte man auch ein anderes Problem, das eng mit der Farberscheinung verknüpft ist, das Licht. In der Darstellung unterscheiden wir grundsätzlich zwei Arten von Licht: das Eigenlicht und das Beleuchtungslicht. Das Eigenlicht im Bild wird durch die Intensität der Farben und der Farbkontraste hervorgerufen. In der Photographie würde das dem gleichmäßigen Licht bei bedecktem Himmel oder indirektem Kunstlicht entsprechen. Daneben ist das ausdrückliche Beleuchtungslicht bekannt. Die Lichtquelle kann sich sichtbar im Bild oder außerhalb des Bildes befinden. Im Gegensatz zum Eigenlicht der Farbe weist das Beleuchtungslicht Schatten und Modulation in der Farbe auf. Wir kennen das in der Photographie, wenn wir mit direktem Kunst- oder Sonnenlicht arbeiten, wobei es starke Farbabweichungen in den Schatten geben kann, die aber nicht als unterschiedliche Farben bezeichnet werden. Würden wir einen Ausschnitt aus einer Kontraststelle herausnehmen, der nur zwei Farben zeigt, würden wir sie auch so sehen.→ [296]

Das 20. Jahrhundert hat unser Bewusstsein dafür geschärft, dass Farbe ein autonomes Bildmittel sein kann und sich nicht allein in der Gegenstandsbezeichnung erschöpfen muss. In den Bildmedien wird ihre Dynamik auf vielfältige Weise realisiert. Klar abgesetzte Flächen oder Farbverläufe, Eigendynamik oder Beleuchtung, Gegenstandsbezeichnung oder bewusste Farbverfälschung sind die Mittel, die eingesetzt werden. Die Auflösung der Gegenstandsbezeichnung im Bild, sei es Form oder Farbe, ist für uns immer noch irritierend, weil unsere Wahrnehmungsmechanismen nicht darauf angelegt sind. Die so genannte Moderne hat eine Fülle von Möglichkeiten durchgespielt und damit Künstlern und Rezipienten die Augen geöffnet.

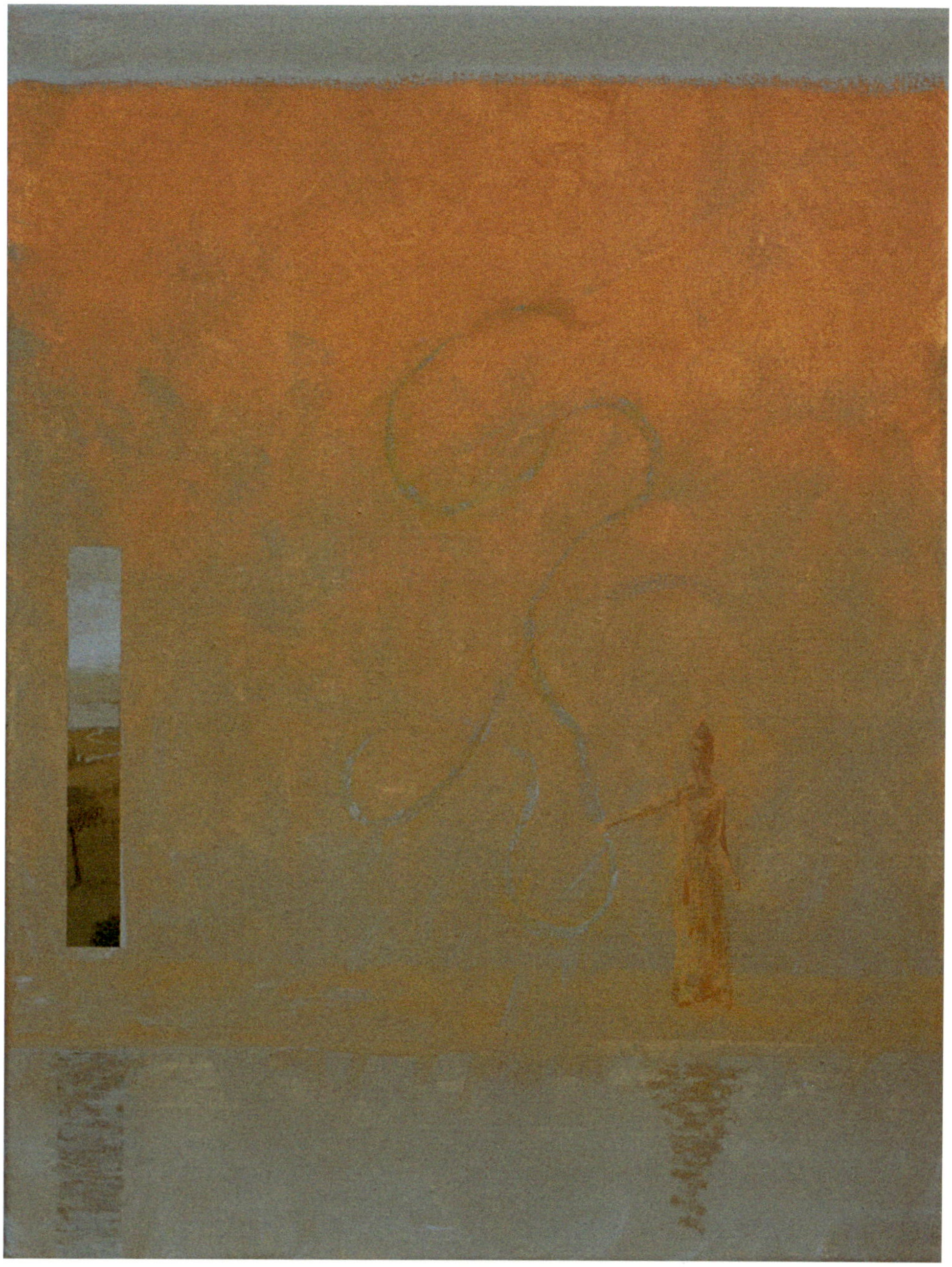

ABBILDUNG 295
Andreas Schnelle: »Es tagt bereits« 2002. 40 × 31 cm. Acryl auf Leinwand. Dieses Bild wird von der Farbe Orange getragen, die unten in die blaugraue Flächen verläuft. Erkennbare Zeichen, eine aus lockeren Pinselstrichen angedeutete Figur und ein klar begrenzter Landschaftsausschnitt irritieren das reine Farbenspiel.

Gegenwärtig sind Gegenstände und Figuren nicht mehr aus der Darstellung verbannt und können als Widerstand, an dem sich die Mittel der Medien reiben, ihre Rolle im Bild übernehmen. Unsere Erkennungsmechanismen begleiten unsere reale, visuelle Weltauffassung und damit können wir den Bogen zum Anfang schlagen. Wenn wir das komplexe Problem der Darstellung erfassen, begreifen und auch rezipieren wollen, ist die Kenntnis unserer visuellen Verarbeitung eine Vorbedingung, um zu sehen, was wir sehen. ★

ABBILDUNG 296
Eine diffuse Lichtquelle befindet sich außerhalb des Bildes und lässt die Nuancen der Farben ohne Schatten wirken.

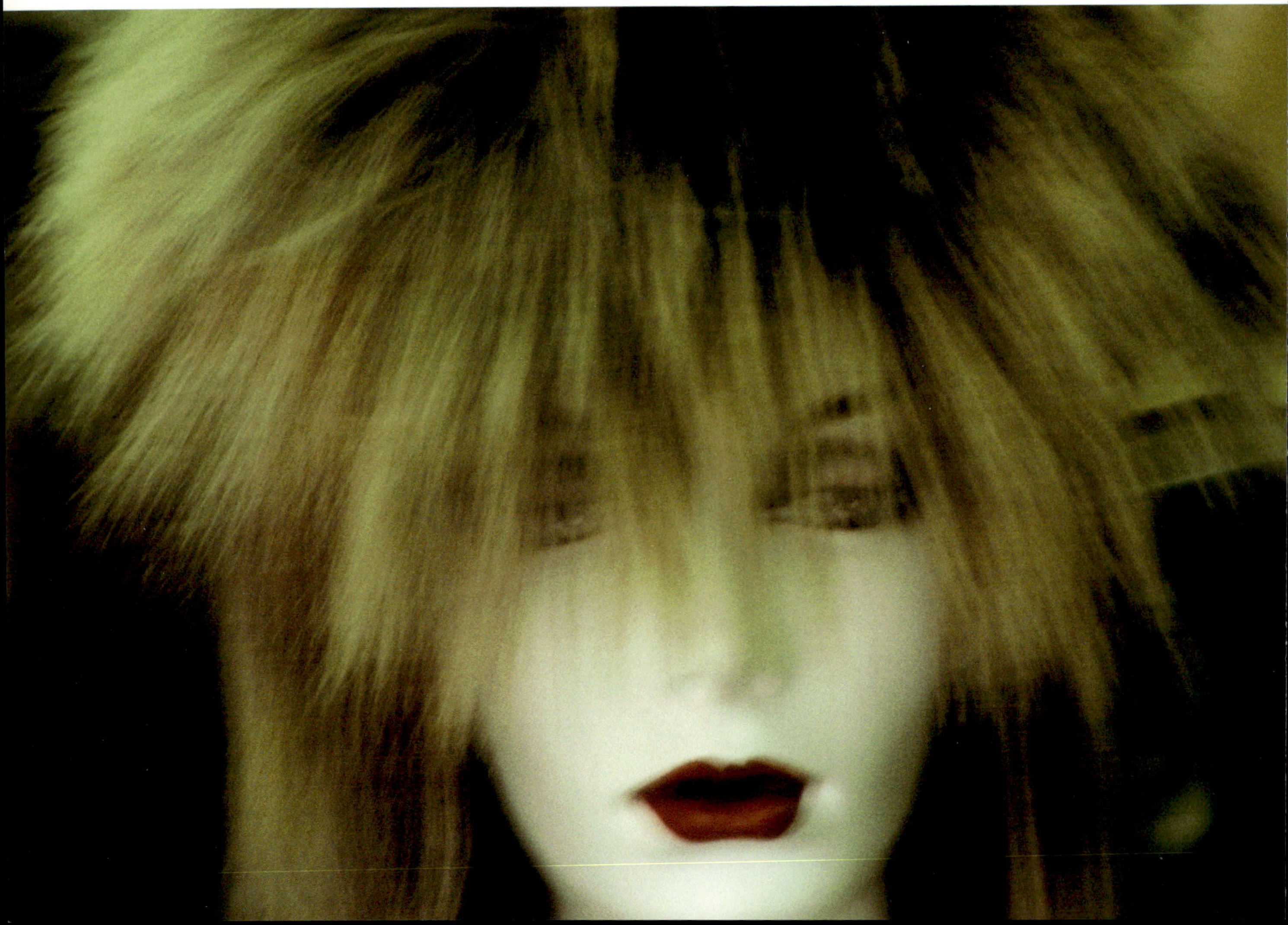

Rückblick

Die Photographie ist ein faszinierendes Bildmedium und kann ihre Zukunft in den so genannten »Stillen Bildern« sichern. Wir haben schon an anderer Stelle darauf hingewiesen, wie sehr sie der Stabilitätstendenz des Menschen entsprechen. Die Möglichkeiten der Bilder können unsere Wahrnehmungsstrategien verändern und unsere visuelle Erkenntnis erweitern.

Die Kunst will unsere Gewohnheiten in Frage stellen. Sie ist nicht nur eine Spielwiese, sondern ein Anstoß für Ansichten und Einsichten, die unsere reale Welt uns nicht bieten kann. Das Jahrzehnt des Gehirns ist zu Ende gegangen, was nicht heißt, dass sich die Forschung beruhigt zurücklehnt und sich auf ihren Ergebnissen ausruht. Auch das neue Jahrtausend wird die Gehirne weiter faszinieren, über die Gehirne nachzudenken.

Die Komplexität unserer menschlichen Struktur wird so leicht nicht von der künstlichen Intelligenz oder den Computerprogrammen einzuholen sein. Die Vision der Simulation wird aber auch weiterhin die Gemüter bewegen, bis man weiß, »was die Welt im Innersten zusammenhält«, selbst wenn man dann vielleicht den Namen Goethe nicht mehr buchstabieren kann. Die visuelle Wahrnehmung bildet nur eine Grundlage, an der man die Verarbeitung im Gehirn verfolgen kann. Wenn wir die komplexen Wahrnehmungsbereiche des Denkens, der Assoziationen, des Gedächtnisses, der Empfindungen etc. deuten wollen, kann es hilfreich sein, sich zunächst um die Basis zu kümmern.

Die Photographie ist Ende des 19. Jahrhunderts in Bewegung geraten, die Bilder haben das Laufen gelernt. Mit der Simulation der Bewegung in der Kinematographie und der Farbe kamen weitere Realitäts- und Identifikationsmerkmale hinzu. Im 20. Jahrhundert entwickelten sich Video und die elektronischen Medien, und wir wissen noch gar nicht, auf welche Wege uns die Computer und Kommunikationsmittel noch führen werden. Wir sind heute mit einer Fülle von Bildern konfrontiert. Analoge und digitale Bildverfahren sind kaum noch zu überschauen und buhlen um unsere Aufmerksamkeit. Es tauchten viele Fragen auf, die für die Gestaltung, die Produktion, aber auch für die Rezeption von Bildern relevant sind.

In Bezug auf das Sehen von Bildern sind wir visuelle Analphabeten. Die Mechanismen und Strategien unserer Wahrnehmungsprozesse können uns bis zur optischen Täuschung verführen. Wir fallen auf mediale Angebote herein, halten sie für »wahr« und durchschauen die gängigen Bildstrategien nicht. Mit dem Wissen um unsere Wahrnehmung können wir das mediale Angebot kritischer beurteilen und vordergründigen Verführungsmethoden widerstehen. Die elektronischen Bildmedien liefern da genug Anschauungsmaterial, aber auch die Printmedien kann man daraufhin testen.

Wir können diese automatischen Prozesse analysieren und Bildpotentiale entdecken, die uns eine visuelle Erkenntnis vermitteln. Der Weg von der Ästhetik zum Bild kann ein Abenteuer werden, das eingefahrene Gewohnheiten in Frage stellt. Am Ende können wir uns und unsere Umwelt und vor allem die Bilder vielleicht besser verstehen. → [297] ★

ABBILDUNG 297
Das neue Jahrtausend wird neue Erkenntnisse und Einsichten über die Funktionsweise unseres Gehirns bringen. Heute können wir nur die Zeichen, die uns verständlich sind, deuten und verfolgen.

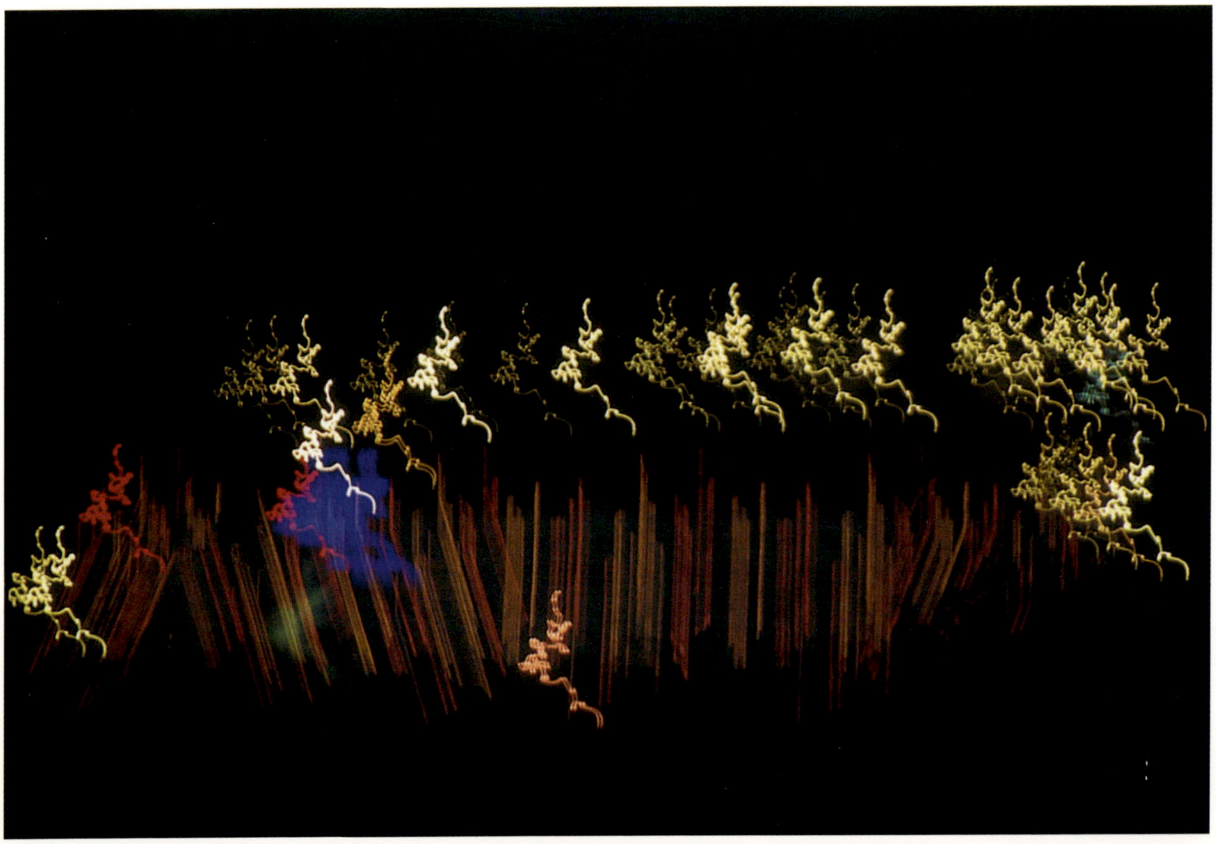

Farbe

ALBERS, JOSEPH, 1970
Interaction of Color, DuMont Verlag, Köln

ALBRECHT, HANS JOACHIM, 1974
Farbe als Sprache, DuMont Verlag, Köln

BADT, KURT, 1974
Die Farbenlehre Van Goghs, DuMont Verlag, Köln

BÖHRINGER, JOACHIM; BÜHLER, PETER; SCHLAICH, PATRICK; ZIEGLER, HANNS-JÜRGEN, 2003
Kompendium für Mediengestaltung für Digital- und Printmedien, 2. korrigierter Nachdruck, Springer-Verlag, Berlin, Heidelberg, New York, Barcelona, Hongkong, London, Mailand, Paris, Singapur, Tokio

BRUNS, MARGARETE, 1997
Das Rätsel Farbe, Reclam Verlag, Stuttgart

DITTMANN, LORENZ, 1987
Farbgestaltung und Farbtheorie in der abendländischen Malerei, Wissenschaftliche Buchgesellschaft, Darmstadt

GERRITSEN, FRANS, 1975
Farbe, optische Erscheinung, physikalisches Phänomen und künstlerisches Erscheinungsmittel, deutsche Ausg., Otto Maier Verlag, Ravensburg

GOETHE, JOHANN WOLFGANG VON, 1963
Zur Farbenlehre – Didaktischer Teil, Bd. 40, dtv. Verlag, München

HELD, JUTTA, 1964
Farbe und Licht in Goyas Malerei, De Gruyter Verlag, Berlin

IMDAHL, MAX, 1987
Farbe. Kunsttheoretische Reflexionen in Frankreich, Fink Verlag, München

PAWLIK, JOHANNES, 1987
Theorie der Farbe – Eine Einführung in begriffliche Gebiete der ästhetischen Farbenlehre, DuMont Verlag, Köln

PETZOLD, MARGIT, 1982
Die Funktionalität der Farbe für die Wahrnehmungsproduktion. George Seurats Pointillistische Technik, Magisterarbeit der Abteilung für Geschichtswissenschaft der Ruhruniversität Bochum

SCHÖNE, WOLFGANG, 1977
Über das Licht in der Malerei, 4. Aufl. Gebr.-Mann-Studio-Reihe, Berlin

Photographie, Bild, Kunst, Philosophie

AUER, ANNA, 2001
Fotografie im Gespräch, Klinger Verlag, Passau

AUGUSTINUS, 1955
Confessiones, 11. Buch, Kösel Verlag, München

ARNHEIM, RUDOLF, 1977
Anschauliches Denken – Zur Einheit von Bild und Begriff, a. d. Amerik. v. Verf., DuMont Verlag, Köln

ARNHEIM, RUDOLF, 1978
Kunst und Sehen. Eine Psychologie des schöpferischen Auges, Neufassung, dt. Übers. von Hans Hermann, De Gruyter Verlag, Berlin, New York

ARNHEIM, RUDOLF, 1979a
Flächenbilder, in: Theorie der Fotografie II, hg. v. W. Kemp, Schirmer/Mosel, München

ARNHEIM, RUDOLF, 1979b
Entropie und Kunst – Ein Versuch über Unordnung und Ordnung, a. d. Amerik. v. Verfasser, DuMont Verlag, Köln

ARNHEIM, RUDOLF, 1980
Zur Psychologie der Kunst, dt. Übers. von Hans Hermann, Ullstein Verlag, Frankfurt/Main, Berlin, Wien

BAIER, WOLFGANG, 1977
Geschichte der Photographie, Schirmer/Mosel Verlag, München

BARTHES, ROLAND, 1985
Die helle Kammer. Bemerkung zur Photographie, übers. v. Dietrich Leube, Suhrkamp Verlag, Frankfurt/Main

BELTING, HANS, 1993
Bild und Kult: eine Geschichte des Bildes vor dem Zeitalter der Kunst, unveränderter Nachdruck der 2. Aufl., Beck Verlag, München

BENJAMIN, WALTER, 1979
Das Kunstwerk im Zeitalter seiner technischen Reproduzierbarkeit. Drei Studien zur Kunstsoziologie, 11. Aufl., Suhrkamp Verlag, Frankfurt/Main

BERGSON, HENRI, 1948
Denken und schöpferisches Werden, Weltkulturverlag, Meisenheim

BERTONATI, EMILIO, 1978
Das experimentelle Photo in Deutschland 1918–1940, dt. Übers.von Linde Birk, Ausstellungskatalog Galleria del Levante, München

BILLETER, ERIKA, 1977/79
Malerei und Photographie im Dialog: von 1840 bis heute, Mit Beiträgen von J. A. Schmoll, gen. Eisenwerth, Bentili Verlag, Bern

BLACK, MAX, 1977
Wie stellen Bilder dar? In: Kunst, Wahrnehmung, Wirklichkeit, Suhrkamp Verlag, Frankfurt/Main

BOEHM, GOTTFRIED, 1975
Die Ursprünglichkeit des Bildes, Nachwort, in: Reimer Jochims, Visuelle Identität, Insel Verlag, Frankfurt/Main

BOEHM, GOTTFRIED, 1978
Zu einer Hermeneutik des Bildes, in: Seminar: Die Hermeneutik und die Wissenschaften, hg. von Gottfried Boehm und Hans-Georg Gadamer, Suhrkamp Verlag, Frankfurt/Main

BOEHM, GOTTFRIED, 1980
Bildsinn und Sinnesorgane, in: Neue Hefte für Philosophie XVIII/XIX, Vandenhoek & Ruprecht Verlag, Göttingen

BOEHM, GOTTFRIED (HRSG.), 1994
Was ist ein Bild?, Fink Verlag, München

BOURDIEU, PIERRE ET AL., 1981
Eine illegitime Kunst. Die sozialen Gebrauchsweisen der Photographie, Suhrkamp Verlag, Frankfurt/Main

BRAGAGLIA, ANTON GIULIO, 1970
Fotodinamismo Futurista, Einaudi Ed., Torino

BUDDEMEIER, HEINZ, 1970
Panorama Diorama Photographie – Entstehung und Wirkung neuer Medien im 19. Jahrhundert, Fink Verlag, München

BUDDEMEIER, HEINZ, 1981
Das Foto – Geschichte und Theorie der Fotografie als Grundlage eines neuen Urteils, Rowohlt Verlag, Reinbek bei Hamburg

LA CHRONOPHOTOGRAPHIE, 1984
Temps, photographie et mouvement autour de E.J. Marey, Ausstellungskatalog, Beaune

ECO, UMBERTO, 1972
Einführung in die Semiotik, Fink Verlag, München

ECO, UMBERTO, 1977
Das offene Kunstwerk, Suhrkamp Verlag, Frankfurt/Main

EMERSON, PETER HENRY, 1889
Die Gesetze der optischen Wahrnehmung und die Kunstregeln, die sich daraus ableiten lassen, in: Theorie der Fotografie I 1839–1912, hg. v. W. Kemp, Schirmer/Mosel Verlag, München

EMERSON, PETER HENRY, 1891
Der Tod der naturalistischen Fotografie, in: Theorie der Fotografie I 1839–1912, hg. v. W. Kemp, Schirmer/Mosel Verlag, München

EMERSON, PETER HENRY, 1891
Naturalistische Fotografie und Kunst, in: Theorie der Fotografie I 1839–1912, hg. v. W. Kemp, Schirmer/Mosel Verlag, München

FIEDLER, KONRAD, 1977
Schriften über Kunst, DuMont Verlag, Köln

FLUSSER, VILÉM, 1983
Für eine Philosophie der Photographie, European Photography, Göttingen

FLUSSER, VILÉM, 2002
Medienkultur, 3. Aufl., Fischer Verlag, Frankfurt/Main

FOUCAULT, MICHEL, 1971
Die Ordnung der Dinge, Suhrkamp Verlag, Frankfurt/Main

FRIZOT, MICHEL, 1983
Etienne-Jules Marey, Ausstellungskatalog, Centre National de la Photographie, Paris

GERNSHEIM, HELMUT, 1983
Die Geschichte der Photographie – die ersten hundert Jahre, Propylän Verlag, Frankfurt/Main

GOMBRICH, ERNST H.; HOCHBERG, JULIAN; BLACK, MAX, 1977
Kunst, Wahrnehmung, Wirklichkeit, Suhrkamp Verlag, Frankfurt/Main

GOMBRICH, ERNST H., 1977
Art and Illusion, Phaidon Press, London

GOMBRICH, ERNST H., 1984
Bild und Auge – Neue Studien zur Psychologie der bildlichen Darstellung, dt. Übers. Lisbeth Gombrich, Klett-Cotta Verlag, Stuttgart

GOMBRICH, ERNST H., 1994
Das Forschende Auge: Kunstbetrachtung und Naturwahrnehmung, Campus Verlag, Frankfurt/Main

GRÄFF, WERNER, 1978
Es kommt der neue Fotograf, Reprint der Ausg. von 1929, Reckendorf Verlag, Berlin, Köln

HÄUSSER, ROBERT, 1988
Photographische Bilder. Werkübersicht der Jahre 1941–1984, Ausstellungskatalog Württembergischer Kunstverein, Stuttgart

HÄUSSER, ROBERT, 2000
Robert Häusser – Aus dem photographischen Werk 1940–2000, Edition Braus, Bönningheim

HAUS, ANDREAS, 1979
Raoul Hausmann. Kamerafotografien 1927–1957, Schirmer/Mosel Verlag, München

HAUSKELLER, MICHAEL, 1999
Was ist Kunst – Positionen der Ästhetik von Platon bis Danto, 4. Aufl., Beck Verlag, München

HAUSMANN, RAOUL, 1932
Formdialektik der Fotografie, in: Theorie der Fotografie II, hg.v.W. Kemp, Schirmer/Mosel Verlag, München

HAUSMANN, RAOUL, 1933
Wie sieht der Fotograf? Gespräch zwischen Raoul Hausmann und Werner Gräff, in: Theorie der Fotografie II, hg. v. W. Kemp, Schirmer/Mosel Verlag, München

HOCKNEY, DAVID, 1984
Camera works, Knopf Verlag, New York

HOLZHÄUSER, KARL MARTIN, 1995
Konkrete Geste, Ausstellungskatalog, Kerber Verlag, Bielefeld

HOMER, WILLIAM INNES, 1964
Seurat and the Science of Painting, M.I.T. Press, Cambridge

IMDAHL, MAX, 1981
Bildautonomie und Wirklichkeit. Zur theoretischen Begründung moderner Malerei, Mäander Verlag, Mittenwald

IN UNNACHAHMLICHER TREUE, 1979
Photographie im 19. Jahrhundert – ihre Geschichte in den deutschsprachigen Ländern, Ausstellungskatalog, Köln

JÄGER, GOTTFRIED; HOLZHÄUSER, MARTIN, 1975
Generative Fotografie, Otto Maier Verlag, Ravensburg

JÄGER, GOTTFRIED (HRSG.), 1987
Bildschaffende Konzepte. Janzer/Holzhäuser/Kammerichs/Sal. Mit Textbeiträgen von Marlene Schnelle-Schneyder und Enno Kaufhold, Marzona Verlag, Leinfelden-Echterdingen

JÄGER, GOTTFRIED, 1988
Bildgebende Fotografie: Fotografik – Lichtgrafik – Lichtmalerei; Ursprünge, Konzepte und Spezifika einer Kunstform, DuMont Verlag, Köln

JÄGER, GOTTFRIED (HRSG.), 2002
Die Kunst der Abstrakten Fotografie, Arnoldsche Verlagsanstalt, Stuttgart

JOCHIMS, REIMER, 1975
Visuelle Identität. Konzeptionelle Malerei von Piero della Francesca bis zur Gegenwart, Insel Verlag, Frankfurt/Main

KANDINSKY, 1973
Punkt und Linie zu Fläche. Beitrag zur Analyse der malerischen Elemente, 7. Auflage, Benteli Verlag, Bern-Bümpliz

KAUFHOLD, ENNO, 1986
Bilder des Übergangs. Zur Mediengeschichte von Fotografie und Malerei in Deutschland um 1900, Jonas Verlag, Marburg

KELLEIN, THOMAS; LAMPE, ANGELA (HRSG.), 2000
Abstrakte Fotografie, Hatje Cantz Verlag, Ostfildern-Ruit

KEMP, WOLFGANG, 1978
Foto-Essays. Zur Geschichte und Theorie der Fotografie, Schirmer/Mosel Verlag, München

KEMP, WOLFGANG (HRSG.), 1979
Theorie der Fotografie II 1912–1945, Schirmer/Mosel Verlag, München

KEMP, WOLFGANG (HRSG.), 1980
Theorie der Fotografie I 1839–1912, Schirmer/Mosel Verlag, München

KEMP, WOLFGANG (HRSG.), 1983
Theorie der Fotografie III 1945–1980, Schirmer/Mosel Verlag, München

KEPES, GYORGY (HRSG.), 1969
Wesen und Kunst der Bewegung, La Connaissance, Brüssel

KOETZLE, HANS MICHAEL (HRSG.), 2002
Lexikon der Fotografen 1900 bis heute, Schirmer/Mosel Verlag, Knaur, München

KORTH, SABINE, 1994
Aguas della memori, Universidad, Salamanca

KORTH, SABINE, 1997
Da Sud a Nord, Art & Edizione delle Arti Grafiche, Friulane

KRAUS, ROLF H., 1979
Photographie als Medium. 10 Thesen zur konventionellen und konzeptionellen Photographie, Nagel Verlag, Berlin

KRAUS, ROLF H., 1998
Walter Benjamin und der neue Blick auf die Photographie, Cantz Verlag, Ostfildern

LEONARDO DA VINCI, (LUDWIG, HEINRICH HRSG.), 1882
Buch von der Malerei. Deutsche Ausgabe. Nach dem Codex Vaticanus 1270., Braumüller Verlag, Wien

LESSING, GOTTFRIED E., 1890
Laokoon oder über die Grenzen der Malerei und Poesie, Lessings Werke Bd. 3, Göschen Verlag, Stuttgart

LUSK, IRENE CHARLOTTE, 1980
Montagen ins Blaue. Laslo Moholy-Nagy, Fotomontagen und -collagen 1922–1943, anabas Verlag, Gießen

MANTE, HARALD, 1977
Farb-Design in der Fotografie, 2.Auflage, Laterna Magica Verlag, München

MANTE, HARALD, 1981
Bildaufbau – Gestaltung in der Fotografie, 2.Auflage, Laterna Magica Verlag, München

MARX, KATHRYN, 1994
Right brain/left brain photography – the art and technique of 70 modern masters, Amphoto, New York

MOHOLY-NAGY, LASZLO, 1927a
Malerei – Fotografie – Film, Faksimile Nachdruck, Kupferberg Verlag, Mainz

MOHOLY-NAGY, LASZLO, 1927b
Die beispiellose Fotografie *(1927)*, in: Theorie der Fotografie II, hg. v. W. Kemp, Schirmer/Mosel Verlag, München

EADWEARD MUYBRIDGE, 1976
Eadweard Muybridge, Ausstellungskatalog Württembergischer Kunstverein, Stuttgart

NEWHALL, BEAUMONT, 1978
Die Väter der Fotografie: Anatomie einer Erfindung, dt. Ausg., Heering Verlag, Seebruck/Chiemsee

NEWHALL, BEAUMONT, 1984
Geschichte der Photographie, dt. Ausg., Schirmer/Mosel Verlag, München

PETERS, URSULA, 1975
Stilgeschichte der Fotografie in Deutschland 1839–1900, DuMont Verlag, Köln

PHILOSOPHISCHES WÖRTERBUCH, 1958
Hg. von Walter Brugger, S.J., Herder Verlag, Freiburg

PLATON, 1957
Sämtliche Werke. 2, Kratylos, in der Übersetzung von Friedrich Schleiermacher mit der Stephanus Numerierung. (Hrsg.) Walter F. Otto, Ernesto Grassi, Gert Plamböck, 408e–409a., S.151, Rowohlt Verlag, Reinbek bei Hamburg

PLUMPE, GERHARD, 1987
Toter Blick und kontingente Welt. Studien zum Diskurs der Photographie in der Zeit des Realismus, Habilitationsschrift am Germanistischen Institut der Ruhr-Universität Bochum

RODTSCHENKO, ALEXANDER, 1928a
Offene Unkenntnis oder ein gemeiner Trick?, in: Theorie der Fotografie II, hg. v. W. Kemp, Schirmer/Mosel Verlag, München

RODTSCHENKO, ALEXANDER, 1928b
Wege der zeitgenössischen Fotografie, in: Theorie der Fotografie II, hg. v. W. Kemp, Schirmer/Mosel Verlag, München

SCHNELLE-SCHNEYDER, MARLENE, 1984
Realitätsgrade in der Photographie, in: Klaus Oehler (Hrsg.), Zeichen und Realität, Stauffenburg Verlag, Tübingen

SCHNELLE-SCHNEYDER, MARLENE, 1987
Kognitive Aspekte der Photographie. Zu den Arbeiten von Janzer, Holzhäuser und Kammerichs, in: Bildschaffende Konzepte, Gottfried Jäger (Hrsg.), Marzona Verlag, Leinfelden-Echterdingen

SCHNELLE-SCHNEYDER, MARLENE, 1989a
Bildwert in der Bilderflut – 150 Jahre Photographie Gesamttext des Sonderheftes »Baden-Württemberg«, Themenheft 3/89 G. Braun Verlag, Karlsruhe

SCHNELLE-SCHNEYDER, MARLENE, 1989b
Transformation – Inszenierung – Bildwirklichkeit, Katalogtext zur Ausstellung »Intern – Extern«, Bund Bildender Künstler, Düsseldorf

SCHNELLE-SCHNEYDER, MARLENE, 1990
Photographie und Wahrnehmung, am Beispiel der photographischen Bewegungsdarstellung des neunzehnten Jahrhunderts, Jonas Verlag, Marburg

SCHNELLE-SCHNEYDER, MARLENE, 1993
Von der Héliographie zum generierten Bild – wie geht es weiter? in: Fotografie Studium in Deutschland, Deutsche Gesellschaft für Photographie e.V. Sektionen Bild und Photopädagogik (Hrsg.), Photonews Verlag, Hamburg

SCHNELLE-SCHNEYDER, MARLENE, 1999
Auf der Suche nach einem zentralen Ort für die Photographie, in: Fotografie im Zentrum – Centrum für Photographie, NGBK, und DGPh (Hrsg.), Berlin, Köln

SCHNELLE-SCHNEYDER, MARLENE, 2001
Fotografie und Malerei – ein Dialog der Bildpotentiale, in: Kunsthistorische Arbeitsblätter 4/01, Deubner Verlag, Köln

SCHNELLE-SCHNEYDER, MARLENE, 2002
Eine Chronologie – zum Bildmedium Fotografie in NRW, in: Fotografie in NRW: ein Handbuch, 1. Auflage, Klartext Verlag, Essen

SONTAG, SUSAN, 1978
Über Fotografie, dt. Übers. M. W. Rien und G. Baruch, Hansa Verlag, München, Wien

STEINORTH, KARL (HRSG.), 1974
Photographen der 20er Jahre, Laterna Magica Verlag, München

STEINORTH, KARL (HRSG.), 1979
Internationale Ausstellung des deutschen Werkbundes Film und Foto, 1929, Stuttgart, Deutsche Verlagsanstalt, Stuttgart

STELZER, OTTO 1978
Kunst und Photographie, Pieper Verlag, München

»SUBJEKTIVE FOTOGRAFIE« BILDER DER 50ER JAHRE, 1984
Ausstellungskatalog Museum Folkwang, Essen

THOMSEN, CHRISTIAN W.; HOLLÄNDER, HANS (HRSG.), 1984
Augenblick und Zeitpunkt. Studien zur Zeitstruktur und Zeitmetaphorik in Kunst und Wissenschaft, Wissenschaftliche Buchgesellschaft, Darmstadt

VAN DEREN COKE, FRANK, 1972
The Painter and the Photograph from Delacroix to Warhol, überarb. Ausg., University of New Mexico Press, Albuquerque

VAN DEREN COKE, FRANK, 1982
Avantgarde Fotografie 1919–1939, dt. Übers. Reinhard Kaiser, Schirmer/Mosel Verlag, München

WALTHER, PAN, 1981
Creativ Fotografieren I. Sehen, Empfinden, Gestalten, Laterna Magica Verlag, München

WARSTAT, WILLI, 1909
Allgemeine Ästhetik der photographischen Kunst auf psychologischer Grundlage, Knapp Verlag, Halle a. d. Saale

WICK, RAINER, 1991
Das neue Sehen: von der Fotografie am Bauhaus zur Subjektiven Fotografie, Klinkhardt & Biermann Verlag, München

WIESING, LAMBERT, 1997
Die Sichtbarkeit des Bildes. Geschichte und Perspektiven der formalen Ästhetik, Rowohlt Verlag, Reinbek bei Hamburg

WÖRTERBUCH DER PHILOSOPHISCHEN BEGRIFFE, 1955
Hoffmeister, Johannes (Hrsg.) 2. Auflage, Meiner Verlag, Hamburg

Wahrnehmung und Gehirn

ANDERSON, JOHN R., 1988
Kognitive Psychologie: eine Einführung, aus d. Amerik. übers. v. J. Grabowsky-Gellert, Spektrum der Wissenschaft, Heidelberg

BAHILL, A. TERRY; STARK, LAWRENCE, 1986
Sakkadische Augenbewegungen, in: Wahrnehmung und visuelles System, Spektrum der Wissenschaft, Heidelberg

BERGER, JOHN, 1981
Das Leben der Bilder oder die Kunst des Sehens, a. d. Engl. von Stephen Tree, Wagenbach Verlag, Berlin

EDELMANN, GERALD M., 1955
Göttliche Luft, vernichtendes Feuer, a. d. Amerik. von Anita Ehlers, Piper Verlag, München, Zürich

DAMASIO, ANTONIO R., 1997
Descartes' Irrtum, Fühlen, Denken und das menschliche Gehirn, a. d. Engl. von Hainer Kober, 2. Auflage, dtv Verlag, München

DAMASIO, ANTONIO R., 2000
Ich fühle, also bin ich – Die Entschlüsselung des Bewusstseins, a. d. Engl. von Hainer Kober, 2. Auflage, List Verlag, München

GEFFRATH, MATHIAS, 1988
Albrechts Pfingsten. In: DIE ZEIT, Nr. 23, 3. Juni 1988, Feuilleton, S.55

GESCHWIND, NORMAN, 1986
Aufgabenteilung in der Großhirnrinde, in: Wahrnehmung und visuelles System, Spektrum der Wissenschaft, Heidelberg

GIBSON, JAMES J., 1966
A Theory of Pictorial Perception, in: Sign, Image and Symbol, G. Kepes Ed., London

GIBSON, JAMES J., 1982
Wahrnehmung und Umwelt – Der ökologische Ansatz in der visuellen Wahrnehmung, dt. Übers. von Gerhard Lücke und Ivo Kohler, Urban und Schwarzenberg Verlag, München, Wien, Baltimore

GREGORY, RICHARD L., 1966
Auge und Gehirn – Zur Psychologie des Sehens, dt. Übers. Dr. Ilse Baumgartner, Kindler Verlag, München

GUSKI, RAINER, 1989
Wahrnehmung, eine Einführung in die Psychologie der menschlichen Informationsaufnahme, Kohlhammer Verlag, Stuttgart

HABER, RALPH NORMAN; HERSHENSON, MAURICE, 1974
The Psychology of visual Perception, Great Britain

HEESCHEN, CLAUS; REISCHIES, FRIEDL, 1981
Zur Lateralisierung der Sprache, in: Sprache und Gehirn, H. Schnelle (Hrsg.), Suhrkamp Verlag, Frankfurt/Main

HELMHOLTZ, HERMANN VON, 1959
Die Tatsachen in der Wahrnehmung – Abhandlungen zu Philosophie und Naturwissenschaft, Neuaufl. Wissenschaftliche Buchgesellschaft, Darmstadt

HOCHBERG, JULIAN, 1977
Die Darstellung von Dingen und Menschen, in: Kunst, Wahrnehmung, Wirklichkeit, Suhrkamp Verlag, Frankfurt/Main

HOUSTON, JOHN P. ET AL., 1979
Invitation to Psychology, Academic Press, New York, San Francisco, London

HUBEL, DAVID H.; 1986
Das Gehirn, in: Wahrnehmung und visuelles System, Spektrum der Wissenschaft, Heidelberg

HUBEL, DAVID H., 1989
Auge und Gehirn. Neurobiologie des Sehens, a. d. Amerik. von Joseph O`Neill und Friedemann Pulvermüller, 20. Band, Spektrum der Wissenschaft, Heidelberg

HUBEL, DAVID H.; WIESEL, TORSTEN N., 1986
Die Verarbeitung visueller Information, in: Wahrnehmung und visuelles System, Spektrum der Wissenschaft, Heidelberg

JOHANSSON, GUNNAR, 1986
Visuelle Bewegungswahrnehmung, in: Wahrnehmung und visuelles System, Spektrum der Wissenschaft, Heidelberg

JUNG, RICHARD, 1974
Neuropsychologie und Neurophysiologie des Kontur- und Formsehens in Zeichnung und Malerei, in: H. H. Wieck (Hrsg.), Psychopathologie musischer Gestalten, Schattauer Verlag, Stuttgart, New York

LINDSAY, P. H., UND NORMAN D. A., 1981
Einführung in die Psychologie – Informationsaufnahme und -verarbeitung beim Menschen, übersetzt von H.-D. Dumpert, F. Schmidt, M. Schuster und M. Steeger, Springer-Verlag, Berlin, Heidelberg, New York

LINKE, DETLEF B., 2001
Kunst und Gehirn – Die Eroberung des Unsichtbaren, Rowohlt Verlag, Reinbek bei Hamburg

MASLAND, RICHARD H., 1987
Die funktionelle Architektur der Netzhaut, in: Spektrum der Wissenschaft, Heft 2, Heidelberg

MATURANA, HUMBERTO R.; VARELA, FRANCISCO J., 1992
Der Baum der Erkenntnis. Die biologischen Wurzeln des menschlichen Erkennens, 4. Aufl., Goldmann Verlag, Bern, München

MERLEAU-PONTY, MAURICE, 1966
Phänomenologie der Wahrnehmung, De Gruyter Verlag, Berlin

METZGER, WOLFGANG, 1975
Gesetze des Sehens, Kramer Verlag, Frankfurt/Main

MUELLER, CONRAD G.; RUDOLPH, MAE, 1969
Licht und Sehen, Rowohlt Verlag, Reinbek bei Hamburg

NOTON, DAVID; STARK, LAWRENCE, 1971
Eye Movements and visual Perception, in: Image, Object, and Illusion. Readings from Scientific American, Freeman and Co., San Francisco

POEK, KLAUS, 1997
Sprache im Gehirn: eng lokalisierbar? in: Spektrum der Wissenschaft, Dossier: Kopf oder Computer 4/97, Heidelberg

POPPER, KARL; ECCLES, JOHN, 1982
Das Ich und sein Gehirn, Piper Verlag, München

POPPER, KARL, 1994
Ausgangspunkte – Meine intellektuelle Entwicklung, Hoffmann und Campe Verlag, Hamburg

PREHN, HORST, 2001
Zwischen Empfindung und Bedeutung, in: Marcel Bühler und Alexander Koch (Hrsg.), Kunst und Intertextualität, Materialien zum Symposium schau – vogel – schau, Salon Verlag, Köln

PREILOWSKI, BRUNO, 1987
Die zwei Seiten des Denkens. Lateralisierung und Asymmetrie des menschlichen Gehirns, in: Peter Fischer und Ferdinand Hucho (Hrsg.), Aus Forschung und Medizin – Die Mechanik des Denkens, Schering, Berlin

PUTNAM, HILARY, 1999
Repräsentation und Realität, Suhrkamp Verlag, Frankfurt/Main

ROTH, GERHARD, 1998
Das Gehirn und seine Wirklichkeit: kognitive Neurobiologie und ihre philosophischen Konsequenzen, Suhrkamp Verlag, Frankfurt/Main

SCHMIDT, SIEGFRIED J. (HRSG.), 1986
Der Diskurs des radikalen Konstruktivismus, Suhrkamp Verlag, Frankfurt/Main

SCHMIDT, SIEGFRIED J. (HRSG.), 1991
Gedächtnis – Probleme und Perspektiven der interdisziplinären Gedächtnisforschung, Suhrkamp Verlag, Frankfurt/Main

SCHNAPF, J. L.; BYLOR, D. A., 1987
Die Reaktion von Photorezeptoren auf Licht, in: Spektrum der Wissenschaft, Heft 6, Heidelberg

SCHNELLE, HELMUT, 1973
Sprachphilosophie und Linguistik – Prinzipien der Sprachanalyse a priori und a posteriori, Rowohlt Verlag, Reinbek bei Hamburg

SCHNELLE, HELMUT (HRSG.), 1981
Sprache und Gehirn, Roman Jakobson zu Ehren, Suhrkamp Verlag, Frankfurt/Main

SCHNELLE, HELMUT, 1991
Die Natur der Sprache – die Dynamik der Prozesse des Sprechens und Verstehens, De Gruyter Verlag, Berlin

SINZ, RAINER, 1978
Gehirn und Gedächtnis, Fischer Verlag, Stuttgart, New York

VERNON, M.D., 1977
Wahrnehmung und Erfahrung, a. d. Engl. v. W. R. Arlt, dtv. Verlag, München

VON DER MAHLSBURG, CHRISTOPH, 1994
The correlation theory of brain function, reprinted in: Modells of Neural Networks II, chapter 2, edited by Domany, E.; Van Hemmen, J. L.; Schulten, K., Springer-Verlag, Berlin S. 95–119

VON DER MAHLSBURG, CHRISTOPH, 1995
Binding in modells of perception and brain function, in: Current Opinion in Neurobiology, Band 5, S. 520–526

WAHRNEHMUNG UND VISUELLES SYSTEM, 1986
Spektrum der Wissenschaft: Verständliche Forschung, Heidelberg

WEINHANDL, FERDINAND (HRSG.), 1960
Gestalthaftes Sehen – Ergebnisse und Aufgaben der Morphologie, Wissenschaftliche Buchgesellschaft, Darmstadt

WERTHEIMER, MAX, 1963
Drei Abhandlungen zur Gestalttheorie. Experimentelle Studien über die Wahrnehmung der Bewegung, Wissenschaftliche Buchgesellschaft, Darmstadt

YARBUS, A. L., 1967
Eye Movement and Vision, engl. Übers. von B. Haigh, Plenum Press, New York

ZEKI, SEMIR, 1998
Art and the Brain, in: Daedalus, Journal of the American Academy of Arts and Sciences, Cambridge, Ma. USA

ZEKI, SEMIR, 1999
Inner Vision. An Exploration of Art and the Brain, Oxford University Press, New York

Personenverzeichnis

adenSakkadenaufzeichnung**Scan Path**Schärfenebene**Schatten**Scheinbewegungen**Scheinkanten**Sch
e**Sichtbarkeit**Silberkörner**Simulation**Simultaneität**Simultankontrast**Sinne**Spektralfarben**Sprache**Sp**
rukturinvarianten**Strukturmerkmale**Subjekt**Substanzmerkmale**Sukzession**Symbol**Symmetrie**Synchr**
gTransformation**Transformation, photographische**Transparenz**Transzendenz**Trompe l'oeil**Umgebung**
erspektivischeVerkürzungen, geometrische**Verzeichnungen, perspektivische**Wahrnehmung**Wahrne**
sstrategienWahrnehmungssystem**Welt, kognitive**Weltanschauung**Weltbild**Werbung**Wiedererkenn**
gscharakter**Abbildungstendenz**Abstraktionsgrad**Abwehrmechanismen**Adaptionsfähigkeit**Anordnun**
ugenbewegungen, sakkadische**Ausdrucksebenen**Ausschnittfunktion**Außenweltwahrnehmung**Auth
g**Bewegung, passive**Bewegungsablauf**Bewegungsdarstellung**Bewegungsphotographie**Bewusstsein**
ttel**Bildorganisation**Bildpotentiale**Bildrezeption**Bildverfahren, analoge**Bildverfahren, digitale**Bildw
che oder partielle**Computerbearbeitung**Computertomographie**Corpus callosum**Darstellung**Dendrit**
emente, innerbildliche Erfahrung, ästhetische**Erkennungsmechanismus**Erscheinung**Erscheinung, op**
drücke**Farbempfinden**Farbenergie**Farberkennung**Farberscheinung**Färbetechnik**Farbkonstanz**Farbko**
pertaFernsehen**Figur**Figur-Grund-Problem**Fläche**Flächenkontrast**Fließmuster**Florentiner Malerei**Flu**
Gehirn**Gehirnhälften**Gelber Fleck**Generative Fotografie**Generierung**Geniebegriff**Gesetz der Ähnlich
terkennung**Gestaltfindung**Gestaltgesetze**Gestaltqualitäten**Gestaltsehen**Gestalttheorie**Gestaltung
nungHemisphäre**Hippocampus**Hornhaut**Hypothalamus**Identifikationsmechanismus**Ikonographie**Il
sionIris**Irritation**Isomorphie**Kamera**Kamera, digitale**Kamera, photographische**Kameraaufzeichnung
entärkontrast**Komposition**Konkretion**Konstanz**Konstanzerhaltung**Konstanzphänomene**Konstruktiv
gKortex**Kreativität**Kunst**Künstliche Intelligenz**Kunstlicht**Kunstmarkt**Kurzzeitverschlüsse**Läsion**Later
Malerei**Malerei, konkrete**Manipulation**Massenmedium**Medien, elektronische**Mimesis**Mimesisdebat
ustererkennung**Nachbilder**Negativ-Positivprozess**Neokortex**Nervensystem**Netzhautbild**Netzwerk, n
t**Objektbewegung**Objektiv**Op-Art**Ortsveränderung**Perspektive**Phase, sukzessive**Photoapparat**Phot
ungPositronen-Emissions-Tomographie**Postmoderne**Prägnanztendenz**Primärfarben**Prozesse, autor
Realitätsgrad**Reduktion**Reize, visuelle**Reizüberflutung**relievo schiacciato**Renaissance**Reportagepho
fenebene**Schatten**Scheinbewegungen**Scheinkanten**Schwerpunkt**Sehen**Sehgrube**Sehnervkreuzung**
eität**Simultankontrast**Sinne**Spektralfarben**Sprache**Sprachzentrum**Stabilisierungstendenz**Stabilitä**
bstanzmerkmaleSukzession**Symbol**Symmetrie**Synchronisation**Synthese**System, optisches**System, v
cheTransparenz**Transzendenz**Trompe l'oeil**Umgebungslicht**Umrisse, lineare**Umwelt**Unschärfe**Variar**
zeichnungen, perspektivische Wahrnehmung**Wahrnehmung, visuelle**Wahrnehmungsbedingungen
gscharakter**Abbildungstendenz**Abstraktionsgrad**Abwehrmechanismen**Adaptionsfähigkeit**Anordnur**
ugenbewegungen, sakkadische**Ausdrucksebenen**Ausschnittfunktion**Außenweltwahrnehmung**Auth
g**Bewegung, passive**Bewegungsablauf**Bewegungsdarstellung**Bewegungsphotographie**Bewusstsein**
ttel**Bildorganisation**Bildpotentiale**Bildrezeption**Bildverfahren, analoge**Bildverfahren, digitale**Bildw
che oder partielle**Computerbearbeitung**Computertomographie**Corpus callosum**Darstellung**Dendri**
emente, innerbildliche Erfahrung, ästhetische**Erkennungsmechanismus**Erscheinung**Erscheinung, o**
drücke**Farbempfinden**Farbenergie**Farberkennung**Farberscheinung**Färbetechnik**Farbkonstanz**Farbko**
pertaFernsehen**Figur**Figur-Grund-Problem**Fläche**Flächenkontrast**Fließmuster**Florentiner Malerei**Flu**
Gehirn**Gehirnhälften**Gelber Fleck**Generative Fotografie**Generierung**Geniebegriff**Gesetz der Ähnlich
terkennung**Gestaltfindung**Gestaltgesetze**Gestaltqualitäten**Gestaltsehen**Gestalttheorie**Gestaltung
nungHemisphäre**Hippocampus**Hornhaut**Hypothalamus**Identifikationsmechanismus**Ikonographie**Il
sionIris**Irritation**Isomorphie**Kamera**Kamera, digitale**Kamera, photographische**Kameraaufzeichnung
entärkontrast**Komposition**Konkretion**Konstanz**Konstanzerhaltung**Konstanzphänomene**Konstruktiv
Kortex**Kreativität**Kunst**Künstliche Intelligenz**Kunstlicht**Kunstmarkt**Kurzzeitverschlüsse**Läsion**Later
Malerei**Malerei, konkrete**Manipulation**Massenmedium**Medien, elektronische**Mimesis**Mimesisdebat
ustererkennung**Nachbilder**Negativ-Positivprozess**Neokortex**Nervensystem**Netzhautbild**Netzwerk, n
t**Objektbewegung**Objektiv**Op-Art**Ortsveränderung**Perspektive**Phase, sukzessive**Photoapparat**Phot
ungPositronen-Emissions-Tomographie**Postmoderne**Prägnanztendenz**Primärfarben**Prozesse, autor
Realitätsgrad**Reduktion**Reize, visuelle**Reizüberflutung**relievo schiacciato**Renaissance**Reportagephc